船舶货运技术

（第 2 版）

王建平　编著

大连海事大学出版社

图书在版编目(CIP)数据

船舶货运技术／王建平编著．—2 版．—大连：大连海事大学出版社，
2010. 12
ISBN 978-7-5632-2494-4

Ⅰ.①船…　Ⅱ.①王…　Ⅲ.①海上运输:货物运输—高等学校—教材
Ⅳ.①U695.2

中国版本图书馆 CIP 数据核字(2010)第 231143 号

大连海事大学出版社出版
地址:大连市凌海路 1 号　邮编:116026　电话:0411-84728394　传真:0411-84727996
http://www.dmupress.com　　E-mail:cbs@ dmupress.com
大连美跃彩色印刷有限公司印装　　大连海事大学出版社发行
2010 年 12 月第 2 版　　2010 年 12 月第 1 次印刷
幅面尺寸:185 mm×260 mm　　印张:23.25
字数:576 千　　印数:1～2000 册
责任编辑:陆　梅　　版式设计:小　月
封面设计:王　艳　　责任校对:李继凯
图片绘制:马立平
ISBN 978-7-5632-2494-4　　定价:48.00 元

内容提要

本书全面总结了船舶货运技术的基础理论，系统介绍了这些理论在航运生产的应用方法。本书的主要内容包括船舶及其主要静水力参数、船舶浮性与容重性能、横稳性、吃水差、抗沉性、船舶强度、货件绑扎与系固等。

本书可作为航海技术日校本科、函授本科、非航海出身的本科、航海技术日校大专、自学大专、函授大专、非航海出身的大专、航海技术中专学生的教学参考书，也可供海船船长和各级驾驶员在航海生产中应用。

第 2 版前言

《船舶货运技术》一书首版于 1999 年,至今已逾 10 年。这期间,船舶货运技术有了更进一步的发展。以 20 万吨散货船为代表的固体散货运输、以 VLCC 船为代表的原油运输、以 15 万~25 万 m³ 的液化天然气(LNG)船为代表的液化气体运输、以万标箱船为代表的集装箱运输、以重大件船为代表的特种货物运输,使《船舶货运技术》的知识量大为增加。

在我国,船舶货物运输技术的发展也具有很长的历史。船舶货运技术的第一代工作者的代表首推陈桂卿教授,陈教授于 20 世纪 50 年代后期编写出版《海船配载》一书,系统论述了杂货船配载的基本原理。该书是当时大连海运学院的教材。20 世纪 70 年代,吴长仲、李治平、刘世宁、沈玉如等人在船舶货运方面做了大量工作,他们的教学与研究成果于 20 世纪 80 年代初先后出版,如《海船积载》、《船舶货运》等书对这一期间船舶货运技术的教学与培训起到了重要作用。到了 20 世纪 90 年代,王建平的《船舶货运技术》、徐邦祯等的《海上货物运输》、邱文昌等的《船舶货物运输》先后出版,从船舶原理、船舶静力学、货物学、各种船舶的受载、配载、运输管理、卸载和交付等全部运输环节论述了船舶货运生产过程,对我国海上货物运输的教学、生产和科研起到了重要的推动作用。

如今,船舶货运技术被各航海院校列为主要专业课程之一,也是我国船员各级考试中必考的一门专业课程。

为了全面总结船舶货运技术方面的理论和经验,满足广大船员在海运生产中的需要,保证运输安全和提高运输效益,我们编写了《船舶货运技术》第 2 版。编写中,我们力求做到下述各项:

1. 全面贯彻国内外有关船舶货运技术的公约、规则和法律

· 覆盖 STCW 公约中的规定内容

STCW 公约生效后对全世界的航海教育及海运生产产生重大影响。我们的航海教育和海运生产正全面贯彻其内容,以便与国际航海教育和海运生产保持一致。

· 全面贯彻国际上有关船舶货运技术方面的公约和规则

本书编写中,全面介绍了国际上各种有关船舶货物运输的公约和规则,如《国际海上人命安全公约》(SOLAS)、《国际海运危险货物规则》(IMDG CODE)、《固体散货安全操作规则》(BC CODE)、《国际散装运输危险化学品船舶构造和设备规则》(IBC CODE,BCH CODE)、《国际散装运输液化气船舶构造和设备规则》(IGC CODE)、《国际防止船舶造成污染公约》及议定书(MARPOL 73/78)等。本书力图详细说明这些公约中有关船舶货运技术的要求。

· 全面贯彻国际上有关船员责任方面的规则及有关惯例

这方面的规则包括 HAGUE 规则、VISBY 规则、HAMBURG 规则、GENCON 条款、BALTIME 条款、ASBATIME (NYPE) 条款等。本书力求将这些规则的要求融合在船舶货运技术的实际作业中。

· 全面贯彻国内有关货运技术方面的规定

这些规定包括中国海商法、中国交通运输部的有关规定、中国海事局的有关规定、中国各大港务局的有关规定、中国各大海上运输公司的有关规定等。本书努力将这些要求与规定贯

彻到船舶货运技术的实际作业中。

2. 全面反映国内外有关船舶货运技术的研究成果

船舶货运技术在航运生产中的重要性与日俱增,但是,国内外在船舶货运技术方面的研究成果尚不够系统,对这些研究成果的总结也不够全面。日本的田中岩吉、英国的托马斯、美国的 Charles L.,John R. Immer,Joseph Leeming 等人曾较全面地总结了 20 世纪 80 年代以前的成果和经验。自 20 世纪 70 年代以后,船舶货运技术在航运生产中的发展取得了很大进展。但是,西方航海人才市场的衰落致使航海教育萎缩,因而很少有人对船舶货运技术作全面深入的总结。本书将在这方面作一尝试,并注意体现船舶货物运输在以下诸方面的进展。

· 船舶的多型化和大型化

目前,从事海上货物运输的船舶可分成杂货船、固体散货船、液体散货船、集装箱船及特种船舶等大类。船舶的大型化的同时货运设备也在很大程度上实现了自动化和现代化,从而给船舶货运技术提出了许多新课题。

· 货种的多样化

化学工业、材料工业及制造业的发展使海上货物运输的货种发生了重大变化,据估计,常运的危险品在 7 000 种(名称)左右,常运的普通货物在 30 000 种(名称)左右。货物运输性质的研究、概括与总结对航运生产具有重大实用价值。

· 各种国际公约日臻完善

国际海事组织、国际劳工组织、各主要船级社及其他国际组织先后制定了大量有关国际海上货物运输生产的规则、公约。这些规则和公约日臻完善,对航运生产起到了推动和保护作用,同时对船舶货运技术也提出了新的要求。

· 计算机的引入

自 20 世纪 70 年代日本人将计算机引入船舶货物运输以后,船舶货运技术发生了根本性变化。船舶的稳性、强度与吃水差的计算精度和计算速度均得到了根本性提高,船舶货载的管理在相当大程度上实现了自动化。这对船舶货运技术本身也提出了更高要求。

3. 妥当处理与相关学科的关系

现行船舶货物运输技术方面的教材已自成体系。但是,船舶货运技术与相关学科的联系与区别尚应当进一步理顺。

· 与《船舶原理》及《船舶静力学》的关系

过去相当长一段时间里,船舶货运技术中包括船舶原理特别是船舶静力学的内容。如今,船舶原理和船舶货运技术已各自成为分学科,但其间的界限尚不够明确,尤其在稳性、强度与吃水差的计算方面。我们认为,船舶原理中应着重讲授稳性、强度与吃水差的计算原理,而船舶货运技术中则主要讲授这一原理的实际使用方法。在本书的编写中贯彻了这一原则。

· 与《远洋运输业务》及《海商法》的关系

现行船舶货运技术教材中,涉及《远洋运输业务》及《海商法》的内容较少。本书的编写中,我们利用相当篇幅论述承运人特别是船员对货载管理方面的责任,并且重点论述怎样防止海上货物运输中的事故。我们认为,《远洋运输业务》及《海商法》应着重探究这些事故发生后的责任归属。

· 与《船艺》的关系

现行的船舶货运技术教材中,涉及船舶结构的内容较少,本书编写中将增加船体结构、舱盖结构、货舱结构、吊杆作业等内容。

4. 努力使专业理论与航运生产紧密相结合

我们在本书编写中,将努力从海上运输实际出发总结我国船舶货运技术方面的理论与实践。

· 总结船舶货运技术理论

近些年来,船舶货运技术在理论上也有长足进展,特别是计算机技术的应用,使船舶浮性、稳性、强度及安全评价等方面得到了很大提高。我们在总结这些理论进展的同时,特别注意论述其在航海生产的适用性。

· 总结航海生产方面的经验

我国目前拥有各级海船船员约170万人。这些船员在航海工作与生产中积累了大量经验。我们在本书的编写中邀请了若干名杂货船船长、大型固体散货船船长、VLCC船长、大型液化天然气船船长、大型集装箱船船长以及特种船船长,他们提供了大量实船数据和实例。我们已将这些知识纳入本书。在总结这些经验和教训的同时,我们特别注意将个例与航海生产的普遍要求结合起来。

· 总结教学方面的经验

"船舶货运技术"课程的教学在我国已有近60年的历史,广大船员、研究人员、管理人员和教师已经积累了大量经验。实践表明,这方面的教学是我国航海教育的重要组成部分,是我国航运生产的重要推动力量。本书编写中将系统总结这些有益经验。

· 增强教材对航海生产的实际指导作用

多年来,我们比较偏重理论教学,对实践环节重视不够。本书编写中,将突出其实用性,使之与航海生产紧密结合起来。我们将略去对实际生产没有意义或意义不大的内容,力图使本书真正成为航运生产的指导书,成为广大船员的工作和生产的伴侣。

本书编写中得了中国海事局、各海事法院、各海事律师所、中国远洋运输(集团)公司、中国海运(集团)公司、有关航海院校的领导、法官、律师、船长和教授们的支持与鼓励。航海学院船舶货运教研室的多位教授及船长提出了大量建设性意见。诚盼师长、同仁、船员及学生对本书提出批评意见。

王建平

2010年6月于大连海事大学

前　言

《船舶货运技术》是研究杂货船、固体散货船、液体散货船、集装箱船和各类特种货船的受载、配载、装货、运输管理、卸载和交付等运输过程的一门应用学科,其历史可追溯到远古"刳木为舟、剡木为楫"的时代。但是,这一技术作为航海教育、研究和生产中的一门独立学科则是 20 世纪 50 年代前后的事情。

早年的船舶货运技术研究的主要问题是船舶配载中的稳性、吃水差和强度的计算方法。这类计算中,方法十分复杂,计算量大,精度不高。那时所研究的船型主要为杂货船,并且主要以曲线和表格为辅助计算工具。50 年代,Г. Е. Павленко 制成了船舶积载校验仪,后经 А. Миронеко 改进,发展成积载计算尺。这种算尺是直接从曲线和表格演化而成的,它使船舶稳性、吃水差和强度的计算过程得到了很大改进,但误差仍然很大。

到了 60 年代,船舶配载技术扩充到了散装谷物船舶、木材船舶、钢材运输船舶等,而且人们制成了砝码配载仪、强度测量仪(stress finder)、稳性测量仪(stabilogauge)、电桥式配载仪等机械类配载仪器。这类仪器主要是对船舶的实际参量或模拟参量进行测量并显示出来,使船舶货运技术向前发展了一大步,但在计算精度和使用方便性方面并没有很大幅度的提高。

从 70 年代开始,船舶配载技术扩充到了油船、液体化学品船、液化气体船、集装箱船等绝大多数船种,同时计算机技术被应用到船舶配载计算中。日本于 1970 年制成了第一部船舶配载专用计算机,其后,美国、英国、德国等西方发达国家生产了大量配载专用计算机,使船舶配载技术发生了革命性变革,计算速度和精度均大为提高。这一时期,用于船舶配载技术中的计算机主要为专用机,即只能进行配载计算,计算机的功能没有得到充分的开发和利用。

80 年代以后,美国开发出了一些软件,在普通计算机上实现了船舶配载的功能,即制成了通用配载计算机。这种计算机不但能进行船舶配载计算,还能实现许多货运管理功能。这一时期,在通用计算机发展的推动下,船舶配载技术扩充到了生产中的所有船型,并且实现了对船舶受载、配载、装货、运输管理、卸货和交付等各个运输环节的管理。

进入 90 年代,船舶货运技术在生产中得到了长足发展。在船舶静力学性能方面,对吃水、稳性和强度的计算达到了较高的精度,足以满足生产中的要求;在货物学方面,对货物的重量、体积和件数的研究,对货物的物理、化学和生物性质的研究,对货物危险性和污染性的研究,对货物包装、积载和绑扎等适运性的研究均取得了重要成果;在运输法规方面,各类国际公约、操作规则日臻完善,各国海事立法日趋规范化,全球海上货物运输生产正趋于用统一的规则运作;在使用的仪器设备方面,生产中已全面引入计算机,不但能完成各类货运计算工作,还能对货运生产做到全面管理,甚至能对货运生产中的危险性做出应有的预测和评判;在培训与教学中,大量引入模拟器,并能对各类货船的受载、配载、装货、运输管理、卸货和交付等运输环节进行模拟。

在我国航海教育中,船舶货运技术作为一门独立的课程于 50 年代在大连海运学院首次开设,即船舶配载。40 多年来,这方面的广大教师和研究工作者积累了丰富的经验,出版了许多论文、教材和专著,完成了一些科研项目,对我国海运生产起到了重要指导与推动作用。

在本书的编写中,主要考虑如下几个方面的问题:

1. 总结生产方面的经验

航海教育中,自 1982 年以来,我国培养了 3 000 多名船长。他们在航海生产中积累了丰富经验。本书编写中曾大量邀请他们提出意见,以便总结他们的经验和教训。

2. 总结船舶货运技术的理论

近些年来,船舶货运在理论上也有长足的进展,特别是计算机应用方面、船舶强度计算方面、船舶稳性评价方面等。我们在总结这些理论进展的同时,特别注意其生产适用性。

3. 增强对生产的实际指导意义

多年来,我们比较偏重理论教学,对实践环节重视的不够。本书的编写中,强调理论的实用性,力图使之与海运生产紧密结合起来。我们略去了对实际生产没有意义或意义不大的内容,力图使本书真正成为海上货物运输生产的指导书。

本书阐述的是船舶货运技术的基础内容。

蒋维清教授先后两次审阅了本书原稿,航海学院船舶货运教研室的老师徐邦桢、沈华、杜嘉立、王云煌等先后提出过很多宝贵意见,谨此致谢。

笔者早年从师于陈桂卿教授,从事船舶货运技术学习与研究近 30 年,但因才智所限,所积甚浅。虽早怀全面总结船舶货运技术之凤愿,以谢师恩,但痛感绠短汲深而未敢落笔。今积管见成册付梓之时尚有后顾,惟恐误人子弟。企盼同仁学长不吝赐教。

王建平
1999 年 5 月于大连海事大学

目 录

第 1 章　船舶及其主要静水力参数

本章给出了货运船舶的定义,对货运船舶的种类作出了系统划分,列述了船舶规范的内容;从海上货物运输角度介绍了中国船级社的船级符号标绘方法,说明了船级的取得、保持与丧失的一般规定,列述了海上货运船舶应配备的证书;本章还给出了常用船舶坐标系的建立方法,论述了船舶主尺度及其相互关系,并且总结了船舶主要静水力参数的变化特点。

§1.1　海上货物运输船舶及其种类

1.1.1　海上货物运输船舶

全世界目前约有 10 万艘 100 GT[①] 以上的海船,共约 8 亿总吨,总载重量约 9 亿吨。这些船大部分为货物运输船舶。

海上货物运输中所研究的船舶(vessel,ship,carrier)一般具有如下特点:[②]

·　系具有完全的海上航行能力并以海船名义进行登记的船舶,浮动产品存储器与卸载装置(FPSO,floating production storage and offloading unit)、浮式生产和储油装置(FPSU,floating production and storage unit)、海上钻井平台(off-shore drilling platform)、各种水上浮动建筑物(floating construction)等不在此列;

·　系指排水型船舶,非排水型船舶、气动力支承船舶或水动力支承船舶,如水翼船(hydrofoil craft)、气垫船(hover craft)、水上飞机(water plane)、地效翼船(GEV,ground effect vehicle;WIG,wing-in-ground craft)、高速船[③](high-speed craft)等不在此列;

·　系用于海上货物运输的商用船舶,专门从事旅客运输的客船、主要用于海洋生物捕捞的各种渔船(fishing ship)、为货物运输提供服务的拖船(tug)、各类工程船(engineering vessel)、军用船(military ship,war ship)、公务船(public service ship)、体育及文化娱乐船(entertainment ship)、教学及科学研究船(research ship,training ship,investigation ship)、重吊船(float lift)、挖泥船(dredger)、消防船(fire-fight boat)、救助船(salvage ship)等不在此列;

·　总长度一般在 20 m 以上;吨位在 150 GT 以上;

·　其所有人可为国家、法人或自然人;其国籍可为任何国家。

1.1.2　货运船舶的种类

海上货物运输船舶可按大小、建造材料、航行区域等进行分类,但在生产中按所承运货物的种类对船舶进行分类则具有特别重要意义。

---

①　GT 为总吨位,其定义见本书 §2.9.2。
②　有关货运船舶的定义,可参见 SOLAS,IMDG,BC,IBC/BCH,IGC,MARPOL73/78,STCW 等国际公约和国际规则。
③　按 IMO 2008 IS Code,高速船系指速度(m/s)在 $3.7 \nabla^{0.1667}$ 以上的船,这里 ∇ 为船舶排水体积(m^3)。

1.1.2.1 杂货船

杂货船(general cargo vessel, general cargo ship, break-bulk carrier)系指从事各种杂货运输的船舶。这类船舶发展最早,曾在海上货物运输中占主导地位,但近些年来由于其他种类船舶的发展,其在数量上和运量上的比重大为下降。但是,目前杂货船仍是数量最大的船种。而且,在2000年以后适于装载多种类别货物的大舱口杂货船在数量上还有所增加。

· 小型杂货船

小型杂货船不足 1 000 DWT[①],长度在 60 m 以下,宽度在 9 m 以下,吃水在 4 m 以下,1 个或 2 个货舱,双层甲板,装有 2 ~ 6 t 吊杆,船速在 10 kn 以下。

· 中型杂货船

中型杂货船为 1 000 ~ 10 000 DWT,长度在 60 ~ 120 m 间,宽度在 9 ~ 18 m 间,吃水在 4 ~ 7 m 间,3 ~ 5 个货舱,双层甲板,装有 6 ~ 15 t 吊杆,船速在 10 ~ 15 kn 间。

· 大型杂货船

大型杂货船为 10 000 ~ 30 000 DWT,长度在 120 ~ 200 m 间,宽度在 18 ~ 28 m 间,吃水在 7 ~ 10 m 间,5 ~ 7 个货舱,双层甲板,装有 15 ~ 40 t 吊杆,船速在 15 kn 左右。

1.1.2.2 固体散货船

专门从事面、粉、末、粒、渣、饼、球、块状等固体散装货物运输的船舶称为固体散货船,其中包括一般固体散货船(solid bulk carrier, bulker)、矿石运输船(ore carrier)、散装谷物运输船(grain carrier)、散煤运输船(bulk coal carrier)、白云石运输船(bulk dolomite carrier)、散盐运输船(bulk salt carrier)、鱼粉运输船(fish meal carrier)、散糖运输船(sugar carrier)、石膏运输船(gypsum carrier)、石灰石运输船(limestone carrier)、镍矿运输船(nickel carrier)、硫磺运输船(sulfur carrier)、水泥运输船(cement carrier)、磷酸盐运输船(phosphate carrier)、铝矾土运输船(bauxite carrier)、运砂船(sand carrier)等。

航运中,固体散货船常分成如下各种:

· 小灵便型散货船(handysize bulk carrier)

小灵便型船为 10 000 ~ 30 000 DWT,装有吊杆,能自装自卸,可在装卸条件相对较差的港口间从事小批量货载的运输。小灵便型船舶营运灵活,船型繁多,种类不一。

· 大灵便型散货船(handymax bulk carrier)

大灵便型船为 30 001 ~ 50 000 DWT,常设 5 舱 5 口,装有吊机,可在装卸条件相对较差的港口间从事散货运输。波罗的大灵便型船舶运价指数(BCI, Baltic Exchange Handymax Index)的基准船为:45 496 DWT,夏季海水吃水 11.62 m,散装舱容 57 175 m³,5 舱 5 口,带 4 支 30 t 吊杆,船长 185.74 m,船宽 30.4 m,满载与空载平均航速 14 kn,耗重油 29.5 t/d。

· 巴拿马型散货船(panamax bulk carrier)

巴拿马型船为 60 000 ~ 80 000 DWT,常设 7 舱 7 口,船宽 32.2 m 左右(仅略小于巴拿马运河船宽限制 32.6 m)。波罗的海巴拿马型船舶运价指数(BCI, Baltic Exchange Panamax Index)的基准船为:70 000 DWT,散装舱容 84 900 m³,最大船长 230 m,满载航速 14 kn,耗重油 30 t/d。

· 好望角型散货船(capesize bulk carrier)

---

① DWT 意为总载重吨,即设计满载排水量与空船重量之差,见本书 §2.9.4.1。

好望角型船为 150 000 ~ 200 000 DWT,常设 9 舱 9 口,主要承运煤、矿石等大宗货载,营运航线相对单一。这种船不能过巴拿马运河而需绕行好望角。由于近年来苏伊士运河当局已放宽通过运河船舶的吃水限制,该型船多可满载通过苏伊士运河。波罗的海好望角型船舶运价指数(BCI,Baltic Exchange Capesize Index)的基准船为:161 000 DWT,散装舱容 176 000 m^3,最大船长 280 m,最大船宽 45 m,满载航速 14 kn,耗重油 52 t/d。

- 特大型散货船(very large bulk carrier,VLBC;very large ore carrier,VLOC ultra-large ore carrier,ULOC)

这是指 200 000 DWT 以上的散货船,这种船的长度一般在 300 m 以上,6 舱 6 口,主要用于装载矿砂、煤炭、钢材、肥料、粮食等大宗散货。这一类型船中,2010 年最大在航船为 364 767 t。我国 2012 年将建成 38 万载重吨矿石船,总长 327 m,型宽 55 m,型深 29 m,设计吃水 21 m,航速 14.5 kn。我国目前(2010 年)正在开发 50 万载重吨级矿砂船。

全世界目前(2010 年)共有散货船 5 000 艘左右,其中约 2 800 艘为灵便型船,约 1 400 艘为巴拿马型船,620 艘为好望角型船,75 艘为水泥运输船,47 艘为矿砂船。

1.1.2.3　液体散货船

液体散货船(tanker)系指从事各种散装液体货物运输的船舶,主要分成散装化学品船(chemical tanker,CT;chemical carrier,CC)、成品油船(products tanker)、原油船(crude oil tanker)、液化天然气船(liquefied natural gas carrier,LNG carrier)、液化石油气船(liquefied petroleum gas carrier,LPG carrier)、其他液化气体船等各类。这类船舶中较大吨位的船舶泛称为大型液体散货船(very large crude oil,liquid chemical or liquid gas tanker,VCLL tanker)。

散装化学品船一般为 5 000 ~ 40 000 DWT,如酸类运输船(acid tanker)、硫酸运输船(sulfuric acid tanker)、溶剂运输船(solvents tanker)、亚磷酸运输船(phosphorous tanker)、菜子油运输船(vegetable oil carrier)、酒类运输船(wine tanker)、糖蜜运输船(molasses tanker)。这类船主要分成两类:

- 有毒液体物质运输船(noxious liquid substances tanker,NLS tanker)
- 无毒液体物质运输船(liquid substances tanker,LS tanker)

大部分液体散装化学品均具有一定毒性,所以大部散装化学品船属于有毒液体物质运输船。2010 年全世界共有散装化学品船 3 000 艘左右。

成品油船主要指从事沥青溶液、润滑与燃料油、馏分油、瓦斯油、汽油调和料、汽油、喷气燃料和石脑油运输的船,如沥青运输船(asphalt tanker,bitumen tanker)、燃料油运输船(bunkering tanker)、污油运输船(slurry carrier)。这类船主要分成如下级别[①]:

- 沿海油船(coastal tanker)为 3 001 ~ 10 000 DWT;
- 小型油船(small tanker)为 10 001 ~ 19 000 DWT;
- 灵便型油船(handy tanker)为 19 001 ~ 25 000 DWT;
- 中型油船(medium tanker,MR)为 25 001 ~ 45 000 DWT;
- 大一型油船(long range one oil tanker,LRI)为 45 001 ~ 70 000 DWT;
- 大二型油船(long range two oil tanker,LRII)为 70 001 ~ 100 000 $^+$ DWT。

原油船主要指从石油出产国向石油进口国运输原油的船,主要分成如下级别:

---

① Lloyd's Register – Fairplay Ltd and Maritime Research Inc:Http://www. shipping-markets. com/help/definition. asp.

· 巴拿马型油船(panamax crude oil tanker)为 50 001～80 000 DWT,宽度为 32.2 m;

· 阿芙拉型油船(aframax crude oil tanker)为 80 001～120 000 DWT;

· 苏伊士型油船(suezmax crude oil tanker)为 120 001～200 000 DWT;

· 特大型油船(VLCC,very large crude oil carrier)为 200 000～350 000 DWT,始于 1966 年,以日本建造的"出光"号(MT Idemitsu Maru)206 106 DWT 原油船为代表;

· 超大型油船(ULCC,ultra large crude oil carrier)为 350 000⁺ DWT,始于 1981 年,以日本建造的"海上巨人"号(MT Seawise Giant)564 839 DWT 原油船为代表。

2009 年底,全世界共有 MR(中程油型)约 1 310 艘,Panamax 约 380 艘,Aframax 约 810 艘,Suezmax 约 380 艘,VLCC 约 520 艘(其中 93 艘为单层壳船,于 2010 年初退出营运),ULCC 约 10 艘(基本全部用做储油设备)。这其中,约 10%(艘数)的船舶因单船壳原因应在 2010 年初退出营运。按订单,同时又有约 400 艘原油船投入营运,其中 VLCC 为 101 艘。

液化气体船舶运输以液化天然气为主,这种船技术含量很高因而造价很高,2009 年全世界共有 9 家船厂有能力制造这类船舶(日、韩各 3 家,欧洲 2 家,中国 1 家)。液化天然气船型主要分成如下级别:

小型船,100 000 m³ 以下;

中型船,150 000 m³ 左右,总长 280 m,型宽 40 m,吃水 12 m,航速 20 kn;

QF 型液化天然气船(Q-flex LNG tanker)为 210 000 m³ 左右,总长 315 m,型宽 45 m,吃水 12 m,航速 20 kn;

QM 型液化天然气船(Q-max LNG tanker)为 260 000 m³ 左右,总长 345 m,型宽 50 m,吃水 12 m,航速 20 kn;

液化石油气船舶运输自 20 世纪 60 年代起步,如今已比较成熟,代表船型为超大型气体运输船(very large gas carrier,VLGC),载货量 7 500～11 000 m³,总长 100～120 m。

2009 年全世界有液化天然气船约 300 艘,2011 年前后预计增加到 400 艘左右;有超大型气体运输船约 100 艘。

此外,其他液化气体船,如氯气运输船(chlorine tanker)、乙烯运输船(ethylene tanker)等,也在液化气体运输中占有一定数量。

1.1.2.4　集装化货物运输船

集装化货物运输船(unitized cargo carrier)系指专门从事各种货物单元(cargo unit)运输的船舶,如集装箱船(container vessel,container liner,container carrier)、滚装船(ro/ro vessel)、载驳船(barge carrier)等。

· 集装化货物运输船可认为从杂货船演化而成。第一个集装箱船出现于 20 世纪 50 年末期,其后迅速发展。全集装箱船发展的过程可概括为如下几个阶段:

· 第一代集装箱船,1 000 TEU 以下,产生于 1970 年以前;

· 第二代集装箱船,2 000 TEU 以下,产生于 1971～1980 年;

· 第三代集装箱船,3 000 TEU 以下,产生于 1981～1990 年;

· 第四代集装箱船,3 000 TEU 以上,产生于 1988～1995 年;

· 第五代集装箱船,6 000 TEU 以上,产生于 1990～2000 年;

· 第六代集装箱船,8 000 TEU 以上,产生于 1998～2006 年;

· 第七代集装箱船,10 000 TEU 以上,产生于 2006～。

因尺度太大而不能通过巴拿运河的船称为超巴拿型船(post-panamax,ultra-panamax,over-panamax)。5 000 TEU 以上的船一般属于超巴拿型集装箱船。

巴拿马运河扩建后(2014 年竣工)可通行的集装箱船型称为新巴拿型集装箱船(new-panamax container carrier),其尺度为:总长 366 m、最大宽度 49 m、吃水 15.2 m,载箱量约为 12 000 ~ 14 000 TEU。

预计到 2010 年底,全世界拥有集装箱船约 4 000 艘,其中万箱船约 150 艘。2009 年 4 月份全世界前 20 名集装箱班轮公司船舶及运力排名如表 1.1.2.1 所示。

表 1.1.2.1　全世界前 20 名集装箱班轮公司船舶及运力排名

名次	船公司	运力箱数(TEU)	运力船数
1	马士基(APM-Maersk)	2 028 048	540
2	地中海航运(MSC)	1 545 972	437
3	达飞(CMA CGM Group)	963 803	362
4	长荣(Evergreen Line)	623 744	175
5	中远集运(COSCO Container L.)	496 428	149
6	赫伯罗特(Hapag-Lloyd)	486 193	127
7	总统公司(APL)	484 163	131
8	中海集运(CSCL)	453 247	143
9	日本邮船(NYK)	419 593	115
10	韩进(Hanjin/Senator)	382 951	92
11	商船三井(MOL)	377 090	104
12	东方海外(OOCL)	350 439	80
13	阳明(Yang Ming Line)	323 816	83
14	汉堡南美(Hamburg Süd Group)	316 525	116
15	川崎汽船(K Line)	306 026	91
16	南美轮船(CSAV Group)	296 829	97
17	以星(Zim)	274 664	97
18	现代商船(Hyundai M.M.)	259 894	54
19	太平洋船务(PIL)	184 363	107
20	阿拉伯轮船(UASC)	157 107	44

新造集装箱船的载箱量仍在增加。马六甲型集装箱船(malaccamax container ship)的尺度限制为长 470 m、宽 60 m、吃水 20 m,300 000 DWT 以内。这种船的载箱量约为 18 000 TEU。

在集装化货物运输船的发展过程中,还出现一些具有专门用途的集装化货物运输船,如无舱盖集装箱船(hatchless container ship)、冷藏集装箱船(reefer container vessel)、支线集装箱船(feeder ship)、散货/集装箱船(open bulk container carrier,ore bulk container carrier)、集装箱滚装船(conro carrier)、滚吊式集装箱船(ro-ro/lo-lo carrier)、载驳船(barge carrier)等。

1.1.2.5　特种货物运输船

特种货物运输船(neubulk carrier)系指从事特种货物运输的船舶,如汽车运输船(pure car carrier,PCC)、钢材运输船(steel products carrier)、木浆运输船(wood pulp carrier)、新闻纸运输船(news print carrier)、木材运输船(timber carrier)、木片运输船(wood chip carrier)、活动物运输船(live stock carrier)、托盘运输船(pallet vessel,pallet carrier)、冷藏货物运输船(refrigerated cargo carrier)、冷藏托盘运输船(refrigerated pallet vessel)、冷藏拖车运输船(refrigerated trailer vessel)、重大件运输船(heavylift carrier)、浮上浮下船(flo-on/flo-off carrier)、半潜式重件运输船(semi-submersible heavy-lift ship)等。

1.1.2.6 混合运输船与多用途船

一些船舶上,不同区域的结构不同,所以可同时载运两种或两种以上货物,如集装箱/托盘运输船(container/pallet ship)、矿石/石油运输船(ore/oil carrier)、集装箱/矿石运输船(container/ore vessel)、化学品/石油运输船(chemical/oil tanker)、石油/散货/矿石运输船(oil/bulk/ore carrier,OBO carrier)等,称为混合运输船(combination carrier)。还有一些船舶的货舱结构适宜于载运两种或两种以上货物,因而不同航次可载运不同货物,这类船舶称为多用途船(multi-purpose carrier)。

1.1.2.7 近海供应船

近海供应船(offshore supply vessel)系指专门用于在浮动产品存储器与卸载装置、浮式生产和储油装置、海上钻井平台、各种水上浮动建筑物与海岸之间从事供给性运输的船舶。这类船舶主要用于各种物质和设备运输,有时也包括人员运输。

这类船舶航程很短,受风浪等恶劣天气影响较小,国际上对其安全方面所作的规范较一般海船弱一些。

1.1.2.8 驳船

驳船(barge)系指本身没有动力,而需由拖船(tug)或其他船拖带运输的船或需装载在其他船上进行长航程运输的船。

·方驳(pontoon)

方驳形似方盒,无动力、无配员,仅装载甲板货物,方形系数不小于0.9,宽深比大于3,甲板上除人孔盖外无舱口。方驳又称箱式货驳(box barge)。

·船形驳(rake barge)

船形驳首尾呈斜尖形,形状与船相似。这种驳船无动力和配员,因其阻力较小而常用做拖船组的首船。

·特种货驳(special barge)

这主要指专门用于装运某种特殊货物的驳船,如平板驳(flat barge)、液货驳(liquid barge)、重件驳(heavy-lift barge)等。

1.1.2.9 客货船

客货船系指在载运旅客的同时还装载部分货物的各种船舶,如客货船(passenger-cargo carrier)、滚装客船(ro-ro passenger carrier)、集装箱客船(container passenger vessel)、渡船(ferry)等,其载客数量一般超过12人。

应注意,载客超过12人的船属于客船(passenger ship,passenger carrier),在运输中除了必须满足货船运输规则外,还必须满足船级社和海事安全主管部门对客船的要求。有关客船运输的要求不在本书的研究范围之内。

1.1.3 船舶规范的内容

船舶规范(ship particulars)一般包括下述各项内容:

·船名

船名(name of ship)通常指其营运中正在使用的名字。一艘船在一生中可能换用多个名字,以前使用过的名字为曾用名(ex name)。

·船舶所有人及经营人

对船舶拥有所有权之人称为船舶所有人或船东(owner),其可为自然人或法人;对船舶拥有经营权之人称为经营人(operator),其亦可为自然人或法人。船舶经营人可为船舶所有人,也可为承租人(charterer)。

· 船籍港与船旗国

船舶所有人通常可自由选择其船注册的国家即船旗国(nationality,flag)和注册的港口即船籍港(port of registry)。为识别船舶,特别是识别船名及某些曾用名相同的船舶,船舶注册机构通常在船名之外另给船舶一个编号,称为注册号码(registered number,official number)。

由于各国对船舶管理的规则不同,从而船舶在各国享有的权力和义务也就不同,以至于所交费用、注册的方便程度、船员管理和所承担的责任等相差很大。

提供船舶注册、船员管理等方面便利的国家称为方便旗(flags of convenience,FOC)国家。国际运输工人联合会(International Transport Workers' Federation,ITF)认定下述国家(机构)为方便旗国家(机构):

安提瓜和巴布达(Antigua and Barbuda)　　　直布罗陀(Gibraltar)

巴哈马(Bahamas)　　　洪都拉斯(Honduras)

巴巴多斯(Barbados)　　　牙买加(Jamaica)

伯利兹(Belize)　　　黎巴嫩(Lebanon)

百慕大(Bermuda)　　　利比里亚(Liberia)

玻利维亚(Bolivia)　　　马耳他(Malta)

缅甸(Myanmar)　　　马绍尔群岛(Marshall Islands)

柬埔寨(Cambodia)　　　毛里求斯(Mauritius)

开曼群岛(Cayman Islands)　　　蒙古(Mongolia)

喀麦隆(Comoros)　　　荷属安第列斯(Netherlands Antilles)

塞浦路斯(Cyprus)　　　朝鲜(North Korea)

赤道几内亚(Equatorial Guinea)　　　巴拿马(Panama)

法国国际船舶注册局(French International-　　　圣多美及普林西比(Sao Tome and Príncipe)
al Ship Register,FIS)　　　圣文森特(St Vincent)

德国国际船舶注册局(German Interna-　　　斯里兰卡(Sri Lanka)
tional Ship Register,GIS)　　　多哥(Tonga)

格鲁吉亚(Georgia)　　　瓦努阿图(Vanuatu)

在上述这些国家(机构)注册的船舶称为方便旗船。

· 国际海事组织编号

为了便于对全世界的船舶进行识别,国际海事组织(IMO)联合劳氏船舶杂志社(Lloyd's Register Fairplay)①对全世界吨位在 100 GT 及以上的商用船舶进行统一编号,称为国际海事组织编号(IMO number)。

实际上,并不是所有商船均可取得国际海事组织编号。一般,吨位在 100 GT 及以上的国际海上货物运输船舶必须取得这一编号。

国际海事组织编号由 7 位数字组成,可免费申得,并且不随船舶的买卖、转让而改变。

———————————

① 现改为 IHS Fairplay。

· 建造参数及日期

船舶的建造参数主要包括建造厂、船体编号、建造和交付日期等。

船舶的建造日期(build date)通常是其龙骨(keel)安放日期,也可以是其处于相似建造阶段的日期或是已有50 t质量的建造材料置于船台之上的日期。船体编号是船厂为某一船体所作编号,一般用压印等方式刻写在船体上。

船体从船台上下入水中的日期称为下水日期(date of launch)。船舶在下水之后还需要进行很多装备工作,其完全建造完成的日期称为完成日期(date of completion)。交付给船舶所有人的日期称为交付日期(date of delivery)。

· 注册船级社及船级

这部分内容指船舶所注册的船级社、取得的船级等。

· 航速

船舶规范中给出的航速(speed)一般为船舶航行时在无风静水情况下的最大对地航速,有时也给出设计航速(design speed)、试航航速(trial speed)、营运航速(service speed)等。

· 尺度

船舶尺度(dimensions)系指其长度、宽度、吃水、深度等参数。一般,长度为总长、两柱间长、登记长度等;宽度为最大宽度和型宽等;吃水为设计吃水、最大吃水、结构吃水等;深度为型深、最大深度等。

· 载重性能

船舶的载重性能一般指其排水量、总载重量、空船重量等参数;燃油、柴油、滑油、淡水、压载水等装载量及常数重量等。

· 容积性能

船舶的容积性能一般指其包装容积、散装容积、集装箱装载量、特种货物积载处所的面积等参数。

· 吨位

这指船舶的总吨位、净吨位、运河吨位等参数。

· 货舱数量及货舱尺度

这部分参数包括船舶货舱的数量、舱口及舱口盖尺度、货舱尺度、吊杆数量及负荷等。

· 主机参数

这部分内容一般包括主机牌号、制造厂家及有关技术参数等信息。

· 国际安全管理的有关信息

船舶规范中有时还列有国际安全管理(International Safety Management, ISM)方面的有关信息,如主管机关、认证机关、安全管理体系、安全管理证书、指定人员(designated person, DP)等。

· 通信及联络信息

船舶规范中通信联络信息包括海上移动电台识别号(maritime mobile service identity, MMSI)、电话(tel)、电报(cbl)、电传(tlx)、传真(fax)、电邮(eml)、邮编(psc)及通信地址(add)等参数。

国际上并没对船舶规范的内容作出统一规定,各国家、各船公司编制船舶规范内容的详尽程度有很大差别。船员对此应加以注意,必要时应查找船舶资料进行核对。

§1.2　船级及主要货运证书

1.2.1　船级社与船级

船级(ship's class)是船级社(classification society, shipping bureau, register)对船体、设备、轮机、电气等技术状态作出的划分。

船级社一般是代表船舶所有人、船舶建造人、轮机建造人、船舶保险人等多方利益的机构。船级社一般制定有船舶入级与建造规则,用以指导船舶的建造、布置及建造和营运中的检验。有的船级社还进行船型、船舶结构、安全设备等方面的研究工作。

船舶所有人的船舶是否要入级并没有法律限制,但生产中没有船级的船舶无法参加营运,因为船舶所有人无法说明其船舶的技术状态,而且,船级较高的船保险费率较低,船舶所有人为了尽可能减少保险费用必须尽量提高其船级。同时,承租人一般希望租用船级较高的船,托运人也希望选用船级较高的船载运其货物。

目前国际上具有船级社性质的机构和公司约300家。国际船级社协会(International Association of Classification Societies Ltd, IACS)目前(2010年)共有11个成员船级社,即美国船级社、法国船级社、中国船级社、挪威船级社、德国船级社、韩国船级社、(英国)劳埃德船级社、日本船级社、意大利船级社、俄罗斯船级社和印度船级社,表1.2.1.1是其名称、代号、电邮及网址[1]。

表 1.2.1.1　国际船级社协会成员船级社

中文名称	英文名称	代号	电子邮件地址及网页	入级符号
美国船级社	American Bureau of Shipping	ABS	abs-worldhq@ eagle. org http://www. eagle. org	✠ A1
法国船级社	Bureau Veritas	BV	veristarinfo@ bureauveritas. com http://www. veristar. com	✠
中国船级社	China Classification Society	CCS	ccs@ ccs. org. cn http://www. ccs. org. cn	★CSA5/55
挪威船级社	Det Norske Veritas	DNV	iacs@ dnv. com http://www. dnv. com	✠ 1A1
德国船级社	Germanischer Lloid	GL	headoffice@ gl-group. com http://www. gl-group. com	✠ 100A5
韩国船级社	Korean Register	KR	krsiacs@ krs. co. kr http://www. krs. co. kr	✠ KRS1
(英国)劳埃德船级社	Lloyd's Register of Shipping	LR	Lloydsreg@ lr. org http://www. lr. org	✠ 100A1
日本船级社	Nippon Kaiji Kyokai	NK	xad@ classnk. or. jp http://www. classnk. or. jp	NS ✱
意大利船级社	Registro Italiano Navale	RINA	info@ rina. org http://www. rina. org	100-A-1. 1or C
俄罗斯船级社	Russia Register of Shipping	RS	004@ rs-head. spb. ru http://www. rs-head. spb. ru	KM ✺
印度船级社	Indian Register of Shipping	IRS	ho@ irclass. org http://www. irclass. org	卍 SUL

---

[1]　http://www. iacs. org. uk/.

（英国）劳埃德船级社在全世界影响最大，每年7月出版3卷包括差不多全世界所有吨位在100 GT及以上入级船舶的船舶录。我国船级社也定期出版在该社入级船舶的船舶录。

此外，还有一些船级社在国际航运中具有较大影响，如表1.2.1.2所示。

表1.2.1.2 一些重要船级社的名称和代号

中文名称	英文名称	代号
保加利亚船级社	Bulgarian Register of Shipping	BR
希腊船级社	Hellenic Register	HR
波兰船级社	Polski Rejestr Statkow	PR
罗马尼亚船级社	Registru Naval Roman	RNR
土耳其船级社	Turkish Lloyd	TL
葡萄牙船级社	Rinave Portuguesa	RINAVE
克罗地亚船级社	Croatian Register of Shipping	CRS
印度尼西亚船级社	Biro Klasifikasi Indonesia	BKI
捷克船级社	Czech Shipping and Industry Register	CSIR

1.2.2 我国船级社的入级符号和附加标志

凡经中国船级社批准入级的船舶，对其船体及设备将根据不同情况分别授予下列入级符号：

① ★，表示船体及设备、轮机及电气设备、特殊设备在该社检验下建造，符合该社的《钢质海船入级规范》[1]，并保持在良好有效的技术状态，适于海上航行。

② ★，表示船体及设备、轮机及电气设备、特殊设备不在该社检验下建造，但经该社检验认为符合该社的入级要求，适于海上航行。

③ CSA5/5，表示船体及设备完全符合该社《钢质海船入级规范》的有关要求，且特别检验的间隔为5年。该符号中，5/5可由4/5或3/5取代，表示特别检验的间隔为4年或3年。

④ CSM，表示轮机及电气设备完全符合该社的《钢质海船入级规范》的要求。

⑤ ★CSM，表示船舶推进机械及重要辅助机械不在该社检验下进行建造、安装和试验，但经该社检验和试验认为可以接受。

经该社批准入级的船舶将根据船体及设备的具体情况加注一个或数个附加标志。中国船级社加注的与海上货运船舶有关的附加标志如表1.2.2.1所示。

经该社批准入级的船舶还将根据主机及电气设备的具体情况加注一个或数个附加标志，具体如下。

AUT-0，加注于能由驾驶室控制站进行遥控运行的推进机械装置，机械处所集中控制站周期性无人值班，其控制、报警和安全系统的布置、安装和试验符合该社的建造规范或等效规定。

AUT-1，加注于能由驾驶室控制站进行遥控运行的推进机械装置，机械处所集中控制站需有人值班，其控制、报警和安全系统的布置、安装和试验符合该社的建造规范或等效规定。

MCC，加注于能由机械处所集中控制站进行控制运行的推进机械装置，其控制、报警和安全系统的布置、安装和试验符合该社的建造规范或等效规定。

BRC，加注于能由驾驶室控制站进行遥控运行的推进机械装置，机械处所有人值班，其控制、报警和安全系统的布置、安装和试验符合该社的建造规范或等效规定。

---

① 中国船级社. 钢质海船入级规范第一篇，第1～19页. 北京：人民交通出版社，2009.

表 1.2.2.1　船体附加标志

编号	名称	附加标志	英文含义
1	客船	PS	Passenger ship
2	干货船	–	Dry cargo ship
3	液货船	TAN	Tanker
4	油船货油闪点大于60℃	OT＞60℃	Oil tanker＞60℃
5	油船货油闪点低于60℃	OT＜60℃	Oil tanker＜60℃
6	化学品液货船	CT	Chemical tanker
7	液化气体船	LCG	Liquefied gas tanker
8	集装箱船	CTS	Container ship
9	滚装船	RRS	Ro-ro ship
10	散货船	BC	Bulk Carrier
11	矿砂船	OC	Ore carrier
12	拖船	TUG	Tug
13	近海供应拖船	OTS	Offshore tug/supply ship
14	近海供应船	OS	Offshore supply ship
15	驳船	BAR	Barge
16	油驳	OB	Oil barge
17	箱形驳	PON	Pontoon
18	矿/油运输船	OOC	Ore/oil carrier
19	矿/散货/油运输船	OBO	Ore/bulk/oil carrier
20	具有重货加强的船	SHC	Strengthened for heavy cargoes
21	具有重货加强及指定空舱的船	SHE	Strengthened for heavy cargoes and Hold...may be empty
22	非集装箱船但具有集装箱装置	ECSA	Equipped with container securing arrangements
23	木材运输船	TC	Timber carrier
24	载驳母船	BGC	Barge carrier
25	汽车运输船	CC	Car carrier
26	特殊用途船	SPS	Special purpose ship
27	近海航区	GCS	Greater coastal service
28	沿海航区	CS	Coastal service
29	遮蔽航区	SWS	Sheltered water service
30	最严重冰况的冰区加强	ICB1*	Ice class B1*
31	严重冰况的冰区加强	ICB1	Ice class B1
32	中等冰况的冰区加强	ICB2	Ice class B2
33	轻度冰况的冰区加强	ICB3	Ice class B3
34	漂流浮冰的冰区加强	ICB	Ice class B
35	水下检验	IWS	In-water service
36	加强检验	ESP	Exam of special purpose
37	船体实行的循环检验	CHS	Continuous hull survey
38	船舶实行安全管理体系	SMS	Ship management system
39	可用于各种装载工况下进行船体强度计算和校核的装载仪	LCS	Loading computer S
40	可用于散装谷物稳性计算和校核的装载仪	LCG	Loading computer G
41	可用于完整稳性计算和校核的装载仪	LCI	Loading computer I
42	可用于破舱稳性计算和校核的装载仪	LCD	Loading computer D
43	可用于某几项计算的装载仪	LC＋S,G,I or D	Loading computer S or G or I or D

MIP,加注于推进机械和重要辅助机械组合成一个动力机组并由驾驶台进行遥控的轮机装置,其布置、安装和试验符合该社的建造规范或等效规定。

IGS,加注于装有符合规范规定的惰气系统并用于从事装运散装油类或散装化学品的船舶。

PMS,加注于船舶机械有计划保养系统的船舶。

SCM,加注于装有螺旋桨轴状况监控系统的船舶。

CMS,加注于实施循环检验的船舶。

1.2.3　船级的取得

新船为取得我国船级社检验下建造的船级,必须申请建造入级检验。这应在建造前向该社送审必要的图纸和资料。在建造过程中及在布置、安装和试验过程中都必须执行该社的具体规定。

未在该社检验下建造的船舶向该社申请入级时,须提交必要的图纸和资料、建造和改建中其他验船机构签发的证书和检验文件。该社将按规定对其进行审查和检验。

船体和设备、轮机和电气设备失去该社授予的船级时可重新申请入级。重新入级时,必须提交与船龄和技术状况相适应的有关资料,由该社进行一次特别检验。

原在该社入级后被暂停船级的船舶,在恢复船级时,该社将根据船龄和其他具体情况进行检验,如检验表明船舶处于良好有效状态,该社将恢复其原授予的船级。

该社验船师完成船舶入级检验或重新入级检验后将各种检验报告报送该社审查。经审查确认其符合建造规范的规定后将给提出申请入级的单位或其代理人签发船体和轮机入级证书。

1.2.4　船级的保持

船舶为了保持船级,必须按建造规范的规定定期进行各项检验。

1.2.4.1　年度检验

所有船舶均应经受年度检验(annual survey)。该检验应于完工、投入使用或特别检验日期的每周年前后3个月内进行。

1.2.4.2　中间检验

所有船舶均应经受中间检验(intermediate survey)。该检验应于完工、投入使用或特别检验后的第2个或第3个年度检验时进行。该检验代替1次年度检验,并于每年度检验到期日的前后3个月内进行。

1.2.4.3　坞内检验

所有船舶均应经受坞内检验(docking survey)。除有规定外,坞内检验5年内应不少于2次,间隔期为2.5年,最长间隔期不得超过3年,但其中1次应在特别检验时进行。国内航行客船的坞内检验应每年进行1次;港内航行船舶或非自航船舶的坞内检验间隔可略长,但应经该社同意;根据船体水线下的具体情况该社可缩短坞内检验间隔期;在特别情况下坞内检验可由水下检验代替。

1.2.4.4　特别检验

一般船体、轮机及电气设备的首次特别检验(special survey)应在入级检验后5年内进行。检验后,根据船舶的具体情况确定船舶的特别检验间隔为5年、4年或3年。特别检验可在到期之日前开始,但不应超过12个月。如果特别检验在到期之日3个月前完成,则新的特别检验日期将自此次检验完成之日算起,其他情况则按原检验到期之日算起。如果在特别检验到期之日还未完成特别检验,经验船师上船检验并经该社批准,可给予不超过 3 个月的展期,以便完成特别检验。在这种情况下,下次船级特别检验的日期仍应从展期前的特别检验到期之日算起。

1.2.4.5　螺旋桨和尾轴检验

根据螺旋桨和尾轴的结构,检验周期规定为 5 年。

1.2.4.6　锅炉和热油加热器检验

锅炉和热油加热器检验应每 2.5 年进行 1 次。

1.2.4.7　循环检验

如果由船东申请并经该社同意,则机械及电气设备的特别检验和除油船、散货船和混装船以外的船体特别检验可由循环检验(circle survey)代替。当实施循环检验时,特别检验的项目应在 5 年、4 年或 3 年内完成,其间年度检验和中间检验应照常进行。

1.2.5　船级的丧失

已经入级的船舶遇有下述情况之一者取消其船级:

· 不按该社的规定进行保持入级的检验,并在该社通知船舶所有人要求在规定期限履行相应的检验仍未能实现时;

· 发现有影响保持入级的缺陷而船舶所有人不能按该社要求进行修理时;

· 船舶所有人要求取消其船级时。

应注意,如果未按船级社的要求进行检验,船级可被自动取消。

1.2.6　船舶的主要货运证书

按国际海事组织的有关规则,货物运输船舶必须持有相应的证书,用以表明船舶技术状况符合船级社的有关规定。这些证书的原件必须保存在船。

1.2.6.1　所有船舶必须保存在船的证书

按国际海事组织有关规则的规定,营运中货运船舶必须配备下述各项证书:

· 《国际吨位证书》(International Tonnage Certificate,1969)。该证书中载有船的总吨位和净吨位,其数值系船级社按《1969 年船舶吨位丈量公约》(International Convention on Tonnage Measurement of Ships,1969)丈量所得。

· 《国际载重线证书》(International Load Line Certificate)。该证书由船级社按《1966 年国际载重线公约》(International Convention on Load Lines,1966)或该公约的《1988 年载重线议定书》(1988 LL Protocol)签发。船舶的相应载重线亦由船级社按该两文件核算并勘划在船中左右两侧。

· 《国际载重线免除证书》(International Load Line Exemption Certificate)。对于不能满足《1966 年国际载重线公约》或其《1988 年载重线议定书》要求的船舶,船旗国授权船级社可签发一份国际载重线免除证书,以证明该船确因特殊原因不能满足该两文件的要求,但航行并无危险。

· 《完整稳性报告书》(Intact Stability Booklet)。所有总长在 24 m 及以上的货船必须配备该文件,以使船长能及时迅速地计算出各种装载情况下的稳性。

- 《破损控制布置图及计算书》(Damage Control Plans and Booklets)。该计算书用以说明舱室水密边界、开口位置及其封闭和控制装置、进水后克服横倾的布置等,同时其内还载有破损状态下的有关计算书。
- 《国际防止油污证书》(International Oil Pollution Prevention Certificate)。150 GT 及以上的油船、400 GT 及以上的其他船必须按 MARPOL 73/78 配备该证书。
- 《油类记录簿》(Oil Record Book)。150 GT 及以上的油船、400 GT 及以上的其他船必须按 MARPOL 73/78 配备油类记录簿的第一部分,150 GT 及以上的油船还必须配备油类记录簿的第二部分。
- 《船舶油污应急计划》(Shipboard Oil Pollution Emergency Plan)。150 GT 及以上的油船、400 GT 及以上的其他船必须按 MARPOL 73/78 配备该计划。
- 《国际防止生活污水污染证书》(International Sewage Pollution Prevention Certificate)。船舶必须按 MARPOL 73/78 配备该证书。
- 《垃圾管理计划》(Garbage Management Plan)。400 GT 及以上的船、载客 15 人及以上的船必须按 MARPOL 73/78 配备该计划。
- 《垃圾记录簿》(Garbage Record Book)。400 GT 及以上的船、载客 15 人及以上的船必须按 MARPOL 73/78 配备该记录簿。
- 《货物系固手册》(Cargo Securing Manual)。非装载固体和液体散装货物的船舶必须按 1974 年《国际海上人命安全公约》(The Convention of Safety of Life at Sea,SOLAS)的要求配备该手册,其主要内容在国际海事组织《货物积载与系固安全操作规则》(Code of Safe Practice for Cargo Stowage and Securing,CSS)中作出了规定。

1.2.6.2 一般货船应配备的附加证书

一般货船,除了必须配备 1.2.6.1 节规定的与货物运输有关的证书之外,还必须配备下述各项证书。

- 《货船安全构造证书》(Cargo Ship Safety Construction Certificate)[1]。500 GT 及以上的货船必须配备该证书。
- 《货船安全设备证书》(Cargo Ship Safety Equipment Certificate)[2]。500 GT 及以上的货船必须配备该证书。
- 《货船安全证书》(Cargo Ship Safety Certificate)[3]。货船必须按《国际海上人命安全公约》配备该证书。
- 《谷物运输授权书》(Document of Authorization for the Carriage of Grain)。按《国际散装谷物安全操作规则》(International Code for the Safe Carriage of Grain in Bulk)装载散装谷物的船舶,必须配备该授权书[4]。该授权书可载入谷物装载手册中。

---

[1] SOLAS 1974,regulation I/12,as amended by the GMDSS amendments;1988 SOLAS Protocol,regulation I/12.

[2] SOLAS 1974,regulation I/12,as amended by the GMDSS amendments;1988 SOLAS Protocol,regulation I/12(2000 amendments),appendix.

[3] SOLAS 1974,regulation I/12,as amended by the GMDSS amendments;1988 SOLAS Protocol,regulation I/12(2000 amendments),appendix.

[4] SOLAS 1974,regulation VI/9;International Code for the Safe Carriage of Grain in Bulk,section 3 5 The form of the Certificate and its Record of Equipment may be found in the GMDSS amendments to SOLAS 1974. 6 SLS. 14/Circ. 115 and Add. 1 refers to the issue of exemption certificates. FAL. 2/Circ. 87 MEPC/Circ. 426 MSC/Circ. 1151.

　　·　《货载说明书》(Cargo Information)。该说明书是托运人对其所托运货物向船长或其代表人作出的说明[①]。

　　·　《固体散货船装载手册》(Bulk Carrier Booklet)。固体散货船应配备装载手册,以使船长能够在装卸过程中保证船舶强度不超过安全负荷[②]。

　　·　《清洁压载舱操作手册》(Dedicated Clean Ballast Tank Operation Manual)。装设有清洁压力舱操作系统的船舶,必须配备该手册[③],并经主管当局批准。该手册应说明清洁压载舱的作用及操作细则。

　　·　《原油洗舱操作和设备手册》(Crude Oil Washing Operation and Equipment Manual, COW Manual)。装有原油洗舱系统的船舶必须配备该手册[④],并经主管当局批准。该手册应说明清洁压载舱的作用及操作细则。

　　·　《静水压力均衡装载操作手册》(Hydrostatically Balanced Loading Operational Manual)。装备了静水压力均衡装载系统的油船,必须配备该手册[⑤]。

　　·　《货油排放监控操作手册》(Oil Discharge Monitoring and Control Operational Manual)。装有货油排放监控系统的油船,应配备该操作手册[⑥],并应经主管当局批准。

　　·　《分舱及稳性说明书》(Subdivision and Stability Information)。必须遵行 MARPOL 73/78 附则一第 25 条[⑦]的油船,应配备该说明书,用以说明货物的装载程序及破损稳性符合该条规定。

1.2.6.3　有害液体散装化学品运输船舶应配备的附加证书

　　载运有害液体散装化学品的船舶,除了必须配备 1.2.6.1、1.2.6.2 节规定的与货物运输有关的证书之外,还必须配备下述各项证书:

　　·　《国际防止有害液体散装化学品污染证书》(International Pollution Prevention Certificate for the Carriage of Noxious Liquid Substances in Bulk, NLS Certificate)。载运有害液体散装化学品的船舶,从事国际航行时必须配备此证书[⑧]。该证书与散装化学品船的《散装危险化学品适装证书》和《国际散装危险化学品适装证书》具有同等效力。

　　·　《货物记录簿》(Cargo Record Book)。应遵行 MARPOL 73/78 附则二的船舶,必须配备此文件[⑨],其可以作为船舶志的一部分。

1.2.6.4　液体散装化学品运输船舶应配备的附加证书

　　载运液体散装化学品的船舶,除了必须配备 1.2.6.1、1.2.6.2 节规定的与货物运输有关的证书之外,还必须配备下述各项证书:

　　·　《散装危险化学品适装证书》(Certificate of Fitness for the Carriage of Dangerous Chemicals in Bulk)。1986 年 7 月 1 日以前建造的散装液体化学品船,从事国际运输时必须配备此证

---

　　①　SOLAS 1974, regulations VI/2 and XII/10; MSC/Circ. 663.
　　②　SOLAS 1974, regulations VI/7 and XII/8; Code of Practice for the Safe Loading and Unloading of Bulk Carriers (BLU Code).
　　③　MARPOL 73/78, Annex I, regulation 13A.
　　④　MARPOL 73/78, Annex I, regulation 13B; FAL. 2/Circ. 87 MEPC/Circ. 426 MSC/Circ. 1151.
　　⑤　MARPOL 73/78, Annex I (2001 amendments (resolution MEPC. 95(46)), regulation 13G.
　　⑥　MARPOL 73/78, Annex I, regulation 15(3)(c).
　　⑦　MARPOL 73/78, Annex I, regulation 25; FAL. 2/Circ. 87; MEPC/Circ. 426; MSC/Circ. 1151.
　　⑧　MARPOL 73/78, Annex II, regulations 11 and 12A.
　　⑨　MARPOL 73/78, Annex II, regulation 9.

书①。

·　《国际散装危险化学品适装证书》(International Certificate of Fitness for the Carriage of Dangerous Chemicals in Bulk)。1986 年 7 月 1 日以后建造的散装液体化学品船,从事国际运输时必须配备此证书②。

1.2.6.5　散装气体运输船舶应配备的附加证书

载运气体货物的船舶,除了必须配备 1.2.6.1、1.2.6.2 节规定的与货物运输有关的证书之外,还必须配备下述各项证书:

·　《液化气体适运证书》(Certificate of Fitness for the Carriage of Liquefied Gases in Bulk),用以证明该船适合装载散装液化气体货物,且符合 GC 规则及有关修正案③。

·　《国际液化气体适运证书》(International Certificate of Fitness for the Carriage of Lique-fied Gases in Bulk),用以证明该船适合装载散装液化气体货物,且符合 IGC 规则及有关修正案④。

1.2.6.6　其他附加证书

·　载运危险品的船舶,除了必须配备 1.2.6.1、1.2.6.2 节规定的与货物运输有关的证书之外,主管当局还必须为其配备《危险品证书》(Certification for dangerous goods)⑤。但是,载过包装危险货物的船舶,若只装载 6.2 类、7 类或限量危险品(class 6.2 and 7 and dangerous goods in limited quantities),则不必具有此证书。

·　载运包装危险货物的船舶,必须配备《危险舱单》(Dangerous goods manifest)或《配载图》⑥。

·　载运核乏燃料的船舶,必须按《船舶安全运输罐装核乏燃料、钚及高放射性废料的国际规则》(International Code for the Safe Carriage of Packaged Irradiated Nuclear Fuel, Plutonium and High-Level Radioactive Wastes on Board Ships, INF Code) 的要求配备《国际核乏燃料适装证书》(International of Fitness for the Carriage of INF Cargo)⑦。

·　对核动力船,不需配备货船安全证书,而应按《国际海上人命安全公约》配备相应的《核能货船安全证书》(Nuclear Cargo Ship Safety Certificate)⑧。

§1.3　船舶主要参数及坐标系统

1.3.1　船舶主要参数

1.3.1.1　船长

在船舶货物运输中,船长(length)系指垂线间长(length between perpendiculars)L_{bp},即首垂

---

①　BCH Code as modified by resolution MSC.18(58),section 1.6.

②　IBC Code,section 1.5;IBC Code as modified by resolutions MSC.16(58) and MEPC.40(29),section 1.5.

③　GC Code,section 1.6 FAL.2/Circ.87 MEPC/Circ.426 MSC/Circ.1151.

④　IGC Code,section 1.5;IGC Code as modified by resolution MSC.17(58),section 1.5 7.

⑤　SOLAS 1974,(2000 amendments),regulation II－2/19.4 FAL.2/Circ.87 MEPC/Circ.426 MSC/Circ.1151.

⑥　SOLAS 1974,(2002 amendments),regulations VII/4.5 and VII/7－2;MARPOL 73/78,Annex III,regulation 4.

⑦　SOLAS 1974,regulation VII/16;INF Code (resolution MSC.88(71)),paragraph 1.3.

⑧　SOLAS 1974,regulation VIII/10.

线(forward perpendicular)和尾垂线(afterward perpendicular)之间的距离,如图 1.3.1.1 所示。首垂线是通过设计水线面(designed waterplane)WL 与首柱前缘的交点所作的与设计水线面垂直的假想直线;尾垂线一般为沿舵柱后沿所作的与设计水线面垂直的假想直线,若无舵柱则将其取在舵杆中心线上。垂线间长不得小于夏季载重水线长的 96%,亦不必大于夏季载重水线长的 97%。

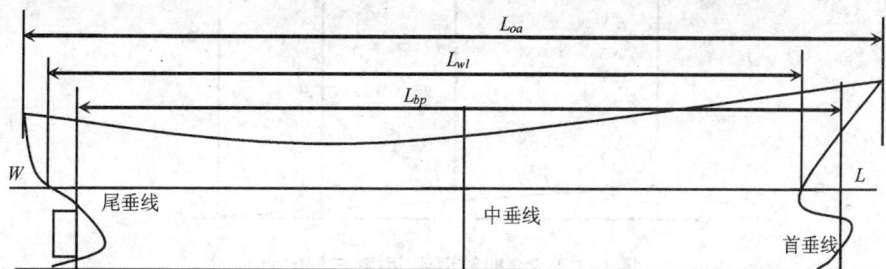

图 1.3.1.1　船舶的长度

　　船舶各种静水力参数的计算均以这一长度为基础。应该指出,在首柱之前和尾柱之后仍各有一段船体,但相对于整个船体,其所占比例很小。之所以利用两柱间长作为货物运输中船舶各项参数的计算基础,是由于在论及各项静水力参数时,这一长度比其他长度更能代表船舶的"长度"。

　　在船舶货物运输中偶尔也会用到船舶的其他长度:

　　· 　船舶总长(length overall,LOA)L_{oa},系指船首最前端与船尾最后端之间与设计水线面平行的直线距离。

　　· 　设计水线长(length of designed waterplane)或夏季载重水线长(length of summer water-plane)L_{wl},系指设计水线面或夏季水线面上船首最前端与船尾最后端之间的距离。设计水线面与夏季水线面常为同一水线面。

　　· 　登记长度(registered length)L_{reg},系指在进行总吨位和净吨位丈量时所使用的长度。

1.3.1.2　船宽

　　在船舶货物运输中,船宽(breadth)系指型宽(molded breadth)B,即在船舶设计水线面上的最大宽度处自一舷肋骨(frame)外缘到另一舷肋骨外缘间的距离,如图 1.3.1.2 所示。

　　除型宽外,有时还会用到最大船宽(max breadth)B_{max} 即两舷外板、护舷材、舷伸甲板等伸出两舷的永久性固定突出物间在设计水线面上的最大距离。一般情况下,最大宽度仅比型宽大两倍船壳板厚度。

1.3.1.3　船深

　　货物运输中,船深一般系指型深(molded depth)D,其为在船长(两柱间长)中点的船舷处由平板龙骨上缘量至上层连续甲板横梁上缘的垂直距离,如图 1.3.1.2 所示。

1.3.1.4　吃水

　　型吃水(molded draft)d,为正浮无拱垂时在船长(两柱间长)中点处由平板龙骨上缘量至设计水线或夏季载重水线上缘的垂直距离,如图 1.3.1.2 所示。型吃水随船舶水线的变化而变化。

　　货物运输中的各项计算所用吃水一般为型吃水,但有时会用到下述各吃水:

　　· 　设计吃水(designed draft),一般系指型吃水或夏季载重线吃水,常略称为吃水。

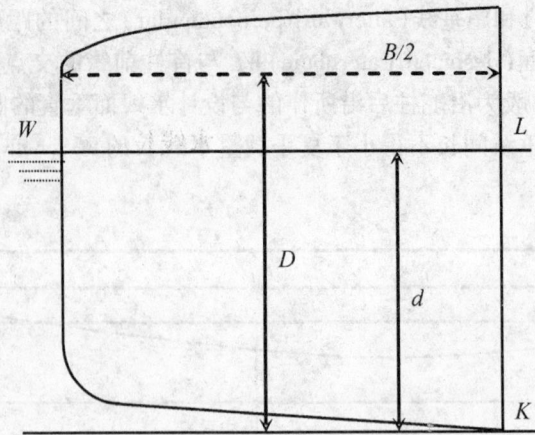

图 1.3.1.2　船舶型深、型宽与型吃水

·　实际吃水(draft),系指船舶在某一装载状态下的实际吃水,其值大于相应状态下型吃水,二者的差值为平板龙骨的厚度。现代运输船舶中,船长为 100 m 时平板龙骨的厚度约为 18 mm;船长为 150 m 时平板龙骨的厚度约为 25 mm;船长为 200 m 时平板龙骨的厚度约为 31 mm。

·　登记吃水(registered draft),系指在进行总吨位和净吨位丈量时所使用的吃水。

·　结构吃水(scantling draft),系指在保证船舶结构强度前提下可使船舶在船中达到的最大吃水。船舶载重线标志所对应的各项吃水不得大于这一吃水。

1.3.1.5　干舷

干舷(free board),系指船中处自设计水线上边缘至甲板边板上表面的垂直距离。各种船舶的干舷大小均应符合船舶载重线规范的规定,其准确定义后文详述。最常用的干舷有下述各种:

·　设计干舷(designed freeboard),一般系指船舶在夏季海水水域中航行时应保持的干舷,又称夏季干舷(summer freeboard)。

·　热带海水干舷(tropical seawater freeboard),系指船舶在热带海水水域中航行时应保持的干舷。

·　热带淡水干舷(tropical freshwater freeboard),系指船舶在热带淡水水域中航行时应保持的干舷。

·　冬季干舷(winter freeboard),系指船舶在冬季海水水域中航行时应保持的干舷。

·　北大西洋冬季干舷(winter North Atlantic freeboard),系指长度不足 100 m 的船舶在北大西洋冬季水域中航行时应保持的干舷。

1.3.1.6　水上高度

水上高度(air draft)系指自水线面至船舶最高处的垂直距离,有时称为"净空高度"。未特别指明的水上高度系指设计水线或夏季水线对应的水上高度。

水上高度是船舶通过桥梁时应考虑的重要参数。

1.3.2　主尺度及主尺度比

船长、型宽、型深和型吃水称为船舶的主尺度(principle dimensions)。主尺度的大小及相互关系与船舶的许多营运性能有关,但通常比较复杂。这里粗略列述主尺度比与船舶营运性能间的关系。

L_{bp}/B,长宽比,其值越大,越有利于提高船舶的速航性;

B/d,宽吃水比,其值越大,初稳性越好,摇荡性越大,但操纵性和速航性较差;

D/d,深吃水比,其值越大,抗沉性越好,纵向强度越大,且有利于改善大倾角稳性;

B/D,宽深比,其值越大,稳性越好,但纵向强度较差;

L_{bp}/D,长深比,其值越大,越有利于提高纵向强度。

1.3.3　船体系数

1.3.3.1　水线面系数

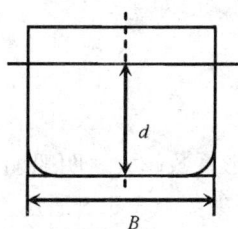

水线面系数 C_w(waterplane coefficient)是水线面积 A_w 与船长 L_{bp} 和型宽 B 确定的矩形面积之比,即

$$C_w = \frac{A_w}{L_{bp} \times B} \qquad (1.3.3.1)$$

C_w 值越大,表明水线面积越肥胖,如图 1.3.3.1 所示。

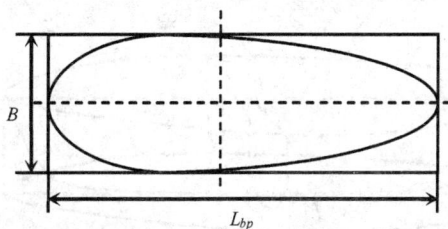

图 1.3.3.1　水线面　　　　　　　　图 1.3.3.2　中横剖面

1.3.3.2　中横剖面系数

中横剖面系数 C_m(midship section coefficient)是水线下的中横剖面面积 A_m 与型宽 B 和吃水 d 确定的矩形面积之比,即

$$C_m = \frac{A_m}{B \times d} \qquad (1.3.3.2)$$

C_m 值越大,表明水线下中横剖面越肥胖,如图 1.3.3.2 所示。

1.3.3.3　方形系数

方形系数 C_b(block coefficient)是船体的排水体积 ∇ 与由船长 L_{bp}、型宽 B 及型吃水 d 确定的长方体积之比,即

$$C_b = \frac{\nabla}{L_{bp} \times B \times d} \qquad (1.3.3.3)$$

方形系数又称排水量系数(displacement coefficient),其值越大表明船舶水下体积越肥胖,如图 1.3.3.3 所示。

1.3.3.4　棱形系数

棱形系数 C_p(prismatic coefficient)是船体的排水体积 ∇ 与船长 L_{bp} 和中横剖面面积 A_m 之积的比值即

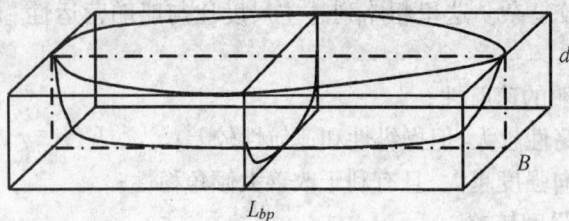

图1.3.3.3　水下船体和矩形体积

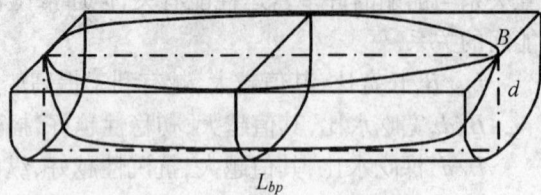

图1.3.3.4　水下船体和棱形体积

$$C_p = \frac{\nabla}{L_{bp} \times A_m} \qquad (1.3.3.4)$$

棱形系数又称纵向棱形系数(longitudinal prismatic coefficient),其值越大表明船舶水下体积在纵向上越均匀,如图1.3.3.4所示。

1.3.3.5　垂向棱形系数

垂向棱形系数 C_{vp}(vertical prismatic coefficient)是船体的排水体积 ∇ 与吃水 d 和水线面面积 A_m 之积的比值即

$$C_{vp} = \frac{\nabla}{d \times A_w} \qquad (1.3.3.5)$$

垂向棱形系数越大表明船舶水下体积在垂向上越均匀,如图1.3.3.5所示。

C_w, C_m 和 C_b 三者相互独立,C_p 和 C_{vp} 可由前三者导出,

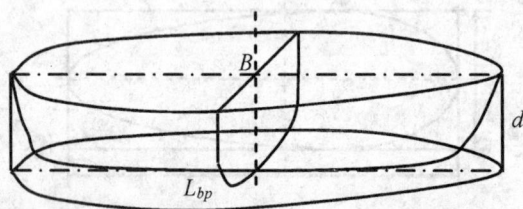

图1.3.3.5　水下船体和水线面柱体积

$$C_p = \frac{C_b}{C_m} \qquad (1.3.3.6)$$

$$C_{vp} = \frac{C_b}{C_w} \qquad (1.3.3.7)$$

C_w, C_m, C_b, C_p 和 C_{vp} 均是吃水的函数,未加说明时系指设计水线对应的数值。有些船舶将这些系数绘在静水力曲线图中或将其随吃水的变化值列在静水力参数表中。

1.3.4　坐标系统

由于各国及各船级社的习惯不同,船舶坐标系统的建立也不相同。

1.3.4.1　将原点取在基线中点的首向坐标系统

这一坐标系统将原点取在基线中点,X 轴指首向,Y 轴指右舷,Z 轴垂直向上,如图1.3.4.1所示。

在这一坐标系统中,中前为正,中后为负;右舷为正,左舷为负;船体垂向上各点均为正值。我国造船和航海各领域都使用这一坐标系统,美国和英国有时也使用这一坐标系统。

在实际生产中,应注意我国所使用的坐标系统与外国坐标系统的区别。在外国船上工作时、在接受新船时、按外国的要求进行静水力参数计算时,所用图纸中所采用的坐标系统均有

可能与我国坐标系统不一致。在进行船舶静力学性能计算时,应特别注意坐标的换算。

1.3.4.2　将原点取在基线中点的尾向坐标系统

这一坐标系统将原点取在基线中点,X 轴指尾向,Y 轴指右舷,Z 轴垂直向上,如图 1.3.4.2 所示。

在这一坐标系统中,中前为负,中后为正;右舷为正,左舷为负;船体垂向上各点均为正值。日本造船和航海各领域常使用这一坐标系统。

1.3.4.3　将原点取在基线与尾柱交点的首向坐标系统

这一坐标系统将原点取在基线与尾柱的交点处,X 轴指首向,Y 轴指右舷,Z 轴垂直向上,如图 1.3.4.3 所示。

在这一坐标系统中,尾柱前各点为正,尾柱后各点为负;右舷为正,左舷为负;船体垂向上各点均为正值。这一坐标系统主要为美国和英国所使用。

1.3.4.4　将原点取在基线与首柱交点的尾向坐标系统

这一坐标系统将原点取在基线与首柱的交点处,X 轴指尾向,Y 轴指右舷,Z 轴垂直向上,如图 1.3.4.4 所示。

在这一坐标系统中,首柱前各点为负,首柱后各点为正;右舷为正,左舷为负;船体垂向上各点均为正值。这一坐标系统主要为北欧的一些国家所使用。

船员在生产中应对各种坐标系统均有所了解,但在今后的讨论中未特别说明时指将原点取在基线中点的首向坐标系统。

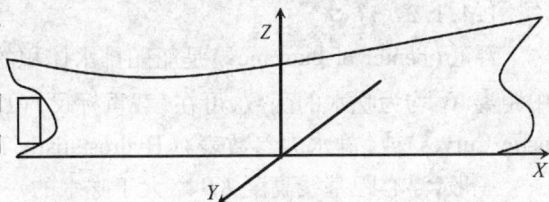

图 1.3.4.1　原点取在基线中点的首向坐标系统

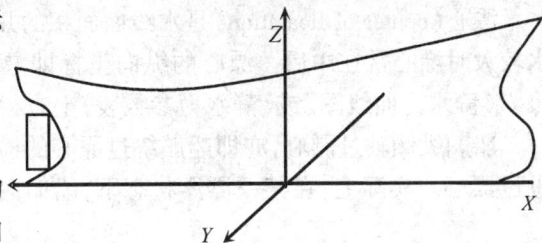

图 1.3.4.2　原点取在基线中点的尾向坐标系统

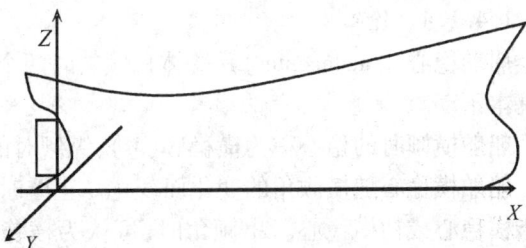

图 1.3.4.3　原点取在基线与尾柱交点的首向坐标系统

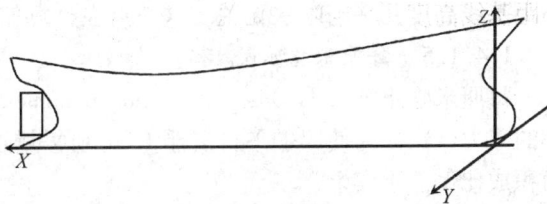

图 1.3.4.4　原点取在基线与首柱交点的尾向坐标系统

§1.4　主要静水力参数

1.4.1　主要静水力参数

1.4.1.1　排水体积与排水量

船舶所排开水的体积称为排水体积(volume of displacement,∇),其相应质量称为排水量(displacement,Δ)。一般船舶,排水体积或排水量随吃水的增加而增加,但在吃水较小时,随吃水增加的速度很快,当吃水达到最大值一半左右时,基本上与吃水成正比。

1.4.1.2 浮心

浮心(center of buoyancy)是船舶排水体积的体积中心。浮心距基线高度KB(或Z_b)和距中距离X_b均为吃水的函数,可在《载重标尺》(Deadweight Scales)、《静水力曲线图》(Hydrostatistic Curves)或《静水力参数表》(Hydrostatistic Data)上查得。

一般,浮心距基线高度KB略大于吃水的一半,并且随吃水的增加而增加;纵向上,吃水较小时浮心常在中前,吃水较大时浮心常在中后。

1.4.1.3 漂心

漂心(center of floatation)是水线面面积的几何中心。一般,吃水较小时漂心常在中前,吃水较大时漂心常在中后。漂心的纵向坐标即漂心距中距离X_f也可以吃水为引数在《载重标尺》、《静水力曲线图》或《静水力参数表》上查得。

船舶纵倾轴过漂心,亦即船舶绕过漂心的横轴纵倾;船舶横倾轴为水线面的纵轴线,自然也过漂心。实际上,在某一漂浮状态下,船舶向任一方向倾斜的倾斜轴均过当时水线面的漂心。

当船舶发生较大纵倾时,水线面发生显著变化,这时漂心也发生变化。一般情况下,尾倾时漂心后移,首倾时漂心前移。

1.4.1.4 稳心

船舶稳心[①](metacenter)是等体积倾斜时两个相邻横倾角下浮力作用线的交点,在小倾角时基本不动。

船舶横倾时的稳心称为横稳心(M);纵倾时的稳心称为纵稳心(M_L)。

船舶横稳心随横倾角的变化而变化。正浮时的稳心称为初横稳心。未特别说明时的稳心常指横稳心或初横稳心。小倾角时,可认为横稳心距基线高度KM(或Z_m)仅与船舶吃水有关,可以吃水为引数在《载重标尺》、《静水力曲线图》或《静水力参数表》上查得。

吃水较小时稳心距基线高度随吃水的增加而锐减;当吃水达到满载吃水的一半左右时稳心距基线高度几乎与吃水无关。这一点在计算船舶稳性时应特别注意。

1.4.1.5 每厘米吃水吨数

每厘米吃水吨数[②](tons per centimeter immersion, TPC)是船舶平行沉浮1 cm所增加或减小的浮力(t),或为使船舶平行沉浮1 cm所需增加或减少的重量(t)。TPC在数值上与水线面面积成比例。事实上,

$$TPC = \frac{\rho A_w}{100} \tag{1.4.1.1}$$

式中,ρ为水密度。标准海水密度取为1.025,标准淡水密度取为1.000。应当注意,某些海域中的水密度可能高于1.025,而一些河口港由于温度较高水密度可能低于1.000。在生产中,水密度必须进行实际测定。

当水密度为1.025或1.000时,可以吃水为引数在《载重标尺》、《静水力曲线图》或《静水力参数表》上直接查得TPC值,当水密度为其他数值时应进行适当换算。

---

① 关于稳心的详细讨论,可参考本书§3.2节稳心及初稳性。

② 生产中,船舶资料多在十几年或更长时间以前形成,所以所用单位均为旧制式,即用公斤和吨等单位表示重量。考虑到这一实际情况,本书在这一方面多用旧制式,只在方便时才用新制式。

国外的一些船上可能用到每英寸吃水吨数(tons per inch immersion, TPI),其定义为船舶平行沉浮 1 in 所增加或减小的浮力(t),或为使船舶平行沉浮 1 in 所需增加或减少的重量(t)。对于同一船只来说,

$$TPI = 2.54\ TPC \tag{1.4.1.2}$$

1.4.1.6 每厘米纵倾力矩

每厘米纵倾力矩(moment to change trim per centimeter, MTC)是使船舶吃水差增加或减少 1 cm 所需的力矩(t-m),其数值可以吃水为引数在《载重标尺》、《静水力曲线图》或《静水力参数表》上查得。

国外的一些船上可能用到每英寸纵倾力矩(moment to change trim per inch, MTI),其定义为使船舶吃水差增加或减少 1 in 所需的力矩(t-m)。对于同一船只来说,

$$MTI = 2.54\ MTC \tag{1.4.1.3}$$

1.4.1.7 进水角

船舶的上甲板及上层建筑的侧壁上有许多开口,如舱口、门、窗、通风筒等。如果这些开口不是水密的,则当船舶横倾到一定角度时这些部位将会进水,这一角度称为进水角 θ_f (flooding angle)。显然,船舶进水角的大小与排水量有关,排水量越大进水角越小。

并不是所有开口均作为进水开口。仅当开口大小达到规定数值时才可作为进水开口。

船舶的进水角曲线如图 1.4.1.1 所示,查取引数为平均吃水或排水体积。该曲线一般载入船舶的《稳性计算书》(Stability Booklet)或《装载手册》(Loading Manual)中。

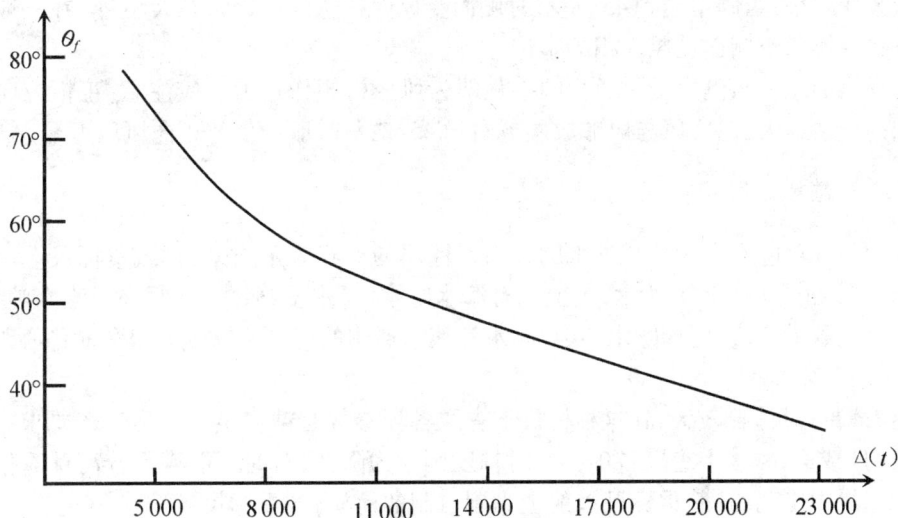

图 1.4.1.1 进水角曲线

1.4.1.8 侧面受风面积及其中心距基线高度

船舶侧面受风面积(side windage area)S_w 系指船侧向受风时所有受风面积在中线面上的投影总和,其数值与船舶吃水有关,如图 1.4.1.2 所示。如果船舶吃水增大则该面积减小。

侧面受风面积中心是指船舶受风面积在中线面上投影的几何中心,其距基线高度 L_w 随船舶吃水的增大而减小,如图 1.4.1.2 所示。

除船侧的满实面积外,立柱、挂网等按一定比例折算成侧面受风面积。但是,立柱上所受到的风力一般小于相当投影面积上所受到的风力,挂网上所受到的风力难以精确计算,所以侧

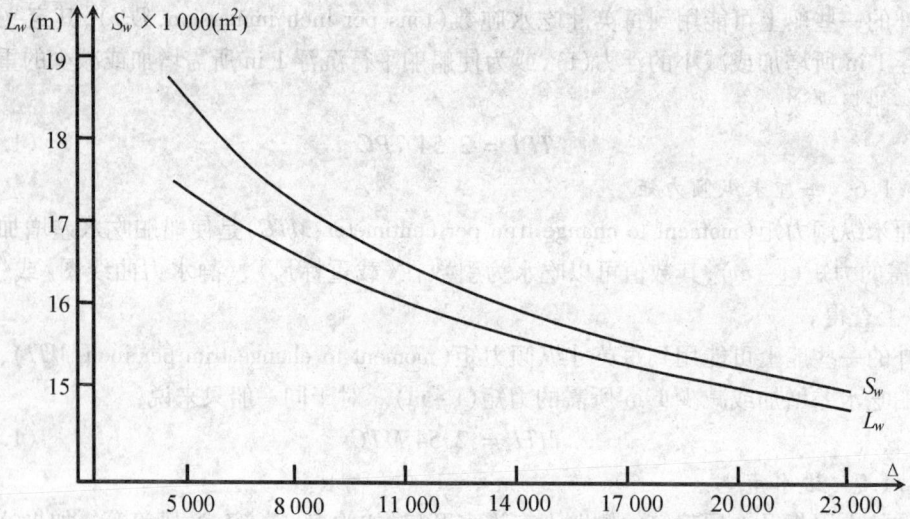

图 1.4.1.2　侧面受风面积及其中心距基线高度

面受风面积是一概略值,而且,生产中船舶正好侧面受风的情况并不多,即风向并不常正横,所以计算出的风压也是一概略值。

应该指出的是,侧面受风面积还与船舶横倾角有关。事实上,船舶横倾角增加时侧面受风面积略有增加;当横倾角达到30°左右时侧面受风面积达到最大值;其后,侧面受风面积随横倾角的增大而减小;当倾角达到45°左右时侧面受风面积达到初始状态大小[①]。在一般的考虑中可以忽略横倾角对侧面受风面积的影响。

侧向视风的压力与侧面受风面积的乘积即为风压横倾作用力。应注意,正横方向上的视风对船舶的威胁最大,但视风与船舶成左或右约45°舷角时所产生的正向风压力最大。

1.4.2 《载重标尺》

将船舶的各项静水力参数与吃水的关系以标尺的形式表示出来,称载重标尺。一般货船的《载重标尺》如图1.4.2.1所示,其上刻有海水吃水、排水量、载重量、每厘米吃水吨数;淡水吃水、排水量、载重量、每厘米吃水吨数;海水和淡水通用的每厘米纵倾力矩和横稳心距基线高度、漂心距中距离等。

实船《载重标尺》比较大,在这种标尺上查取各项参数时精度足以满足生产要求。但在缩小比例尺的《载重标尺》上查取各项参数时精度则大为降低,有时不能满足较高计算精度的要求。例如教材中出现的《载重标尺》、船上大副自制的简易《载重标尺》等。

在利用《载重标尺》查取有关静水力参数时应注意,除吃水标尺的刻度外,大多数参数上的刻度是不均匀的。标尺上的最小刻度依标尺的比例大小不同而不同。

1.4.3 《静水力曲线图》

将船舶的各项静水力参数与吃水的关系以曲线的形式表示出来,称为静水力曲线图,图

---

① 设船舶倾角为θ,相应于θ的侧面受风面积为S'_w,则
$$S' = S_w \cos\theta + 0.5 A_w \sin\theta$$
近似成立。在小倾角时,可以忽略S_w和S'_w的差别;在大倾角时,取$S_w \approx A_w$;当倾角为45°,$S'_w = 1.06 S_w$。

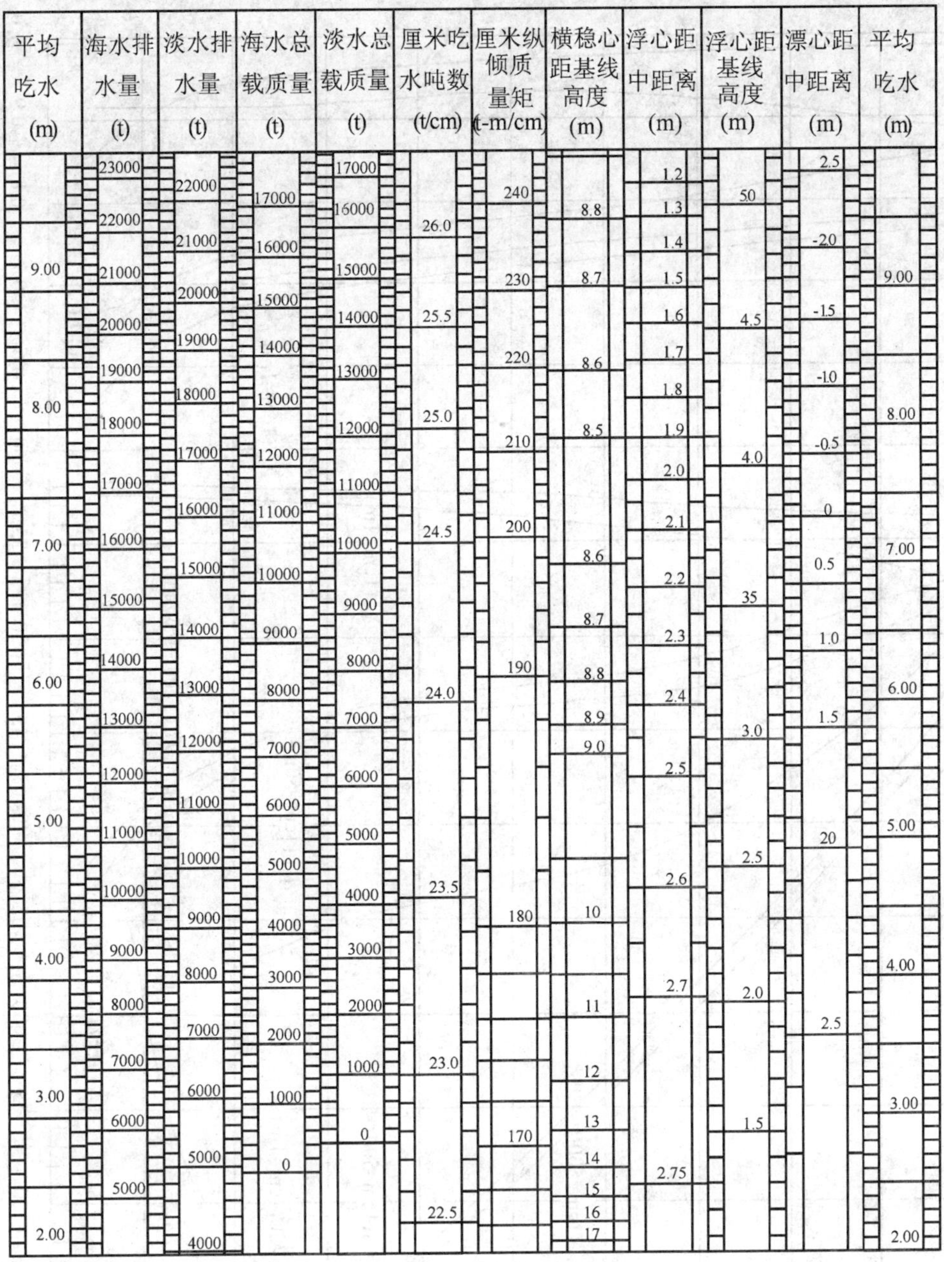

平均吃水 (m)	海水排水量 (t)	淡水排水量 (t)	海水总载质量 (t)	淡水总载质量 (t)	厘米吃水吨数 (t/cm)	厘米纵倾质量矩 (t-m/cm)	横稳心距基线高度 (m)	浮心距中距离 (m)	浮心距基线高度 (m)	漂心距中距离 (m)	平均吃水 (m)
	23000			17000						2.5	
	22000	22000	17000	16000		240	8.8	1.2	50		
					26.0			1.3			
9.00	21000	21000	16000	15000		230	8.7	1.4		-20	9.00
		20000	15000	14000	25.5			1.5			
	20000	19000	14000			220	8.6	1.6	4.5	-15	
	19000	18000	13000	13000	25.0			1.7			
8.00	18000		12000	12000		210	8.5	1.8		-10	8.00
	17000	17000		11000				1.9	4.0	-0.5	
	16000	16000	11000		24.5	200	8.6	2.0		0	
7.00	15000	15000	10000	10000				2.1		0.5	7.00
	14000	14000	9000	9000		190	8.7	2.2	35	1.0	
6.00	13000	13000	8000	8000	24.0		8.8	2.3	3.0	1.5	6.00
	12000	12000	7000	7000			8.9 9.0	2.4			
	11000	11000	6000	6000	23.5	180	10	2.5	2.5	20	
5.00	10000	10000	5000	5000				2.6			5.00
	9000	9000	4000	4000				2.7	2.0		
4.00	8000	8000	3000	3000	23.0	170	11 12			2.5	4.00
3.00	7000 6000	7000	2000 1000	2000 1000			13 14 15 16 17	2.75	1.5		3.00
2.00	5000 4000	1000 0	0	0	22.5						2.00

图 1.4.2.1　TJ 船载重表尺

1.4.3.1 是 TJ 船的《静水力曲线图》。实船《静水力曲线图》上，一般 1 cm 代表 1 m 长度。在这种图上查取各项参数的精度足以满足生产要求。

在缩小比例尺的静水力曲线图即静水力曲线简图上查取各项参数的精度则大为降低，有时不能满足较高计算精度的要求。例如一些教材中出现的静水力曲线简图、船上大副自制的静水力曲线简图等。

一般，利用《静水力曲线图》得到数据的精度高于利用《载重标尺》得到数据的精度。

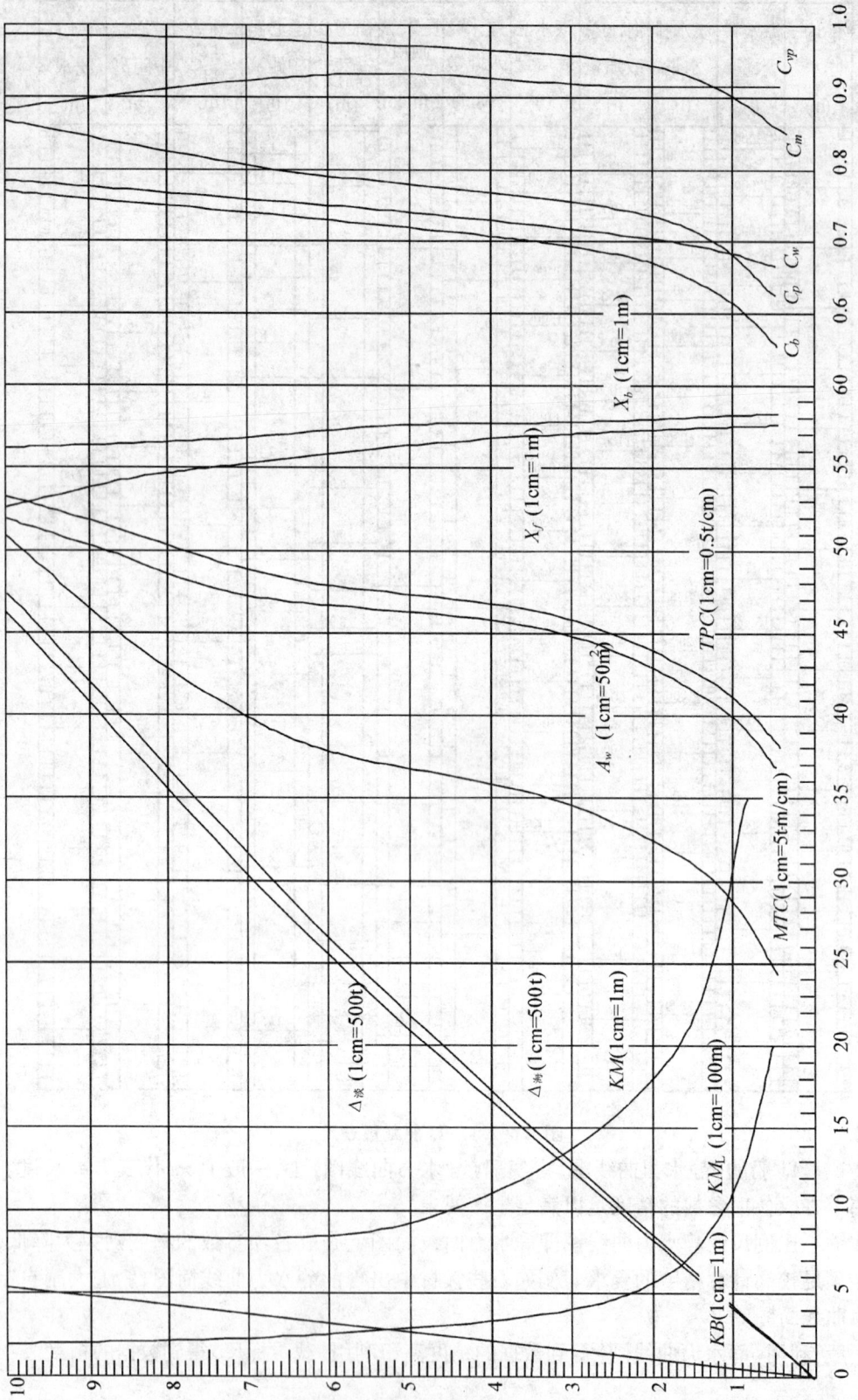

图 1.4.3.1. TJ 船静水力曲线图

1.4.4　《静水力参数表》

数值化的《载重标尺》或《静水力曲线图》即为静水力参数表,其吃水的间隔为 0.1 m 或 0.2 m。表 1.4.4.1 是 TJ 船的静水力参数表。

表 1.4.4.1　TJ 船静水力参数表

T (m)	▽(SW) (t)	Δ(FW). (t)	TPC(SW) (t)	TPC(FW) (t)	MTC (t-m)	KM (m)	KB (m)	X_b (m)	X_f (m)
10.00	23520	22946	26.49	25.84	249.9	8.905	5.225	1.105	−2.615
9.80	22980	22420	26.32	25.67	245.8	8.860	5.115	1.189	−2.442
9.60	22443	21896	26.16	25.52	241.9	8.815	5.008	1.271	−2.270
9.40	21923	21388	26.02	25.38	238.2	8.775	4.902	1.349	−2.099
9.20	21401	20879	25.88	25.25	234.6	8.735	4.810	1.420	−1.934
9.00	20881	20371	25.75	25.12	230.9	8.690	4.696	1.492	−1.767
8.80	20375	19878	25.60	24.97	227.1	8.661	4.581	1.572	−1.543
8.60	19869	19384	25.45	24.83	223.1	8.618	4.416	1.655	−1.305
8.40	19361	18889	25.32	24.70	219.5	8.599	4.371	1.730	−1.099
8.20	18849	18389	25.15	24.54	216.0	8.589	4.270	1.801	−0.917
8.00	18334	17886	25.02	24.40	212.4	8.575	4.167	1.873	−0.715
7.80	17836	17401	24.93	24.32	209.2	8.529	4.060	1.939	−0.502
7.60	17337	16914	24.86	24.25	205.7	8.542	3.950	2.018	−0.290
7.40	16842	16431	24.74	24.14	202.8	8.563	3.846	2.072	−0.083
7.20	16384	15949	24.57	23.97	200.0	8.584	3.745	2.111	0.120
7.00	15855	15468	24.39	23.79	196.9	8.599	3.642	2.153	0.323
6.80	15375	14982	24.31	23.71	195.1	8.642	3.542	2.209	0.539
6.60	14853	14491	24.22	23.63	193.3	8.683	3.445	2.268	0.758
6.40	14368	14018	24.15	23.56	191.7	8.730	3.342	2.314	0.961
6.20	13897	13558	24.08	23.50	190.2	8.779	3.232	2.352	1.158
6.00	13421	13093	24.02	23.43	188.9	8.833	3.123	2.391	1.355
5.80	12937	12621	23.93	23.35	187.6	8.914	3.027	2.437	1.506
5.60	12448	12144	23.84	23.26	186.4	9.008	2.939	2.482	1.671
5.40	11968	11676	23.77	23.19	185.3	9.114	2.833	2.519	1.800
5.20	11491	11210	23.70	23.12	184.3	9.255	2.719	2.548	1.890
5.00	11014	10745	23.64	23.06	183.3	9.388	2.606	2.573	1.980
4.80	10536	10279	23.57	23.00	182.3	9.557	2.492	2.589	2.071
4.60	10059	9814	23.51	22.94	181.3	9.712	2.380	2.597	2.162
4.40	9587	9353	23.46	22.89	180.3	9.936	2.275	2.621	2.247
4.20	9120	8897	23.24	22.85	179.1	10.222	2.186	2.659	2.329
4.00	8653	8441	23.39	22.81	177.9	10.482	2.090	2.695	2.404
3.80	8185	7985	23.27	22.71	176.7	10.813	1.980	2.702	2.449
3.60	7717	7529	23.17	22.60	175.5	11.198	1.867	2.708	2.493
3.40	7251	7074	23.07	22.50	174.2	11.613	1.764	2.715	2.536
3.20	6791	6626	22.97	22.41	172.8	12.136	1.670	2.729	2.579
3.00	6333	5187	22.89	22.33	171.5	12.657	1.571	2.741	2.622
2.80	5880	5737	22.81	22.25	170.3	13.412	1.464	2.745	2.644
2.60	5431	5298	22.73	22.18	169.2	14.285	1.357	2.748	2.668
2.40	4974	4853	22.64	22.09	168.0	15.232	1.253	2.753	2.694
2.20	4514	4404	22.50	21.95	166.3	16.274	1.152	2.761	2.722
2.00	4051	3952	22.32	21.77	164.1	17.483	1.054	2.770	2.752

表 1.4.4.2　某 15 万吨散货船静水力参数表

TK (m)	T (m)	MTC (t-m/cm)	WLA (m²)	KML (m)	WSA (m²)	CB	CW	CM	CP
9.339	9.320	1337.80	8640.35	418.99	11879.47	0.789	0.86	0.99	0.794
9.349	9.330	1338.32	8641.46	418.67	11884.92	0.789	0.86	0.99	0.794
9.359	9.340	1338.83	8642.57	418.35	11890.38	0.790	0.86	0.99	0.794
9.369	9.350	1339.35	8643.68	418.03	11895.84	0.790	0.86	0.99	0.794
9.379	9.360	1339.87	8644.81	417.71	11901.31	0.790	0.86	0.99	0.794
9.389	9.370	1340.38	8645.92	417.40	11906.78	0.790	0.86	0.99	0.794
9.399	9.380	1340.90	8647.03	417.08	11912.24	0.790	0.86	0.99	0.794
9.409	9.390	1341.42	8648.15	416.76	11917.71	0.790	0.86	0.99	0.794
9.419	9.400	1341.93	8649.27	416.45	11923.18	0.790	0.86	0.99	0.794
9.429	9.410	1342.46	8650.40	416.14	11928.66	0.790	0.86	0.99	0.794
9.439	9.420	1342.98	8651.53	415.83	11934.14	0.790	0.86	0.99	0.795
9.449	9.430	1343.51	8652.66	415.52	11939.62	0.790	0.86	0.99	0.795
9.459	9.440	1344.03	8653.79	415.21	11945.11	0.790	0.86	0.99	0.795
9.469	9.450	1344.55	8654.92	414.90	11950.58	0.790	0.87	0.99	0.795
9.479	9.460	1345.07	8656.04	414.58	11956.06	0.791	0.87	0.99	0.795
9.489	9.470	1345.59	8657.15	414.27	11961.54	0.791	0.87	0.99	0.795
9.499	9.480	1346.10	8658.25	413.96	11967.00	0.791	0.87	0.99	0.795
9.509	9.490	1346.61	8659.34	413.65	11972.46	0.791	0.87	0.99	0.795
9.519	9.500	1347.11	8660.44	413.34	11911.93	0.791	0.87	0.99	0.795
9.529	9.510	1347.62	8661.53	413.03	11983.39	0.791	0.87	0.99	0.795

TK (m)	T (m)	VOLM (m³)	DISP (t)	LCB (m)	VCB (m)	LCF (m)	KMT (m)	TPC (t/cm)
9.339	9.320	73520.32	75589.61	126.58	4.85	121.60	20.88	88.56
9.349	9.330	73606.66	75678.22	126.57	4.86	121.59	20.87	88.57
9.359	9.340	73693.02	75766.85	126.57	4.86	121.57	20.86	88.59
9.369	9.350	73779.38	75855.48	126.56	4.87	121.55	20.85	88.60
9.379	9.360	73865.76	75944.14	126.56	4.87	121.53	20.84	88.61
9.389	9.370	73952.16	76032.78	126.55	4.88	121.52	20.83	88.62
9.399	9.380	74038.55	76121.45	126.54	4.88	121.50	20.82	88.63
9.409	9.390	74124.97	76210.13	126.54	4.89	121.48	20.80	88.64
9.419	9.400	74211.39	76298.84	126.53	4.89	121.47	20.79	88.66
9.429	9.410	74297.83	76387.54	126.53	4.90	121.45	20.78	88.67
9.439	9.420	74384.28	76476.25	126.52	4.90	121.43	20.77	88.68
9.449	9.430	74470.73	76564.98	126.51	4.91	121.42	20.76	88.69
9.459	9.440	74557.20	76653.72	126.51	4.91	121.40	20.75	88.70
9.469	9.450	74643.68	76742.47	126.50	4.92	121.38	20.74	88.71
9.479	9.460	74730.18	76831.23	126.50	4.92	121.37	20.73	88.72
9.489	9.470	74816.70	76920.01	126.49	4.93	121.35	20.72	88.74
9.499	9.480	74903.20	77008.80	126.48	4.93	121.33	20.71	88.75
9.509	9.490	74989.73	77097.59	126.48	4.94	121.31	20.69	88.76
9.519	9.500	75076.27	77186.41	126.47	4.95	121.30	20.68	88.77
9.529	9.510	75162.83	77275.23	126.47	4.95	121.28	20.67	88.78

在现代船舶设计中,静水力参数表常以 0.01 m 吃水为间隔给出,而且项目也更多。表 1.4.4.2 是某 15 万吨散货船的静水力参数表,其中 TK 为龙骨下表面以上的吃水(m); T 为龙骨上表面以上的吃水(m); $VOLM$ 为排水体积(m^3); $DISP$ 为排水量(t); LCB 为浮心距尾柱距离(m); VCB 为浮心距基线高度(m); LCF 为漂心距尾柱距离(m); KMT 为横稳心基线高度(m); TPC 为每厘米吃水吨数(t/cm); MTC 为每厘米纵倾力矩(t-m/cm); WLA 为水线面面积(m^2); KML 为纵稳心距基线高度; WSA 为船体湿水面积(m^2); CB 为方形系数; CW 为水线面面积系数; CM 为中横剖面系数; CP 为棱形系数。

对于一些大型船,设计中可能给出多份静水力参数表,其中包括正浮、纵倾 ±0.5 m、纵倾 ±1.0 m、纵倾 ±1.5 m 等多种情况下的静水力参数表。静水力参数上的数据不受纸张变形等影响,利用该表进行静水力参数计算时,计算精度完全取决于计算方法,所以可得到精度较高的计算结果。

在条件许可时,进行船舶静水力性能计算过程中应尽量使用静水力参数表,而少用《载重标尺》和《静水力曲线图》。

1.4.5　《载重标尺》、《静水力曲线图》与《静水力参数表》的应用

1.4.5.1　查取的一般原则

许多船员以为《载重标尺》、《静水力曲线图》与《静水力参数表》的使用比较简单而不必研究其使用技巧,这种观点是错误的。这里我们提出如下一些注意事项:

* 所需数值一次查出;
* 无刻度处用数值内插;
* 在小量装卸过程中,以装(卸)前和装(卸)后的中间量为引数查取其他各项参数;
* 利用刻度读取时,应读到最小刻度的四分之一;利用数值内插时,保留的小数应与表格中数据的小数位数相同;
* 纵倾较大时,查得静水力参数误差较大,必要时应进行纵倾修正。

1.4.5.2　引数与查取的数值

《静水力参数表》、《载重标尺》和《静水力曲线图》的查表引数均为正浮时的型吃水。如果未作说明,则查得的数值也为相应的型值。

利用实际平均吃水查取《静水力参数表》、《载重标尺》和《静水力曲线图》时,所得数值具有一定的误差。

1.4.5.3　查取方法

在《静水力参数表》查取过程中有一定的技巧,这些技巧经练习方能熟练掌握。

例 1.4.5.1

查取 TJ 船 8.87 m 吃水对应的海水和淡水排水量、海水和淡水每厘米吃水吨数、每厘米纵倾力矩、横稳心距基线高度、浮心距中距离、浮心距基线高度、漂心距中距离。

解: 用三种方法查取。

(1)利用《静水力参数表》查得

海水排水量　　　　　　　　　　　　20 552.1 t

淡水排水量　　　　　　　　　　　　20 050.55 t

海水每厘米吃水吨数　　　　　　　　25.653 t/cm

淡水每厘米吃水吨数 25.023 t/cm

每厘米纵倾力矩 228.43 t－m/cm

横稳心距基线高度 8.671 m

浮心距基线高度 4.621 m

浮心距中距离 1.544 m

漂心距中距离 －1.621 m

(2)利用《静水力曲线图》查取

海水排水量 20 600 t

淡水排水量 20 000 t

海水每厘米吃水吨数 25.9 t/cm

淡水每厘米吃水吨数 25.0 t/cm

每厘米纵倾力矩 230 t－m/cm

横稳心距基线高度 8.6 m

浮心距基线高度 4.50 m

浮心距中距离 1.5 m

漂心距中距离 －1.5 m

(3)利用《载重标尺》查取

海水排水量 20 500 t

淡水排水量 19 850 t

海水每厘米吃水吨数 25.6 t/cm

每厘米纵倾力矩 228 t－m/cm

横稳心距基线高度 8.68 m

浮心距基线高度 4.50 m

浮心距中距离 1.55 m

漂心距中距离 －1.6 m

例 1.4.5.2

利用《静水力参数表》查取 TJ 船 7.54 m 吃水对应的海水排水量。

解:在《静水力参数表》上,给出的整点数值一般为经计算的数值,所以比较准确。对非整点值用内插方法求取。

查得吃水为 7.60 m 对应的排水量为 17 337 t,该处对应的每厘米吃水吨数为 24.86 t/cm,所以 7.54 m 对应的排水量为

$$17\ 337 - \frac{7.60 - 7.54}{7.60 - 7.40} \times 24.86 = 17\ 329.5 \text{ t}$$

例 1.4.5.3

某 15 万吨散货船在大连装货,0800 时观测首吃水 d_f 为 9.320 m,尾吃水 d_a 为 9.364 m;0820 时观测首吃水 d_f 为 9.422 m,尾吃水 d_a 为 9.498 m。试按表 1.4.4.2 估算共装货多少吨(油水变化不计)?

解:装货量即为 0820 时平均吃水与 0800 时平均吃水对应的排水量间的差值,

0800 时,平均吃水为 $\frac{9.320 + 9.364}{2} = 9.342$ m,查静水力参数表得排水量为 75 616.193 t;

0820 时,平均吃水为 $\frac{9.422 + 9.460}{2} = 9.441$ m,查静水力参数表得排水量为 76 493.996 t;

所以,上午装货量为 76 493.996 - 75 616.193 = 877.803 t。

注意,这里在进行此类计算中将观测吃水作为型吃水对待,这是船员们的习惯作法。实际上,该船静水力参数表中提供了以实际吃水进行查表的便利。在进行这类计算中,利用型吃水或实际吃水查表,所得结果的误差很小。

例 1.4.5.4

TJ 船在上海卸货,1300 时观测首吃水 d_f 为 6.42 m,尾吃水 d_a 为 6.65 m;1700 时观测首吃水 d_f 为 4.32 m,尾吃水 d_a 为 4.84 m。试利用每厘米吃水吨数估算共卸货多少吨(油水变化不计)?

解:卸货量应为卸前平均吃水与卸后平均吃水之差(厘米数)与这两个吃水间每厘米吃水吨数的乘积,

卸前平均吃水为 $\frac{6.42 + 6.65}{2} = 6.535$ m

卸后平均吃水为 $\frac{4.32 + 4.84}{2} = 4.580$ m

以卸前和卸后平均吃水附近的整点吃水 5.000 m 为引数,查静水力参数表得每厘米吃水吨数为 23.64 t。卸货量为

$$100 \times 23.64(6.535 - 4.580) = 4\ 621.62\ t$$

在进行此项计算时,较准确的数值应为卸前和卸后平均吃水所对应排水量的差值。但这里的计算方法却在生产实际中具重要意义,即两个平均吃水所对应排水量的差值可用该两个平均吃水的差值与其间一个整数所对应的每厘米吃水吨数的乘积来计算。这一方法常会使有关计算大为方便,并且没有在实质上降低精度。

习题一

1. 解释下列术语:

侧面受风面积	垂向棱形系数
侧面受风面积中心距基线高度	海水与淡水排水量
吃水	多用途船
船长	方形系数
船级	浮心距基线高度
船级★	浮心距中距离
船级★	干舷
船级★CSM	固体散货船
船级 CSA5/5	海水和淡水每厘米吃水吨数
船级 CSM	横稳心距基线高度
船宽	混合运输船
船深	集装化货物运输船

水上高度	循环检验
棱形系数	液体散货船
每厘米纵倾力矩与每英寸纵倾力矩	杂货船
年度检验	中横剖面系数
漂心距中距离	中间检验
水线面系数	主尺度比
特别检验	方便旗船
坞内检验	国际海事组织编号

2. 简要回答或说明下述问题：

1）海上货运船舶的定义是什么？

2）船舶规范的主要内容是什么？

3）所有船舶必须保存在船的证书有那些？

4）一般货船应配备的附加证书有那些？

5）从 C_w、C_m 和 C_b 导出 C_p 和 C_{vp}。

6）列出船舶主要静水力参数。

7）说明保持船级应进行的检验。

8）说明固体散货船级别的划分。

9）说明液体散货船级别的划分。

10）说明集装船载箱量的发展过程。

11）说明船舶侧面受风面积与吃水和倾角的关系。

12）说明船舶进水角与吃水的关系。

13）说明浮心高度和浮心纵向位置与吃水的关系。

14）说明进水角与吃水的关系。

15）说明每厘米吃水吨数与水线面积及吃水的关系。

16）说明每厘米纵倾力矩与吃水的关系。

17）说明漂心纵向位置与吃水的关系。

18）说明排水体积和排水量与吃水的关系。

19）说明稳心高度与吃水的关系。

20）说明主尺度比与船舶性能间的关系。

21）图示船舶的四种坐标系统。

22）我国船级社的主要入级符号有哪些？

23）为什么说利用型吃水和实际吃水查表,在进行装（卸）货量计算时产生的误差很小？

3. 根据下表提供的资料计算各种船型的主尺度比和船体系数。

船　型	船长(L_{bp}) (m)	型宽(B) (m)	型深(D) (m)	型吃水(d) (m)	中剖面积 (m^2)	水线面积 (m^2)	排水体积 (m^3)
1 万箱集装箱船	347.0	45.2	24.40	14.50	353.2	13 893	154 648
26 万立方米 LNG 船	345	53.8	27.0	12.20	656.20	16 715	172 845
VLCC 原油船	316.6	60.0	29.5	21.40	1 282.20	16 905	342 065
12 万吨散货船	234	42.2	22.4	14.20	318.03	9 102	143 245
2 万吨成品油船	170	25.00	12.60	9.50	235.60	3 621	31 331
1.5 万吨杂货船	140	21.2	12.3	9.00	190.6	2 512	20 371

4. 计算下列试题：

1）TJ 船正浮于 $\rho = 1.015\ t/m^3$ 的水域中，吃水为 6.5 m。求其排水量。

2）TJ 船排水量为 15 855 t 时，加装货物 500 t。求其新平均吃水。

3）利用《静水力参数表》、《载重标尺》和《静水力曲线图》，查取 TJ 船 6.47 m 吃水对应的海水和淡水排水量、海水和淡水每厘米吃水吨数、每厘米纵倾力矩、横稳心距基线高度、浮心距中距离、浮心距基线高度、漂心距中距离。

4）利用《静水力参数表》、《载重标尺》和《静水力曲线图》，查取 TJ 船 9.26 m 吃水对应的海水和淡水排水量、海水和淡水每厘米吃水吨数、每厘米纵倾力矩、横稳心距基线高度、浮心距中距离、浮心距基线高度、漂心距中距离。

5）利用表 1.4.4.2 查取某 15 万吨散货船型吃水 9.367 m 时对应的各项静水力参数。

6）已知 ZZ 船两柱间长 $L_{bp} = 120$ m，吃水 $d = 5.8$ m，排水体积 $\nabla = 7\ 350\ m^3$，$C_b = 0.62$，$C_w = 0.75$。试求其水线面积 A_w。（答案：1 533 m^2）

第 2 章 船舶浮性与容重性能

许多航海类教材中都论述过利用观测吃水计算船舶排水量的方法,但一般都未对这一问题加以深入研究。我们指出,吃水的观测精度直接影响到船舶排水量的计算精度和船舶载重量的计算精度,甚至对船舶操纵性的估计、对船舶安全性保证等方面都具有重要影响。本章介绍船舶浮性的表示;实用的吃水观测技巧;利用观测吃水较精确地求出船舶排水量的方法;船舶排水量应用中的注意事项;船舶载重线的选择方法;船舶吨位及其作用;船舶的重量性能与容积性能及其相互关系。

2.1 船舶浮性

2.1.1 作用在船上的力

漂浮在水中的船舶,会受到多种力的作用。

· 重力

这是因船体自身的质量、货物、油水及一些不明载荷的质量所产生的力,始终与海平面垂直,指向地心,而与船的漂浮和运动状态无关。

· 浮力

这是船体水下表面所受水压力的总和。当船体水下表面积的形状和大小发生变化时,浮力也会随之发生变化。浮力的大小和方向与船体水下表面积的大小有关;与船体水下表面积的形状有关;与船体所在水域中的水密度有关;还与船体的对水运动速度或所受风浪大小有关。

· 螺旋桨产生的力

这指螺旋桨转动时对船体的作用力,其可为推力和拉力,并伴有其他方向作用力,如螺旋桨侧向力。

· 侧推力

这指首向或尾向侧推器转动时对船体产生的推力,其大小与船体的运动速度有关,其方向可为水平面内的任何方向。

· 阻力

这指船体运动时,水或空气对船体产生的阻力,其大小与船的吃水、水下船体形状、水上船体形状、船体对水和空气运动速度等因素有关,其合力方向可为水平面内的任何方向。

· 风力

这指风对船体的作用力,其大小与船体受风面积及受风面积的形状和结构有关,其方向可为水平面内任何方向。

· 波浪作用力

这指波浪撞击在船体上产生的作用力,其大小与多种因素有关,其方向可为任何方向。

　　·　牵引力和拖拉力

这指拖轮或其他牵引船只对船体产生的作用力。

　　·　载荷突然变化所产生的力

船内货物、设备、油水等突然倾向一侧或向船上加装或自船上卸下这些物质对船体所产生的作用力。

作用在船上的力大部分为变力,基本上均可表为时间的函数,从而可以求出各力随时间的变化率。这些力间的相互关系通常很复杂。在这些力的作用下,漂浮在水中的船舶可发生进退、横荡、垂荡、横摇、纵摇和偏荡等六自由度运动。

假定这些力均以恒定值作用在船上,则船舶会处于静态漂浮状态或以某种恒定速度在水中运动;否则船舶会处于动态漂浮状态或以变化速度在水中运动。

2.1.2　船舶在水中的姿态

2.1.2.1　正浮与静态漂浮

当作用在船体上的各力平衡时,船舶处于静态漂浮状态(均速直线运动状态)。

在这种状态下,船舶发生横倾的角度称为横倾角(athwartship inclining angle,θ),发生纵倾的角度称为纵倾角(longitudinal inclining angle,φ)。船舶的水下船体所排开水的体积称为排水体积(∇),排水体积的质量(重量)称为排水量(Δ)。横倾角、纵倾角和排水量(排水体积)这三个指标是度量船舶静态漂浮的指标。

由于水中波浪的作用、空中风的作用以及船内外各种力的作用,船舶一般不会完全静止地漂浮在水中。一般情况下,若船舶的运动幅度很小或摆动速度很小,可近似认为其处于静态漂浮状态。

船舶既无横倾又无纵倾时的静态漂浮状态称为正浮状态。在这种状态下,船上的大部分平面与水面平行。实际上,这是图纸中所设计的一种状态,并且是一种理想状态。

当船舶倾向任一侧时称其处于横倾状态,当船舶倾向首端或倾向尾端时称其处于纵倾状态。大部分情况下,船舶会处于既有横倾又有纵倾的任意漂浮状态。

船舶的排水体积和排水量主要由平均吃水决定,但还与纵倾、横倾、拱垂、水密度等多种因素有关。

不包括船壳、水下附体和船体上附着的海生物等体积的排水体积称为型排水体积(molded volume of displacement),其值可以平均吃水为引数在《载重标尺》、《静水力曲线图》或《静水力参数表》上查得。

排水量 Δ 是排水体积与水密度的乘积。如果水密度为标准海水密度或标准淡水密度则可从《载重标尺》、《静水力曲线图》或《静水力参数表》上直接读得,否则应按实际水密度进行计算。

在《载重标尺》、《静水力曲线图》或《静水力参数表》上查得的排水量一般为型排水量,但有些船舶在这类资料中给出实际排水量。在吃水较小时,排水量曲线略微上凸,这是因为船体上部较下部肥胖;当排水量达到半载以上时,排水量曲线基本上为一条直线,即随吃水的增加而线性增加。

生产中,船舶的排水量难以精确计算,在以后的讨论中将研究削弱排水量和排水体积计算误差的方法。

2.1.2.2　动态漂浮

船舶的静态漂浮只是一种理想状态。大多数情况下,作用在船上的各种力经常发生变化,因而并不会处于相对平衡状态。重力随装卸作业及油水消耗而变化;浮力与船舶横倾和纵倾有关;其他外力则经常随时间变化。若其中的一个力或几个力为变值,则船舶便处于动态漂浮状态。这个意义上,只有理论上才存在真实的静态漂浮状态,实际生产中的船舶始终处于动态漂浮状态。

近似考虑时,如果作用在船上的力发生变化的速率很小,则船舶的运动幅度很小或摆动速度很小,从而可认为船舶处于静态漂浮状态,否则应认为船舶处于动态漂浮状态。

考虑作用在船上的力发生变化的速率时,一般应和船舶的相应静水力参数的变化速率进行比较①。若作用在船上的力发生变化的速率超过船舶相应静水力参数变化速率,常应认为船舶处于动态漂浮状态,否则可认为船舶处于静态漂浮状态。

动态漂浮状态可认为由多个连续的静态漂浮状态组合而成。

船舶的一个漂浮状态称为船舶姿态。船舶常见姿态有如下各种:
- ·　静态姿态(正浮、横倾、纵倾、任意倾);
- ·　摇摆(横摇、纵摇或任意摇);
- ·　大洋航行中的姿态;
- ·　浅水航行中的姿态;
- ·　岸壁附近航行中的姿态;
- ·　锚泊中的姿态;
- ·　系泊中的姿态;
- ·　风浪中的姿态。

2.1.2.3　船舶姿态测量

船舶各项静水力参数都是其姿态的度量。表明船舶姿态的横倾角和纵倾角等参数一般可通过姿态仪(ship attitude reference system)来测量。

早年,人们利用横倾角测量仪和纵倾角测量仪来测量船舶的横倾角和纵倾角,其误差一般为 $0.3°$。这种设备中的摆锤结构简单而且精度较低,在恶劣海况下摆锤指位不确,所提供的信息难以指导船舶安全航行和从事有关作业,甚至使操作者产生误判。

现在,船舶常装有姿态测量仪,其精度可达 $0.2°$,不但可连续记录船舶的各项姿态参数,还具备通信、数据存储、打印和回放等功能。

在装有姿态测量仪的船上,船舶姿态参数可以远程发送到安全监管部门。在数千海里之外的安全监管部门,可直接看到船体纵向视图和侧向视图,值班人员轻点鼠标,还可将当前的船舶姿态数据记录下来,甚至还可进行回放,供以后进行分析和查询。

2.1.3　储备浮力

储备浮力(reserve buoyancy)是船舶满载水线以上主体水密部分的体积所能产生的浮力,其大小对稳性、抗沉性和淹湿性有很大影响。

储备浮力的大小与船的安全性和经济性有关。加大储备浮力,船舶不易沉没,能提高船舶

---

① 参见§3.8.1节的有关论述。

的安全性,但会使船舶的载重量减少,影响经济性。

船舶的航行区域、载货种类、安全性要求等,对储备浮力的要求不同。储备浮力通常以排水量的百分比表示。内河船的储备浮力为其排水量的 10% ~ 15%;海船为其排水量的 20% ~ 50%;液货船的储备浮力较普通货船小。

2.1.4 拱、垂与船体变形

船体上的重力和浮力均沿船长方向变化,且二者的变化并不一致,因而船体会发生一定纵向变形。横向上,在水压力的作用下船体也会发生一定的形状改变。处于斜浪上的船舶,会发生一定的扭曲。货物装载不均匀会使局部发生变形。

船体中部处于上拱状态时称为中拱,船体中部处于下垂状态时称为中垂。船舶拱垂对浮性和排水量的影响可利用有关公式进行估算。

船体变形后,其浮态及有关参数会发生一定变化。

§2.2 吃水与水尺

2.2.1 船舶的首、尾及中吃水

船舶的许多航海性能与吃水(draft)有关,特别是与首、尾及中吃水(draft forward,draft afterward,draft midships)有关,而且,首、尾及中吃水是计算船舶其他常用吃水的基础。图 2.2.1.1 是船舶的首、尾及中吃水示意图。

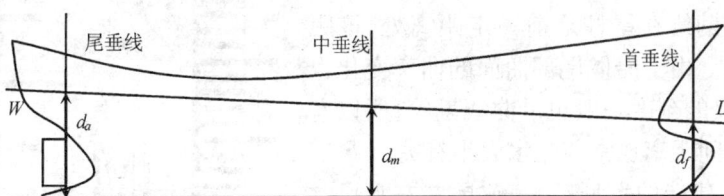

图 2.2.1.1 首、尾和中吃水的位置

首吃水(d_f)是船舶首垂线上自水线到基线(base line,keel line)的距离。首垂线位于首柱前缘处,其具体位置在船舶图纸中标出。首垂线与基线的交点与船舶底板的下表面尚有一距离,其大小因船舶结构而异,常在十几毫米乃至几十毫米之间。

尾吃水(d_a)是船舶尾垂线上自水线到基线的距离。尾垂线一般在舵柱后缘处,无舵柱时在舵杆中心线处,其精确位置也在船舶图纸中标出。尾垂线与基线的交点与船舶底板的下表面也有一距离,其大小也因船舶结构而异,并且也常在十几毫米乃至几十毫米之间。

中吃水(d_m)是在船舶首尾垂线距离的中点处,自水线到基线的距离。如果船舶无拱垂和横倾,则中吃水就是首尾吃水的平均值。一般,若中吃水大于首尾平均吃水,则说明船舶中垂(sagging);若中吃水小于首尾平均吃水,则说明船舶中拱(hogging)。

船舶的首垂线和尾垂线分别是两条假想的直线,因此不可见。这使得生产中难以准确测得船舶的首吃水和尾吃水,而且,由于船舶常有拱垂、纵倾和横倾,所以左右首吃水、左右尾吃水及左右中吃水常各不相同。

2.2.2　船舶的水尺

一般远洋货船均在船首左右、船中左右及船尾左右勘绘水尺（draft scales）。我国船舶水尺的刻度均以公制勘绘,但国外有的船舶水尺刻度以英制勘绘。

图2.2.2.1(a)为公制水尺的刻度与标志,刻度用阿拉伯数字标出,每字高为10 cm。一些船上的水尺只在部分高度上在10 cm线间再勘绘刻度,也有些船上的水尺在10 cm线间不勘绘刻度。各数字表示的吃水为水线在其下缘时的吃水数值。

图2.2.2.1(b)为英制水尺的刻度与标志。刻度用罗马数字标出,每字高为6 in。一些船上的水尺只在部分高度上在6 in线间再勘绘刻度,也有些船上的水尺在6 in线间不勘绘刻度。各数字表示的吃水为水线在其下缘时的吃水数值。

水尺上的数字,可为阿拉伯数字,也可为罗马数字。数字的高度可用做读取吃水时的参照尺度。

船舶首左右水尺勘绘在首柱之后一定距离处,该距离常为3 m以内。由于船体首部曲面的曲率变化较大,左右首水尺的刻度一般沿曲线勘绘,所以左右首水尺与首垂线间距离常与吃水大小有关。

尾左右水尺勘绘在尾柱之前一定距离处,该距离常为6 m以内。由于船体尾部曲面的曲率变化也较大,左右尾水尺的刻度一般也沿曲线勘绘,所以左右尾水尺与尾柱间距离也常与吃水大小有关。

2000年以后建造的大型船,其首尾左右水尺常勘绘在首柱垂线和尾柱垂线外侧上,因而读取时不必进行相应修正。

由于船中两舷勘绘有载重线标志,所以左右中水尺勘绘在两柱间长中点前或后1 m处。

（a）公制水尺　　　　（b）英制水尺

图2.2.2.1　公制与英制水尺的刻度与标志

2.2.3　各种吃水

2.2.3.1　观测吃水

生产中,在首、尾和中左右水尺上观测到的吃水称为吃水观测值（observed draft reading）。显然,大部分情况下在水尺上直接观测的吃水并不是首、尾和中垂线上的吃水。而且,船舶可能有横倾,所以同一对水尺的左右吃水可能不同;船舶还可能有纵倾,所以首、尾和中左右平均吃水一般不同;船舶也可能有拱垂,所以首尾平均吃水并不一定等于中吃水。

在船舶6个水尺上观测的吃水值称为六面吃水（the six draft readings）。在公制水尺上读取读数时,常应读取到2位小数（cm）。

2.2.3.2　实际吃水

船舶的观测吃水加上平板龙骨的厚度才为船舶的实际吃水(real draft, true draft, actual draft)。平板龙骨的厚度为十几毫米到二十几毫米,具体数值可在船舶资料(外板展开图)中查得。

易见,对于无拱垂的船舶,如果船舶尾倾,则最大实际吃水在船尾处;如果船舶首倾,则最大实际吃水在船首处。但是,如果船舶有纵倾且有拱垂,则最大实际吃水的位置应进行简单的估算才能确定。

2.2.3.3　简单的平均吃水

· 利用船中水尺观测值计算出的平均吃水

这是取船中左右水尺观测值的平均值作为船舶平均吃水。对于有拱垂、有纵倾的船舶,这一平均吃水有较大误差。

· 利用首尾水尺观测值计算出的平均吃水

这是取首尾吃水观测值的平均值作为船舶平均吃水。生产中,船员常用的平均吃水即为如此定义的吃水。如果船舶拱垂较大、首尾水尺与垂线间的距离较大,这一吃水会产生较大误差。

· 利用六面水尺观测值计算出的平均吃水

这是取首左右、尾左右和中左右水尺观测值的平均值作为船舶平均吃水。这一平均吃水消除了拱垂的部分影响。

应该指出,这些简单的平均吃水都不能准确代表船舶的真实平均吃水。利用这类平均吃水查得的排水量均有相当的误差。为了能查得准确的排水量,需要对观测吃水作各种修正,求得等容吃水。

§2.3　吃水的观测

2.3.1　观测吃水应达到的精度

我们从船舶安全、货物装卸及水尺检量三个角度确定观测吃水应达到的精度。当然,生产中还可能从其他角度对观测吃水的精度提出要求。

2.3.1.1　船舶安全的要求

从船舶货物运输的角度看,为了保证船舶安全性和船舶操纵性,必须比较精确地掌握船舶吃水。生产中,许多航道对船舶吃水有一定限制,如泰国曼谷的湄南河水道、印度尼西亚巨港的慕西河水道、埃及苏伊士运河水道、巴拿马运河水道等。这些水道一般要求船舶吃水的观测精度达到 0.01 m。

这里的观测由引航员或驾驶员进行,而且通常不可能离船太近(通常 10 m 左右)。一般来说,引航员或驾驶员对吃水进行观测时十分用心,往往取几个观测值的平均值作为读取值。这里以尾水尺的观测为例,左右各观测 3 次,取平均值作为观测值,则每一次观测的误差 δd 应为

$$\frac{\sqrt{6}}{6}\delta d < 0.01 \text{ m} \tag{2.3.1.1}$$

解得,$\delta d < 0.024$ m,即每一水尺观测值应精确到水尺刻度的四分之一。

2.3.1.2　货物装卸方面的要求

生产中,常根据船舶吃水的改变量估计装载或卸出货物的重量。实践表明,为此目的进行的吃水观测应达到 0.01 m 精度。相应于这一观测误差,小型船装卸量计算误差在几吨以内,中型船在几十吨以内,大型船可达到百余吨。如果船舶的平均吃水用六面平均计算,则每一水尺上的观测误差 δd 也应满足式(2.3.1.1)的要求,即 $\delta d < 0.024$ m。

2.3.1.3　水尺检量方面的要求

从国际海上货物运输的角度出发,利用水尺检量计算货物装载量的精度应达到 0.5%,因为这是国际上公认的可接受误差[①]。

一般,总载量为 1 000 DWT 货船满载时每厘米吃水吨数 TPC 约为 4 t/cm。设每一水尺的观测值误差均为 δd,取 6 面平均吃水作为船舶的吃水,则

$$\frac{100 \times \frac{\sqrt{6}}{6}\delta d \times 4}{1\ 000} < 0.5\% \qquad (2.3.1.2)$$

解得 $\delta d < 0.031$ m,即每一水尺观测值应精确到 0.031 m 才能保证水尺检量中船舶载货量的计算精度达到 0.5%。

对于总载重量在 1 000 DWT 以上的货船,为了保证水尺检量中船舶载货量的计算精度达到 0.5%,每一水尺观测值的精度可有所降低。

2.3.1.4　观测吃水应达到的精度

观测吃水应达到的精度 δd 应是上述各项计算值的最小值,即

$$\delta d = \min\{0.024, 0.024, 0.031\} = 0.024 \text{ m}$$

观测吃水和计算平均吃水时还有其他误差,但改进计算方法还可提高计算精度,如计算平均吃水时将中吃水的权数加大会削弱计算误差。一般,将观测吃水的误差控制在 0.02 ~ 0.03 m 之间比较有利。

应该指出,使每一水尺上的观测吃水值的精度达 0.02 ~ 0.03 m 并非易事。生产中,必须采取有效措施才可能实现这一目标。

2.3.2　观测技巧的研究

船舶吃水的观测精度受多种因素影响,如:水尺刻度的清晰度、波浪的大小、水尺处的船体曲度、水尺的制式、观测时刻的亮度、观测者的技术和经验、观测者与水尺间的距离、观测者视线的角度等。这里从以下几方面论述观测技巧。

2.3.2.1　静水中的观测

静水中观测水尺应注意以下几方面的问题:

· 与水尺尽可能接近

读取水尺时,观测者与水尺间的距离越小越有利于减小读取的误差。绝对的静水是没有的,水面必然有些许波动,观测者只有与水尺充分接近才能清楚地看准水线的位置。可利用吊

---

① 见文献 Philip Y. Bulk Cargo Shortage. Asian Shipping. 1982(12)及文献 C. F. Durham. Marine Surveys. p1. London. Fairplay Publications Ltd. 1982.

板、绳梯或小艇使观测者与水尺的观测位置尽可能接近。观测中当然应注意安全,在码头边观测内舷中水尺时尤其应注意船舶与码头间的距离可能过小而受到挤伤。

·　视线与水面的角度应尽可能减小

观测者的视线与水面的角度应尽可能减小,这有利于减小观测误差。当水尺勘绘在曲面上时,观测者的视线应尽可能与曲面表面垂直。

·　利用水线附近的阿拉伯数字或罗马数字作参照物

对于公制水尺,水线附近总有阿拉伯数字"2,4,6,8,…",数字高度为 10 cm;对于英制水尺,水线附近总有罗马数字"V,VI,VII,VIII,…",数字高度为 6 in。可以利用这些数字高度作为参照物来读取水线淹及处的水尺读数。

·　利用小尺

携小尺至水尺的水线处,量取水线的确切位置,可在很大程度上提高观测精度[1]。但是,这种方法仅限于水面非常平静且水尺读取处可及的场合。

·　击起浪花和利用照明设备

有时需在夜间或能见度很差的条件下观测水尺,这时可采取以下方法提高观测精度:投小石击起浪花;水面撒轻物;利用强力照明设备。

2.3.2.2　小浪中的观测

·　自制简易滤波器

取空油漆桶一只,剪去桶盖和桶底,再从中间裁开即成为一简易滤波器,如图 2.3.2.1 所示。用小艇或绳梯抵水尺的读取处,将这种滤波器扣置在水尺的水线处,即可按正常方法读取读数。

图 2.3.2.1　简易滤波器　　　　　　图 2.3.2.2　TANIDO

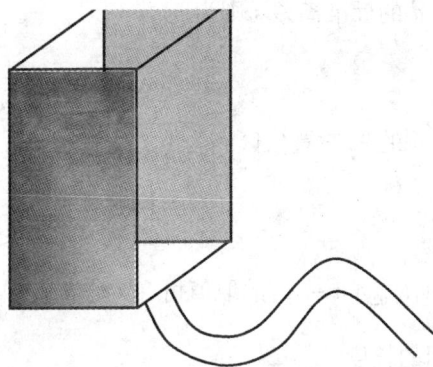

·　利用 TANIDO 水尺读取器

利用 TANIDO 水尺读取器[2]读取水尺是提高读取精度的一种有效手段。这种读取器的结构实际上很简单,在船上一般均可自制,其结构如图 2.3.2.2 所示。取一硬质透明塑料高缸,两边各固定一块强力磁铁,底部接一软管,管前系一重物以便使水尺读取器软管能浸入水中。

①　E O Hansen. An Analytical Treatment of the Accuracy of the Results of the Inclining Experiment. Naval Engineering Journal, May 1985.

②　Jaap Beemster. Draught Survey:Controlling Cargo Losses. Seaways,April 1995.

读取水尺时,将这种读取器吸附在水尺的水线附近船体上,即可读取水尺读数了。

2.3.2.3 大浪中的观测

大浪中的水尺观测一般只能站在岸边或利用小船进行。为了对水尺作尽可能多的观测,可雇用小艇绕船航行,但应注意与船保持相当距离,以便既能看清水尺又不致使小艇航行激起的波浪波及船舶水尺。

每次观测,尽可能读取波峰和波谷之间的中点水线在水尺上的读数,以提高每一次的观测质量。

曾有一些船长试图总结大浪中观测水尺的经验,但都没有形成具有普遍指导意义的原则。我们认为,在大浪中观测水尺,必须进行多次观测,取平均值作为观测值。

平均值的精度取决于每一次观测的质量。

另外,无论在何种水域中进行吃水观测,均应调整锚链和缆绳,尽可能减小其上的应力。

2.3.3 观测次数的确定

2.3.3.1 观测值精度的评价

无论是在静水、小浪还是在大浪中观测吃水,都不可避免地会产生误差。消除或削弱这种误差的方法当然是进行多次观测,取其平均值作为观测值。理论上,只要观测次数足够多,就可以使观测值达到任何精度。我们参照数学方面文献[1]构造如下精度评价方法:

设对某一水尺进行了 n 次观测,得 $d_1, d_2, \cdots, d_n$,其平均值 d 取为

$$d = \frac{1}{n} \sum_{i=1}^{n} d_i \tag{2.3.3.1}$$

d 的标准离差 s 则为

$$s = \sqrt{\frac{1}{n-1} \sum_{i=1}^{n} (d_i - d)^2} \tag{2.3.3.2}$$

d 的 95% 置信区间为

$$\left\{ d - \frac{st_{0.025}(n-1)}{\sqrt{n}}, d + \frac{st_{0.025}(n-1)}{\sqrt{n}} \right\} \tag{2.3.3.3}$$

式中,$t_{0.025}(n-1)$ 的取值可在 t 分布表中查取,如表 2.3.3.1 所示。$2 \times \dfrac{st_{0.025}(n-1)}{\sqrt{n}}$ 称为置信区间的长度。

这就是说,利用 d 作为吃水的观测值最为有利,并且误差不大于置信区间长度的概率是 95%。

对于给定一组观测数据,可计算出平均吃水 d 和标准离差 s,从而判断平均吃水 d 值是否足够准确。如果平均吃水 d 值不足够准确,则可利用增加观测次数的方法提高其精度。

2.3.3.2 观测次数的确定

由上面的分析易见,如果观测值 d 的置信区间长度不超过 0.02 ~ 0.03 m,则所得到的平均吃水、据该吃水所得的排水量和货物重量均可满足海运生产要求。在水尺检量方面,可适当减小观测值的精度,例如观测值 d 的置信区间长度不超过 0.05 m 时,其所产生的排水量或货

---

① 浙江大学数学系高等数学教研组. 概率论与数理统计. 北京:人民教育出版社,1979.

物重量的误差在0.5%以内的概率为95%。

表2.3.3.1 $t_{0.025}(n)$分布表

N	$t_{0.025}(n)$	N	$t_{0.025}(n)$	N	$t_{0.025}(n)$
1	12.7062	16	2.1199	31	2.0395
2	4.3027	17	2.1098	32	2.0369
3	3.1824	18	2.1009	33	2.0345
4	2.7764	19	2.0930	4	2.0322
5	2.5706	20	2.0860	35	2.0301
6	2.4469	21	2.0796	36	2.0281
7	2.3646	22	2.0739	37	2.0262
8	2.3060	23	2.0687	38	2.0244
9	2.2622	24	2.0639	39	2.0227
10	2.2281	25	2.0595	40	2.0211
11	2.2010	26	2.0555	41	2.0195
12	2.1788	27	2.0518	42	2.0181
13	2.1604	28	2.0484	43	2.0167
14	2.1448	29	2.0452	44	2.0154
15	2.1315	30	2.0423	45	2.0141

对所作的一组观测值,按式(2.3.3.1)~式(2.3.3.3)可求得n,d,s,从而确定置信区间;如果置信区间的长度大于0.02 ~ 0.03 m,则应增加观测次数。注意,增加观测次数时可在原观测次数的基础上进行,即原观测值仍然有效。

这里,95%置信区间的长度取决于观测质量和观测次数。静水和小浪中的观测质量一般比较高,大浪中的观测质量通常较差。这种情况下,观测次数应尽可能多,并且注意提高每一次的观测质量。

应该指出,有时为达到预定的精度,观测次数可能要取很大数值,在生产上可能不可行。这种情况下,可采取的措施为:改变观测方法,设法提高每一次的观测精度或另择好天气重新进行观测。

利用小艇以中等速度绕船舶航行时,在经过每一水尺期间,可读得10个左右观测值。一般情况下,每一水尺读取30个观测值并非难事,而所得平均吃水的精度却相当高。

例2.3.3.1

小浪天气中观测 TJ 船首左吃水30次,得数据如下:

表2.3.3.2 吃水观测数值

d_i	观 测 数 值									
$d_1 \sim d_{10}$	7.68	7.81	7.67	7.62	7.49	7.64	7.66	7.67	7.59	7.54
$d_{11} \sim d_{20}$	7.51	7.50	7.46	7.62	7.60	7.54	7.62	7.63	7.64	7.72
$d_{21} \sim d_{30}$	7.61	7.65	7.57	7.63	7.61	7.60	7.62	7.62	7.59	7.58

试计算该组观测值的平均吃水、标准离差和其95%置信区间。

解:计算按式(2.3.3.1)和式(2.3.3.2)并利用表2.3.3.2进行,

$$d = \frac{1}{n}\sum_{i=1}^{n} d_i = 7.61 \text{ m}$$

$$s = \sqrt{\frac{1}{n-1}\sum_{i=1}^{n}(d_i - d)^2} = 0.013\,07\ \text{m}$$

查表 2.3.3.1 得 $t_{0.025}(30 - 1) = 2.045\,2$。95% 置信区间为:

$$\left\{d - \frac{st_{0.025}(n-1)}{\sqrt{n}}, d + \frac{st_{0.025}(n-1)}{\sqrt{n}}\right\} = \{7.605, 7.615\}$$

这一结果表明:在当时条件下如果对每水尺均作 30 次左右的观测,则所得平均吃水的误差不超过 1 cm 的概率约为 95%。这一精度对海上货物运输生产来说是足够高的。

2.3.4 观测吃水精度对排水量计算精度的影响

对吃水的观测中应达到 0.024 m 这个精度。有时,在风浪的影响下达到这一精度有一定困难,但可以用增加观测次数的方法来达到这一观测精度。在这一观测精度下,对千吨级小型船的水尺检量可以保证载货量计算误差不超 0.5%,对于大型船则可使载货量计算误差达到 0.05%,如表 2.3.4.1 所示。

表 2.3.4.1　观测吃水精度 0.024 m 对应的载货量计算精度

船型	总载重量(t)	TPC 约值(t/cm)	载货量计算精度(%)
小型杂货船	<1 000	4.0	0.40
中型杂货船	1 000 ~ 10 000	10.0	0.10
大型杂货船	10 000 ~ 30 000	30.0	0.10
小灵便型散货船	10 000 ~ 30 000	30.0	0.10
大灵便型散货船	30 001 ~ 50 000	45.0	0.08
巴拿马型散货船	60 000 ~ 80 000	60.0	0.06
好望角型散货船	150 000 ~ 200 000	100.0	0.05
特大型散货船	>200 000	150.0	0.04

2.3.5 水尺显示器的原理与应用

一些现代化船上装有水尺显示器,其原理如图 2.3.5.1 所示。

在船底装一传感器,其感应的是压力信号。由于船底水压力的大小与传感器所在位置的吃水成正比,将压力信号转换成电信号,输入到显示器中,即可将吃水的读数显示出来。

通常,在船舶的首左右、中左右和尾左右分别装有压力传感器,将压力信号转换成相应的电信号,统一输入电脑中。电脑便可将由吃水确定的参数显示出来,这类参数主要包括:首、中和尾吃水,吃水差,等容吃水,拱垂数值,纵倾角,横倾角等。

主控电脑将这类参数计算出之后,再传送到驾驶室、船长房间、大副房间等处所。

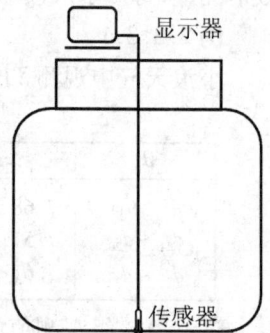

图 2.3.5.1　水尺显示器

§2.4　平均吃水的计算

2.4.1　首、尾和中吃水（垂线修正）

设首左右、尾左右和中左右水尺的观测吃水分别为 $d'_{pf}, d'_{sf}, d'_{pa}, d'_{sa}, d'_{pm}, d'_{sm}$，则船舶首、尾和中吃水的观测值 d'_f, d'_a, d'_m 为

$$d'_f = \frac{1}{2}(d'_{pf} + d'_{sf}) \tag{2.4.1.1}$$

$$d'_a = \frac{1}{2}(d'_{pa} + d'_{sa}) \tag{2.4.1.2}$$

$$d'_m = \frac{1}{2}(d'_{pm} + d'_{sm}) \tag{2.4.1.3}$$

由于首、尾和中水尺的勘划位置与相应垂线有一距离，所以首、尾和中吃水的观测值 d'_f，d'_a, d'_m 与船舶首、尾和中吃水的实际值并不相等。图 2.4.1.1 是首水尺与首垂线相对位置的示意图。从首水尺上读得的观测值 d'_f 是 A 点的吃水，实际首吃水应在 B 点观测。A 点与 B 点观测值的差值为 AC，它与船舶纵倾角 φ 的正切值 $\tan\varphi$ 及首水尺与首垂线间的距离 BC 成比例。

设首水尺上读得的观测值 d'_f 与首吃水的实际值 d_f 的差值（m）为 C_f，易见，C_f 可按式（2.4.1.4）求取，

$$C_f = BC\tan\varphi = \frac{t'L_f}{L_{bp}} \tag{2.4.1.4}$$

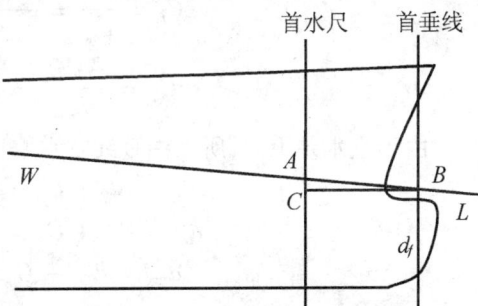

图 2.4.1.1　首水尺和首垂线

式中，t' 为船舶首尾吃水观测值的差值即吃水差观测值（m），$t' = d'_f - d'_a$；L_f 为首水尺与首垂线间的距离（m），其值一般与首吃水的大小有关，并载在船舶资料中；L_{bp} 为船舶的两柱间长（m）。

同理可以得到尾水尺上读得的观测值 d'_a 与尾吃水的实际值 d_a 的差值 C_a（m）及中水尺上读得的观测值 d'_m 与中吃水的实际值 d_m 的差值 C_m（m）的表达式，

$$C_a = \frac{-t'L_a}{L_{bp}} \tag{2.4.1.5}$$

$$C_m = \frac{-t'L_m}{L_{bp}} \tag{2.4.1.6}$$

式中，L_a 为尾水尺与尾垂线间的距离（m），一般也与吃水大小有关，可在船舶资料中查得；L_m 为中水尺与中垂线间的距离，其符号的取法为：中水尺在中垂线之后取正，中水尺在中垂线之前取负。

船舶首、尾和中吃水按式（2.4.1.7）～式（2.4.1.9）计算，

$$d_f = d'_f + C_f \tag{2.4.1.7}$$

$$d_a = d'_a + C_a \tag{2.4.1.8}$$

$$d_¤ = d'_m + C_m \tag{2.4.1.9}$$

有的船舶提供 C_f, C_a 和 C_m 数值表,查表引数为吃水差及水尺与相应垂线间的距离。建议船员在生产中根据吃水差及水尺与相应垂线间的距离按式(2.4.1.1)～式(2.4.1.9)进行计算,因为计算比查表迅速、准确。一般,C_m 的数值比较小,尤其在吃水差较小的情况下更是如此,所以在生产实际计算中常将 C_m 忽略。

按式(2.4.1.7)～式(2.4.1.9)计算出的 d_f, d_a 和 $d_¤$ 可分别认为是首、尾和中吃水的观测值,而不是这些吃水的实际值。

例 2.4.1.1

TJ 船的观测吃水 $d'_{pf}, d'_{sf}, d'_{pa}, d'_{sa}, d'_{pm}, d'_{sm}$ 分别为 6.83 m,6.83 m,7.45 m,7.46 m,7.16 m,7.14 m。查得,在观测吃水处,首水尺距首垂线 2.86 m,尾水尺距尾垂线 6.78 m。计算船舶的首、尾和中垂线上的吃水。

解:$d'_f = (d'_{pf} + d'_{sf})/2 = (6.83 + 6.83)/2 = 6.830$ m

$d'_a = (d'_{pa} + d'_{sa})/2 = (7.45 + 7.46)/2 = 7.455$ m

$d'_m = (d'_{pm} + d'_{sm})/2 = (7.16 + 7.14)/2 = 7.150$ m

$t' = d'_f - d'_a = 6.830 - 7.455 = -0.625$ m

$$C_f = \frac{t'L_f}{L_{bp}} = \frac{-0.625 \times 2.86}{140} = -0.013 \text{ m}$$

$$C_a = \frac{-t'L_a}{L_{bp}} = \frac{0.625 \times 6.78}{140} = 0.030 \text{ m}$$

由于吃水差不大,所以中垂线吃水修正量可取为 0。从而

$$d_f = d'_f + C_f = 6.830 - 0.013 = 6.817 \text{ m}$$

$$d_a = d'_a + C_a = 7.455 + 0.030 = 7.755 \text{ m}$$

$$d_¤ = d'_m + C_m = 7.150 + 0 = 7.150 \text{ m}$$

2.4.2 平均吃水(拱垂修正)

为求取船舶排水量,必须先求得平均吃水。由于营运中的船舶在某一装载状态下除了存在一定的纵倾和横倾之外还可能存在一定的中拱或中垂,所以就有多种方法计算船舶的平均吃水。各种方法的差别主要在于计算精度的不同。

船舶首尾尖削,中部肥大。在存在拱垂的情况下,船中的实际吃水在计算平均吃水时应取较大权数。设船舶的平均吃水为 d_m,则

$$d_m = \frac{1}{8}(d_f + 6d_¤ + d_a) \tag{2.4.2.1}$$

如此定义的平均吃水 d_m 可认为已修正了船舶拱垂影响。应当指出,首、尾和中吃水间的上述权数比例 1∶6∶1 只是经验值,对于长宽比较大的船,由于长度较大而平行中体较长,所以可将权数比例调整为 1∶7∶1,如大型干散货船;对于长宽比较小的船,由于长度较小而平行中体较短,所以可将权数比例调整为 1∶5∶1。

例 2.4.2.1

已知 TJ 船首、尾和中吃水经垂线修正后的数值为 7.32 m,8.35 m,8.86 m,计算该船拱垂修正后的平均吃水。

解:$d_m = \frac{1}{8}(d_f + 6d_¤ + d_a) = \frac{1}{8}(7.32 + 6 \times 8.35 + 8.86) = 8.285$ m

2.4.3　等容吃水（纵倾修正）

船舶具有纵倾时,利用式(2.4.2.1)计算出的平均吃水查得的排水量并不是船舶实际排水量。在图 2.4.3.1 上,船舶的初始水线为 W_0L_0,现在排水量不增加的情况下使其正浮,即达到水线 W_1L_1。这种情况下,船舶绕过 W_0L_0 的漂心 X_f 的横轴纵倾,而不是绕过 W_0L_0 的中点的横轴纵倾。也就是说,W_1L_1 与 W_0L_0 的交点为 X_f。按式(2.4.1.1)~式(2.4.1.9)所计算出的平均吃水基本上可认为是 W_0L_0 的中点处所对应的平均吃水。这一吃水大于 X_f 处所对应的吃水,其差值为 $\dfrac{tX_f}{L_{bp}}$。

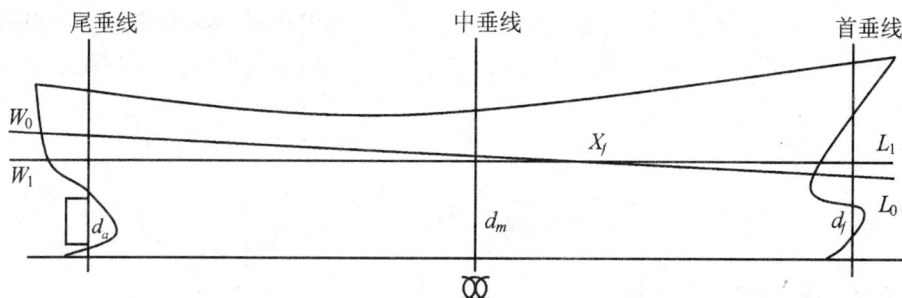

图 2.4.3.1　纵倾水线下的排水量

事实上,即使对平均吃水修正了 $\dfrac{tX_f}{L_{bp}}$,所得吃水所对应的排水量也是近似的。为了利用平均吃水在《载重标尺》、《静水力曲线图》或《静水力参数表》上能查取出更精确的排水量,我们对船舶平均吃水再作下述修正,即纵倾修正[①]:

$$\delta d = \frac{tX_f}{L_{bp}} + \frac{1}{2}\frac{t^2}{L_{bp}TPC}\frac{\mathrm{d}M}{\mathrm{d}Z} \qquad (2.4.3.1)$$

式中,δd 为平均吃水的纵倾修正量(m);X_f 为漂心距中距离(m);TPC 为每厘米吃水吨数(t/cm);L_{bp} 为两柱间长(m);t 为吃水差(m),即 $t = d_f - d_a$;$\dfrac{\mathrm{d}M}{\mathrm{d}Z}$ 为每厘米纵倾力矩关于吃水的变化率(t - m/cm - m)。

$\dfrac{\mathrm{d}M}{\mathrm{d}Z}$ 的计算可在《载重标尺》、《静水力曲线图》或《静水力参数表》上进行。设 $(d_m + 0.05)$(m)和 $(d_m - 0.05)$(m)对应的每厘米纵倾力矩分别为 MTC_1 和 MTC_2,则

$$\frac{\mathrm{d}M}{\mathrm{d}Z} = 10(MTC_1 - MTC_2) \qquad (2.4.3.2)$$

---

① 事实上,在图 2.4.3.1 中 W_0L_0 与 W_1L_1 之间的体积在 x 处的截面积 δS 为

$$\delta S = 2\int_d^{d+x\tan\varphi} y\mathrm{d}x = 2yx\tan\varphi + \frac{2(x\tan\varphi)^2}{2!}\frac{\mathrm{d}y}{\mathrm{d}z} + \frac{2(x\tan\varphi)^3}{3!}\frac{\mathrm{d}^2y}{\mathrm{d}z^2} + \cdots$$

仅保留 δS 展开式的前两项,W_0L_0 与 W_1L_1 之间的体积 δV 为

$$\delta V = \int_0^{L_{bp}}\left[2yx\tan\varphi + \frac{2(x\tan\varphi)^2}{2!}\frac{\mathrm{d}y}{\mathrm{d}z}\right]\mathrm{d}x = \tan\varphi\int_0^{L_{bp}}2yx\mathrm{d}x + (\tan\varphi)^2\int_0^{L_{bp}}\frac{x^2y\mathrm{d}x}{\mathrm{d}z} = \frac{100TPCtx_f}{L_{bp}} + \frac{50t^2}{L_{bp}}\frac{\mathrm{d}M}{\mathrm{d}z}$$

在上式两边同除以 100 TPC 即得式(2.3.3.1)。有关此公式的进一步解释可参见 C. F. Durham. Marine Surveys. pp14-15. Fairplay Publications Ltd. 1982.

也可以在 d_m 附近取一数值,使 $(d_m + 0.05)$ 和 $(d_m - 0.05)$ 便于在图或表上查取,这可迅速得到 $\dfrac{\mathrm{d}M}{\mathrm{d}Z}$ 的值。

生产中,若吃水差和漂心 X_f 均较小(二者均小于 1 m),则式(2.4.3.1)的修正可略去不计。一般情况下,建议船员在生产中计算出该式的修正。

经过纵倾修正的船舶平均吃水 d_e 为

$$d_e = d_m + \delta d \qquad\qquad (2.4.3.3)$$

一般认为,经式(2.4.3.1)~式(2.4.3.3)修正后的平均吃水 d_e 即为等容吃水(equivalent draft)。

应当指出,式(2.4.3.1)~式(2.4.3.3)只适用于纵倾较小时的吃水修正。当纵倾较大时利用经该式修正的吃水也不能查得较为准确的排水量,而必须利用型值表或利用邦戎曲线计算排水量。

例 2.4.3.1

求取 TJ 船在 $d = 7.908$ m 处所对应 $\dfrac{\mathrm{d}M}{\mathrm{d}Z}$ 的值。

解:求取 $\dfrac{\mathrm{d}M}{\mathrm{d}Z}$ 的方法有多种,

分别以 $(7.908 + 0.5)$ m 和 $(7.908 - 0.5)$ m 为引数查得 MTC 分别为 218.5 t - m/cm 和 195.2 t - m/cm,则 $\dfrac{\mathrm{d}M}{\mathrm{d}Z} = 218.5 - 195.2 = 23.3$ t - m/cm - m;

分别以 $(7.908 + 0.05)$ m 和 $(7.908 - 0.05)$ m 为引数查得 MTC 分别为 211.728 t - m/cm 和 210.128 t - m/cm,则 $\dfrac{\mathrm{d}M}{\mathrm{d}Z} = 10(211.728 - 210.128) = 16.0$ t - m/cm - m;

分别以 8.00 m 和 7.80 m 为引数查得 MTC 分别为 212.4 t - m/cm 和 209.2 t - m/cm,则 $\dfrac{\mathrm{d}M}{\mathrm{d}Z} = 5(212.4 - 209.2) = 16.0$ t - m/cm - m。

易见,利用后一种方法计算 MTC 的计算量最小,查表最为方便,且精度较高,所以取 MTC 为 16.0 t - m/cm - m 较为有利。

例 2.4.3.2

TJ 船的两柱间长 L_{bp} 为 140 m,首吃水和尾吃水分别为 8.98 m 和 9.42 m。求其进行纵倾修正后的平均吃水。

解:按平均吃水 $d_m = (d_f - d_a)/2 = (8.98 + 9.42)/2 = 9.20$ m,查表 1.4.4.1 得漂心 X_f 为 - 1.934 m,每厘米吃水吨数 TPC 为 25.88 t/cm。

查得 9.20 m 对应的 MTC 为 234.6 t - m/cm,9.00 m 对应的 MTC 为 230.9 t - m/cm。

$\dfrac{\mathrm{d}M}{\mathrm{d}Z} = 5(234.6 - 230.9) = 18.5$ t - m/cm - m。

吃水差 $t = d_f - d_a = 8.98 - 9.42 = - 0.44$ m。

$$\delta d = \frac{tX_f}{L_{bp}} + \frac{1}{2}\frac{t^2}{L_{bp}TPC}\frac{\mathrm{d}M}{\mathrm{d}Z} = \frac{(-0.44)\times(-1.934)}{140} + \frac{1}{2}\times\frac{(-0.44)^2}{140\times25.88}\times18.5 = 0.007 \text{ m}$$

$$d_e = (8.98 + 9.42)/2 + 0.007 = 9.207 \text{ m}$$

§2.5　一般排水量的计算

若船舶吃水差和横倾不很大,则可利用一般方法求取排水量:以求得的平均吃水在《载重标尺》、《静水力曲线图》和《静水力参数表》上可查得船舶的排水量。对该排水量进行船壳系数修正、水密度修正和水温度修正等,从而得到实际排水量。

一般来说,在生产中的吃水差和横倾条件下均可利用一般方法求取排水量。只是在吃水差和横倾角较大时,所得排水量的误差较大。

2.5.1　利用平均吃水查取排水量

利用计算出的平均吃水 d 在《载重标尺》、《静水力曲线图》或《静水力参数表》上查得的船舶排水量大多数情况下是型排水量 Δ_m。有的船舶《静水力曲线图》上有实际排水量曲线,这时可直接查得实际排水量。这种实际排水量是型排水量乘以船壳系数得到的。但是,有时为得到更为准确的排水量还应对其进行水密度修正、水温度修正和其他修正。

我们建议船员在生产中尽量使用《静水力参数表》。在一般计算中,可将排水量的小数四舍五入而只保留整数(t);在进行水尺检量时,排水量应保留 3 位小数(精确到千克)。

查取《载重标尺》、《静水力曲线图》或《静水力参数表》的技术需要不断提高,查表不熟练者常易出错。

2.5.2　船壳系数修正

按船舶《载重标尺》、《静水力曲线图》或《静水力参数表》查得的排水量是型排水量,其中未包括船壳、舭龙骨、螺旋桨和舵等船体水下设备、船体上附着的海生物等的重量。这部分重量一般是在型排水量上乘以一个大于 1 的系数计及,该系数称为船壳系数(hull coefficient)。

设船壳系数为 K,则经船壳系数修正后的排水量 Δ_k 为

$$\Delta_k = K\Delta_m \tag{2.5.2.1}$$

船壳系数 K 的变化范围很大,通常约在 1.004 ~ 1.03 范围内[①]。K 值与船舶大小有关,小船取大值,大船取小值;K 值还与船舶吃水有关,吃水较大时较小,吃水较小时较大。满载时,万吨级货船的 K 值约为 1.005 ~ 1.006。

特殊货船的船壳系数可能很大。

K 值可在船舶资料中查取。对于营运中的船舶,若资料中未载入该值,则可按式(2.5.2.2)估算 K 值,

$$K = 1 + \frac{\varepsilon}{\nabla}(2dL_{bp} + BL_{bp}) \tag{2.5.2.2}$$

式中,ε 为船壳钢板的平均厚度(m),d 为当时的平均吃水(m),B 为型宽(m),L_{bp} 为两柱间长(m)。船壳钢板的平均厚度 ε 常为 15 ~ 20 mm;($2dL_{bp} + 2dB + BL_{bp}$)是船舶湿水面积的估算值,如果在船舶资料中可查得湿水面积,则可用来代替这一数值。

---

① 盛振邦等编著. 船舶静力学. 第 48 页. 北京:国防工业出版社,1984.

K 值也可参照表 2.5.2.1 选取,其中小船 K 值取自一些参考文献[1],大船的 K 值系根据我们的计算经验所得。

表 2.5.2.1　船壳系数(K)值

总载重量(t)	K
<3 000	1.007 0 ~ 1.006 0
3 000 ~ 5 000	1.006 0
5 000 ~ 15 000	1.006 0 ~ 1.005 0
15 000 ~ 25 000	1.005 0 ~ 1.004 0
25 000 ~ 40 000	1.004 0 ~ 1.003 0
40 000 ~ 100 000	1.003 0 ~ 1.002 5
100 000 ~ 300 000	1.002 5 ~ 1.002 0

一些船舶的《静水力曲线图》上给出了实际排水量,这时则不应再作船壳系数修正。

例 2.5.2.1

TJ 船两柱间长 L_{bp} 为 140 m,型宽 B 为 21.2 m,吃水 d 为 9.8 m,海水中的型排水量为 22 980 t。试估算该船在海水中的实际排水量。

解:根据 TJ 船当时排水量,得排水体积 ∇ 为

$$\nabla = \frac{22\ 980}{1.025} = 22\ 419.5\ \text{m}^3$$

船壳系数为

$$K = 1 + \frac{\varepsilon}{\nabla}(2dL_{bp} + 2dB + BL_{bp})$$

$$= 1 + \frac{0.020}{22\ 419.5}(2 \times 9.80 \times 140 + 2 \times 9.80 \times 21.2 + 21.2 \times 140) = 1.005\ 4$$

当时的实际排水量为

$$\nabla_k = K\nabla_m = 22\ 980 \times 1.005\ 4 = 22\ 104.092\ \text{t}$$

2.5.3　海水比重修正

淡水密度在 4℃ 时最大,为 1.000 t/m³;在 15℃ 时为 0.999 13 t/m³,在 20℃ 时为 0.998 23 t/m³。一般,水温越高水密度越小。对于海水来说,其密度与温度、含盐量、含泥沙量等因素有关。具体密度必须进行实际测定。

为了精确地确定船舶周围的海水密度,必须在船舶周围适当选取测定点。对于一艘具体船舶来说,左右舷的水流速度可能不同,因而泥沙含量和盐分含量可能不同;船底附近的温度较低因而水密度较大,水线附近的温度较高因而水密度较小。

采制水样时应注意下述各点:

· 测定点应在左右舷各选 2 ~ 4 个;

· 测定深度应取在 $\frac{1}{2}d$ ~ $\frac{2}{3}d$ 处;

· 用密度计测定密度时,水样提至甲板后应立即进行测定,以免水温升高或发生沉淀;

· 可将多个水样混合,进行统一测定,这种情况下采样的速度越快越有利于提高测定

---

[1] 郑宗淇. 静水力计算中船壳系数的选取. 船舶设计通讯,第 25 ~ 27 页,1984.4.

精度;

　　· 测定前,应对水样进行适当搅拌,以使水桶中水样密度分布均匀;

　　· 测定水密度时,最好使用天平测定;用普通密度计测定时,最好多次读取读数,以消除密度计的读取误差。

　　· 如果多点分别测定,则实际密度取各测定点测定值的平均值。

设实际测得的海水密度为 ρ',则经水密度修正后的排水量 Δ_d 为

$$\Delta_d = \frac{\rho'}{\rho}\Delta_k \qquad (2.5.3.1)$$

生产中应特别注意,水密度测定时间应尽可能与水尺观测时间一致,因为潮时不同,水密度也会不同。

　　例 2.5.3.1

　　TJ 船装货后按标准海水计算得排水量为 23 101.794 t,但测得周围海水密度为 1.016,求其经水密度修正后的排水量。

　　解:经水密度修正后的排水量为

$$\Delta_d = \frac{\rho'}{\rho}\Delta_k = \frac{1.016}{1.025} \times 23\ 101.794 = 22\ 898.949\ t$$

2.5.4　海水温度修正

　　船舶静水力参数是按常温(15 ~ 20℃)下钢材的尺寸计算出,而钢体船壳具有热胀冷缩的特性。若计算船舶排水量时的海水温度与常温相差很大,则船舶的实际型体积与《静水力参数表》中查得的数值会相差较大数值。

　　显然,如果计算船舶排水量时的海水温度高于常温,则船舶的实际型体积会大于《静水力参数表》中查得的数值;否则,船舶的实际型体积会小于《静水力参数表》中查得的数值。

　　海水温度修正系数 R 可用式(2.5.4.1)估算[①],

$$R = 1 + 0.000\ 033(t - t_0) \qquad (2.5.4.1)$$

经海水温度系数修正后的排水量 Δ_t 为

$$\Delta_t = R\Delta_d \qquad (2.5.4.2)$$

对于排水量为 10 000 t 的货船,海水温度对排水量的影响在 3 t 左右;对于排水量为 30 000 t 的货船,海水温度对排水量的影响在 10 t 左右;对于排水量为 50 000 t 的货船,海水温度对排水量的影响在 15 t 左右;对于排水量为 100 000 t 的货船,海水温度对排水量的影响在 30 t 左右;对于排水量为 300 000 t 的货船,海水温度对排水量的影响在 100 t 左右。

　　例 2.5.4.1

　　TJ 船的排水量为 22 898.949 t,当时海水温度为 28℃,试估算经温度修正后的排水量。

---

　　① 设船舶的排水体积为 $\nabla \approx dBL_{bp}$,取钢材的线胀系数为 0.000 011 1/℃,则当温度由 t_0 增加到 t 时,船舶型体积的改变量 $\delta\nabla$ 约为

$$\Delta\nabla \approx 0.000\ 033dBL_{bp}(t - t_0) = 0.000\ 033(t - t_0)$$

或者,　　　　$\delta\Delta = 0.000\ 033(t - t_0)$

从而,

$$\Delta_t = \delta\Delta + \Delta = (1 + 0.000\ 033)(t - t_0)$$

即可推得 R 的表达式。

解:假定设计时温度为15℃,则

$$R = 1 + 0.000\,033(t - t_0) = 1 + 0.000\,033(28 - 15) = 1.000\,429$$

$$\Delta_t = R\Delta_d = 1.000\,429 \times 22\,898.949 = 22\,908.773\ t$$

2.5.5 进出不同海水密度区域对吃水的影响

船舶进出不同海水密度区域对其排水量没有影响,或认为排水量在进出不同海水密度区域前后不发生变化。设船舶的排水量为 Δ,从水密度为 ρ_0 区域驶入水密度为 ρ_1 区域,则其平均吃水的改变量 δd 为

$$\delta d = \frac{\Delta}{100TPC}\left(\frac{1}{\rho_1} - \frac{\rho}{\rho_0}\right) \tag{2.5.5.1}$$

在利用式(2.5.5.1)进行计算时,ρ_0 是原水域中的水密度,ρ_1 是新水域中的水密度,平均吃水改变量的符号会自动产生。船舶由密度较小的水域驶入密度较大的水域时,平均吃水将减小;由密度较大的水域驶入密度较小的水域时,平均吃水将增大。

而且,在这一公式中,排水量的误差对平均吃水改变量的影响很小,所以在小量装卸时利用装卸前或装卸后排水量计算的平均吃水改变量相差无几。有时为了查表方便,在装(卸)前和装(卸)后排水量之间取一整数,用做查取 TPC 的引数。

对于大多数船舶而言,漂心在浮心之后。船舶从海水区域驶入淡水区域时,吃水增加,浮心位置向上、向后移动,使船舶产生首倾;船舶从淡水区域驶入海水区域时,吃水减小,浮心位置向下、向前移动,使船舶产生尾倾。

例 2.5.5.1

YD 船到港时 $\Delta = 15\,000\ t$,$d_m = 8.15\ m$,$TPC = 25\ t/cm$,现在港卸货 1 000 t 后又加载 500 t,之后由海水区域进入水密度为 1.006 的区域,其吃水为多大?

解:卸 1 000 t 货后又加载 500 t 相当于仅卸 500 t,此项作业将减小船舶的平均吃水;船舶由海水区域进入淡水区域将使平均吃水增加,所以,

$$d_m = 8.15 - \frac{500}{100 \times 25} + \frac{1.025 \times 15\,000}{100 \times 25}\left(\frac{1}{1.006} - \frac{1}{1.025}\right) = 8.06\ m$$

例 2.5.5.2

TJ 船在海水中的平均吃水为 8.38 m,试估算其驶入淡水时的平均吃水为多少。

解:由于排水量对平均吃水改变量的影响不大,取 $d = 8.40\ m$ 为查表引数,查表 1.4.4.1 得 $\Delta = 19\,361\ t$,$TPC = 25.32\ t/cm$。计算得,

$$\delta d = \frac{\Delta}{100TPC}\left(\frac{\rho}{\rho_1} - \frac{\rho}{\rho_0}\right) = \frac{19\,361}{100 \times 25.32}\left(\frac{1.025}{1.000} - \frac{1.025}{1.025}\right) = 0.191\ m$$

新的平均吃水为

$$d = 8.40 + 0.191 = 8.591\ m$$

§2.6 利用邦戎曲线或费尔索夫图谱计算排水量

若船舶吃水差较大,则船舶漂心位置在倾斜前和倾斜后的纵向位置相差较大,因而无法得到准确的平均吃水,从而无法在《静水力参数表》上查准确的排水量。

船舶纵倾较大时可利用邦戎曲线(Bojean's Curves)计算船舶排水量和浮态,或利用费尔索夫图谱(Г. А. Фирсов Curves)查取排水量。

2.6.1　利用邦戎曲线计算浮态

船舶横剖面如图 2.6.1.1 所示,其中 K 到 d_1 的面积、d_1 到 d_2 的面积和 d_2 到 D 的面积一般分别计算。将船舶两柱间长分成 20 个站段,共 21 个站面。每一站面处水线下的横剖面面积均为该站面处吃水的函数。所以,可以将各站面处水线下横剖面面积与吃水的关系绘成曲线,如图 2.6.1.2 所示。例如,第 8 号站面上相应于 WL 水线下的面积可从该站点处引出的曲线上读出,其中垂坐标为吃水(m),纵坐标为相应吃水下的横剖面面积(m²),如 P 点所示。

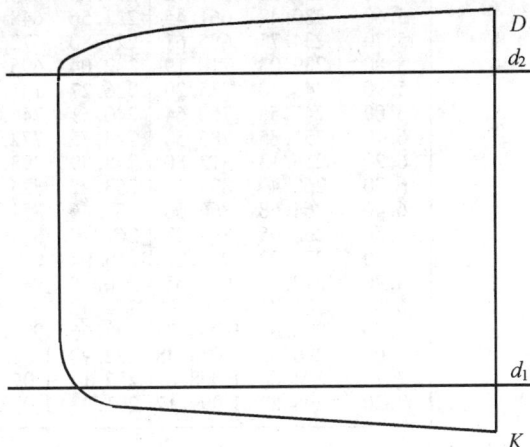

利用邦戎曲线不但可以求取纵倾较大水线下的排水量,还可以求出相应的排水量所对应的重心纵向坐标。事实上,设站距为 l,则纵倾水线下的排水量 Δ 为

图 2.6.1.1　船舶型深、型宽与型吃水

$$\Delta = \frac{1}{2}\rho\sum_{i=0}^{20}(A_i + A_{i+1})\delta l \tag{2.6.1.1}$$

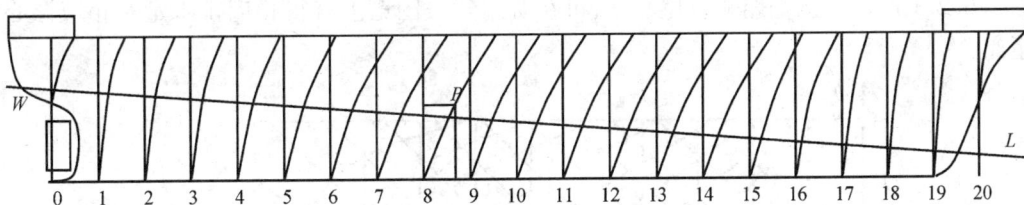

图 2.6.1.2　某轮邦戎曲线

浮心距中距离 X_b 为

$$X_b = \frac{1}{2}\frac{\rho}{\Delta}\sum_{i=0}^{20}(A_i + A_{i+1})\delta l(i + 0.5)\delta l - \frac{1}{2}L_{bp} \tag{2.6.1.2}$$

式中,A_i 为第 i 个站面上给定水线下的面积(m²),δl 为站距(m)。

有的邦戎曲线上给出各横剖面对基线的面积矩 M_{ki},这时浮心距基线高 Z_b 为

$$Z_b = \frac{1}{2}\frac{\rho}{\Delta}\sum_{i=0}^{20}(M_{ki} + M_{ki+1})\delta l(i + 0.5)\delta l \tag{2.6.1.3}$$

在 2000 年以后建造的船舶资料中,邦戎曲线常以数值形式给出,如表 2.6.1.1 所示,而且,两柱间长间所分站段一般常为 40 个。

表 2.6.1.1　邦戎参数表

| X = 187.200 m | | | X = 198.900 m | | | X = 204.750 m | | |
吃水 (m)	横剖面积 (m²)	对基结面积矩 (m²m)	吃水 (m)	横剖面积 (m²)	对基结面积矩 (m²m)	吃水 (m)	横剖面积 (m²)	对基线面积矩 (m²m)
5.40	221.92	614.42	215.09	602.00	203.61	577.16	186.84	537.56
5.50	226.20	637.72	219.33	625.07	207.71	599.51	190.71	558.67
5.60	230.48	661.45	223.56	648.58	211.82	622.28	194.59	580.18
5.70	234.75	685.61	227.80	672.51	215.92	645.46	198.46	602.08
5.80	239.03	710.19	232.04	696.87	220.02	669.05	202.34	624.37
5.90	243.30	735.20	236.27	721.65	224.12	693.06	206.22	647.06
6.00	247.58	760.64	240.51	746.87	228.23	717.48	210.09	670.14
6.10	251.85	786.50	244.75	772.50	232.33	742.31	213.97	693.60
6.20	256.13	812.80	248.99	798.57	236.44	767.55	217.85	717.45
6.30	260.40	839.51	253.22	825.06	240.54	793.20	221.73	741.70
6.40	264.68	866.66	257.46	851.97	244.65	819.26	225.61	766.33
6.50	268.95	894.23	261.70	879.32	248.75	845.74	229.49	791.34
6.60	273.22	922.22	265.94	907.08	252.85	872.62	233.37	816.75
6.70	277.50	950.65	270.18	935.28	256.96	899.92	237.24	842.54
6.80	281.77	979.50	274.42	963.90	261.06	927.62	241.12	868.71
6.90	286.05	1 008.77	278.66	992.94	265.17	955.74	245.00	895.27
7.00	290.32	1 038.48	282.90	1 022.41	269.27	984.27	248.88	922.22
7.10	294.60	1 068.61	287.14	1 052.31	273.38	1 013.20	252.75	949.55
7.20	298.87	1 099.17	291.38	1 082.63	277.48	1 042.55	256.63	977.26

邦戎曲线还在纵向强度计算中用于波形水线下计算船舶浮力和浮力矩。

2.6.2　利用费尔索夫图谱查取排水量

费尔索夫图谱是以首吃水和尾吃水为引数绘制的一组排水量曲线和浮心距中距离曲线，如图 2.6.2.1 所示。已知船舶首尾吃水，可在费尔索夫图谱上查得相应排水量及相应浮心距中距离。

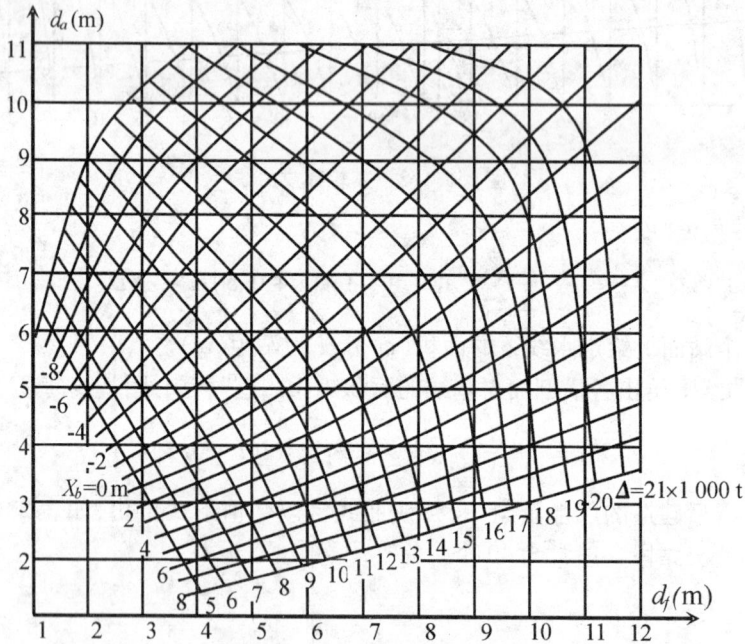

图 2.6.2.1　某轮费尔索夫图谱

例 2.6.2.1

已知 YD 船首吃水为 9 m，尾吃水为 10 m，利用费尔索夫图谱求其排水量和浮心距中距离。

解：在首吃水轴上查得 9 m 线，在尾吃水轴上查得 10 m 线，二线的交点处对应的排水量为 19 600 t，浮心距中距离为 −2.6 m。

实船上，费尔索夫图谱的比例尺常为 1:100，所以查得的排水量和浮心坐标精度可以满足生产要求。但是，对较大船舶，该比例尺的图纸不便携带和翻查，而较小比例尺的费尔索夫图谱在精度上又不能满足生产要求，所以，当今航海中该图谱应用不多。

2.6.3　已知船舶重力及其纵向分布确定其纵倾浮态

在配载图上，船舶各项载荷（空船、各舱货物、油水和常数等）的重量及相应重心均已知，所以可以求得船舶的排水量及重心位置。在这种情况下，如何精确求取船舶浮态是一个比较棘手的问题。

若纵倾很小，可以利用排水量直接查得吃水和对应的漂心，从而求出船舶首吃水和尾吃水，即确定船舶浮态。但是，若纵倾较大或吃水较小，利用此法求得的浮态就会有很大误差，以至于所得结果完全没有意义。例如，某 15 万吨散货船，在装载少量货物时，利用此法求得的吃水差误差达 0.5 m，平均吃水的误差达 0.15 m。

为了克服此种误差，常需要利用邦戎曲线或邦戎参数表进行迭代计算，步骤如下：

① 计算船舶的总重量及重心纵向坐标，利用排水量的一般计算方法计算船舶排水量、首吃水和尾吃水。

② 利用邦戎参数表计算第①步中首吃水和尾吃水下的排水量及浮心纵向坐标。

③ 如果新排水量大于原排水量，则平行下移水线；如果新排水量小于原排水量，则平行上移水线；移动量取 1 cm。重复第②步，直到新排水量与原排水量的差值小于排水量的 0.1%。

④ 如果浮心纵向坐标大于重心纵向坐标，则首吃水增加 0.5 cm，尾吃水减小 0.5 cm，重复第②步，直到浮心纵向坐标与重心纵向坐标差值小于 1 cm。（注意，有的情况下吃水差调整方向与此相反）。

⑤ 重复第③、④，直到新排水量与原排水量的差值小于排水量的 0.1%，并且浮心纵向坐标与重心纵向坐标差值小于 1 cm。

⑥ 将第⑤步所得排水量和首尾吃水作为船舶的浮态。

当然，这种计算方法只能在计算机上实现。注意，在利用此方法进行浮态计算时，需要做很细致的设计工作，若计算步长和计算精度标准设置不当，可能出现不收敛的情况。

§2.7　利用型值表或符拉索夫图谱计算排水量

若船舶吃水差较大并且横倾角较大，则船舶漂心位置在倾斜前和倾斜后的位置相差更大，因而用一般方法计算浮态、利用邦戎曲线或费尔索夫图谱计算浮态均有较大误差。这种情况下可利用型值表直接计算船舶排水量及浮态[①]，或利用符拉索夫图谱（Vlasov Curves）计算船舶

---

① 盛振邦，刘应中. 船舶原理（上册）. 第 25 页. 上海：上海交通大学出版社，2003.

浮态。

2.7.1 利用型值表计算浮态

利用型值表计算船舶浮态的技术在 20 世纪 70 年代就已发展成熟[①],但随着计算机技术、船舶工程技术和计算数学技术的进步,这方面的计算工作已与船舶其他性能计算溶为一体,形成了如 NAPA 和 COMPASS 这样功能强大的船舶工程计算软件。

在型值表上,可查得有纵倾和横倾水线下船体各点的坐标(x,y,z),从而可计算出船舶的排水量

$$\Delta = 2\rho \int_0^d \int_{-\frac{L}{2}}^{+\frac{L}{2}} y \mathrm{d}x \mathrm{d}z \qquad (2.7.1.1)$$

相应地,船舶的浮心位置$(X_b, Y_b, 和 Z_b)$为

$$X_b = \frac{\int_0^d \int_{-\frac{L}{2}}^{+\frac{L}{2}} y \mathrm{d}x \mathrm{d}z}{\int_0^d \int_0^d \int_{-\frac{L}{2}}^{+\frac{L}{2}} y \mathrm{d}x \mathrm{d}z} \qquad (2.7.1.2)$$

$$Y_b = \frac{\int_0^d \int_{-\frac{L}{2}}^{+\frac{L}{2}} y^2 \mathrm{d}x \mathrm{d}z}{\int_0^d \int_0^d \int_{-\frac{L}{2}}^{+\frac{L}{2}} y \mathrm{d}x \mathrm{d}z} \qquad (2.7.1.3)$$

$$Z_b = \frac{\int_0^d \int_{-\frac{L}{2}}^{+\frac{L}{2}} yz \mathrm{d}x \mathrm{d}z}{\int_0^d \int_0^d \int_{-\frac{L}{2}}^{+\frac{L}{2}} y \mathrm{d}x \mathrm{d}z} \qquad (2.7.1.4)$$

当然,这种计算方法也只能在计算机上用数值积分的方法实现。而且,在利用此方法进行浮态计算时,也需要做很细致的设计工作,也需要进行多次迭代计算。若计算步长和计算精度标准设置不当,也可能出现不收敛的情况。

2.7.2 利用符拉索夫图谱求取排水量

符拉索夫图谱由三级曲线构成:
· 船舶各站半个横剖面积 A_{sx} 随吃变化的曲线组 $a = f(z)$
· 船舶各站半个横剖面积对中线的面积矩 M_{xoz} 随吃水变化的曲线组 $b = f(z)$
· 船舶各站半个横剖面积对基线的面积矩 M_{xoy} 随吃水变化的曲线组 $b = f(z)$
利用此三组曲线,可求得船舶浮态如下:

$$\Delta = \rho \int_{-\frac{L}{2}}^{+\frac{L}{2}} A_{sx} \mathrm{d}x \qquad (2.7.2.1)$$

$$X_b = \frac{\rho}{\Delta} \int_{-\frac{L}{2}}^{+\frac{L}{2}} A_{sx} \mathrm{d}x \qquad (2.7.2.2)$$

---

① 盛振邦等. 船舶静力学. 第 88 页. 北京:国防工业出版社,1979.

$$Y_b = \frac{\rho}{\Delta} \int_{-\frac{L}{2}}^{+\frac{L}{2}} M_{xoz} \mathrm{d}x \qquad (2.7.2.3)$$

$$X_b = \frac{\rho}{\Delta} \int_{-\frac{L}{2}}^{+\frac{L}{2}} M_{xoy} \mathrm{d}x \qquad (2.7.2.4)$$

这一方法在船舶装载手册中应用不多,主要用于船舶配载计算机软件设计中。利用数值积分方法进行计算时,也需要做很细致的设计工作,进行多次迭代计算。

2.7.3　已知船舶重力及其分布确定其浮态

在配载图上,船舶各项载荷(空船、各舱货物、油水和常数等)的重量及相应重心均已知,所以可以求得船舶的排水量及重心位置。在这种情况下,如何精确求取船舶浮态是一个比较棘手的问题。

已知船舶重力及其分布确定其浮态的步骤如下:

① 计算船舶的总重量及重心横向坐标和纵向坐标,利用排水量的一般计算方法计算船舶排水量、平均吃水、横倾角和纵倾角。

② 利用型值表或符拉索夫图谱计算第①步中浮态下的排水量及浮心横向坐标和纵向坐标。

③ 如果新排水量大于原排水量,则平行下移水线;如果新排水量小于原排水量,则平行上移水线;移动量取 1 cm。重复第②步,直到新排水量与原排水量的差值小于排水量的0.1%。

④ 如果浮心横向坐标大于重心横向坐标,则左中吃水增加0.5 cm,右中吃水减小0.5 cm,重复第②步;如果浮心横向坐标小于重心横向坐标,则右中吃水增加 0.5 cm,左中吃水减小 0.5 cm,重复第②步;直到浮心横向坐标与重心横向坐标差值小于 1 cm。

⑤ 如果浮心纵向坐标大于重心纵向坐标,则首吃水增加 0.5 cm,尾吃水减小 0.5 cm,重复第②步,直到浮心纵向坐标与重心纵向坐标差值小于 1 cm。(注意,有的情况下吃水差调整方向与此相反)。

⑥ 重复第③、④、⑤,直到新排水量与原排水量的差值小于排水量的0.1%,并且浮心横向坐标与重心横向坐标差值小于 1 cm、浮心纵向坐标与重心纵向坐标差值也小于 1 cm。

⑦ 将第⑥步所得排水量、首尾吃水和左右吃水作为船舶的浮态。

当然,这种计算方法也只能在计算机上实现。注意,在利用此方法进行浮态计算时,也需要做很细致的设计工作,若计算步长和计算精度标准设置不当,可能出现不收敛的情况。

§2.8　排水量计算误差的分析

排水量计算是船舶静力计算和动力学计算中的重要内容。这项计算一般十分复杂,精确计算出船舶排水量基本上是不可能的。我们只能在计算中削弱其误差及估算其误差的量级。

2.8.1　设计与建造数据间的误差

实际建造的船体几何形状与设计的船体几何形状之间存在误差,主要表现在下述几个方面:

· 钢板量取中的误差;

- 钢板裁剪中的误差；
- 焊接中的误差；
- 船体形状构成过程中的误差。

船舶建成后一般用倾斜试验(inclining test)确定空船重量及其重心位置,之后对静水力参数进行相应调整。调整中,一般只对空船重量的相应参数作调整,其余数据均按比例换算。因此,船舶资料中给出的静水力参数与实船数据相比具有一定误差。

2.8.2　参数读取及测量中的误差

船舶排水量计算中,必须用到吃水、吃水差(纵倾角)、横倾角及水密度等数据。这些参数的读取及测量中存在一定误差:

- 综合前述分析,在水尺上观测吃水的误差在 0.024 m 这一量级上;
- 相应的,吃水差的误差也估计在 0.024 m 这一量级上;
- 纵倾角观测误差在 0.2° 这一量级上;基于观测吃水计算的纵倾角误差在 0.02° 这一量级上;
- 横倾角观测误差在 0.2° 这一量级上;基于观测吃水计算的横倾角误差在 0.05° 这一量级上;
- 水密度测量误差在 1‰ 这一量级上。

2.8.3　计算方法中的误差

排水量的计算方法有多种,如利用参数表查取,利用各种方法进行计算,并进行有关参数修正。

但是,计算方法本身具有一定误差,依计算方法不同,误差量级也不同。

2.8.4　排水量计算误差的量级

综合考虑各项因数,在一般排水量计算中产生的误差估计如下:

- 对于排水量在 0.3 万吨左右的船舶来说,应在 5‰ 这一量级上;
- 对于排水量在 1 万吨左右的船舶来说,应在 4‰ 这一量级上;
- 对于排水量在 3 万吨左右的船舶来说,应在 3‰ 这一量级上;
- 对于排水量在 10 万吨左右的船舶来说,应在 2‰ 这一量级上;
- 对于排水量在 30 万吨左右的船舶来说,应在 1‰ 这一量级上。

目前尚没有对排水量计算误差的统一估算。这里的估计主要基于一些经验和理论得出,可供船员和有关人员在实际计算中参考。当然,利用较先进的计算方法,特别是利用较先进的计算软件,计算精度会有所提高。

§2.9　载重线

古希腊的克理特王国(Kingdom of Crete)早在公元前 2500 年就规定船舶必须通过装载和保养方面的检查。到了中世纪,威尼斯共和国(Venetian Republic)规定了船舶装载的最深水线,威尼斯城的船用一个十字叉号标注,而热那亚的船则以三道横线标注。汉萨同盟(Hanseatic League)于 1288 年在北欧的维斯比城颁布了一项法律,规定船舶的水线若超过规定载重线则将受到重罚。其后,航运业蓬勃发展,船舶因超载所发生的事故也层出不穷,人们先后提出了各种各样的载重线规定,但没有形成具有国际影响的意见。1835 年,英国劳埃德船级社提出了一个劳埃德规则(Lloyd's Rule),规定船舶的干舷不得小于其货舱深度的四分之一(three inches per foot of depth of hold)。1876 年英国海上运输法规定强制执行载重线规则,并于 1894 年规定了载重线圈(Plimsoll Line)。后来,德国、美国相继采纳了英国规则或与英国类似的规则。到了 1930 年形成了国际载重线公约,经国际海事组织(前身)多次修改,形成了《1966 年国际载重线公约》。

《1966 年国际载重线公约》[①]于 1968 年 7 月 21 日生效。其后几经修改,其 1988 年议定书于 2000 年 3 月 2 日生效。也就是说,对于海上货物运输船舶,《1966 年国际载重线公约》及《1988 年载重线议定书》适用于其生效之日及以后安放龙骨或处于相似建造阶段的船舶;《1966 年国际载重线公约》适用于在这之前建造的船舶。该公约及其议定书其后又进行了多次修改,各次修改的生效日期也各不相同。

2.9.1　载重线航区的划分

按《1966 年国际载重线公约及 1988 年议定书》[②]的规定,将世界海洋区域根据风力大小及其出现频数划分成夏季、热带和冬季区域(area)或区带(zone),这类区域或区带称为载重线航区。在载重线航区的划分中,风力分为蒲福 8 级(34 kn)及以上、8 级以下和热带风暴三个级别;频数一般取 10 年中的加权平均值。所以,这里的夏季、热带和冬季与通常意义上的季节不同。实际上,风力的大小及出现频数与地理位置和季节期有关。

夏季区域(summer area):蒲福 8 级(34 kn)或 8 级以上的风力不超过 10%;

热带区域(tropical area):蒲福 8 级或 8 级以上的风力不超过 1%,并且 10 年内任一单独历月份中在 5°平方区域上的热带风暴不多于 1 次;

冬季区域(winter area):其他区域。

这是最基本的划分。事实上,有些海域全年的风力相差很大,因而将其按季节或日期分成不同的区域,如季节冬季区域(seasonal winter area)和季节热带区域(seasonal tropical area);有的区域只对小型船($L_{bp} \leqslant 100$ m)为季节区域;北大西洋北部的风浪比较大,对于两柱间长不超过 100 m 的船舶专门规定一季节冬季区域,称为北大西洋冬季区域(North Atlantic winter area)。

另外,在上述区域中,如果为淡水,则航区称为相应的淡水区域(fresh water area),如夏季淡水区域(summer fresh water area)、热带淡水区域(tropical fresh water area)。

船舶在各区域中航行时,其吃水不得超过规定的载重线,亦即其干舷不得小于《国际载重线公约》规定的最小值,否则为不适航。

商船用区带、区域和季节期的划分如图 2.9.1.1 所示。

---

① IMO,International Convention on Load Lines,1966.

② IMO,The Protocol of 1988 Relating to the International Conventions on Load Lines,1966;The International Convention on Load Lines,1966,Reserved by the Protocol of 1988,London,1996. 我国船舶检验局于 1989 年译出了该公约,于 1992 年出版了我国的载重线规则,载入《海船法定技术检验规则》。我国载重线规则与国际载重线公约很接近,但对中国沿海航区的划分提出了保留,该保留已为国际海事组织认可。2008 年,中国海事局出版的《船舶与海上设施法定检验规则》,完全采纳了国际海事组织 1966 年《国际载重线公约》及 1988 年议定书的内容,不再对我国沿航区的划分作出保留。

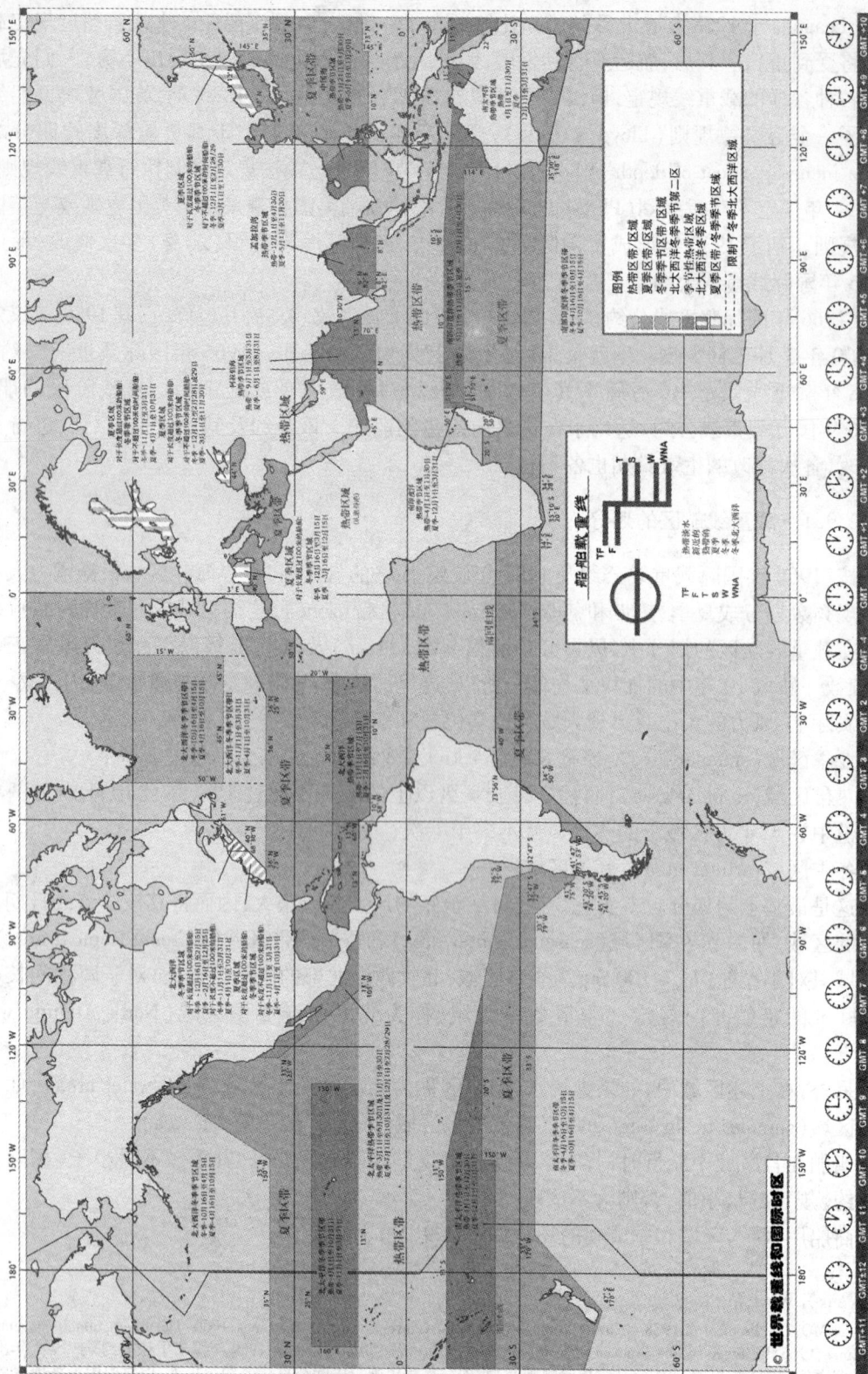

图 2.9.1.1 商船用区带、区域和季节期的划分

2.9.2　甲板线与干舷

为规定船舶的最小干舷(minimum free board),必须规定甲板线(deck line)的位置。各国对甲板线位置的规定略有不同,图 2.9.2.1 是《国际载重线公约》规定的甲板线位置。

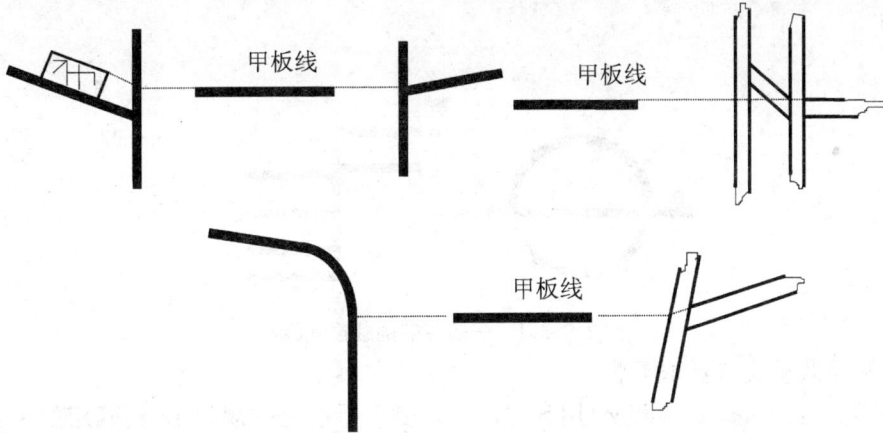

图 2.9.2.1　甲板线的位置

从图中不难看出,在船中处,露天甲板上表面或其上的固定垫板的上表面向外平滑延伸,与舷侧板外表面的交线即为甲板线。这里,平滑延伸系指:如果露天甲板上表面或其上的固定垫板的上表面与舷侧板外表面直接相交,则其交线即为甲板线;如果露天甲板上表面或其上的固定垫板的上表面与舷侧板外表面不直接相交,则以其在船中处与舷侧板最接近点处的曲率向外延伸的曲面与舷侧板外表面的交线即为甲板线。

为了保证船舶具有足够的储备浮力,《国际载重线公约》为各种船舶航经各种航区规定了最小干舷。干舷越大储备浮力越大。

最小干舷是从甲板线上边缘量至相应载重线上边缘的垂直距离。对于具体船舶来说,相应于各航区的最小干舷载入船舶载重线证书中,并在船中左右两舷以载重线标志标出。

在干舷核算中,将海上货物运输船舶分成如下 4 类:
- ·　液货船,即规则中的 A 型船;
- ·　干货船,即规则中的 B 型船;
- ·　木材船,即甲板载有木材的船;
- ·　客船,即载客超过 12 人的船。

载重线公约及 1988 年议定书分别规定液货船干舷和干货船干舷。对于长度较小的船,二者相差无几;随船长的增加,液货船干舷小于干货船干舷;对长度在 300 m 以上的船舶来说,液货船干舷比干货船干舷小 1.3 ~ 1.7 m。液货船和干货船的干舷高度不同,但二者的载重线标志却完全相同。液货船和干货船又合称为一般货船。

木材船和客船的干舷不同,因此载重线标志也不相同。

客货船必须勘划相应的客船载重线。

对于一艘货船,若只载运一般货物(干货或液货),则可只勘划一般货船载重线标志;若同时载有甲板木材,则应加勘木材船载重线标志;若载客超过 12 人,则还应加勘客船载重线标志。

2.9.3 　一般货船的载重线标志

图 2.9.3.1 是一般货船的载重线标志(loadline mark,loadline disk,plimsoll mark)。

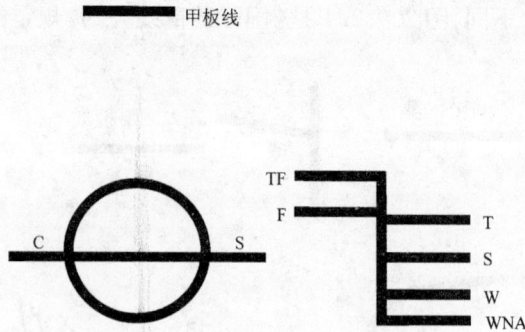

图 2.9.3.1　一般货船的载重线标志

- 夏季载重线与夏季干舷

夏季载重线(summer loadline)用 S 线表示。夏季干舷是一规定值,其确定的主要因素是船长,此外还与船舶种类(液货船与其他船不同)、方形系数、计算型深、甲板线位置、上层建筑的有效长度、甲板面形状等因素有关。夏季干舷是计算其他干舷的基础,其高度为甲板线上边缘至夏季载重线上边缘间的垂直距离。

- 热带载重线与热带干舷

热带载重线(tropical loadline)用 T 线表示。热带干舷(tropical free board)是夏季干舷减去夏季吃水的 1/48,其长度为甲板线上边缘至热带载重线上边缘间的垂直距离。这里的夏季吃水是指设计吃水,即自龙骨上表面量至夏季载重线的上边缘。

- 冬季载重线与冬季干舷

冬季载重线(winter loadline)用 W 线表示。冬季干舷(winter free board)是夏季干舷加上夏季吃水的 1/48,其长度为甲板线上边缘至冬季载重线上边缘间的垂直距离。

- 北大西洋冬季载重线与北大西洋冬季干舷

对于长度未超过 100 m 的船舶航经指定的北大西洋区域时应使用北大西洋冬季载重线(winter North Atlantic loadline),该载重线用 WNA 表示。北大西洋冬季干舷为冬季干舷加上 50 mm,其长度为甲板线上边缘至北大西洋冬季载重线上边缘间的垂直距离。

- 淡水干舷与淡水载重线

淡水夏季载重线(freshwater loadline)和淡水热带载重线(tropical freshwater loadline)分别用 F 线和 TF 线表示。淡水夏季干舷(freshwater free board)为夏季干舷减去 $\dfrac{\Delta}{40TPC}$(cm),其长度为甲板线上边缘至淡水夏季载重线上边缘间的垂直距离;淡水热带干舷(tropical freshwater free board)是热带干舷减去 $\dfrac{\Delta}{40TPC}$(cm),其长度为甲板线上边缘至热带载重线上边缘间的垂直距离。这里 Δ 为夏季载重线对应的海水排水量(设计排水量),TPC 是海水中排水量 Δ 对应的每厘米吃水吨数。如果夏季载重线对应的排水量不能确定,则淡水干舷应为相应的海水干舷减去夏季吃水的 1/48。$\dfrac{\Delta}{40TPC}$(cm)或夏季吃水的 1/48 称为淡水宽限量(freshwater allowance),该值载入船舶载重线证书中。这里的淡水是指密度为 1.000 及以下的水域,水密度大于 1.000 的水域不得认为是淡水水域。船舶在水密度大于 1.000 但小于 1.025 的水域中航行时,可用内插方法确定最小干舷。极少数海区的水密度会略大于 1.025,但干舷一般不得作相应减小。

2.9.4 木材船载重线

木材(lumber,timber,log)船系指可在干舷甲板(free board deck)或上层建筑(super structure)的露天部分载运木材(纸浆和类似货物除外)的货船。

图2.9.4.1 是货船的一般载重线标志与木材载重线标志(lumber loadline mark,lumber loadline disk,lumber plimsoll mark)。

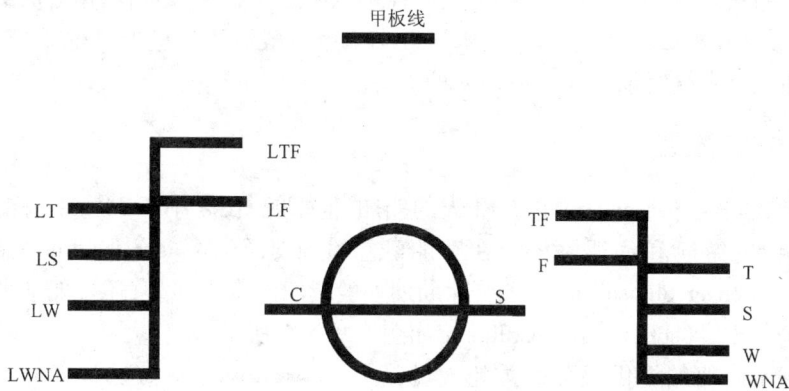

图2.9.4.1 木材船的载重线标志

· 木材夏季载重线与木材夏季干舷

木材夏季载重线(lumber summer loadline)用 LS 线表示。木材夏季干舷(lumber summer free board)也是一规定值,其确定的主要因素与船长、方形系数、计算型深、甲板线位置、上层建筑的有效长度、甲板面形状等因素有关。木材夏季干舷是计算其他木材干舷的基础,其长度为甲板线上边缘至木材夏季载重线上边缘间的垂直距离。

· 木材热带载重线与木材热带干舷

木材热带载重线(lumber tropical loadline)用 LT 线表示。木材热带干舷(lumber tropical free board)是木材夏季干舷减去木材夏季吃水的 1/48,其长度为甲板线上边缘至木材热带载重线上边缘间的垂直距离。

· 木材冬季载重线与木材冬季干舷

木材冬季载重线(lumber winter loadline)用 LW 线表示。木材冬季干舷(lumber winter free board)是木材夏季干舷加上木材夏季吃水的 1/36,其长度为甲板线上边缘至木材冬季载重线上边缘间的垂直距离。

· 木材北大西洋冬季载重线与木材北大西洋冬季干舷

对于长度未超过 100 m 的木材船舶航经指定的北大西洋区域时应使用木材北大西洋冬季载重线(lumber winter North Atlantic loadline),该载重线用 LWNA 表示,其干舷高度与该船的北大西洋冬季干舷一样。木材北大西洋冬季干舷(lumber winter North Atlantic free board)为甲板线上边缘到木材北大西洋冬季载重线上边缘间的垂直距离。

· 木材淡水载重线与木材淡水干舷

木材淡水夏季载重线（lumber freshwater loadline）和木材淡水热带载重线（lumber tropical freshwater loadline）分别用 LF 线和 LTF 线表示。木材淡水夏季干舷（lumber freshwater free board）为木材夏季干舷减去 $\dfrac{\Delta}{40TPC}$（cm），其长度为甲板线上边缘至木材淡水夏季载重线上边缘间的垂直距离；木材淡水热带干舷（lumber tropical freshwater free board）是木材热带干舷减去 $\dfrac{\Delta}{40TPC}$（cm），其长度为甲板线上边缘至木材热带载重线上边缘间的垂直距离。这里 Δ 为木材夏季载重线对应的排水量，TPC 是海水中排水量 Δ 对应的每厘米吃水吨数。如果木材夏季载重线对应的排水量不能确定，则木材淡水干舷应为相应的海水干舷减去夏季吃水的 1/48。

对于同一船只来说，不勘划木材载重线同样可以载运木材甲板货物，但这时必须应用一般载重线而不能应用木材载重线。由于其木材最小干舷一般高于相应的其他干舷，所以不勘划木材载重线而载运木材对承运人来说是一种损失。

2.9.5　客船载重线

客船系指载旅客（passenger）超过 12 人的船舶，但军舰、长度小于 24 m 的船、小于 150 GT 的船、非营业性的游艇和渔船除外。在客船载重线标志（passenger loadline mark，passenger loadline disk，passenger plimsoll mark）上，除勘划一般货船的载重线外，还按船舶所有人要求勘划若干条分舱载重线（subdivision loadline），如图 2.9.5.1 所示。

旅客系指不向船舶提供服务的乘船人员，除船员外，引航员及其随行船员、消防员、看舱员、编入船员中的随船考察人员、编入船员中的船员家属、偷渡人员等均不作为旅客对待。不满 1 周岁的两个儿童可作为 1 名旅客对待。

第一条分舱载重线（C_1）表示基本载客量的水线限制；第二条载重线（C_2）表示一部分交替载运客货的处所载运旅客时的水线限制……最后一条载重线（C_n）表示交替载运客货的处所全部载满旅客时的水线限制。

各种客货船必须勘划相应的客船载重线标志。

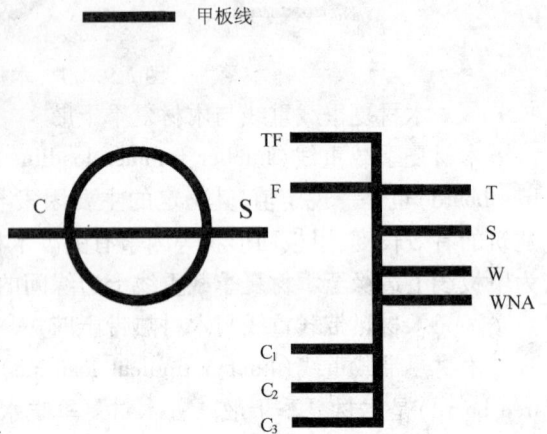

图 2.9.5.1　客船载重标志

2.9.6　国内航行船舶载重线

图 2.9.6.1 是我国国内航行的一般船舶的载重线标志。

我国国内航行船舶在我国沿海航行时可不受《1966 年国际载重线公约》及其 1988 年议定书的限制，而适用于我国自行规定的载重线。

夏季载重线（X 线）适用于夏季航区。汕头以北中国沿海的夏季为 11 月 1 日至 4 月 15 日；汕头以南中国沿海的夏季为 11 月 1 日至 2 月 15 日。

热带载重线（R 线）适用于热带航区。汕头以北中国沿海的热带为 4 月 16 日至 10 月 31

甲板线

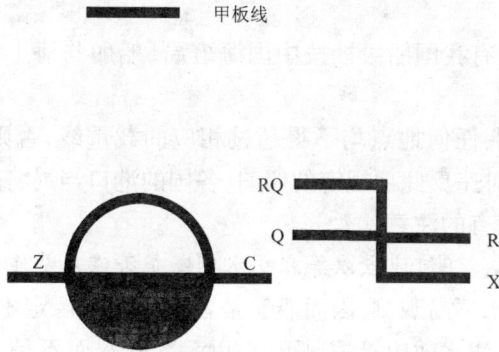

图 2.9.6.1　国内航行船舶的载重线标志

日;汕头以南中国沿海的热带为 2 月 16 日至 10 月 31 日。

Q 线为夏季淡水载重线,RQ 线为热带淡水载重线,分别适用于夏季淡水和热带淡水区域。

外国船舶及悬挂缔约国国旗的船舶在我国沿海航行时不能适用我国规定,而应使用《1966 年国际载重线公约》的规定。

甲板线

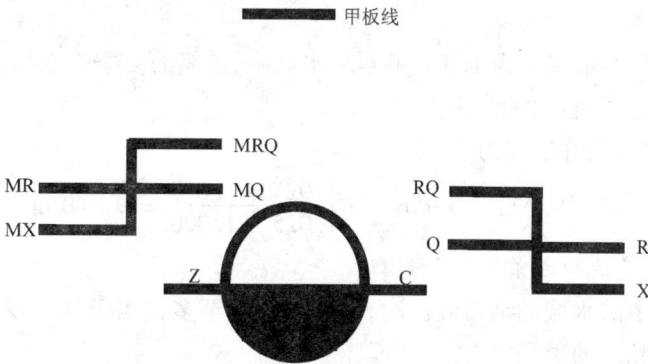

图 2.9.6.2　国内航行船舶的载重线标志

图 2.9.6.2 是我国国内航行木材船舶的载重线标志。

在我国国内航行的木材船舶的船中两舷,除了勘绘一般货船载重线标志外,还勘绘木材船载重线标志。

木材夏季载重线(MX 线)和木材热带载重线(MR 线)分别适用于夏季航区和热带航区;木材夏季淡水载重线(MQ 线)和木材热带淡水载重线(MRQ 线)分别适用于夏季淡水和热带淡水区域。

从木材载重线标志上可以看出,木材夏季载重线略高于本船一般货物的热带载重线;木材热带载重线与木材夏季淡水载重线高度相近,并且还与本船一般货物的热带淡水载重线高度相近;木材热带淡水载重线在所有载重线的最上部。

2.9.7　载重线证书与适航性

从事国际航行的船舶,必须持有相应船级社按《1966 年国际载重线公约》及《1988 年载重线议定书》的规定签发的《国际载重线证书》。该证书的有效期一般为 5 年,但应进行定期检验。该证书必须保存在船。

《国际载重线证书》载有船舶的甲板边线位置、各载重线位置、干舷高度、淡水宽限量等内容。

国内航行船舶必须持有我国船级社按中国海事局《船舶与海上设施法定检验规则》签发的国内船舶载重线证书。

船舶水线在任何时刻、任何地点均不得超过相应的载重线，否则应认为船舶处于不适航（unseaworthiness）状态。对违反此项规定的船舶，各国的港口当局将禁止其进港或出港。生产中的船舶必须对此予以应有的注意。

2.9.7.1　在任何时刻、任何地点以等容吃水判断是否满足载重线的要求

有些情况下，船舶吃水不易观测，因而船舶是否违反此项规定不易确定。我们这里指出，在横倾、纵倾、风浪、摇摆、浅水效应等情况下，应以等容吃水而不是用观测吃水判断船舶是否满足载重线的要求。

在等容吃水计算中应保留 3 位小数。

2.9.7.2　水密度不是标准值时可用内插方法确定适用的载重线

船舶出发港、航经的水域和到达港的水密度有时不为标准值，这时应根据船舶淡水宽限量以船舶所在处的水密度用线性内插的方法确定许可的水线位置。

例 2.9.7.1

某船在某日航行在水密度为 1.010 的夏季水域中，该船的夏季吃水为 9.022 m，淡水宽限量为 19.65 cm。求该船此时的允许吃水。

解：设该船此时的允许吃水为 d，则

$$d = 9.022 + 0.196\ 5 \times \frac{1.025 - 1.010}{1.025 - 1.000} = 9.140\ \text{m}$$

2.9.7.3　在到达海口之前可适量超载

船舶从江河或内陆水域的港口驶出时，准许超载量至多相当于从出发港至海口间所消耗的燃料和其他一切物料的重量

$$\delta\Delta = \frac{L}{24v}\kappa \tag{2.9.7.1}$$

式中，L 为淡水港到海界之间的距离（n mile），v 为平均营运速度（n mile/d），κ 为每天油水消耗量（t/d）。

2.9.7.4　整个航程上的水线可变，只要在各航区满足相应载重线的要求即可

船舶在整个航程中往往经历若干个不同的季节区域，这时船舶必须在各个区域上都满足载重线的要求。在进行这项判断时，必须根据船舶的航速和油水消耗量准确计算出船舶到达各个区域的时间；计算出船舶到达各个区域时的吃水；决定船舶是否满足载重线要求。

如果船舶驶往处于分界线上的港口，则该港口应认为处于驶来的区域中；如果船舶自处于分界线上的港口驶出，则该港口应认为处于驶往的区域中。

2.9.7.5　装货前应作出预计

为了满足载重线方面的要求，船舶必须准确确定货物装载数量、油水装载数量，准确估计油水消耗量，准确掌握空船重量和船舶常数，从而对船舶装完货物之后的吃水作出预计。

2.9.7.6　中国国际航行船和国内航行船在中国沿海使用不同的载重线

在中国沿海，中国国际航行船舶应使用国际船舶载重线规则；中国国内航行船舶应使用国内船舶载重线规则。我国在外国注册登记而悬挂外国国旗的船，应作为外国船舶对待。中国

香港、中国澳门和中国台湾船舶,也作为外国船舶对待。

在中国沿海,中国国际航行船舶不能使用国内船舶载重线规则。尽管国内船舶载重线规则的要求总体上弱于国际船舶载重线规则,但是在规则中未说明此种优惠适用于我国国际航行船舶。

2.9.7.7　保证船舶在载重线方面适航的责任在船方

无论由承运人装船还是由货方装船,保证船舶在载重线方面适航的责任在船方。有时装货费用由货方承担,甚至由货方进行配载,但船长必须保证所装货物的数量能使船舶在整个航程上满足载重线要求。

货物重量超过此限时船舶对超过量必须拒载。

船舶必须装载适量的燃油、滑油和淡水,其数量即不能过多又不能过少。船舶应对油水装载不当负责任。

必要时,船舶应装载适量压载水,以保证船舶具有适当的稳性、吃水和吃水差,并且在强度方面处于安全状态。为此目的而进行的压载,也应以不超载为度。

§2.10　吨位

2.10.1　船舶的吨位

吨位(tonnage)是船舶大小的一种度量。1854 年,英国采用莫尔斯姆法(Moorsom system)[1]进行船舶建造规模和载货能力的度量。这一方法的要意为:将船舶的封闭内容积(ft³)除以 100 ft³ 作为船舶的总吨位(gross tonnage,GT),用以度量船舶的建造规模;将船舶的封闭内容积(ft³)扣除不用于载货的处所除以 100 ft³ 作为船舶的净吨位(net tonnage,NT),用以度量船舶的载货能力。该方法具有科学性,逐渐为世界许多国家所采用。由于各国在采用这一方法时均作一定修改和补充,大约 100 年后,这一方法已变得极为冗繁。为了减化和改进原有的吨位丈量方法,使之更能适应各种新型船舶的发展,国际海事组织制定了《1969 年国际船舶吨位丈量公约》[2]。该公约于 1994 年全面生效。

但是,巴拿马和苏伊士两运河的吨位丈量系统中,仍以 100 ft³ 即 2.83 m³ 的丈量容积作为一个吨位。

2.10.2　总吨位

船舶总吨位(gross tonnage,GT)按式(2.10.2.1)计算,

$$GT = K_1 V \qquad\qquad (2.10.2.1)$$

式中,V 为船舶总封闭内容积(m³)(enclosed space);K_1 为与总封闭内容积有关的系数,即

$$K_1 = 0.2 + 0.02\log_{10} V \qquad\qquad (2.10.2.2)$$

封闭内容积系指由船体、固定或可移动的横舱壁、甲板、非帆布类舱盖等围蔽的处所。船体、横舱壁、甲板、舱盖上的开口不影响这类处所构成封闭内容积,仅有一些特别围蔽处所不作

---

① M. Corkhill. The Tonnage Measurement of Ships,pp8 ~ 14. Fairplay Publications. 1980.

② IMO,International Conference on Tonnage Measurement of Ships,1969.

为封闭内容积对待,即免除处所(excluded space)。全船封闭内容积总和为总封闭内容积。

船舶总吨位没有名数,常在总吨位数值后缀"GT"。

2.10.3　净吨位

船舶净吨位(net tonnage,NT)按式(2.10.3.1)计算,

$$NT = K_2 V_c \left(\frac{4d}{3D}\right)^2 + K_3 \left(N_1 + \frac{N_2}{10}\right) \qquad (2.10.3.1)$$

式中,V_c 为封闭货物处所容积(m^3);d 为型吃水(m),D 为型深(m),$\left(\dfrac{4d}{3D}\right)^2$ 不得小于1;K_2 为与封闭货物处所容积 V_c 有关的系数,即

$$K_2 = 0.2 + 0.02\log_{10} V_c \qquad (2.10.3.2)$$

而且 $K_2 V_c \left(\dfrac{4d}{3D}\right)^2$ 不得小于0.25 GT;K_3 为与总吨位有关的系数,即

$$K_3 = \frac{1.25(GT + 10\ 000)}{10\ 000} \qquad (2.10.3.3)$$

N_1 为客舱内旅客数量,每客舱内不得超过8个铺位,N_2 为其他旅客数量,若 $N_1 + N_2$ 小于13,则 N_1 和 N_2 均为0;NT 的数值不得小于0.30 GT。

式(2.10.2.1)、式(2.10.2.2)、式(2.10.3.1)～式(2.10.3.3)计算起来比较复杂,其原因在于使按《1969年国际船舶吨位丈量公约》计算出的吨位数值与按《1936年国际船舶吨位丈量公约》计算出的数值相差不大,以方便船舶营运。但是,这很难仅通过公式计算实现。据计算,按《1969年国际船舶吨位丈量公约》计算出的吨位数值是按《1936年国际船舶吨位丈量公约》计算出的吨位的0.7～3.9倍[1]。大型遮蔽甲板船和滚装船的吨位增加较大,油船、固体散货船和单层遮蔽甲板船的吨位略有减小,其他船种的吨位略有增加。

船舶净吨位也没有名数,常在净吨位数值后缀"NT"。

2.10.4　运河吨位

2.10.4.1　巴拿马运河吨位

1914年巴拿马运河通航伊始,其当局认为,虽然许多国家采用了莫尔斯姆法丈量船舶吨位,但各船级社对船舶吨位的丈量仍有不同,按各船当时吨位征收运河通行费不够公平。于是,R. Johnson 根据对该运河通行费收取方法的研究拟就了一份特别吨位丈量办法[2],即后来的巴拿马运河吨位丈量规则(Panama Canal Universal Measurement System,PC/UMS)[3]。然而,该规则所依据的基本原则仍是莫尔斯姆法。

船舶通过巴拿马运河前必须交验该运河吨位证书,有关的各项费用均按该证书所载吨位收取。巴拿马运河吨位一般大于《1969年国际船舶吨位丈量公约》的吨位。

$$PUT = K_4 V + K_5 V + CF_1 V_{cm} \qquad (2.10.4.1)$$

式中,PUT 为巴拿马运河吨位(PC/UMS);V 为按《1969年国际船舶吨位丈量公约》丈量得到

---

① International Chamber of Shipping and International Shipping Federation Note. UK. ICS/27.

② Panama Canal Company. Report on Impact of Universal Measurement System. Arthur Anderson & Co. Chicago. 1970.

③ Tonnage Measurement of Ship. Instructions for the Guidance of Surveyors. Measurement of Panama Canal Tonnage. H. M. S. O. 1972.

的船舶总封闭内容积(m^3);K_4 按式(2.10.4.2)计算

$$K_4 = 0.830(0.25 + 0.01\log_{10}V) \tag{2.10.4.2}$$

K_5 按式(2.10.4.3)计算

$$K_5 = \frac{\log_{10}(D_a - 19)}{17\log_{10}(D_a - 16)} \tag{2.10.4.3}$$

D_a 为船舶平均深度(m);CF_1 为一系数,对于集装箱船取 0.031,对于其他船取 0;V_{cm} 为装载在甲板上集装箱的体积(m^3),一般为 20 英尺标准集装箱(TEU)装载数量与 29.2 的乘积(甲板上舱口容积内不装集装箱,所以这一系数略小于按标准集装箱计算的体积)。

巴拿马吨位没有名数,常在吨位数值后缀"PUT"。

目前,巴拿马运河当局已将其吨位丈量权授予一些主要船级社,经授权船级社签发的证书该运河当局予以承认。中国船级社是巴拿马运河当局授权船级社之一。

2.10.4.2　苏伊士运河吨位

苏伊士运河当局颁有苏伊士运河吨位丈量规则①。该规则所依据的基本原则也是莫尔斯姆法。首先丈量船舶的总封闭内容积(ft^3),其标准比《1969 年国际船舶吨位丈量公约》的规定略为严格;从总封闭内容积中扣除船员、机械等不载货处所,得出净封闭内容积(ft^3);总封闭内容积(ft^3)与 100 ft^3 的比值为该船的总吨位,净封闭内容积(ft^3)与 100 ft^3 的比值为该船的净吨位。

船舶通过苏伊士运河前必须交验该运河吨位证书,有关的各项费用均按该证书所载吨位收取。苏伊士运河吨位一般也大于《1969 年国际船舶吨位丈量公约》的吨位。

目前,苏伊士运河当局也已将其吨位丈量权授予一些主要船级社,由经授权的船级社签发的证书该运河当局予以承认。中国船级社也是苏伊士运河当局授权船级社之一。

2.10.5　吨位的作用

吨位的作用有多种说法,这里将其作用概括为下述几个方面。

・ 费用的征收依据

国际上向船舶征收的费用常以吨位为依据,如港务费、灯塔费、引航费、运河费、代理费、拖轮费、保险费、登记费、检验费等。

・ 国际公约的责任界限

国际海事组织通过、批准和认可的国际公约常以吨位划分责任界限,如《国际海上人命安全公约》、《国际载重线公约》、《散装液体有害物质污染控制规则》等需加入国家的商船总吨位达到规定的数值时方可生效;国际劳工组织的《工作条件与人员配备》、《船员居住空间》等公约的一些要求也以船舶吨位划分等级,而且这些公约也需加入国家的船舶吨位达到规定值时方可生效。

・ 作为船队规模的统计

国际上,各国家间船队规模的比较常以吨位作为单位,各港口海运贸易量统计中也常以吨位作为船舶进出港口的统计基础。

---

① Tonnage Measurement of Ship. Instructions for the Guidance of Surveyors. Measurement of Suez Canal Tonnage. H. M. S. O. 1972.

§2.11 船舶载重性能与容积性能

2.11.1 最大允许排水量的确定

在出发港,应按规范步骤确定船舶最大允许排水量[①]。

2.11.1.1 航线水深限制下的排水量 Δ_1

船舶航经航线上浅水水域时水深对船舶最大允许排水量有一定限制。这些因素有:出发港的水深;航经浅水域的水深;限制水深处的海水比重;由出发港到限制水深处的油水消耗量等等。

设整个航程上有 m 处水深有限制的水域,按限制水深及相应的海水密度,计算得到各处的允许排水量为 $\Delta_{11},\Delta_{12},\cdots,\Delta_{1m}$,由出发港到各限制吃水处的油水消耗量为 $\delta_{11},\delta_{12},\cdots,\delta_{1m}$。易见,航线水深限制下的最大允许排水量 Δ_1 为 $\Delta_{11}+\delta_{11},\Delta_{12}+\delta_{12},\cdots,\Delta_{1m}+\delta_{1m}$ 各值中的最小值,即

$$\Delta_1 = \min\{\Delta_{11}+\delta_{11},\Delta_{12}+\delta_{12},\cdots,\Delta_{1m}+\delta_{1m}\} \tag{2.11.1.1}$$

2.11.1.2 《商船用区带、区域和季节期海图》限制下的排水量 Δ_2

在整个航线上船舶的水线均不得超过相应航区规定的载重线。一个航次,船舶常经历多种航区,航行中又有油水的消耗。设整个航程上离始发港最近的最低载重线航区对应的排水量为 Δ_{21},航程为 Z_{21},在 Z_{21} 航程上的油水消耗量为 δ_{21};Z_{21} 航程上离始发港最近的最低载重线航区对应的排水量为 Δ_{22},航程为 Z_{22},在 Z_{22} 航程上的油水消耗量为 Δ_{22};Z_{22} 航程上离出发港最近的最低载重线航区对应的排水量为 Δ_{23},航程为 Z_{23},在 Z_{23} 航程上的油水消耗量为 δ_{23}……始发港所处的航区对应的排水量为 Δ_{2n},航程为 Z_0,油水消耗量亦为 0。那么《商船用区带、区域和季节期海图》[②]限制下,船舶在始发港的最大允许排水量 Δ_2 为 $\Delta_{21}+\delta_{21},\Delta_{22}+\delta_{22},\cdots,\Delta_{2n}$ 各值中的最小值,即

$$\Delta_2 = \min\{\Delta_{21}+\delta_{21},\Delta_{22}+\delta_{22},\cdots,\Delta_{2n}\} \tag{2.11.1.2}$$

2.11.1.3 出发港的最大允许排水量 Δ

船舶在出发港的最大允许排水量 Δ 应取为 Δ_1 与 Δ_2 中较小的一个,即

$$\Delta = \min\{\Delta_1,\Delta_2\} \tag{2.11.1.3}$$

例 2.11.1.1

某船由 X 港出发使往 Y 港,途中经 A,B,C 三处吃水有限制的水域,各处的限制吃水对应的排水量分别为 20 564 t,19 423 t 和 19 981 t。由 X 港到 A 处的油水消耗量为 325 t,到 B 处的油水消耗量为 478 t,到 C 处的油水消耗量为 794 t;整个航程中经历的航区及相应的排水量和油水消耗量如图 2.11.1.1 所示。试计算船舶在出发港 X 的最大允许排水量 Δ。

解:航线水深限制下的最大允许排水量 Δ_1 应为

$$\Delta_1 = \min\{\Delta_{11}+\delta_{11},\Delta_{12}+\delta_{12},\Delta_{13}+\delta_{13}\}$$
$$= \min\{20\ 564+325,19\ 423+478,19\ 981+794\} = 19\ 901\ t$$

① 王建平. 船舶载重性能的应用. 世界海运,1995(1).
② IMO. International Loadline Convention. London. 1996.

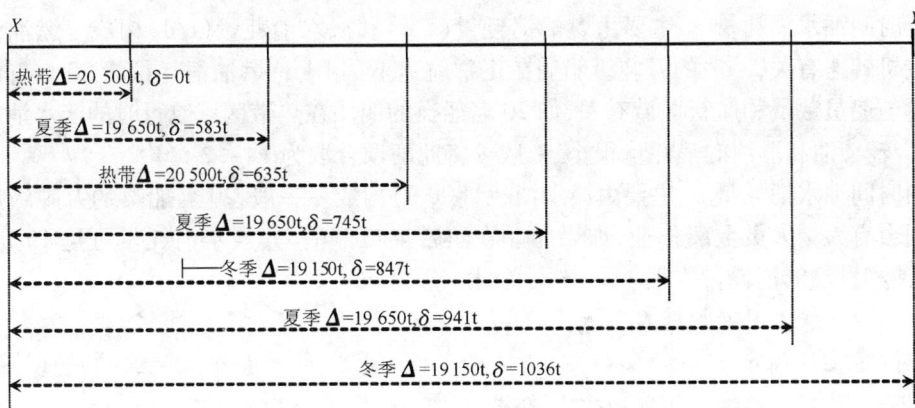

图 2.11.1.1　X 港与 Y 港间的航程

在整个航线上选取离出发港最近且载重线最低的航区,得冬季,且其相应的排水量为 $\Delta_{21} = 19\,150$ t,油水消耗量为 $\delta_{21} = 847$ t;在所选的冬季航区与出发港之间选择离出发港最近且载重线最低的航区,得夏季,且其相应的排水量为 $\Delta_{22} = 19\,650$ t,油水消耗量为 $\delta_{22} = 583$ t;再在所选的夏季航区与出发港之间选择离出发港最近且载重线最低的航区,得热带,且其相应的排水量为 $\Delta_{23} = 20\,500$ t,油水消耗量为 0。因此,《商船用区带、区域和季节期海图》限制下的排水量 Δ_2 应为

$$\Delta_2 = \min\{\Delta_{21} + \delta_{21}, \Delta_{22} + \delta_{22}, \Delta_{23} + \delta_{23}\}$$
$$= \min\{19\,150 + 847, 19\,650 + 583, 20\,500 + 0\}$$
$$= 19\,997 \text{ t}$$

航线上的最大允许排水量 Δ 应为

$$\Delta = \min\{\Delta_1, \Delta_2\}$$
$$= \{19\,901, 19\,997\}$$
$$= 19\,901 \text{ t}$$

2.11.2　油水与储备物料

船舶的油水与储备物料包括燃油、淡水、压载水和航次固定物料等。

2.11.2.1　航次油水 G_1

航次的油水(t)系指燃油(FO)、柴油(DO)、滑油(Lub)和淡水(FW),其数量应按式(2.11.2.1)计算

$$G_1 = t_s g_s + t_b g_b \tag{2.11.2.1}$$

式中,t_s 和 t_b 分别为航行时间和停泊时间(d);g_s 和 g_b 分别为航行时间和停泊时间的油水消耗量(t/d);

航行时间 t_s(d)是航程与平均航速的比值。航程(n mile)应在设计航线上按设计转向点分段计算;航速(kn/d)应取为无风流时的平均航速。

停泊时间 t_b(d)为预计停泊时间。如果在到达第一油水加载港之前无挂港,则通常取 t_b 为 2 d,因为一般情况下到达油水加载港之后两天即可加油水。如果在到达第一油水加载港之前有若干挂港,则可按预计装卸速度和货物装卸数量估算停泊时间。

航行时间油水消耗量 g_r 主要由燃油消耗量(t/d)和淡水消耗量(t/d)构成。燃油消耗量主要与主机转速有关,一般的万吨级船舶在正常航速下(14 kn)燃油消耗量为 20 t/d;淡水消耗量主要与船员数量和航行区域有关,如 20 名船员的船舶在热带区域航行时的淡水消耗量约为 8 t/d。轻柴油和滑油的消耗量很小,一般可将此两项合取为 1 ~ 2 t/d。

停泊时间油水消耗量 g_s 主要由淡水消耗量(t/d)构成。一般,20 名船员的万吨级船舶在停泊期间会有大量人员上船作业,如果船舶在热带港口停泊,其淡水消耗量可达 15 t/d。燃油、轻柴油和滑油的消耗量均很小,一般可将此三项合取为 1 ~ 2 t/d。

2.11.2.2 航次固定物料 G_2

航次固定物料(provosions) G_2(t) 系指船舶备件、船员行李、航次应装载的粮食、蔬菜、水果、烟酒等,其数量应根据具体航次确定,但常因其数量较小而取为固定值。

2.11.2.3 航次储备量 G_3

航次储备量(reserved bunkers and provosions) G_3(t) 系指考虑天气等不利影响而多装载上船的燃油、淡水、备品和物料。

$$G_3 = t_r g_s \qquad (2.11.2.2)$$

式中, t_r 为储备天数(d)。

储备天数应根据航线的长短及其海天况、船况、船价、船舶吨位与货载、油水加载方案等因素确定。

考虑储备天数时,航次固定物料有所增加,但在进行船舶重量性能计算时可以忽略不计。

2.11.2.4 压载水 G_4

若船舶货载不足或不当,航行中必须装载一定量压载水(ballast water) G_4(t),其数量大小与海天况、船舶大小、航线等多种因素有关。

未装载压载水的空船,在恶劣天气下无法航行。为保证船舶在恶劣天气情况下安全航行,其压载水有时可达船舶满载时装载量的 60%。

2.11.2.5 污油水 G_5

船舶在航行和停泊期间会产生一些污油水(grey water) G_5(t),而且因海洋环境保护规则方面的限制而不能随时排出舷外。因此,现代船舶常设有专门舱柜用以存储这部分液体,其密度一般在淡水密度与燃油密度之间。

船上污油水的数量一般随航次长度的增加而增加。

2.11.2.6 航次油水和储备物料总和

航次油水和储备物料总和 $\sum G$ 取为

$$\sum G = G_1 + G_2 + G_3 + G_4 + G_5 \qquad (2.11.2.3)$$

2.11.3 空船重量与船舶常数

2.11.3.1 空船重量 Δ_0

船舶的空船重量(light ship displacement) Δ_0(t) 是一个固定的数值,其值在船舶出厂时或大修后由倾斜试验确定,并载入船舶资料中。

空船重量包括船体结构、动力装置、舾装、仪器设备、锅炉中燃料和水、冷凝器中的水等重量。空船重量中包括的项目列入船舶倾斜试验报告中。一般,空船重量中不包括维持船舶运行的燃料、滑油、淡水、备件、备品等,不包括各类货物及其残渣,不包括不明载荷。

由倾斜试验确定的空船重量具有误差,据估计其均方差为 0.5%。应注意,空船重量的误差是指倾斜试验测定过程中产生的误差。实船上,船员有时将本应属于空船重量的项目未列入其中,或将不应列入空船重量的项目列入其中,由此所产生的误差有可能达到 1% ~2%。

营运中,空船重量和重心位置应每 5 年进行一次检验,如果空船排水量的偏差超过 2% 或重心纵向位置偏差超过 0.01 则应重新进行倾斜试验[①];船舶经大修或改装,也应重新进行倾斜试验。重新进行倾斜试验后,新的空船重量和重心位置列入新的倾斜试验报告书中,相应原空船重量和重心位置作废。

2.11.3.2　船舶常数

船舶常数(constant)C(t)是船舶在营运过程中的空船重量与船舶资料中载明的空船重量的差值,其大小与下列各项因素有关:

- ·　空船重量、排水量及其他各项载荷计量中的误差;
- ·　船体和机械的修理或改装后的重量改变量;
- ·　船上存留的备件、残件及废件;
- ·　货舱内及甲板上存留的残余货物、废料及多余的垫料;
- ·　燃料舱、淡水舱、压载舱、污水沟及其他液柜中不能排出的残液及污泥;
- ·　船底附着物。

应该指出,上述各项有的增加船舶常数,有的减小船舶常数。例如,船底附着物会增加船舶排水量,如果其密度小于海水密度则会减小船舶常数而增加船舶载重量。实际上,营运生产中船舶常数是一个时刻在变化的数值,应该经常进行估算。

2.11.3.3　船舶常数的估算

一般,在船舶刚刚卸空货物并且船上油水存量最少的状态下估算船舶常数方可得到比较准确的数值。船舶常数的估算公式为

$$C = \Delta - \sum G - \Delta_0 \qquad (2.11.3.1)$$

船舶排水量可用前述方法确定,油水数量可用测深方法确定。新下水船舶的常数较小,常为几吨或几十吨;营运中船舶常数较大,可达百余吨或数百吨。

船舶常数的重心取在空船重心处最为有利,因为不明载荷重量在船上各处的分布应与船舶已知载荷重量的分布相同。

2.11.4　船舶的总载重量和净载重量

2.11.4.1　总载重量

船舶总载重量(deadweight capacity,DW)的计算公式为

$$DW = \Delta - \Delta_0 \qquad (2.11.4.1)$$

2.11.4.2　净载重量

船舶净载重量(deadweight tonnage of cargo,net deadweight,NDW)的计算公式为

$$NDW = \Delta - \sum G - C - \Delta_0 = DW - \sum G - C \qquad (2.11.4.2)$$

---

① 中华人民共和国船舶检验局. 海船法定检验技术规则,第 242 页. 北京:人民交通出版社,1992.

例 2.11.4.1

TJ 船拟于 5 月份在大连港装货驶往欧洲,计划装载燃油和淡水共 1 100 t,储备油水 290 t,常数为 172 t,食品等为 10 t,空船重量为 5 371 t。该船热带载重线对应的排水量为 21 367 t。求该船的最大净载重量。

解:该船于 5 月份在大连港装货驶往欧洲,应使用热带载重线。所以,其最大净载重量为

$$NDW = \Delta - \sum G - C - \Delta_0 = 21\ 367 - (1\ 100 + 290 + 10) - 172 - 5\ 371 = 14\ 424\ \text{t}$$

2.11.5 船舶容积性能

2.11.5.1 包装舱容

船舶的包装舱容(bale capacity)是指船舶可供装载包件货物的容积,这一术语主要用在杂货船上。对于某一具体货舱而言,包装舱容量至内底板或舱底板之顶面、横梁或甲板纵骨下缘、肋骨或舷侧纵桁内缘、舱壁骨架的自由翼缘、货舱护板的表面,舱内的支柱、通风筒等所占空间应扣除。

船舶的包装容积列在船舶资料中。

2.11.5.2 散装容积

船舶的散装舱容(grain capacity,bulk capacity)是指船舶可供装载散装固体货物的容积,这一术语主要用在杂货船和固体散货船上。对于某一具体货舱而言,散装舱容量至内底板或舱底板之顶面、舱壁板表面、甲板或外板内面,舱内的支柱、骨架、货舱护条、通风筒等所占空间应扣除。

船舶的散装容积也列在船舶资料中,散装舱容比包装舱容大 5% ~ 10%。

2.11.5.3 液体货舱容积

船舶的液体货舱容积(liquid cargo capacity)是指船舶可供装载散装液体货物的容积,这一术语主要用在油船、散装液体化学品船和液化气体船上。对于某一具体货舱而言,船舶资料中所载的液体货舱容积系指该货舱在常温下的容积。由于液体货物的温度有时远高于或远低于常温,所以在实际计量舱内液体的容积时应作舱容温度系数修正。

液体货舱中也有些构件所占体积应扣除,如舱内的洗舱设备、测量设备、加强构件等。液体散装舱容量至内底板或舱底板之顶面、舱壁板表面、甲板或外板内面。

2.11.5.4 甲板面积

船舶的露天甲板(包括其上的舱盖板)有时可用做装载货物。对于具体船舶而言,可供装货的甲板面积(deck area)与甲板设备的布置有关。可在甲板上堆装的货物数量和许多因素有关,如甲板强度、舱盖板强度、绑扎的便利性、船舶的稳性、驾驶台的高度等。

2.11.5.5 特种舱室

在一些老式干货船上经常设有特种舱室,用于装载特种货物。

· 深舱(deep tank)

一般设在中后部,主要用于装载液体货物,如食用油、液体化学品等,有时可用于装载压载水。

· 贵品舱(strong room)

这种舱设在驾驶台下的二层舱中,用于装载贵重物品,如礼品、金银、珠宝、名贵毛皮、贵重药材、精密仪器、艺术品、古董、文物等。

- 火药库(ammunition room)

火药库一般设在船首,内嵌木质衬板,用于装载火药、武器等。

- 冷藏舱(reefer chamber)

一般设在船尾,用于装载肉类货物、鱼类货物、蛋类货物、各种水果、各种蔬菜等。

- 动物装载舱(animal's hold)

用于装载活动物的舱室称为动物装载舱。此类舱室应作为货物处所对待。

- 大副物料间(Chief Officer's room)

有时,少量贵重物品可放在大副或船长物料间,这时其物料间也是货物处所。

2.11.6　船舶重量性能与容积性能间的关系

2.11.6.1　舱容系数

船舶的舱容系数(coefficient of load)μ 是货舱总容积 V 与设计航程、设计载重线(夏季载重线)下的净载重量 NDW 的比值($\mathrm{m^3/t}$),即

$$\mu = \frac{V}{NDW} \tag{2.11.6.1}$$

对于设计航程、设计载重线来说,舱容系数为固定值,该值载入船舶资料中。对于具体货载而言,舱容系数一般因净载重量不同而略有不同。净载重量增加时舱容系数减小,净载重量减小时舱容系数增加。杂货船的资料中,有时同时给出包装舱容系数和散装舱容系数,二者相差 5% ~10% 。一般杂货船的舱容系数在 1.4 ~ 2.1 之间。散装固体货船的资料中一般仅给出散装舱容系数。液体货船、集装箱船一般不用这一术语。

2.11.6.2　设计载货密度

船舶的设计载货密度(designed density of load)ρ 是设计航程、设计载重线(夏季载重线)和设计货载温度下的净载重量 NDW 与货舱的总容积 V 的比值($\mathrm{t/m^3}$),即

$$\rho = \frac{NDW}{V} \tag{2.11.6.2}$$

对于设计航程、设计载重线和设计货载温度来说,设计载货密度系固定值,该值载入船舶资料中。对于具体货载而言,具体的载货密度一般因净载重量不同而略有不同。净载重量增加时载货密度增加,净载重量减小时载货密度减小。仅油船、液体散装化学品船和液化气体船使用这一术语。

2.11.7　船舶的特殊装载性能

2.11.7.1　船舶载货件数

船舶所载的某些货物按件数计算,如木材、橡胶、某些箱装货物、某些袋装货物、某些重件货物等。

船舶装载件货的数量是船舶装载能力的一个指标,其值与船舶的载重量、货舱容积、甲板面积等有关。

2.11.7.2　集装箱船的载箱量

集装箱船载箱量的给出方法如下:

- 20 尺箱装箱量;

· 40 尺箱装箱量 + 余下 20 尺箱装箱量；
· 特种集装箱的装箱量。

应注意，一般集装箱船可装载 40 尺箱的数量等于或小于可装载 20 尺箱数量的一半。

在统计中，集装箱船的载箱量通常是指其装载 20 尺标准箱（twenty-equivalent unit，TEU）的数量。大部分情况下，按以下原则换算装箱量：

· 1 个 40 尺箱换算为 2 个 20 尺箱；
· 2 个 10 尺箱换算为 1 个 20 尺箱；
· 每个超大箱，如 45 尺箱、48 尺箱及 53 尺箱，换算为两或几个 20 尺箱。

2.11.7.3　滚装船的装车量

滚装船的装车量通常分为轿车装载量和卡车装载量。

标准轿车的尺度为：

· 长度 5 m；
· 宽度 2 m；
· 质量 2 t；
· 所占车道宽度 3 m。

标准卡车的尺度为：

· 长度 10 m；
· 宽度 3 m；
· 质量 20 t；
· 所占车道宽度 3.5 m 左右。

一般，装卡车的车道可以装载轿车，装载轿车的位置则不能装载卡车。

2.11.7.4　载驳船的驳船装载量

在载驳船上，每只驳船均有固定的装载位置。全船装载驳船的数量即为驳船的装载量。

但应注意，载驳船上可能还有一些可装载其他货物的处所。

2.11.7.5　动物运输船的动物装载量

在动物运输船上，动物一般装载在栅栏中。各类动物所需要的空间不同，大体重的动物需要的空间较大，小体重的动物需要的空间较小。一些国家按动物体重大小规定其在船上装载时所需要占有的空间和面积。

船舶可装载动物的总头数称为动物装载量。

2.11.7.6　客货船的载客量

客货船上的载客量系指在船上有确切乘坐位置的旅客数量，这包括乘坐在甲板上或舱室中固定座位上的旅客和居住在各等级舱室中的旅客。一般，没有固定乘坐或居住位置的旅客即散席旅客不包括在载客量中。

在核算船舶或船队的运载能力时，一名旅客常换算为一吨货物。

2.11.8　船舶必须装载足量油水和储备物料

足量的油水和储备物料是船舶适航的又一要件。装载足量油水和储备物料是船舶所有人保证船舶适航时应尽的责任之一，亦即油水和储备物料不足时船舶所有人应负不适航责任。这里我们提出如下各项供船员在生产中参考应用。

2.11.8.1　加油水港应按习惯性或便利性或船货双方协定确定

航线上有些挂港可能因条件和设备的限制而油水价格太高甚至无法加油水,这种情况下常应在出发港加足往返油水,而挂港的油水价格低于出发港的油水价格时则可在出发港少加油水,在挂港补加油水从而降低船舶营运成本。油水加载港的选择应按习惯性或便利性或船货双方协定来确定,例如,由东南亚港口经马六甲海峡驶往欧洲,在新加坡加载油水具有便利性;由欧洲经大西洋驶往中美洲国家港口再回航,装载往返航油水是一种习惯。油水加装方案当然可由船货双方协定。

2.11.8.2　装载的油水与储备物料量应比到第一油水加载港应装载量多 20%

一些教科书上常利用储备天数①的概念说明航线的长短及其海天况与油水装载量的关系,并且认为在东南亚各国间航行时取储备天数 3 天;印度洋和澳洲航线取储备天数 5 天;非洲、欧洲及美洲航线取储备天数 7 天。

2.11.8.3　应考虑到可预见风险

20% 油水富余量的观点在生产中应慎用。在冬季、台风季节或其他恶劣天气易发生的季节,储备天数可取上述数值的 2 ~ 3 倍甚至更多。此外,在确定储备天数时还应考虑到航线的长短、海天况、船况、船价、船舶吨位、货载等因素。例如,设备老旧的船舶尤其是主机状况不佳的船舶应增加储备天数 3 ~ 5 天;船舶价值较高、船舶吨位较大及货载价值较高的船舶应适当增加储备天数 3 ~ 5 天;油船、散装化学品船、液化气体船、集装箱船、滚装船、冷藏船以及某些大型散货船的储备天数应增加 3 ~ 5 天。

2.11.8.4　不得装载过多的燃料和储备物料

生产中,船员尤其是轮机员,常希望尽可能多装油水,但这有时对提高船舶载货量、降低船舶成本、提高船舶营运效益不利,而且,由于装载过量油水而使承租人的载货量减少,船方应负赔偿责任。

·　油水和压载物不得减少承租人的载货量

船舶所有人可在压载舱或其他任何处所装载压载物,以保证船舶适航,但不得因装载压载物而减少承租人的载货重量或载货体积或载货件数。

·　不得在途中专为卸下压载物而挂港

船舶所有人可利用某些货物作为压载物以取得更多的运费,但是,除非合同另有规定,否则船舶所有人不得在途中专为卸下压载物而挂港。

·　油水和压载物不得妨碍承租人货物的安全积载

船舶所装载的油水和压载物不得妨碍承租人货物的安全积载。利用货物作为压载物时,常需将这类货物也装入舱内,但这类货物的装载不得妨碍承租人货物的安全积载。

2.11.8.5　船舶应装载能使其驶抵下一挂港的油水和储备物料

船舶在任一挂港均应按上述原则确定到达下一油水加载港之间航程的油水装载量,并装载能使其驶抵下一挂港的油水和储备物料。船方未履行此项责任应负不适航责任。

2.11.8.6　油水和压载水的装载应保证船舶安全

在装货港和其他任何挂港,船舶所有人可以利用物料、燃油、淡水、货物作为压载,以保证船舶适航性和船舶安全性。

_____

①　陈桂卿,李治平编. 船舶货运. 第 34 页. 大连:大连海事大学出版社,1991.

　　·　保证船舶具有适当的吃水和吃水差

压载航行时,船舶所装载的油水应使船舶的吃水达到夏季吃水的50%;冬季航行时应达到夏季吃水的55%;而且,船舶的吃水差应适当。

　　·　保证船舶具有适当的稳性

油水和压载水的装载应保证船舶具有适当的稳性。装载在下部的油水有利于提高船舶的稳性,装载在上部的油水有利于降低船舶的稳性。

　　·　保证船舶具有适当的强度

油水和压载水的装载应保证船舶具有适当的强度。对于满载船舶,油水应尽量配装在机舱附近,对于压载航行船舶,油水应尽量远离机舱。

2.11.9　典型装载状态

船舶典型装载状态系指具有代表性的一些装载状态。在设计和营运中,必须对这些状态的稳性、强度、吃水和吃水差进行校核,以判断船舶装载状态是否满足有关规则的要求,以策安全。

有的船舶在设计时,给出多达40种装载状态,并对这些状态进行了校核计算,列在装载手册中。营运中,船员只要将实际装载状态与最接近的一个装载状态进行比较,就能估计出船舶的实际装载状态是否满足有关规则的规定。

一般情况下,下述4种装载状态为典型装载状态,几乎所有船舶都必须对这几种状态进行有关校核计算:

　　·　满载出港

满载出港系指船舶在设计吃水(夏季吃水)下满载货物、燃油、滑油、柴油、淡水及物料的状态。这种状态下一般不装载压载水。

　　·　满载到港

满载到港系指船舶满载货物到港,这时船内存燃油、滑油、柴油、淡水及物料为出港时的10%。这种状态下可以不装或略装一些压载水。

　　·　压载出港

压载出港系指船舶未装载货物出港的状态,这时一般满载燃油、滑油、柴油、淡水及物料,而且装有大量压载水。

　　·　压载到港

压载到港系指船舶未装载货物到港的状态,这时船内存燃油、滑油、柴油、淡水及物料为出港时的10%,但装有大量压载水。

有的船舶装载手册中还对其他一些装载状态进行校核,如空船状态、满载出港结冰、满载到港结冰、半载出港、半载到港、满载且装载甲板货物出港、满载且装载甲板货物到港等,其结果和数据可供船员在生产中参照和核对。

2.11.10　船舶宣载书

船舶在计算出总载重量或净载重量时应以书面形式向货方宣载。在开航日期、装货港和卸货港已经确定时,船舶可计算出总载重量,从而可提出净载重量宣载书;否则,只能提出总载重量宣载书。

宣载书中应载下述内容：
- 船名
- 总载重量/净载重量
- 所用载重线
- 包装容积/散装容积

宣载书应以英文书写，措辞严谨。这里提出总载重量和净载重量的宣载书两个格式，供我国远洋船长及其他有关人员参考使用。
- 总载重量宣载书(Declaration of Deadweight Capacity)

兹宣布，我船_____号的夏季载重线下的总载重量为_____公吨，包装容积为_____立方米，散装容积为_____立方米。

译文：

Dear Sirs,

Be it known that MV _____ under my command has a Deadweight Capacity of _____ M/T Summer, and a Bale Capacity of _____ Cu. M and a Grain Capacity of _____ Cu. M.

Truly yours,

Master of MV _____

- 净载重量宣载书(Declaration of Deadweight Tonnage of Cargo)

兹宣布，我船_____号的夏季载重线下的净载重量为_____公吨，包装容积为_____立方米，散装容积为_____立方米。

译文：

Dear Sirs,

Please be advised that MV _____ under my command has a Deadweight Tonnage of Cargo of _____ M/T summer, and a capacity of _____ Cu. M bale and a capacity of _____ Cu. M bulk.

Truly yours,

Master of MV _____

习题二

1. 解释下列术语：

船舶载货件数	舱容系数
集装箱船的载箱量	储备天数
滚装船的装车量	船舶常数
浮态	船舶首、尾和中吃水
储备浮力	淡水宽限量
巴拿马运河吨位	淡水热带干舷
包装容积	淡水热带载重线
北大西洋冬季干舷	淡水夏季干舷
北大西洋冬季载重线	淡水夏季载重线

等容吃水

冬季干舷

冬季载重线

干舷

观测吃水

观测吃水的精度

观测吃水的置信区间

甲板线

净吨位

净载重量

六面平均吃水

木材北大西洋冬季干舷

木材北大西洋冬季载重线

木材淡水热带干舷

木材淡水热带载重线

木材淡水夏季干舷

木材淡水夏季载重线

木材冬季干舷

木材冬季载重线

木材热带干舷

木材热带载重线

木材夏季干舷

木材夏季载重线

热带干舷

热带载重线

散装容积

设计载货密度

实际吃水

苏伊士运河吨位

特种舱室

夏季干舷

夏季载重线

宣载书

液体货舱容积

总吨位

总载重量

最大允许排水量

邦戎曲线

费尔索夫图谱

符拉索夫图谱

正浮

2. 简要回答或说明下述问题:

1) 按国际载重线公约,怎样划分世界海洋的夏季、热带和冬季区域或区带?

2) 邦戎曲线的作用是什么?

3) 常用的平均吃水有哪些?

4) 船舶的容积性能用哪些指标表示?

5) 船舶密度为 ρ_0 的水域驶入 ρ_1 水域时,其平均吃水改变量为多少?

6) 船舶宣载书中应包括哪些内容?

7) 吨位的作用是什么?

8) 费尔索夫图谱的作用是什么?

9) 观测大浪中的吃水时应注意哪些事项?

10) 观测静水中的吃水时应注意哪些事项?

11) 观测小浪中的吃水时应注意哪些事项?

12) 平均吃水分成哪几种?

13) 如何计算船舶进出不同水密度区域时的平均吃水改变量?

14) 如何进行吃水的拱垂修正?

15) 如何进行吃水的首尾垂线修正?

16) 如何进行吃水的纵倾修正?

17) 如何进行排水量的船壳系数修正?

18）如何进行排水量的水密度修正？

19）如何进行排水量的水温度修正？

20）如何确定船舶的最大允许排水量？

21）如何确定船舶应装载的油水数量？

22）如何确定观测吃水的次数？

23）说明载重线与船舶适航性的关系。

24）说明足量油水与船舶适航性的关系。

25）图示木材船载重线。

26）图示一般货船载重线。

27）为什么说观测吃水的精度应达到 0.02 ~ 0.03 m？

28）影响船舶常数大小的因素有哪些？

29）影响观测吃水精度的因素有哪些？

30）用英文拟写净载重量宣载书和总载重量宣载书。

3. 计算下列试题：

1）小浪天气中观测 TJ 船首左吃水 30 次，得数据如下：

d_i	观 测 数 值									
$d_1 \sim d_{10}$	8.58	8.81	8.58	8.57	8.49	8.54	8.55	8.58	8.49	8.44
$d_{11} \sim d_{20}$	8.41	8.40	8.45	8.57	8.50	8.44	8.57	8.59	8.54	8.87
$d_{21} \sim d_{30}$	8.51	8.54	8.48	8.59	8.51	8.50	8.57	8.57	8.49	8.48

试计算该组观测的平均吃水、标准离差和其 95% 置信区间。

2）TJ 船的观测吃水 $d'_{pf}, d'_{sf}, d'_{pa}, d_{sa}, d'_{pm}, d'_{sm}$，分别为 8.45 m，8.51 m，8.32 m，8.31 m，8.05 m，8.07 m。查得，在观测吃水处首水尺距首垂线 2.45 m，尾水尺距尾垂线 7.48 m。计算船舶的首、尾和中垂线上的吃水。

3）已知 TJ 船首、尾和中吃水经垂线修正后的数值为 6.23 m，5.65 m，5.12 m，计算该船拱垂修正后的平均吃水。

4）按表 1.4.4.1，求取 TJ 船在 $d = 8.308$ m 处所对应的 $\dfrac{\mathrm{d}M}{\mathrm{d}Z}$ 值。

5）TJ 船的两柱间长 L_{bp} 为 140 m，首吃水和尾吃水分别为 6.69 m 和 7.24 m。按表 1.4.4.1 求其进行纵倾修正后的平均吃水。

6）TJ 船船壳板的平均厚度为 17 mm，型宽为 21.2 m，两柱间长为 140 m，当时平均吃水为 7.86 m。试估算其船壳系数，并按表 1.4.4.1 查取当时的排水量。

7）TJ 船装货后按标准海水计算得排水量为 19 341.943 t，但测得周围海水密度为 1.013，求其经水密度修正后的排水量。

8）TJ 船的排水量为 21 678.143 t，当时海水温度为 19℃，试估算经温度修正后的排水量（假定设计时的温度为 5℃）。

9）HY 船到港时 $\Delta = 16\,000$ t，$d_m = 7.18$ m，$TPC = 26.3$ t/cm，现在港卸货 1 200 t 后由海水区域进入水密度为 1.007 的区域，其吃水为多大？

10）TJ 船在海水中的平均吃水为 7.138 m，试按表 1.4.4.1 估算其驶入淡水时的平均吃水为多少？

11）TJ 船某日航行在水密度为 1.017 的夏季水域中,该船的夏季吃水为 9.022 m,淡水宽限量为 19.65 cm。求该船此时的允许吃水。

12）XS 船满载排水量 $\Delta = 19\ 650$ t,$\Delta_0 = 5\ 560$ t,航次储备量 $\sum G$ 有燃油 1 429 t,淡水 325 t,备品 28 t,船舶常数为 200 t,船舶总舱容为 19 864 m^3。已配装铜块 5 200 t,积载因数 $SF_1 = 0.37$ m^3/t,棉花 1 000 t,积载因数 $SF_2 = 2.83$ m^3/t,问应再配装沥青($SF_3 = 1.36$ m^3/t)和亚麻($SF_4 = 2.80$ m^3/t)各多少吨才能达到满舱满载?(已考虑亏舱)

13）JX 船拟于 8 月份在大连港装货驶往欧洲,计划装载燃油和淡水共 1 230 t,储备油水 329 t,常数为 172 t,空船重量为 5 371 t。该船热带载重线对应的排水量为 21 367 t。求该船的最大净载重量。(答案:$NDW = 14\ 265$ t)

14）LH 船 $\Delta_0 = 3\ 840$ t,在海水中的吃水为 7.10 m 时排水量为 10 507 t,$TPC = 17.1$ t/cm。今装货港水深限制为 7.0 m,且水密度为 1.002 g/cm^3,求该船该航次的最大总载重量?(答案:$DW = 6\ 264.07$ t)

15）GF 船 $\Delta = 12\ 000$ t,$\Delta_0 = 4\ 000$ t,$\sum G + C = 1\ 000$ t,船舶总舱容为 10 000 m^3。本航次计划配装 1 500 t 罐头($SF_1 = 0.8$ m^3/t),500 t 棉布($SF_2 = 4.8$ m^3/t)。还拟配装日用品($SF_3 = 3.5$ m^3/t)及小五金($SF_4 = 0.55$ m^3/t)。问为使船舶满舱满载,日用品和小五金应各配多少吨?(以上四种货均未考虑亏舱,设其亏舱率均为 15%)。(答案:$P_h = 4\ 271$ t,$P_l = 729$ t)

16）GH 船自大连港开往非洲某港,开航时平均吃水 $d_m = 9.0$ m,排水量为 19 120 t,途中消耗油水共 1 000 t,求到达非洲某港($\rho = 1.010$ t/m^3)时的平均吃水是多少?($TPC = 25$ t/cm)(答案:$d = 8.781$ m)

17）DC 船由天津新港开往非洲某港,该港港水密度为 1.015,最大水深为 8.3 m,该船 $\Delta = 20\ 881$ t,$TPC = 25$ t/cm,船底安全富裕水深 0.3 m,船舶驶离新港时吃水为 9.0 m,途中消耗油水共 1 500 t,问到达欧洲某港时至少应卸下多少吨货方可安全进港?(答案:$P = 1\ 200$ t)

18）为保持 KJ 船在密度为 1.008 的水域中与在标准海水中的吃水不变,需卸下货物 322 t,问该船在标准海水中的排水量为多少?(答案:$\Delta = 19\ 414.8$ t)

第 3 章　横稳性

船舶的横稳性理论及有关校核计算对保证船舶安全具有重要意义。本章介绍船舶重心高度的求取方法及有关修正;稳心及初稳性的概念;船内重物移动对稳性的影响;各种自由液面对稳性的影响;小量装卸对稳性的影响;静稳性力臂曲线的绘制方法;甲板货物入水对横稳性的影响;船舶横摇参数的计算方法;横倾力矩的估算方法;动稳性曲线的绘制方法;国际海事组织的完整稳性规范;我国船级社的船舶稳性规范;以及船舶稳性报告书的内容及其应用。

§3.1　船舶重心高度

3.1.1　空船的重心高度

空船重量 Δ_0 为固定值,空船的重心高度 KG_0 也是一固定值,并由倾斜试验确定后列在船舶资料中。

重心高度的均方差可取为 0.02 m。

一般货船的空船重心高度远大于空船吃水,例如空船重量在 5 000 t 左右时其吃水为 2.5 m 左右,而其重心高度则为 8 m 左右。所以,未加压载的空船无法正常航行。

一些老旧的船上没有空船重量及重心资料,这种船应立即进行倾斜试验,否则无法正常营运。对于一般的万吨级货船,空船重心高度的 1 m 误差可导致满载稳性高度的误差在 0.25 m 以上。

3.1.2　油水与储备物料重量与重心高度

在进行船舶重心高度计算时,油水与储备物料的重量与重心高度应以舱柜为单位进行计算。一般,船舶资料提供有各液舱的舱容曲线,图 3.1.2.1 是一典型货舱的容积曲线示意图。

液舱中的液体体积和重心高度可以舱内的液面高度为引数查取。在图 3.1.2.1 中,舱内液面高度为 H_1,对应的舱内液体体积为 V_1,液体的重心高度为 KG_1。

满载舱柜的重心取在舱柜的几何中心处,该值可在船舶稳性计算书中查得。部分装载舱柜的重心按液体液面高度从舱柜容积曲线上查取。

液面高度一般用测深尺(tape)测定。读取测深尺时应精确到 1 cm。有时液舱内测深孔底积沉有泥垢,影响测深精度,在修船时或利用其他可能的机会予以及时清理。

各液舱的测深值有时应进行修正:

· 　如果测深孔不在液舱长度的中点处,则应进行纵倾

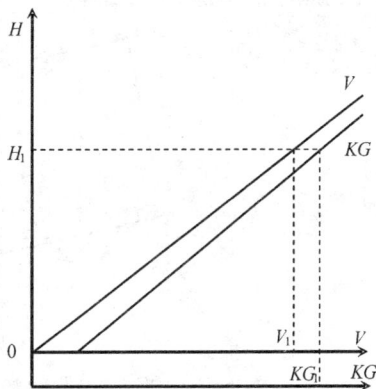

图 3.1.2.1　典型货容曲线示意图

修正。

如图 3.1.2.2 所示,测深孔(sounding pipe)不在液舱长度中点处,所测得的液面深度为 DF,而该舱中液体的实际液面深度应为 AH。易见,$DG = DF\cos\varphi$,$AH = DG - DE$,而且,

$$DE = AE\tan\varphi \approx BC\frac{|t|}{L_{bp}} \quad (3.1.2.1)$$

式中,t 为船舶吃水差;φ 为纵倾角;BC 的数值通常在船舶资料中给出,在舱中前部取正,在舱中后部取负。所以,

$$AH = DF\cos\varphi - BC\frac{t}{L_{bp}} \quad (3.1.2.2)$$

图 3.1.2.2　测深孔不在舱长中点

有的船上取 $DG = DF$,并将 BC 的数值用表格形式给出,查表引数为吃水差。吃水差的表间距通常为 1 m 或 0.5 m,实际使用时有时应进行内插。

· 如果测深孔不在液舱宽度的中点处,则应进行横倾修正。

设自测深孔测得的深度为 $D'F'$,测深孔与舱宽中点的距离为 $B'C'$,则

$$A'H' = D'F'\cos\theta - B'C'\tan\theta \quad (3.1.2.3)$$

式中,θ 为船舶的横倾角。测深孔在横倾一侧时,$B'C'$ 取正;测深孔不在横倾一侧时,$B'C'$ 取负。

· 如果测深孔既不在液舱长度的中点也不在液舱宽度的中点处,则应进行纵倾和横倾修正。

修正时,可先进行纵倾修正,也可先进行横倾修正,所得结果相同。修正中应特别注意所得数值的正负号。

· 在船舶有纵倾或横倾时,应注意舱内液体过满或过少的影响。

舱内液体过满或过少的情况如图 3.1.2.3 所示。在进行纵倾或横倾修正时,如果舱内液体很少,则应注意:虽然测深值为零,舱内仍然可能存有一定量液体,如在图 3.1.2.3(1)中 A 点进行测量;虽然对测深值作了修正,舱内的液体可能少于查表得到的数值,如图 3.1.2.3 在(1)中 B 点进行测量。如果舱内液体很满,则应注意:虽然对测深值作了修正,舱内的液体可能多于查表得到的数值,如在图 3.1.2.3(2)中 A 点进行测量;虽然测深表明无空当(void),舱柜仍然可能未满,如在图 3.1.2.3(2)中 B 点进行测量。

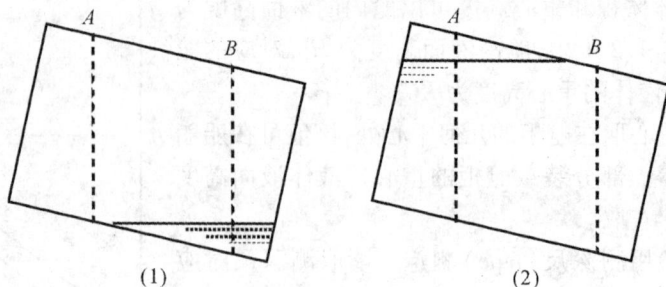

图 3.1.2.3　舱内液体过少和过多

· 有时用空当高度查取舱柜容积曲线图。

液舱内的测深深度即液面高度,是舱高与空当高度之差,所以可用空当高度为引数绘制舱柜容积曲线图。这种情况多适用于经常处于满舱的装载淡水和压载水的首尾尖舱。

- 利用舱内的液体体积查取舱内的液面高度和重心高度。

已知某舱内装载的液体体积为 V_1,在图 3.1.2.1 的 V 轴上的 V_1 处作垂线与 V 线相交;经该交点作 V 轴的平行线;该平行线与 H 轴的交点 H_1 即为舱内液面高度;在该平行线与 KG 线的交点处作垂线,与 KG 轴的交点 KG_1 即为舱内液体的重心高度。

较粗略地估计,油水及储备物料 $\sum G$ 的均方差为其重量的 0.5%,而其重量的重心高度的均方差在 $0.05\ \mathrm{m}$ 左右。

例 3.1.2.1

HD 船 №2 燃油舱的测深孔在左舷,距舱宽中点 8 m,测得液面高度为 1.8 m。已知该船当时左倾 8°,试求该舱液面的实际深度。

解:按式(3.1.2.3)计算,设该舱液面的实际深度为 $A'H'$

$$A'H' = D'F'\cos\theta + B'C'\tan\theta = 1.8\cos 8° - 8\tan 8° = 0.658\ \mathrm{m}$$

3.1.3　货物重量与重心高度

货物重量和重心高度计算比较复杂。对于件杂货,每票货物取一重量,重心取在货堆形状的几何中心上,基本上在货堆高度的一半处;对于干散货,每舱货物取一重量,根据货面高度和货容中心,按比例算取货物中心,有时尚应进行货物下沉量的修正;对于液体货物,每舱取一重量,重心则以液面高度或空当高度为引数在舱容曲线上查取;对于集装箱船,每箱货物取一重量,重心取在箱高的中点处;其他特种货物按类似方法进行重量和重心的计算。

生产中计算船舶的重心高度时,一些大副为简便,每一货舱只取一个重心。这种作法是不妥当的,因其误差太大甚至导致对船舶稳性作出错误的判断而危及船舶航行安全。我们建议,每一货舱中的货物按票分别计算,将重心取在堆高的一半处,并且考虑如下各项修正。

3.1.3.1　堆高修正

严格地说,货堆高度是指货物衬垫物的上表面即货堆底面到货物上表面间的垂直距离。对于固体散货、小型包装件货物来说,货堆的底面可保证基本水平,但最上一层货物的上表面常常不水平。这种情况下,货物的上表面的形状可概括为下述几种,如图 3.1.3.1 所示。图中(1)为未进行平舱的固体散货,或未经仔细堆装的小型包件货物,其下部方形重心可取为高度的一半,其上部凸形重心可取在凸形高度的 1/3 处;图中(2)为经平舱的固体散货或小型包件货物,其重心取在高度的一半处;图中(3)为经专门平舱的固体散货,计算重心时可先作矩形计算,再扣除凹形的影响。

应注意,图 3.1.3.1 中(1)和(3)所示的货堆形状,在航行中会发生改变,有向(2)所示形状变化的趋势,可在计算时选取适当系数来平衡这种移动。如果有必要,则应选取最不利状态进行稳性校核。

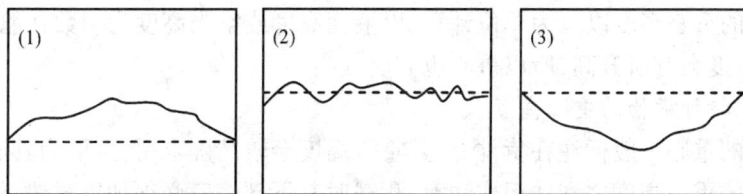

图 3.1.3.1　小型包件货和固体散货的货堆形状

为了能较准确地看清货物上表面的位置,建议在前后舱壁和左右两舷以 1 m 为刻度用油漆漆出若干标尺。

3.1.3.2　舱形修正

显然,船中部矩形货舱的货物重心在堆高的一半处,如图 3.1.3.2(1)所示;首尾尖底形货舱的货物重心在堆高的 2/3 处,如图 3.1.3.2(3)所示;其余货舱中的货物重心可取在堆高的 1/2 ~ 2/3 处,如图 3.1.3.2(2)所示。

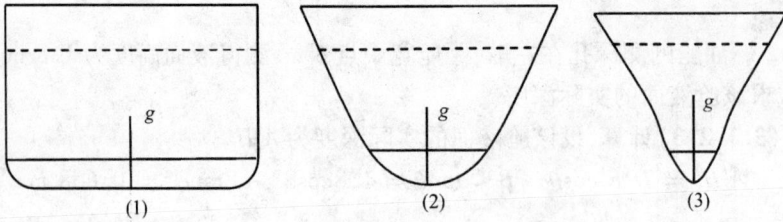

图 3.1.3.2　小型包件货和固体散货的货堆形状

3.1.3.3　包件修正

较大包件的货物,其重心一般偏于底部。计算时,这类货物的重心高度可按包件上标注的重心高度计算;未加重心标注的包件,重心偏于底部的具体系数可用估计方法或实际测量方法确定。

3.1.3.4　货堆积载修正

在进行货物堆载时,重量较大的货件常积载在货堆底部,重量较小的货件常积载在货堆顶部。所以,一个规则货堆的重心偏于底部。货堆的重心偏于底部的具体系数可用估计方法确定。

3.1.3.5　衬垫修正

底部的衬垫会提高货物重心高度。对有衬垫的货堆,重心高度可取货堆高度的一半与衬垫高度之和。

3.1.3.6　下沉量修正

货堆在航行中会有一定量的下沉,从而重心高度会有所下降。对一般干散货,修正下沉量时,可将原重心高度减少 1% ~ 2%。如果不进行此项修正,则船舶稳性计算值小于实际值,这有利于船舶稳性安全。

3.1.3.7　集装箱的重心高度

每只集装箱的重心取在箱高的一半处。一般情况下,重量较大的货件堆装在箱底,重量较小的货件堆装在箱顶,所以这种重心取法计算出的重心高度略小于集装箱的实际重心高度。

3.1.3.8　液体货物的重心高度

液体货物的重心高度以舱为单位计算,以液面高度或空当高度为引数在舱容曲线上查取。航行中,货物温度会有所升高,所以重心也有所提高。

3.1.3.9　特种货物的重心高度

特种货物的重心一般标注在货件上,其重心高度会较精确求得,可取为其底部积载位置的高度与其标注的重心高度之和。但应注意,积载时其下部一般必须加以衬垫,衬垫的高度应加在其重心高度计算中。

各项货载重量的误差取决于重量计算方法。各项货载的重心高度的误差与货物重心的取法有关。

在进行稳性衡准计算时,应选取比较不利的情况进行校核。

3.1.4　常数的重心高度

船舶常数的重量系一估算值,其重心高度亦为一估算值。由于常数系一些不明载荷,而有理由认为常数的各项重量在船上各处均匀分布,所以将常数重心取在空船重心处较为合理。

按式(2.11.3.1)估算船舶常数的误差取决于排水量 Δ 的误差、在船油水及储备物料 $\sum G$ 的误差以及空船重量 Δ_0 的误差。一般可认为上述各项的误差均为 0.5% ,所以,船舶常数重量的误差 δC 为

$$\delta C = 0.005\sqrt{(\Delta)^2 + (\sum G)^2 + (\Delta_0)^2} \tag{3.1.4.1}$$

而常数重心高度的误差则可认为在 1 m 左右。

对于一般货船,如果测定船舶常数时的排水量为 6 000 t,在船燃油及储备物料为 1 000 t,空船重量为 5 000 t,则按式(3.1.4.1)计算得到的常数重量误差约为 40 t。对于较大船舶,常数重量的误差亦较大;对于较小船舶,常数的误差亦较小;一般可认为船舶常数的误差在 20 ~ 60 t 之间。

从式(3.1.4.1)不难看出,测定常数时各项重量越小越有利于提高测定精度。

3.1.5　船舶重心高度的表达式

船舶的重心高度(vertical distance of mass center from keel,KG)是指船舶重心至基线的垂直距离。基线一般位于平板龙骨的上表面。

船舶重心高度用式(3.1.5.1)计算

$$KG = \frac{\sum P_i KG_i}{\Delta} \tag{3.1.5.1}$$

式中,P_i 为某一项载荷的重量,而且

$$\Delta = \sum P_i \tag{3.1.5.2}$$

KG_i 为 P_i 的重心高度。

按式(3.1.5.2)计算得到的船舶排水量与按观测吃水求取的排水量会有所不同,这一方面因为是这里的计算有一些误差,另一方面按观测吃水求取的排水量也有误差,而且难以估计哪一种方法的误差较小。

3.1.6　计算表格

生产中,按式(3.1.5.1)和式(3.1.5.2)计算船舶的排水量和重心高度并非易事。虽然排水量和重心计算原理简单,但由于项目很多而容易出现遗漏和计算错误。所以,计算中必须严格按表格进行,见表3.1.6.1。在生产中,大副或船长应将表3.1.6.1中的项目详细列出,作出若干空白表,以供随时使用。

计算中,计算项目共4项,不得遗漏,尤其是船舶常数,初作驾驶员时易将其忽略。从精度角度考虑,重量保留 3 位小数;重心高度保留 2 位小数;力矩保留到整数。

表 3.1.6.1 船舶重量及重心计算表

项目	舱别	重量（t）	重心距基线高度（m）	垂向力矩（t-m）	重心距中距离（m）	纵向力矩（t-m）
货物	No1 二层舱					
	底舱					
	No2 二层舱					
	底舱					
	…					
	货物合计					
油水	No1 燃油舱					
	No2 燃油舱					
	…					
	No1 重油舱					
	No2 重油舱					
	…					
	No1 滑油舱					
	No2 滑油舱					
	…					
	No1 淡水舱					
	No2 淡水舱					
	…					
	其他					
	油水合计					
	空船重量					
	船舶常数					
	总计					

例 3.1.6.1

TJ 船配载图拟就后,进行排水量和重心位置计算,计算过程如表 3.1.6.2 所示。其中,右侧二栏是重心距中距离和纵向力矩,用于确定船舶重心的纵向位置。

表 3.1.6.2　船舶重量及重心计算表

项目	舱别	重量 (t)	重心距基线高度 (m)	垂向力矩 (t-m)	重心距中距离 (m)	纵向力矩 (t-m)
货 物	No1 二层舱					
	杂货	57	11.20	638	62.20	3 545
	危险品	139	11.20	1 557	52.40	7 284
	No1 底舱					
	散大豆	1 000	6.60	6 600	54.14	54 140
	No2 二层舱					
	滑石粉	450	11.40	5 130	44.00	19 800
	包花生粕	180	11.40	2 052	36.80	6 624
	蜂蜜等	166	11.40	1 892	30.60	5 080
	氯化铵等	61	11.40	695	25.70	1 568
	No2 底舱					
	散大豆	910	3.70	3 367	38.84	35 344
	杂货	283	7.70	2 179	38.84	10 992
	No3 二层舱					
	散豆饼块	500	10.90	5 450	10.70	5 350
	包花生粕	400	12.35	4 940	10.70	4 280
	No3 底舱					
	散大豆	3 100	5.25	16 275	10.61	32 891
	No4 二层舱					
	散豆饼块	500	10.95	5 475	-12.50	-6 252
	包花生粕	320	12.40	3 968	-12.50	-4 000
	No4 底舱					
	散大豆	2 900	5.25	15 225	-13.19	-38 251
	No5 二层舱					
	包花生粕	600	11.80	7 090	-54.62	-32 772
	No5 底舱					
	散大豆	800	6.50	5 200	-53.24	-42 592
	杂货	176	8.85	1 558	-53.24	-9 370
	深舱					
	植物油	1 170	5.20	6 084	27.38	32 035
	货物合计	13 712		95 375		85 696
油 水	No5 柴油舱	176	1.01	178	-31.42	-5 530
	No2 燃油舱	15	0	0	33.87	508
	No3 燃油舱	161	0.25	40	11.01	1 773
	No4 燃油舱	329	0.45	148	-13.50	-4 442
	No6 燃油舱	59	0.95	56	-40.80	-2 407
	No7 淡水舱	172	2.10	361	-46.72	-8 036
	No9 淡水舱	73	3.15	230	-44.74	-3 266
	尾尖舱淡水	130	8.42	1 095	-69.53	-9 039
	油水合计	1 115		2 108		-30 439
	空船重量	5 331	8.61	45 900	-8.51	-45 367
	船舶常数	350	8.61	3 014	-8.51	2 979
	总计	20 508	7.139	146 397	0.628	12 869

3.1.7 误差分析

在按式(3.1.5.1)和式(3.1.5.2)计算船舶的排水量和重心高度时会产生一定的误差。事实上,设备项载荷重量的误差为 δP_i,重心高度的误差为 δKG_i,则排水量误差 $\delta\Delta$ 和船舶重心高度的误差 δKG 的表达式分别为

$$\delta\Delta = \sqrt{\sum (\delta P_i)^2} \tag{3.1.7.1}$$

$$\delta KG = \frac{1}{\Delta} \sum (KG_i \delta P_i + P_i \delta KG_i) \tag{3.1.7.2}$$

总之,按式(3.1.5.2)计算出的船舶排水量的精度取决于空船重量、货载、油水及储备物料、常数等的精度;按式(3.1.5.1)计算出的船舶重心高度的精度不仅与空船重量、货载、油水及储备物料、常数等有关,还取决于这些项目的重心高度。

§3.2 稳心及初稳性

3.2.1 稳心及稳心高度的求取

3.2.1.1 船舶的稳心

船舶的稳心(metacenter, M)是船舶正浮时微倾前浮力作用线和微倾后浮力作用线的交点,即两条相邻浮力作用线的交点。如图3.2.1.1 所示,船舶由正浮横倾一小角度,水线由 W_0L_0 变为 W_1L_1,浮心相应由 B_0 变为 B_1。浮力作用线 B_0M 和 B_1M 的交点 M 称为初横稳心,或略称为稳心。

理论分析表明,船舶倾角在 10° 以内时,可认为稳心 M 为定点,且与浮心 B_0 和重心 G 在同一垂线上。当倾角进一步增加时 M 点将发生移动。

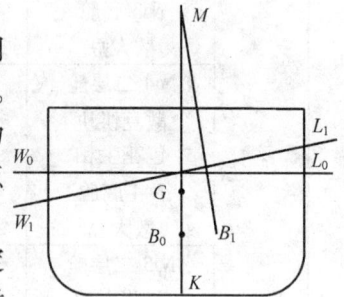

图 3.2.1.1 船舶的初稳心

3.2.1.2 稳心半径

稳心与浮心间的距离 B_0M 称为稳心半径 r(metacetric ridius),

$$r = B_0M \frac{I_x}{\nabla} = \frac{\rho I_x}{\Delta} \tag{3.2.1.1}$$

式中, I_x 为水线面积对纵向中心轴线的惯性矩(inertia moment of water plan)。此式的证明,可参考有关文献[①]。

由式(3.2.1.1)可以看出,在倾角很小时,由于水线面积的改变量很小,因而 I_x 的改变量很小; ∇ 或 Δ 不变;所以稳心半径 B_0M 基本不变,即 M 点基本不动。

应该指出,稳心的概念比较难理解。初学者必须仔细推敲上述公式与概念的具体物理含义。严格说来,小倾角时 M 点也不是固定不动的,但其移动范围很小,为便于进行各种计算和分析,近似认为其不动。

---

① 盛振邦等编著. 船舶静力学. 第74 ~ 77 页. 北京:国防工业出版社,1984;蒋维清等编著. 船舶原理. 第49 ~ 145 页. 北京:人民交通出版社,1992.

3.2.1.3　稳心高度

船舶的稳心 M 到基线的距离 KM 称为稳心高度或稳心距基线高度(height of metacenter above base line)。易见,在小倾角情况下稳心高度 KM 与浮心高度 KB 及稳心半径间存在下列关系,

$$KM = KB + BM \qquad\qquad (3.2.1.2)$$

这一关系可从图3.2.1.1得到证实。

3.2.1.4　稳心高度的求取

按式(3.2.1.2),若船舶正浮,则 KB 和 BM 均只与排水量有关,所以 KM 仅与排水量有关。以平均吃水为引数在静水力参数表上可查得 KM 值。

对于一般货船, KM 在吃水较小时数值较大;其后随吃水的增加而迅速减小,这是因为排水体积 ∇ 的增加速度远大于水线面面积惯矩 I_x 的增加速度;当船舶吃水在半载吃水附近时 KM 减小比较缓慢,这是因为排水体积 ∇ 和水线面面积惯矩 I_x 的增加速度相近;当船舶吃水在半载吃水后进一步增加时, KM 则有所增加,这是因为排水体积 ∇ 的增加速度略小于水线面面积惯矩 I_x 的增加速度。在进行比较粗略的计算时,可认为 KM 在半载吃水以后取固定值。

对于一般的万吨级船舶来说,空船正浮时的 KM 可达 15 m,但随排水量的增加而锐减;当排水量为满载值的一半左右时, KM 为 10 m 左右;其后随排水量的进一步增加 KM 缓慢减小;当排水量达到满载值的 3/4 左右时, KM 达到最低值,约为 8.5 m 左右;其后,随排水量的增大 KM 略有增大,在满载排水量时, KM 约为 9 m 左右。

如果船舶不处于正浮状态,则影响 KM 的因素就比较多了,如船舶的纵倾、横倾、水线面积形状和大小等。

在某一排水量下,船舶发生小倾角(10°以内)横倾时, KM 的改变量很小,可忽略。当船舶发生较大角度(10°以上)的横倾时,各相邻浮力作用线的交点已不能认为相交于同一点。相应于浮心的移动,稳心也发生移动,甚至已不在初始浮力作用线上。上述定义下的 KM 失去实际意义,因而必须用横稳性力臂的大小来说明船舶的稳性。

3.2.2　船舶稳性

3.2.2.1　静稳性与动稳性

从作用在船舶上的外力矩的性质出发,可将稳性分成静稳性和动稳性。

· 静稳性(static stability)

如果作用在船上的横倾力矩随时间的变化速率不超过稳性力矩随时间的变化速率,则将这种横倾力矩作为静横倾力矩对待。或者说,横倾力矩由一个数值变为另一数值时,船舶会有足够时间发生相应倾斜,并产生与横倾力矩大小相等、方向相反的稳性力矩与之平衡。

船舶在静稳性力矩作用下所产生的稳性称为静稳性。如果外力矩不大于船舶的最大静稳性力矩,则船舶产生的稳性力矩与横倾力矩始终保持相等。

· 动稳性(dynamic stability)

与静稳性的情况相反,如果作用在船上的横倾力矩随时间的变化速率超过稳性力矩随时间的变化速率,则将这种横倾力矩作为动横倾力矩对待。或者说,横倾力矩由一个数值变为另一数值时,船舶无足够时间发生相应倾斜以产生与之平衡的稳性力矩。这时,船舶会在外力矩的作用下发生加速横倾,以至于产生了过量的稳性力矩;又在稳性力矩的作用下向相反的方向

加速横倾;如此往复,即发生了横摇。这一过程中,船舶产生的稳性力矩与横倾力矩一般不相等,但稳性力矩与横倾力矩所作功相等。

船舶在动稳性力矩作用下所产生的稳性称为动稳性。

如果一个动横倾力矩在瞬间即刻达到某一固定数值,由于船舶产生的稳性力矩与横倾力矩不相等,船舶则会永远摇摆下去。但是由于水阻力作用的存在,船舶会经很长时间才稳定在一个固定倾角上。

3.2.2.2　小倾角稳性和大倾角稳性

· 小倾角稳性(initial angle stability)

小倾角稳性是指倾角在 10° 以内时船舶的稳性,其特点是稳心 M 基本上不动。严格说来,小倾角的范围与船舶的吃水和结构有关,吃水较大或较小时小倾角的范围均较小,吃水在半载水线附近时小倾角的范围较大;船体形状在垂向上变化较大时小倾角的范围较小,船体形状在垂向上变化较小时小倾角的范围较大。

· 大倾角稳性(large angle stability)

大倾角稳性是指倾角超过 10° 时船舶的稳性,其特点是稳心 M 随船舶倾角的变化而移动。实际船舶的倾角在 10° 附近时常难以确定应按大倾角问题处理还是应按小倾角问题处理。为了保证安全,在可能的情况下应按大倾角问题处理。

3.2.2.3　横稳性和纵稳性

· 横稳性(transverse stability)

船舶横倾时的稳性称为横稳性。

· 纵稳性(longitudinal stability)

船舶纵倾时的稳性称为纵稳性。一般,船舶纵向上没有倾覆的危险,纵稳性主要研究船舶吃水差的变化规律。

生产中的船舶经常在纵倾的情况下发生横倾。

3.2.2.4　完整稳性和破损稳性

船舶未受损即完整状态下所具有的稳性称为完整稳性(intact stability);相应地,船舶在受损状态下所具有的稳性称为破损稳性(damaged stability)或抗沉性(insubmersibility)。

3.2.2.5　波浪中的稳性

在波浪中,任意时刻作用在船体上的重力和浮力一般并不相等,而且还可能有浪、风、流、车、舵、锚、缆等其他外力作用,因此船舶将处在不断的运动状态。这种运动一般可分解为 6 个分量,即纵向、横向和垂向线性运动及绕这 3 个方向的旋转运动。研究这种运动中的稳性自然十分复杂,事实上,这种问题属于船舶动力学问题。

3.2.3　初稳性

3.2.3.1　初稳性的定义

船舶的初稳性(initial stability)高度定义为稳心高度 KM 和重心高度 KG 之差,

$$GM = KM - KG \qquad (3.2.3.1)$$

初稳性高度 GM 又称重稳距。

3.2.3.2　GM 与初稳性

GM 是船舶初稳性的度量,即当船舶倾角为小倾角时可用来 GM 度量稳性大小。由于这时的稳心基本不随船舶倾角改变而改变,船舶抵御横倾力矩的能力可由 GM 确定。所谓抵御横倾力矩的能力,是指船舶发生倾斜后所产生的、与倾角和排水量成比例的稳性力矩的大小。

如图 3.2.3.1 所示,假如因某种外力作用船舶发生一微小倾角,水线由 W_0L_0 变为 W_1L_1,浮心 B_0 移至 B_1,重心 G 未发生移动。这时,浮力作用在 B_1 上,垂直向上并垂直于新的水线 W_1L_1;重力仍作用在 G 上,垂直向下并也垂直于新的水线 W_1L_1。重力作用线与浮力作用线之间的距离即为稳性力臂(righting lever),又称复原力臂、正浮力臂、回复力臂。易见

$$GZ = GM\sin\theta \qquad (3.2.3.2)$$

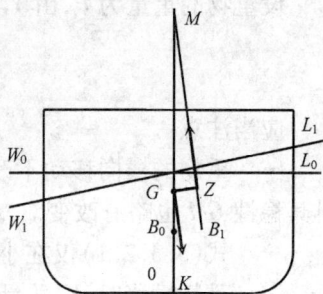

而这时船舶的稳性力矩 M_r 为

$$M_r = \Delta GZ = \Delta GM\sin\theta \qquad (3.2.3.3)$$

图 3.2.3.1　正浮力矩的产生

就初稳性而言,船舶抵御横倾力矩的能力由式(3.2.3.3)完全确定。如果两艘船的排水量相同,GM 也相同,它们的稳性是相同的。然而应注意,这两艘船在稳性方面的安全程度却不一定相同,比如,一艘船由于结构上的原因而会经常受到较大横倾力矩的威胁,其在稳性方面的危险性就比较大。船舶在稳性方面的安全程度不但取决于船舶稳性的大小,还取决于船舶遭受到的横倾力矩的大小。

应当指出,式(3.2.3.2)仅当小倾角时成立,而且倾角越小其值越准确。由式(3.2.3.3)可以看出,在确定的排水量下,小倾角时船舶的稳性完全由 GM 确定。

在图 3.2.3.1 中还可看出,当倾角较大时,M 点不一定在 KG 线上,所以式(3.2.3.2)不成立,这就是不能用来表征船舶大倾角稳性的原因。

3.2.3.3　小倾角时的动稳性

船舶发生小倾角倾斜时,其倾斜速度对船舶稳性也具有一定的影响。

船舶横摇是动稳性问题。一般,船舶横摇角在 10° 以内时是小倾角倾斜的动稳性问题。

§3.3　船内重物移动对稳性的影响

3.3.1　重物垂向移动对稳性的影响

设重物的重量为 P,在垂向上由 Z_1 处移到 Z_2 处,如图 3.3.1.1 所示,则船舶稳性高度改变量为

$$\delta GM = \frac{P(Z_1 - Z_2)}{\Delta} \qquad (3.3.1.1)$$

船舶重心的改变量为

$$\delta KG = -\delta GM \qquad (3.3.1.2)$$

图 3.3.1.1　重物的垂向移动

注意,重物在垂向上发生的移动中,Z_1 为原来位置,Z_2 为新位置。上移时重心高度增加,稳性高度减小;下移时重心高度减小,稳性高度增加。计算结果为负表示稳性高度减小,为正表示稳性高度增加。

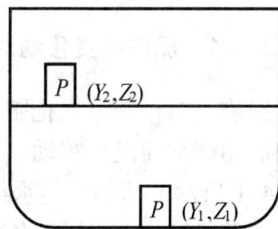

3.3.2　重物横向移动对稳性的影响

设重物的重量为 P，由 Y_1 处移到 Y_2 处，如图 3.3.1.1 所示，则船舶将产生横倾角，

$$\tan\theta = \frac{P(Y_2 - Y_1)}{\Delta GM} \tag{3.3.2.1}$$

应当注意：

· 重物的横向移动不改变船舶的稳性，而使船舶产生倾角。但是，船舶发生小角度横倾时其稳性 GM 也略有改变。

· 式(3.3.2.1)仅在小倾角时成立，因为大倾角时的稳性不能用 GM 表示。

· 重物横移时，Y_1 为新的位置，Y_2 为原来所在位置，倾角发生的方向与移动方向一致。

3.3.3　重物同时在垂向和横向上移动对稳性的影响

设重物的重量为 P，由 (Z_1, Y_1) 处移到 (Z_2, Y_2) 处，如图 3.3.1.1 所示，则船舶的稳性高度将改变，并产生一倾角，

$$\delta GM = \frac{P(Z_1 - Z_2)}{\Delta} \tag{3.3.3.1}$$

船舶稳性高度的改变量也与重心高度的改变量互为负值，即 $\delta KG = -\delta GM$。

$$\tan\theta = \frac{P(Y_2 - Y_1)}{\Delta(GM + \delta GM)} \tag{3.3.3.2}$$

同样，式(3.3.3.2)也仅在小倾角时成立。

例 3.3.1.1

XH 船的排水量为 14 368 t，GM 为 1.45 m。在配载过程中将一票重量为 130 t 的货物由 No1 舱二层舱（$Y = 5$ m，$Z = 13$ m）移至 No3 舱底舱（$Y = -4$ m，$Z = 5$ m），求船舶的稳性和倾角改变量。

解：按式(3.3.3.1)和式(3.3.3.2)计算，

$$\delta GM = \frac{P(Z_1 - Z_2)}{\Delta} = \frac{130(13 - 5)}{14\ 368} = 0.072\ \text{m}$$

$$\tan\theta = \frac{P(Y_2 - Y_1)}{\Delta(GM + \delta GM)} = \frac{130(-4 - 5)}{14\ 368(1.45 + 0.072)} = -0.053\ 5\ \text{m}$$

所以，船舶倾角 $\theta = 3°$，船舶稳性为 1.45 + 0.072 = 1.522 m

3.3.4　船内散货移动对稳性的影响

谷物、矿石与矿砂、化肥等固体散装货物发生下沉后会在货物表面上出现空当，并且货物会因船舶摇摆而发生移动。船内散货发生移动时会使船舶稳性减小，并使船舶产生倾角，如图 3.3.4.1 所示。船舶初始水线为 W_0L_0，由于散货 CDE 移至 CAB，船舶水线变为 W_1L_1。一般倾斜后的散货表面 BE 与新水线 W_1L_1 并不平行。

散货 CDE 与散货 CAB 的重量相等，设为 P，CDE 的重心在 (Y_1, Z_1) 处，CAB 的重心在 (Y_2, Z_2) 处。货物的移动一般可认为由垂向移动和横向移动两部分构成，其中横向移动的距离为

$$Y_2 - Y_1 = \frac{2}{3}B\cos\frac{\phi}{2} \approx \frac{2}{3}B \tag{3.3.4.1}$$

式中，ϕ 是散货表面的倾角，一般在 25°以内；B 是船宽(m)。

货物的垂向移动距离$(Z_2 - Z_1)$通常按横向移动距离的百分比计算，常取 6% ~ 12%。

确定了$(Y_2 - Y_1)$和$(Z_2 - Z_1)$，即可利用式(3.3.3.1)和式(3.3.3.2)计算船舶稳性改变量和倾角。

散货的垂向移动使船舶的重心高度增加而稳性高度减小，横向移动使船舶产生倾角。

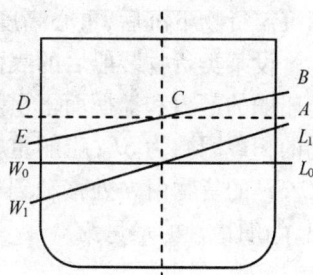

图 3.3.4.1　船内散货的移动

3.3.5　悬挂重量对稳性的影响

船舶装载悬挂货物时，进行重心计算过程中货物的重心应取在悬挂点处。

将船内货物悬挂起来，如起吊货物，相当于将货物的重心由原来的位置提高到悬挂点处。如图 3.3.5.1 所示，重物 P 的重心原来在(Y_1, Z_1)处，现将其悬挂起来，悬挂点在(Y_2, Z_2)处。这时，船舶稳性改变量和所产生的倾角可用式(3.3.3.1)和式(3.3.3.2)计算。

需要指出的是，将重物悬挂起来后对船舶稳性的影响和将要产生的倾角与悬挂索的长度无关。

同样，利用式(3.3.3.1)和式(3.3.3.2)进行悬挂货物的稳性和倾角计算也只适用于小倾角倾斜的情况。

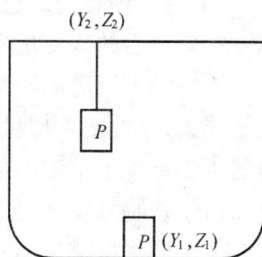

图 3.3.5.1　悬挂重物

例 3.3.5.1

HX 船抵达鹿特丹港时，用船上重吊将一重量为 49 t 的大件货吊起，该大件货配装于 No2 底舱，其重心位置为：$Y_p = -4.0$ m（外舷），$Z_p = 2.85$ m。船舶吊卸大件时排水量 $\Delta = 13\,540$ t，船舶重心高度 $KG = 8.75$ m。已知 $KM = 9.77$ m，吊杆顶端距基线 31.5 m，距船舶纵中剖面 17.0 m。试计算吊卸大件时船舶的稳性及产生的横倾角。

解：按式(3.3.3.1)和(3.3.3.2)计算，

$$\delta GM = \frac{P(Z_1 - Z_2)}{\Delta} = \frac{49(2.85 - 31.5)}{13\,540} = -0.104 \text{ m}$$

$$\tan\theta = \frac{P(Y_2 - Y_1)}{\Delta(GM + \delta GM)} = \frac{49(17 + 5)}{13\,540(9.77 - 8.75 - 0.104)} = -0.086\,9$$

所以，船舶的稳性为 9.77 - 8.75 - 0.104 = 0.916 m，倾角为 $\theta = 5°$。

3.3.6　货物下沉量对稳性的影响

件杂货物和散装固体货物装船后，在航行中会由于船舶的颠振和摇摆而使颗粒或包件之间重新镶嵌，在宏观上表现为货堆高度的下降。这种现象称为货物下沉。

货物的下沉量因货物的不同而不同，一般可用货堆高度的百分比来表示。对于散装固体货物，体积下沉量在 5% ~ 8% 之间，重心高度的下沉量可取为 1% ~ 2%[①]。谷物、矿石与矿砂、化肥等固体散装货物的下沉量应按具体装运规定计算。木材与钢材在航行中也有相当的

① 辛一心编著. 船舶静力学. 中国造船工程学会出版，1953.

下沉。货物下沉后,重心高度减小,稳性高度增大。

设某类货物装船后的表面大小为 C,距基线高度为 h;在航行中由于船舶的颠振和摇摆而下沉为 C',下沉量为 τ,如图 3.3.6.1 所示;货物的积载因数为 SF;船舶重心距基线高度为 KG。这相当于将重量为 $\tau C/SF$ 的货物由 h 处移动到 KG 处,即船舶重心高度变为 KG'。不难看出,船舶稳性的增量为

$$\delta GM = \frac{\tau C(h - KG)}{SF\Delta} \qquad (3.3.6.1)$$

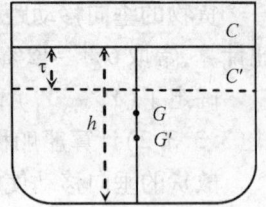

图 3.3.6.1　货物下沉

KG 可近似取为 h 的一半,因而船舶稳性高度改变量也可利用式(3.3.6.2)估算,

$$\delta GM = \frac{W\tau}{2\Delta} \qquad (3.3.6.2)$$

式中,W 为舱内货物的总重量。

船舶重心的改变量 δKG 与稳性的增量 δGM 互为负数。

货物的下沉对船舶的稳性有两个方面的影响:一方面,货物下沉后船舶稳性增加,而且下沉量越大,稳性的增加量越大;另一方面,货物下沉后在货物表面产生空当,致使本来无移动余地的货物产生了移动的可能性。

由于货物移动对船舶稳性的危害极大,所以生产中应尽可能消除货物下沉后产生的空当,或在下沉后采取措施制止货物移动。

§3.4　自由液面修正

船舶液舱柜中的自由液面(free surface)对船舶稳性的影响是航海生产中经常遇到的问题。对这一问题,人们从造船的角度进行了深入理解研究[①],从航海生产的角度进行了许多应用研究[②]。本节论述自由液面对船舶稳性的影响原理,给出了各种舱形中自由液面对稳性减小值的计算公式以及液舱中的纵向隔壁对自由液面影响值的计算公式;分析了自由液面对稳性的影响与船舶倾角的关系、与舱内液体数量的关系、与舱内液体密度的关系、与舱内连通阀作用的关系,并且一并给出有关的计算公式;指出了船员在航海生产中控制和削弱自由液面影响方面应注意的事项。

生产中,船员应熟练掌握各种自由液面对船舶稳性减小值的计算方法,深入了解在各种情况下削弱自由液面影响的方法。

3.4.1　自由液面修正的理论公式

实船中可能出现的液舱液面形状,可概括成图 3.4.1.1 所示各种,这里将(a) ~ (i)各种液面形状对稳性影响的公式一并给出,以供船员在生产中应用。

---

① 这方面的代表性著作主要为:(1) В. В. Семенов Тян Жанский. Статика и Динамика Корабля. Судромгиз. 1960;(2) 大串雅信. 理论船舶工学(上卷). 东京:海文堂,1962;(3) 辛一心编著. 船舶静力学. 中国造船工程学会出版,1953;(4) 杨槱编著. 船舶静力学. 北京:国防工业出版社,1962;(5) 盛振邦等编著. 船舶静力学. 北京:国防工业出版社,1990.

② 这方面的文献主要为:(1) H. J. Pursey. Merchant Ship stability,Glasgow. UK:Brown,Son & Ferguson Ltd. 1977;(2) William E George. Stability and Trim for the Ship's Officer. USA:Corneill Maritime Press Inc. 1985;(3) 蒋维清等编著. 船舶原理. 北京:人民交通出版社. 1992;(4) 陈振卿,李治平编. 船舶货运. 大连:大连海事大学出版社,1992;(5) 赵海莲. 自由液面对船舶稳性的影响. 大连海事大学学报,1996(4).

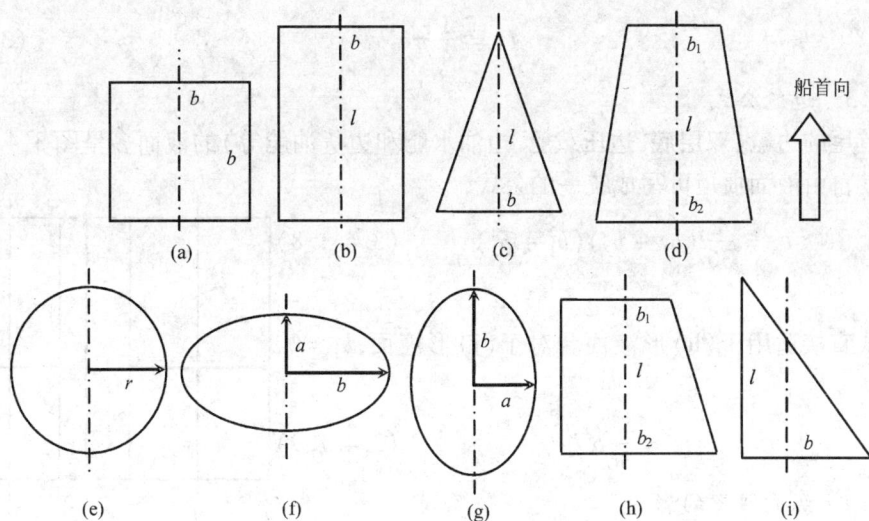

图 3.4.1.1　**实船液舱的液面形状**

3.4.1.1　梯形公式

位于船中左右的双层底液舱、横贯左右舷的双层底液舱、首尾尖舱、深舱等的液面多呈图 3.4.1.1. (a) ~ (d) 形状, 这时各液面的面积惯矩 $I_x(\mathrm{m}^4)$ 可以写成统一公式,

$$I_x = \frac{1}{48}l(b_1 + b_2)(b_1^2 + b_2^2) \tag{3.4.1.1}$$

式中, l 为梯形的长度(m), b_1 和 b_2 分别为梯形的上底和下底宽度(m)。这一公式直接适用于(d)形液面的情形。

对于(a)形液面, $l = b_1 = b_2 = b$, 即

$$I_x = \frac{1}{12}b^4 \tag{3.4.1.2}$$

对于(b)形液面, $b_1 = b_2 = b$, 即

$$I_x = \frac{1}{12}lb^3 \tag{3.4.1.3}$$

对于(c)形液面, $b_1 = 0, b_2 = b$, 即

$$I_x = \frac{1}{48}lb^3 \tag{3.4.1.4}$$

3.4.1.2　椭圆形公式

一些液化气体船上, 舱柜呈球形、圆柱形、椭圆柱形, 其自由液面呈圆形和椭圆形, 如图 3.4.1.1(e) ~ (g)。这类液面的面积惯矩可以统一写成

$$I_x = \frac{1}{4}\pi a b^3 \tag{3.4.1.5}$$

这一公式直接适用于(g)形液面。

对于(e)形液面, $a = b = r$, 即

$$I_x = \frac{1}{4}\pi r^4 \tag{3.4.1.6}$$

对于(f)形液面,

$$I_x = \frac{1}{4}\pi a^3 b \tag{3.4.1.7}$$

3.4.1.3 边舱公式

位于首尾的边舱(双层底、边压载舱、边油水舱和边货油舱等)的液面多呈图 3.4.1.1(h) 和(i)形,其自由液面惯矩可写成统一的公式,

$$I_x = \frac{1}{36}l(b_1 + b_2)(b_1^2 + b_2^2) \tag{3.4.1.8}$$

该公式直接适用于(h)形液面。对于(i)形液面,$b_1 = 0$, $b_2 = b$,即

$$I_x = \frac{1}{36}b^3 l \tag{3.4.1.9}$$

3.4.1.4 纵向隔壁的影响

设在矩形液面中部设置一道纵向隔壁(longitudinal division),如图 3.4.1.2(a)所示,则面积惯矩减小 $\frac{3}{4}$,即

$$I_x = \frac{1}{48}lb^3 \tag{3.4.1.10}$$

图 3.4.1.2 纵向隔壁的设置

而在矩形液面中等间距设置二道纵向隔壁,如图 3.4.1.2(b)所示,则面积惯矩减小 $\frac{8}{9}$,即

$$I_x = \frac{1}{108}lb^3 \tag{3.4.1.11}$$

易见,设置纵向隔壁是减小自由液面的有效方法。

3.4.1.5 自由液面对稳性的影响值

自由液面始终减小船舶的稳性,其影响值 δGM 为

$$\delta GM = -\frac{\rho I_x}{\Delta} \tag{3.4.1.12}$$

式中,ρ 为舱内液体的密度(t/m^3);Δ 为船舶排水量(t)。

而且,从以上的分析中可以得出如下几点结论:

· 自由液面在纵向上、横向上或垂向上平移,不改变其对稳性的影响值;

· 自由液面横向上的尺度对稳性的影响值远大于其纵向上的尺度对稳性的影响值;

· 自由液面横倾轴由自由面积的形状完全确定,该轴必过其面积形心,并与船舶首尾线平行。

3.4.2 自由液面修正的经验公式

实船中可能出现的液舱液面形状有时并不能在图 3.4.1.1 中找到确切的对应形状。这时,若进行理论计算,可能需要较大的工作量。这在船上常常不可行。为此,国际海事组织等国际机构建议采用式(3.4.2.1)进行估算。

$$\delta GM = -\frac{\rho vbk}{\Delta}\sqrt{\delta} \tag{3.4.2.1}$$

式中,ρ 为液体密度(t/cm^3);Δ 为船舶排水量(t);b 为液舱宽度(m);δ 为液舱方形系数,即液

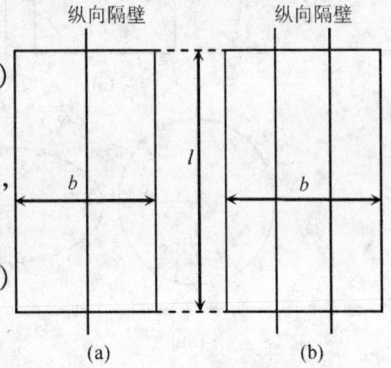

舱总体积与其最大长 L、最大宽 B、最大高度 H 的乘积的比值；k 以 B/H 为引数在表 3.4.2.1 上查取。查表中，

若 $\cot\theta \geqslant \dfrac{B}{H}$，则取 $k = \dfrac{\sin\theta}{12}\left(1 + \dfrac{\tan^2\theta}{2}\right)\dfrac{B}{H}$；

若 $\cot\theta < \dfrac{B}{H}$，则取 $k = \dfrac{\cos\theta}{8}\left(1 + \dfrac{\tan\theta}{B/H}\right) = \dfrac{\cos\theta}{12(B/H)^2}\left(1 + \dfrac{\cot^2\theta}{2}\right)$。

表 3.4.2.1　自由液面修正表

θ B/H	5°	10°	15°	20°	30°	40°	45°	50°	60°	70°	75°	80°	85°
20,0	0,11	0,12	0,12	0,12	0,11	0,10	0,09	0,09	0,09	0,05	0,04	0,03	0,02
10,0	0,07	0,11	0,12	0,12	0,11	0,10	0,09	0,10	0,07	0,05	0,04	0,03	0,02
5,00	0,04	0,07	0,10	0,11	0,11	0,11	0,10	0,10	0,08	0,07	0,06	0,05	0,04
3,00	0,02	0,04	0,07	0,09	0,11	0,11	0,10	0,11	0,09	0,08	0,07	0,06	0,05
2,00	0,01	0,03	0,04	0,06	0,09	0,11	0,11	0,11	0,10	0,09	0,09	0,08	0,07
1,50	0,01	0,02	0,03	0,05	0,07	0,10	0,11	0,11	0,11	0,11	0,10	0,10	0,09
1,00	0,01	0,01	0,02	0,03	0,05	0,07	0,10	0,09	0,12	0,13	0,13	0,13	0,13
0,75	0,01	0,01	0,01	0,02	0,02	0,04	0,05	0,04	0,09	0,16	0,18	0,21	0,16
0,50	0,00	0,01	0,01	0,02	0,02	0,04	0,05	0,04	0,09	0,16	0,18	0,21	0,23
0,30	0,00	0,00	0,01	0,01	0,01	0,02	0,03	0,03	0,05	0,11	0,19	0,27	0,34
0,20	0,00	0,00	0,00	0,01	0,01	0,01	0,02	0,02	0,04	0,07	0,13	0,27	0,45
0,10	0,00	0,00	0,00	0,00	0,00	0,01	0,01	0,01	0,02	0,04	0,06	0,14	0,53

3.4.3　倾角与液面面积惯矩的关系

3.4.3.1　直壁舱

液面面积惯矩的大小主要取决于其形状和大小。就直壁形舱柜而言，如图 3.4.3.1(a) 和 (b) 所示，船舶自正浮发生倾斜时，液面面积有所增加，一般在舱底角露出或舱顶角淹没时自由液面的面积惯矩达到最大值。其后随着倾角的增加自由液面面积则减小，其面积惯矩也减小。对图 3.4.3.1(a) 所示的舱柜，船舶倾斜 90° 时的液面面积惯矩大于正浮时的数值，而图 3.4.3.1(b) 所示的舱柜，船舶倾斜 90° 时的液面面积惯矩小于正浮时的数值。

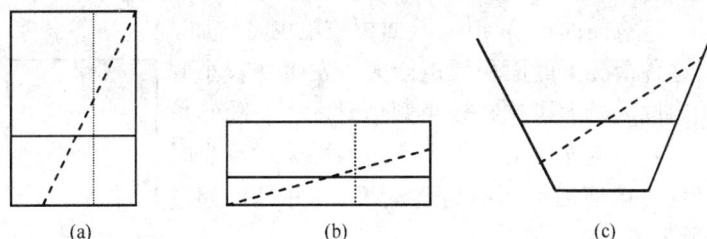

(a)　　　　　　(b)　　　　　　(c)

图 3.4.3.1　倾角与液面面积惯矩的关系

对于直壁形舱柜，液面发生小角度倾斜时，液面面积增加到 $1/\cos\theta$ 倍（θ 为船舶倾角），面积惯矩增加到 $1/(\cos\theta)^3$ 倍。从表 3.4.3.1 可以看出，液面倾角不超过 15° 时面积惯矩的增加值不超过 10%，这在生产中可以忽略。也就是说，就直壁舱的自由液面而言，小角度倾斜应以 15° 为界。

表 3.4.3.1　船舶倾角与液面面积及面积惯矩的关系

$\theta°$	液面系数 $1/\cos\theta$	液面惯矩系数 $1/(\cos\theta)^3$
5	1.003 820	1.011 503
10	1.015 427	1.046 997
15	1.035 276	1.109 606
20	1.064 178	1.205 154
25	1.103 378	1.343 300
30	1.154 700	1.539 601
35	1.200 775	1.819 309
40	1.305 407	2.224 529
45	1.414 213	2.828 427

3.4.3.2　斜壁舱

从图 3.4.3.1(c)可以看出,斜壁舱内的液面随倾角的增加将显著增加,其增加速度取决于舱壁的斜度,斜度越大增加速度越快。对于一般的斜壁舱来说,小角度倾斜应以 10°或更小的角度为界。

3.4.3.3　大倾角时的自由液面修正

大部分液舱舱壁可作为直壁对待。在船舶发生大倾角倾斜时,在舱底角露出或舱顶角淹没之前,应按表 3.4.3.1 对稳性进行自由液面修正;在舱底角露出或舱顶角淹没之后,可取 $\alpha=90°-\theta$ 按表 3.4.3.1 查取修正系数。

3.4.4　舱内液体数量对自由液面修正值的影响

舱内液体过少或过多时,自由液面面积随倾角的变化较大,因而其面积惯矩随倾角的变化也较大。我们有如下几项结论供船员在航海生产中应用。

3.4.4.1　舱内液体过少时

舱内液体过少时,如图 3.4.4.1(a)所示,船舶稍有倾角即可因液体的流动使一个舱底角露出,自由液面由实线位置变为虚线位置,这时自由液面惯矩达到一个极大值。在这之前,可按表 3.4.3.1 查取修正系数。在这之后,随倾角的增加液面面积减小,其面积惯矩也相应减小。当液面和液舱一个底角的平分线垂直时,液面面积达到最小值,相应的面积惯矩也最小。随倾角的进一步增加,液面面积将增加,其面积惯矩也将增加。

由分析可见,这种情况下的面积惯矩最大值发生在较小倾角时,亦即对船舶稳性的最大影响在较小倾角时发生。随倾角的增加其影响在减弱,当液面和液舱一个底角的平分线垂直时其影响最小。之后,自由液面的影响将逐渐增加,并且可超过在此之前达到的最大值。

3.4.4.2　舱内液体过多时

舱内液体过多时,如图 3.4.4.1(b)所示,船舶稍有倾角液体的流动即可淹没一个舱顶角,自由液面由实线位置变为虚

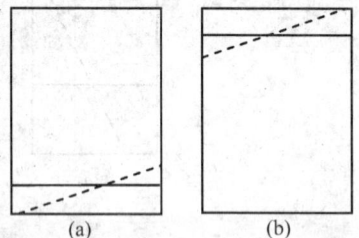

图 3.4.4.1　舱内液体过多和过少

线位置,这时自由液面惯矩达到一个极大值。在这之前,可按表 3.4.3.1 查取修正系数。在这之后的变化情况同舱内液体过少时一样,随倾角的增加液面面积减小,其面积惯矩也相应减小。当液面和与之相对的底角的平分线垂直时,液面面积达到最小值,相应的面积惯矩也最小。随倾角的进一步增加,液面面积将增加,其面积惯矩也将增加。

　　由分析可见,这种情况下的面积惯矩最大值也发生在较小倾角时,亦即对船舶稳性的最大影响在较小倾角时发生。随倾角的增加其影响在减弱,当液面和与之相对的底角的平分线垂直时其影响最小。之后,自由液面的影响也将逐渐增加,并且也可超过在此之前达到的最大值。

3.4.4.3　连通阀

　　一些大型船舶的深舱设有纵向隔壁,其上装有连通阀(connection valve),液体可以左右流动。通过连通阀,液体会向船舶倾斜的一侧流动,加剧船舶倾斜,而其作用的大小取决于连通阀的直径、船舶倾斜的角度等。

　　连通阀开启时,液体的左右流动对船舶稳性具有影响。一方面,连通阀左右舱内液体的流动相当于重物在船内的移动;另一方面,二侧液舱中液面也会发生一定变化,从而对稳性也有一定的影响,如图 3.4.4.2 所示。

　　假定左侧液舱为满舱,右侧液舱为空舱,即二侧没有自由液面。连通阀开启时,左侧液舱内液体向右侧流动,相当于重物在二个舱内移动,使船舶产生横倾,同时,左右两侧舱内产生自由液面,减小船舶的稳性;随流量的增加,重物移动量增加,产生的横倾力矩在增加,船舶横倾加剧,但如果船舶产生的倾角不大则自由液面对稳性的影响变化不大;当二侧的液面高度相同时,液体流动停止,这时,这一过程对船舶稳性的影响为液体流动产生的横倾力矩及二侧液舱内产生的自由液面。

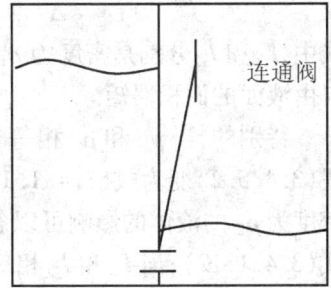

图 3.4.4.2　连通阀与两边的液舱

　　应当指出,精细研究连通阀开启时二侧舱内液体的流动过程并非易事,因为这一过程中船舶产生的横倾、发生的横摇、连通阀形状及尺度、液体自身的流动特性、风浪的影响等均难以量化。

　　这种连通阀一般在甲板上遥控,其操作需要注意一些特别事项:

　　·　舱内载有可自由流动的液体时,应关闭连通阀,以减小自由液面的影响;

　　·　如果舱内满载液体并位于水线面之下,则连通阀可关可开;

　　·　如果舱内满载液体且部分液体位于水线面之上,则连通阀应打开,因为如果一侧受损则会有液体流出,致使船舶向未损舱一侧倾斜甚至倾覆;

　　·　如果深舱左右均空载,则连通阀应打开,以防受损时一侧进水,致使船舶倾斜甚至倾覆;

　　·　如果深舱中载有固体货物,则连通阀应打开,原因同前。

3.4.5　变密度的液体

　　油船、液体散装化学品船及液化气体船上的某些舱柜中有时会载有两种不同密度的液体,如污油舱中的污油和水。这里给出这种情况下自由液面对稳性影响值的计算方法。

3.4.5.1　满舱内的两种密度液体

　　设舱柜内充满密度为 ρ_1 和 ρ_2 两种液体,分界面为 C,如图 3.4.5.1 所示。船舶发生倾斜后,分界面变为 C',则两种液体的自由液面对船舶稳性的影响值为

$$\delta GM = -\frac{(\rho_1 - \rho_2)I_x}{\Delta}$$

$$(3.4.5.1)$$

易见，两种液体对稳性的减小值除与分界面的面积惯矩成正比、与船舶排水量成反比外，还与下部液体与上部液体间密度的差值成正比。

特别的，当上部液体为空气时，ρ_2 很小，式(3.4.5.1)变为式(3.4.1.12)；当两种液体的密度相近或相等时，表明舱内只满载一种液体，所以没有自由液面的影响。

3.4.5.2 不满舱内的两种密度液体

设液面 A 下有两种液体，分界面为 C，如图 3.4.5.2 所示。船舶倾斜后，液面 A 变为液面 B，分界面 C 相应变为分界 D，则两种液体的自由液面对船舶稳性的影响为：

$$\delta GM = -\frac{\rho_2 I_{x2}}{\Delta} - \frac{(\rho_1 - \rho_2) I_{x1}}{\Delta} \quad (3.4.5.2)$$

式中，I_{x1} 和 I_{x2} 分别是密度为 ρ_1 和 ρ_2 的两种液体上部的自由液面的面积惯矩。

特别的，当 ρ_1 和 ρ_2 相等即舱内只有一种液体时，式(3.4.5.2)变为式(3.4.1.12)；如果 ρ_2 远小于 ρ_1，则密度为 ρ_2 的液体的影响可以忽略，式(3.4.5.2)也变为式(3.4.1.12)；当 I_{x1} 和 I_{x2} 相等时，式(3.4.5.2)也变为式(3.4.1.12)。

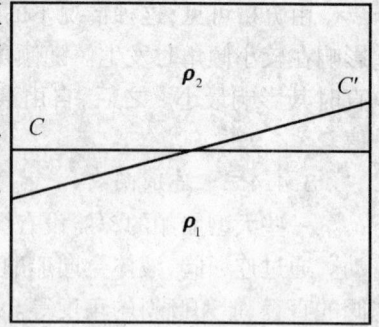

图 3.4.5.1　满舱内的两种液体

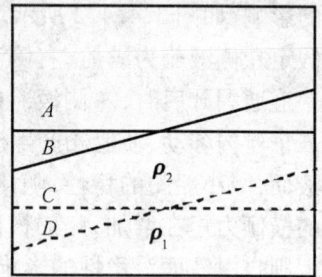

图 3.4.5.2　不满舱内的两种密度的液体

但是，由于两种液体的密度 ρ_1 和 ρ_2 不同，所以液面 B 和液面 D 的倾角不同。一般，如果 ρ_1 和 ρ_2 相差不大，液面 B 和液面 D 的倾角也相差不大，因而可近似认为 I_{x1} 和 I_{x2} 相等。从而可仅按最上一层液体的密度和液面计算其对稳性的影响。

如果舱内密度为 ρ_2 的液体上部还有密度为 ρ_3 的液体，则三种液体的自由液面对船舶稳性的影响为：

$$\delta GM = -\frac{\rho_3 I_{x3}}{\Delta} - \frac{(\rho_2 - \rho_3) I_{x2}}{\Delta} - \frac{(\rho_1 - \rho_2) I_{x1}}{\Delta} \quad (3.4.5.3)$$

式中 I_{x3}，I_{x2} 和 I_{x1} 分别为密度为 ρ_3，ρ_2 和 ρ_1 的液体上部的自由液面的面积惯矩，而且，如果 I_{x3}，I_{x2} 和 I_{x1} 均相等，则三种液体对稳性的影响仅与最下一层液体有关，而与其上的液体无关。

3.4.5.3 密度自上而下均匀增加的液体

有的液体货舱中，液体密度自上而下均匀增加。这种情况下，自由液面对稳性的影响比较复杂，但近似考虑时可将舱内液体分成若干层，利用式(3.4.5.3)计算其对船舶稳性的影响。

3.4.6　航海生产中应注意的事项

自由液面对船舶稳性始终具有减小的作用，这一点需在航海生产中牢记。我们将航海生产中控制和削弱自由液面影响时应注意的事项归纳成如下几项，供广大船员在生产中参考使用。

3.4.6.1　自由液面对稳性影响值的计算公式仅适用于小倾角情况

应该指出，自由液面影响值的计算公式只对小横倾角($\theta < 10°$)时适用。而对于较满舱柜或液量较少的舱柜其适用的倾角应相应减小。

3.4.6.2 液体重量及液面高度对稳性改变量没有影响

对于某一舱柜而言,自由液面对稳性的减小值与其长度成正比,与其宽度的立方成正比,与其内液体的密度成正比,与船舶的排水量成反比;较宽的舱柜中的自由液面对船舶稳性的影响较大,而其内的液体重量及液面高度则对稳性改变量没有影响。

3.4.6.3 自由液面对稳性的影响值与其在船上的位置无关

如果自由液面的面积和形状不变,则其对稳性的影响值与其在船上的上下、左右、首尾的位置无关。

3.4.6.4 自由液面影响值最大的时刻

从整个航程考虑,在航行了相当长一段时间之后,船舶底部油水消耗量较大、船舶排水量较小并且船上存在较大或较多自由液面的情况下对船舶稳性最为不利。这一时刻一般发生在距目的港四分之一航程时。

3.4.6.5 自由液面影响值最大的倾角

在各种情况下,每一液舱的最大自由液面影响值发生在顶边线和相对的底边线构成的平面上,如图 3.4.6.1 所示。也就是说,船舶倾角等于这一平面与水平面的夹角时自由液面对稳性的影响最大。而舱内液体过多或过少时,最大自由液面的影响值均小于这一数值,并且也不一定发生在上述位置对应的倾角。

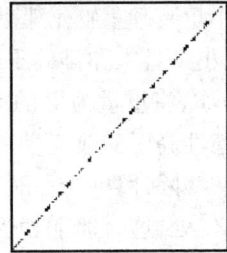

3.4.6.6 自由液面对摇摆的影响

自由液面对摇摆的影响比较复杂。自由液面会减小稳性,从而增大摇摆周期;大部分情况下自由液面对摇摆具有一定的阻尼作用;自由液面对摇摆的影响,与舱内液面的固有周期、船舶的摇摆周期、二周期之间的相位角等多种因素有关。

图 3.4.6.1 最大自由液面对应角

3.4.6.7 液舱宽度较小而装载量很大时可不计自由液面影响

按国际海事组织规定,液舱宽度小于船宽 60% 时,装载量达到或超过 98% 时可不计自由液面对稳性的影响;而液舱宽度大于船宽 60% 时,则该舱任何装载量产生的自由液面均应计及。

3.4.6.8 稳性计算中,取自由液面影响最大值进行修正

燃油、柴油、污油水及淡水等舱柜,在航行中液面会发生变化。进行自由液面修正时,应取其最大影响值。

在选择其最大值时,应考虑到下述各项要点:

· 各液舱自由液面影响最大值发生的时刻;

· 减摇液舱(anti-rolling tank)和反倾液舱(anti-heeling tank)加装和排放舱内压载水过程中会产生自由液面;

· 进行燃油、淡水和液货过驳过程中会产生自由液面;

· 各液舱自由液面综合影响最大值发生的时刻;

· 油水消耗使排水量减小,从而使自由液面对稳性的影响力度相对增大;

· 在无法进行详细计算时,可取距目的港尚余四分之一航程时的自由液面影响值为最大值。

3.4.6.9 减小自由液面影响的措施

减小自由液面影响的措施有如下几项：

· 开航前加装油水时,尽量将舱柜加满;

· 装载液体货物时,尽量少留部分装载舱;

· 尽量用面积较小,特别是宽度较小的货舱作部分装载舱;

· 航行中,先用大液舱中的油水,后用小液舱中的油水;先用扁浅液舱中的油水,后用高深液舱中的油水;

· 尽量将一个油舱或水舱中液体用完后再启用下一舱;

· 若有可能,随着油水消耗增加压载量。

§3.5 小量装卸及载荷增减

3.5.1 小量装卸重物

小量装卸重物是船上常见的作业,如小量装卸货物、重大件装卸、加载油水、航行中消耗的油水、小量打入和排放压载水等。设船舶的排水量为 Δ,水线为 W_0L_0,重心高度为 KG,稳性高度为 GM,将重量为 P 的重物装在船上 (Y_p, Z_p) 处,水线变为 W_1L_1,如图 3.5.1.1 所示,现考虑船舶稳性高度的改变量和所产生的倾角 θ 的计算方法。

在实际计算中,一般首先考虑将重物 P 装在漂心 X_f 的垂线上的 Z_p 处,这时船舶稳性的改变量为 δGM,倾角的改变量为 0。之后,将重物由 $(0, Z_p)$ 移到 (Y_p, Z_p) 处,这时船舶稳性的改变量仍为 δGM,倾角的改变量为 θ。

图 3.5.1.1 装少量重物

计算小量装卸时船舶稳性高度的改变量的方法有如下各种。

3.5.1.1 利用静水力参数表查取

许多教材中将利用静水力参数表计算装卸过程中的稳性改变量的方法用在大量装卸作业中。实际上,小量装卸中利用这一方法的计算工作量要小于其他方法,而且计算精度也比较高。其不足是静水力参数表必须在手边。建议船员在海运生产中尽量使用这一方法。

分别以 Δ 和 $(\Delta + P)$ 为引数在静水力参数表上查取 KM_1 和 KM_0,利用式(3.5.1.1)计算船舶的稳性高度改变量

$$\delta GM = KM_1 - KM_0 + \frac{P(KG - Z_p)}{P + \Delta} \qquad (3.5.1.1)$$

式中,KM_1 为 $(\Delta + P)$ 对应的稳心高度;KM_0 为 Δ 对应的稳心高度。KM_1 和 KM_0 均可在静水力参数表上查取,而且其计算量并不多于后文将要介绍的一些方法。

这一公式可直接利用 GM 变量的表达式推得。

3.5.1.2 小量装卸的计算方法

装卸量不超过当时排水量的 10% 时,船舶稳性的改变量用式(3.5.1.2)计算,

$$\delta GM = \frac{P}{\Delta + P}\Big(d + \frac{1}{2}\frac{P}{100TPC} - Z_p - GM \Big) \qquad (3.5.1.2)$$

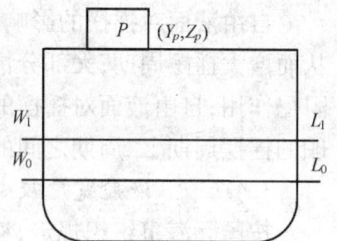

式中，TPC 为每厘米吃水吨数，应以 $(\Delta + \dfrac{P}{2})$ 在静水力参数表上查取；P 在装货时为正，卸货时为负①。利用这一公式只要查得 TPC 即可计算出船舶稳性的改变量 δGM。

3.5.1.3　极小量装卸时的计算方法

排水量在半载以上时装卸量不超过当时排水量的 1% 左右，或排水量在半载以下时装卸量不超过当时排水量的 1‰ 左右的情况下，船舶稳性的改变量可用式(3.5.1.3)计算，

$$\delta GM = \frac{P(KG - Z_p)}{\Delta + P} \tag{3.5.1.3}$$

式中，P 在装货时为正，卸货时为负。这一公式主要用于计算装卸单件货物时稳性高度的改变量。

3.5.1.4　小量装卸后的船舶倾角

将重物 P 由 $(0, Z_p)$ 处移到 (Y_p, Z_p) 处，船舶产生的倾角可用式(3.5.1.4)计算，

$$\tan\theta = \frac{PY_p}{(\Delta + P(GM + \delta GM))} \tag{3.5.1.4}$$

式(3.5.1.4)实际上是式(3.3.2.1)的变形。

例 3.5.1.1

TJ 船在排水量为 9 587 t 时，在 $Z_p = 12.56$ m 处装载货物 950 t，当时 $KG_0 = 7.84$ m，$KM_0 = 9.936$ m。求船舶装货后的稳性。

解： 为了进行比较，用两种不同方法计算装货后的稳性。

（1）用直接查表的方法计算

按排水量 9 587 + 950 = 10 537 t 查静水力参数表，得装货后的稳心高度 $KM_1 = 9.557$ m。

计算装货后的重心高度为

$$KG_1 = \frac{9\,587 \times 7.84 + 950 \times 12.56}{9\,587 + 950} = 8.266 \text{ m}$$

所以新的稳性 $GM_1 = 9.557 - 8.266 = 1.291$ m

（2）按小量装卸公式进行计算

按排水量 9 587 + 950/2 = 10 062 t 查静水力参数表，得 $TPC = 23.51$ t/cm，$KM = 9.712$ m，计算船舶的稳性改变量为

$$\delta GM = \frac{P}{\Delta + P}\Big(d + \frac{P}{200TPC} - Z_p - GM\Big)$$

$$= \frac{950}{9\,587 + 950}\Big(4.60 + \frac{950}{200 \times 23.51} - 12.56 - (9.936 - 7.84)\Big) = -0.888 \text{ m}$$

所以，船舶的新稳性为 9.936 − 7.84 − 0.888 = 1.208 m。

一般，按前一方法计算的数值精度高于后者。

---

① 事实上，将重物装在与漂心在同一垂线上的 Z_p 处，当船舶发生一小倾角时，船舶平行沉浮量即 W_1L_1 和 W_0L_0 之间的排水量与 P 形成了一个与稳性力矩相反的力矩，大小为 $P\Big[Z_p - \Big(d + \dfrac{P}{2TPC}\Big)\Big]\sin\theta$，故有

$$(\Delta + P)G_1M_1\sin\theta = \Delta GM\sin\theta - P\Big[Z_p - \Big(d + \frac{P}{2TPC}\Big)\Big]\sin\theta$$

整理即得 δGM 的表达式。

3.5.2 装卸重大件货

装卸重大件实质上是小量装卸和悬挂重物的组合问题。

3.5.2.1 装载重大件

吊装重大件(heavy unit,awkward unit)的过程如图 3.5.2.1 所示。粗略地考虑,吊装重大件过程中船舶的最大倾角发生在货物自码头刚刚吊起之时,这时吊杆与吊索所在的平面与船舶中纵剖面垂直;船舶的最小稳性发生在吊杆头起升最高之时或货物刚刚进入舱口之时,这时吊杆与吊索所在的平面在中纵剖面之内。

设重大件的重量为 P,吊杆头到中纵剖面的距离为 L_y,到基平面的距离为 L_z,则船舶的稳性改变量 δGM 为

$$\delta GM = \frac{P(KG - L_z)}{\Delta + P} \qquad (3.5.2.1)$$

船舶产生的倾角为

$$\tan\theta = \frac{PL_y}{(\Delta + P)GM + P(KG - L_z)} \qquad (3.5.2.2)$$

事实上,吊装重大件过程中最大倾角和最小稳性并不同时发生,但在生产中基本上可将货物自码头刚刚吊起之时的状态作为最不利状态,并进行稳性和倾角的计算。在这一状态下,实质上是将货物 P 装于 (L_y,L_z) 处,所以式(3.5.2.1)是式(3.5.1.3)的变形,式(3.5.2.2)是式(3.5.1.4)的变形。

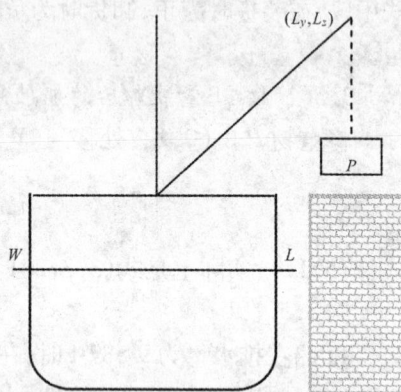

图 3.5.2.1 吊装重大件

例 3.5.2.1

CJ 船准备用船吊装载一个重 50 t 的汽缸,装货前排水量 $\Delta = 13\ 000$ t,$KM = 8.80$ m,初稳性高度 $GM = 0.56$ m,船舶中心线至吊杆顶端的水平距离 $L_y = 14.0$ m,吊杆顶端至龙骨基线的垂直距离为 $L_z = 24.0$ m,求重吊吊起货物后船舶产生的横倾角及当时的稳性。

解: 按式(3.5.2.1)和式(3.5.2.2)计算,

$$\delta GM = \frac{P(KG - L_z)}{\Delta + P} = \frac{50(8.80 - 0.56 - 24.0)}{13\ 000 + 50} = -0.060\ \text{m}$$

$$\tan\theta = \frac{PL_y}{(\Delta + P)GM + P(KG - L_z)} = \frac{50 \times 14}{0.56(13\ 000 + 50) + 50(8.80 - 0.56 - 24.0)}$$
$$= 0.10736$$

船舶的最大横倾角 $\theta = 6.1°$,这时船舶的稳性为 $0.560 - 0.060 = 0.50$ m。

在生产作业中,有时两票货物用不同吊杆同时起吊;有时重吊的重量较大或船舶稳性较小,在进行计算时应考虑重吊的重量产生的横倾力矩。我们用下述算例说明这种情况的处理方法。

例 3.5.2.2

HH 船使用重吊装一重量为 60 t 的锅炉。重吊自重 $P_b = 5.2$ t,其舷外跨度 $l = 4.0$ m,船舶型宽 $B = 21.2$ m,吊装前排水量 $\Delta = 8\ 500$ t,初稳性高度 $GM = 1.10$ m,船舶重心高度 $KG = 7.8$ m,吊杆头距基线高度 $L_z = 17$ m。试求吊装时船舶的初稳性高度及可能产生的最大横倾

角。

解：船舶稳性的改变量按式（3.5.2.1）计算，

$$\delta GM = \frac{P(KG - L_z)}{\Delta + P} = \frac{60(7.80 - 17)}{8\,500 + 60} = -0.064 \text{ m}$$

吊装时，除了货件会产生横倾力矩外，吊杆的重量也会产生横倾力矩，所以式（3.5.2.2）作相应变更，

$$\tan\theta = \frac{\left(P + \frac{1}{2}P_b\right)\left(\frac{1}{2}B + l\right)}{(\Delta + P)GM + P(KG - L_z)} = \frac{\left(60 + \frac{5.2}{2}\right)\left(\frac{21.2}{2} + 4\right)}{1.10(8\,500 + 60) + 60(7.80 - 17)} = 0.1031$$

船舶的横倾角 $\theta = 5.9°$，船舶当时的稳性为 $1.10 - 0.064 = 1.036$ m。

3.5.2.2　吊卸重大件

吊卸重大件的过程如图 3.5.2.2 所示。吊卸重大件的过程实际上是将货物移动到吊杆顶端。粗略地考虑，吊卸重大件过程中船舶的最大倾角发生在将要将货件落放到码头之时，这时吊杆与吊索所在的平面与船舶中纵剖面垂直；船舶的最小稳性发生在吊杆顶端起升最高之时或货物将要移离舱口之时，这时吊杆与吊索所在的平面在中纵剖面之内。

设重大件的重量为 P，原装于船上的位置为 (Y_p, Z_p)，现将货物吊起并移向码头，吊杆头到中纵剖面的距离为 L_y，到基平面的距离为 L_z，则船舶的稳性改变量为

$$\delta GM = -\frac{P(L_z - Z_p)}{\Delta} \quad (3.5.2.3)$$

船舶产生的倾角为

$$\tan\theta = \frac{P(L_y - Y_p)}{\Delta GM - P(L_z - Z_p)} \quad (3.5.2.4)$$

事实上，吊卸过程中最大倾角和最小稳性也不同时发生，但在生产中基本上可将货物将要落放码头之时的状态作为最不利状态并进行稳性和倾角的计算。在这一状态下，实质上是将货物 P 悬挂于 (L_y, L_z) 处，所以式（3.5.2.3）和式（3.5.2.4）分别是式（3.3.3.1）和式（3.3.3.2）的变形。

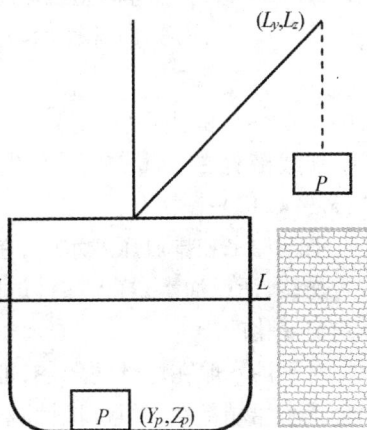

图 3.5.2.2　吊卸重大件

例 3.5.2.3

XH 船抵达非洲达喀尔港时，需使用船上重吊卸一重为 68 t 的大件货，该大件货配装于 No3 底舱，其重心位置为：$Y_p = -5.0$ m（外舷），$Z_p = 3.5$ m。船舶吊卸大件时排水量 $\Delta = 10\,350$ t，船舶重心高度 $KG = 8.50$ m。已知 $KM = 9.70$ m，吊杆顶端距基线 31.5 m，吊杆舷外跨度为 4.0 m，船宽 $B = 21.2$ m。试计算吊卸大件时船舶产生的最大横倾角 θ。

解：按式（3.5.2.3）和式（3.5.2.4）计算，

$$\delta GM = -\frac{P(L_z - Z_p)}{\Delta} = \frac{68(31.5 - 3.5)}{10\,350} = 0.184 \text{ m}$$

$$\tan\theta = \frac{P(L_y - Y_p)}{\Delta GM - P(L_z - Z_p)} = \frac{68\left(\frac{21.2}{2} + 4 + 5\right)}{10\,350(9.70 - 8.50) - 68(31.5 - 3.5)} = 0.126\,74$$

船舶起吊时的最大倾角 $\theta = 7.2°$,船舶稳性 $9.70 - 8.50 - 0.184 = 1.016$ m。

3.5.3　油水增减

船舶加载燃油、淡水和压载水后,船舶稳性会受到两个方面的影响,其一为船舶重心高度的改变所产生的稳性改变量;其二为自由液面所引起的稳性改变量即自由液面对稳性的减小量。

设某液舱内的液面高度为 H_1,加载后液面高度为 H_2,所加载液体的重量为 P,舱柜原有液体和加载液体的密度均为 γ,如图 3.5.3.1 所示。

加载液体重量 P 的重心横向位置可取为液舱容积中心的横向位置,其重心高度 Z_p 可取为 $H_1 + (H_2 - H_1)/2$。利用式(3.5.1.1)~式(3.5.1.3)计算出船舶的稳性改变量,利用式(3.5.1.4)计算出船舶产生的倾角。

一般可根据岸方的计量,计算加载液体的重量。若对岸方的计量有怀疑或不知所加载液体的重量时,则可利用测深方法测得 H_1 和 H_2,再在舱容曲线上分别查得舱内液体体积 V_1 和 V_2(m),用式(3.5.3.1)计算加载液体的重量 P,

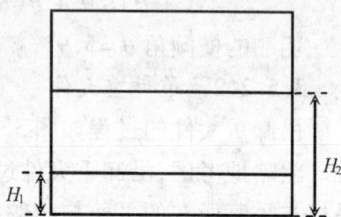

图 3.5.3.1　加载油水

$$P = \rho(V_2 - V_1) \tag{3.5.3.1}$$

式中,ρ 为液体的比重(t/m^3)。

加载液体的重量 P 所产生的自由液面对船舶稳性的减小值可按式(3.4.1.1)~式(3.4.1.12)计算出。

消耗油水和排放压载水时,在上述计算中取 P 为负值。

加装、消耗油水,打入和排放压载水对船舶稳性的影响是一个过程,其中船舶的稳性并不是均匀变化的。

对于油水舱在底部的船舶,加装油水和打入压载水会提高船舶稳性;消耗油水和排放压载水会减小船舶稳性,而且,稳性减小后,消耗油水和自由液面对稳性的影响更为不利。

为有利于船舶稳性,应事先制订操作计划,例如加装油水计划、油水消耗计划、压载水打入计划、压载水排放计划等。

一般认为,在航程 3/4 处油水的消耗及所产生的自由液面对船舶稳性最为不利。船舶出航前应事先对这一情况作出估计,并且应将这一时刻的稳性作为航行中的稳性进行校核。

例 3.5.3.1

JY 船满载出港时,$\Delta = 18\ 597$ t,全船垂向总力矩为 147 288 t–m,$KM = 8.92$ m,无自由液面。

(1)求出港时的 GM_1?

(2)现欲使 GM_1 增至 $GM_2 = 1.1$ m,求需从二层舱向底舱移多少货?(底舱 $Z_p = 5.48$ m,二层舱 $Z_p = 11.15$ m,采用上下轻重货等体积对调,二层舱重货的积载因数 $SF = 0.8$ m³/t,底舱轻货的积载因数 $SF = 4.0$ m³/t)

(3)航行中,消耗油 260 t,密度 $\rho = 0.88$,$Z_p = 1.0$ m,梯形油柜 $b_1 = 6$ m,$b_2 = 3$ m,长 $L = 10$ m;淡水 60 t,$Z_p = 5.0$ m,矩形水舱长为 20 m,宽为 10 m,存在自由液面,且舱内有两道纵向隔壁。求到港时的 GM_3?

解：出港时稳性为

$$KG = \frac{147\ 288}{18\ 597} = 7.92\ \text{m}$$

$$GM_1 = 8.92 - 7.92 = 1.00\ \text{m}$$

（2）从二层舱向底舱移货

设将二层的重货下移 P_h 吨，将底舱的轻货上移 P_l 吨，则

$$0.8P_h = 4.0P_l$$

$$(P_h - P_l)(11.15 - 5.48) = 18\ 597(1.10 - 1.00)$$

解得，$P_h = 410\ \text{t}$，$P_l = 82\ \text{t}$。

油水消耗

船舶的重心高度为

$$KG_2 = 7.92 + (1.10 - 1.00) = 8.02\ \text{m}$$

由于油水消耗量占排水量的 1.7%，所以可按极小量装卸公式计算。此项引起的稳性改变量为

$$\delta_1 GM = \frac{-260(8.02 - 1.00)}{18\ 597 - 260 - 60} + \frac{-60(8.02 - 5)}{18\ 597 - 260 - 60} = -0.101\ \text{m}$$

油水消耗量产生的自由液面对稳性改变量为

$$\delta_2 GM = -\frac{0.88 \times 10(6^2 + 3^3)(6 + 3)}{48(18\ 597 - 260 - 60)} - \frac{20 \times 10^3}{12(18\ 597 - 260 - 60)} = -0.093\ \text{m}$$

所以，到港时的稳性为

$$GM_3 = 1.10 - 0.101 - 0.093 = 0.906\ \text{m}$$

3.5.4 甲板结冰

船舶冬季航行于寒冷地区，因冻雾（frost smoke）袭击、冻雨（freezing drizzle，freezing rain）袭击及低温下（-2℃以下）甲板上浪（sea spray）会在上甲板、上层建筑及索具上结冰。船舶结冰是一个复杂的过程，主要是指水雾和雨滴等与低温状态下船体构件接触时，因钢质材料的导热系数很大从而大量吸收水雾和雨滴中的热量，使其温度降至冰点以下，并在构件上结成凝冰。

结冰会增加甲板上的载荷，增加重心高度从而减小船舶稳性，危及船舶安全。

3.5.4.1 船舶结冰与温度和风级

国际海事组织一般以温度和风级估算结冰量，并针对排水量为 100 ~ 500 t 船舶，将结冰分成下述级别。

· 缓慢结冰（slow accumulations of ice）

当环境温度为 -1 ~ -3℃伴随风级不限、环境温度为 -4℃及以下伴有 0 ~ 9 m/s 风、环境温度骤降时发生大雨或浓雾，会在船舶甲板上发生缓慢结冰，结冰量不超过 1.5 t/h。

· 快速结冰（rapid accumulations of ice）

当环境温度为 -4 ~ -8℃伴有 10 ~ 15 m/s 大风，会在船舶甲板上发生快速结冰，结冰量为 1.5 ~ 4.0 t/h。

· 特快速结冰（very fast accumulations of ice）

当环境温度为 –4℃ 及以下伴有 16 m/s 及以上强风、环境温度为 –9℃ 及以下伴有 10～15 m/s 大风,会在船舶甲板上发生特快速结冰,结冰量会超过 4.0 t/h。

3.5.4.2　船舶结冰量估算

船舶在预计会产生结冰的区域中航行时,其结冰量按下述原则估算:

* 裸露的甲板和舷梯上,结冰量为 30 kg/m²;
* 水线以上两侧的突出侧向面积上,结冰量为 7.5 kg/m²;
* 对于不连续的突出侧向面积,如栏杆、吊杆、杆件(桅杆除外)、无帆索具、小型突出物,在结冰面积计算中应增加 5%,在相应的静力矩计算中应增加 10%。

这里,预计的结冰海区由各船级社根据船舶可能航行的区域自行确定。国际海事组织只规定严重结冰区。

3.5.4.3　世界严重结冰海区

国际海事组织规定的严重结冰区域如图 3.5.4.1 所示,主要区域为:

* 北欧冰区,结冰量取规定值的 1.5～2.0 倍

北纬 65°30′ 以北,位于西经 28° 至冰岛西海岸间区域;冰岛北海岸以北海域;北纬 66°、西经 15° 至北纬 73°30′、东经 15° 间恒向线以北海区;北纬 73°30′ 以北位于东经 15° 与东经 35° 间区域、东经 35° 以东区域以及波罗的海北纬 56° 以北区域。

* 北大西洋冰区,结冰量取 2.0 倍以上

北纬 43°,西部以北美东海岸为界,东部以北纬 43°、西经 48° 至北纬 63°、西经 28° 间恒向线及西经 28° 线为界。

* 北美冰区,结冰量取规定值的 1.5～2.0 倍

北欧冰区和北大西洋冰区以东的北美海区。

* 白令海峡附近冰区,结冰量取规定值的 1.5～2.0 倍

这一冰区包括白令海峡、鄂霍次克海峡和鞑靼海峡。

* 南半球冰区,结冰量取规定值的 1.5～2.0 倍

这指南纬 60° 以南海区。

3.5.4.4　中国国内航行船舶的结冰

船舶产生的结冰量,与航行季节有关。结冰处所主要为上层建筑、甲板室前端、桅杆、吊杆、起重设备、通风筒等部位,结冰量为 5～20 kg/m²。我国一般将每年 12 月、1 月和 2 月定为结冰计算时的冬季;将青岛(北纬 36°04′)以北海区作为结冰区域。我国国内沿海船舶,应按下述结冰量校核其稳性:

* 最前面的上层建筑(不包括首楼)或甲板室的前端壁以前范围或首部三分之一设计水线长度范围内的露于甲板和步桥的水平投影面积,取大者,结冰重量取 15 kg/m²,其后面的面积取 5 kg/m²,甲板机械、设备及舱口盖等包括在露天甲板水平投影面积内,不另行计算。
* 首部三分之一设计水线长度内,实际水线以上的船壳、上层建筑及甲板室、甲板货物的两舷侧投影面积,结冰重量取 10 kg/m²。
* 最前面的上层建筑(不包括首楼)或甲板室的前端壁正投影面积,结冰重量取 7.5 kg/m²。
* 最前面的上层建筑(不包括首楼)或甲板室的前端壁以前范围或首部三分之一设计水线长度范围内(取大者)的桅杆、吊杆、起重柱及通风筒等,结冰重量取 20 kg/m²,旗杆、栏

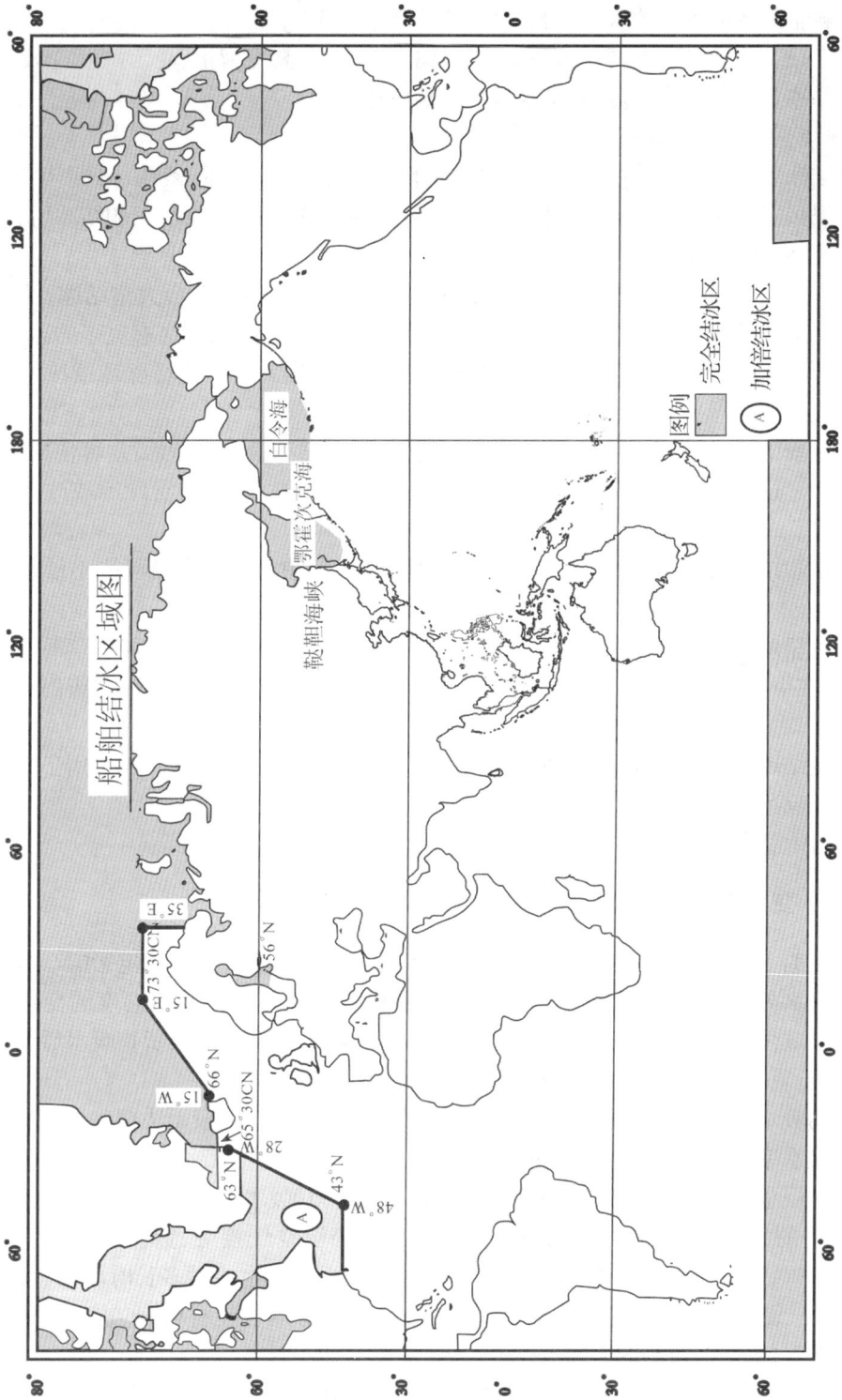

图 3.5.4.1　国际海事组织规定的严重结冰区域

杆、索具及天线等的结冰重量取 5 kg/m²。

　　·　救生艇及吊艇架的水平投影面积,结冰重量取 5 kg/m²。
　　·　上述结冰的竖向范围,均自实际水线向上至 10 m 高度为止。
　　·　结冰量做为超载重量,对排水量的影响应计及。

　　3.5.4.5　结冰对船舶安全的影响

　　船舶结冰主要发生在首柱、舷栏、上层建筑物的前部、甲板围屋、索孔、锚机、甲板索具、前甲板和上甲板、排水孔、天线、支索、桅灯及杆件等构件和设备上。因此,船舶结冰后,一般重心会有所升高,纵倾和横倾也会发生一定变化。

　　结冰主要发生在船体首向。但是,在横风和横浪情况下,向风舷会大量结冰,从而船体会向向风舷一侧横倾;在横倾状态下,向风舷受海浪侵袭更为严重,从而会有更多的冰形成,因而横倾会有所增加。这一过程是个正反馈过程,因此特别危险。必须进行除冰或改变航向以避免这种危险。

　　结冰过程中,船体的实际受风面积会有所增加,从而结冰量也会增加;这种情况下,结冰面积又会增加。这一过程也是个正反馈过程,因此也特别危险。必须进行除冰或改变航向以避免这种危险。

　　结冰量和结冰的重心高度可用估算方法确定,其对船舶稳性的影响可按小量装载重物的方法求得。

　　结冰对船舶还有其他影响,如在高处可形成冰柱,在风浪和摇摆下可能坠落而击伤人员或设备;人员在甲板面上行走困难,船舶摇摆中极易摔倒;一些需要开启的盖板、阀门可能因冰冻而无法开启。

　　船舶在结冰区域中航行时,应备有除冰设备,如电动除冰机、气动除冰机,用于清除杆件上结冰的特种除冰机(wooden clubs)。

　　结冰对木材船、近海供应船的威胁较大。

3.5.5　货物吸水对稳性的影响

　　装载在船上的货物可能吸收水分,增加重量,从而对船舶稳性具有一定影响。装载在船上的货物吸收水分后,重量会增加,从而船舶排水量也会增加,但船舶重心高度的变化取决于吸水货物的装载位置。一般来说,船舶排水量在半载至满载之间时,甲板货物吸水后船舶的稳性会减小;底舱货物或舱内底部货物吸水后船舶稳性会增加。

　　货物的吸水量与货物自身性质、触水时间和触水方式有关,一般无法精确计算。生产中常用估算的吸水率估计货物吸水后的重量。

　　装载在甲板上的原木,在航行中可能受到海浪袭击,其吸水率一般取为货物重量的 10%;装载在舱内的谷物,航行中可能因通风等作用而与潮湿空气接触,货物水分含量可能增加0.1% ~ 1.0%;钢材等金属类货物无论与水如何接触,无论与水接触多长时间,其吸水率均可取为 0;箱装、袋装、捆装、桶装等货物的吸水率取决于自身的包装材料、包装方式、内货性质、以及与水接触的方式、接触的时间等。

　　船舶货物因吸水而增加的重量一般为一小量。设船上与水接触的货物重量为 $P(t)$,重心距基线高度为 $Z_p(m)$,吸水率为 γ(无量纲),则船舶稳性的改变量 $\delta GM(m)$ 可用式(3.5.5.1)计算,

$$\delta GM = \frac{\gamma P(KG - Z_p)}{\Delta + \gamma P} \tag{3.5.5.1}$$

式中,Δ 和 KG 分别为船舶货物吸水前的排水量(t)和重心距基线高度(m)。

3.5.6　货舱进水对稳性的影响

船舶舱室未破损,而水自水线以上部位灌入舱内,对船舶稳性的影响应从二个方面进行考虑:一方面,舱室内进水后,重量有所增加,从而重心高度和稳性会发生变化,这属于小量装货问题;另一方面,进入舱室的水会形成自由液面,从而会减小船舶的稳性。

3.5.6.1　渗透率

对于舱室,进水体积与空舱的型体积的比值称为该舱的渗透率(μ),其定义如下:

$$\mu = \frac{V_1}{V} \tag{3.5.6.1}$$

式中,V_1 是进水体积(m^3),V 是空舱时型体积(m^3)。

(体积)渗透率是一个小于 1 的数值。表 3.5.6.1 是一些常见舱室的渗透率。渗透率一般难以测定,所以在实际应用中主要根据应用目的按规定值计算。在抗沉性计算中,对原油船、液体散装化学品船、液化气体船和干货船均规定了不同的渗透率。

实际应用中,最好根据实际测算的数值进行估计。

表 3.5.6.1　常见舱室的渗透率

舱室	渗透率(μ)
起居处所	0.95
机舱、电站、设备处所	0.85
干散货舱	0.3 ~ 0.5
杂货舱	0.4 ~ 0.7
钢材、生铁等舱	0.7 ~ 0.8
油水舱	0 ~ 0.95
空舱	0.98

3.5.6.2　无自由液面的舱室进水

这是指进入舱室中的水,完全被其内货物所吸收而没有在货物之间产生自由液面。这种情况发生的条件有两个,一方面货物应具有吸水性,另一方面,舱内的进水量不能太大。

这种情况的进水,相当于在舱内增加一个重量,其重心一般略低于原货物的重心,计算中可取为货物的重心;其重量为进水量。

3.5.6.3　货物处于漂浮状态时对稳性的影响

这是指舱室进水后,货物因密度小于进水密度而处于漂浮状态。这种情况下,舱内液面就是一个普通的自由液面,其对稳性的影响与一般自由液面无二。

计算这种自由液面对稳性的影响时,必须在计算了因进水而增重的基础上进行。

3.5.6.4　货物处于沉没状态时对稳性的影响

船舶装载包件货物、块状货物、木材、钢材等时舱内进水,并且水面没有淹及货物表面,则舱内的自由液面称为不完整自由液面,如图 3.5.6.1 所示。不完整自由液面的特点为水可在货物缝隙间自由流动,因而对船舶的稳性也具有减小的作用。

一般在这种情况下,不完整自由液面对稳性的减小值与液体表面占货物表面的比例数有关,与货物的颗粒大小、颗粒形状、表面光洁度等多种因素有关。粗略考虑,可将货物表面的面积惯矩乘以液体表面面积占货舱面积的比例数作为不完整液面的面积惯矩。液体表面面积占货舱面积的比例数可用估计的方法确定。

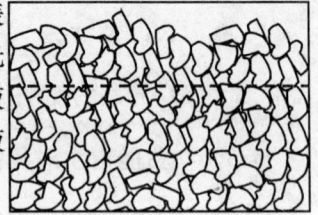

图 3.5.6.1　不完整的液面

同样,计算这种自由液面对稳性的影响时,必须在计算了因进水而增重的基础上进行。

§3.6　静稳性力臂曲线

3.6.1　静稳性力臂

当船舶倾角在 10°以上时就不能用 GM 来度量稳性的大小。由于这时的稳心随船舶倾角的改变而改变,并且不一定在中纵剖面上,从而 GM 和 KM 均失去意义。这种情况下,船舶抵御横倾力矩的能力必须用静稳性力臂 GZ 的大小来表征。

如图 3.6.1.1 所示,船舶自正浮位置横倾至 θ 角,船舶的浮心由 B_0 移至 B_1。由于船舶的倾角较大,过 B_0 的浮力作用线与过 B_1 的浮力作用线已不能认为是相邻浮力作用线,所以该二线的交点已不是稳心。易见,利用先前的分析方法已不能说明船舶的稳性。

船舶倾角为 θ 时,浮力作用线过 B_1,与 W_1L_1 水线垂直;重力作用线过 G,也与 W_1L_1 水线垂直。二力构成力矩,使船舶向正浮位置回倾。该力矩称为复原力矩(righting moment),其作用力臂称为稳性力臂。

不难看出,正浮力矩在数值上等于船舶的排水量与正浮力臂的乘积。在已知排水量时确定正力臂的大小是求取正浮力矩的关键。

求取正浮力矩方法主要有形状稳性力臂法、假定重心稳性力臂法和剩余稳性力臂法。

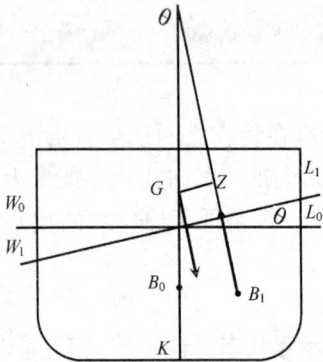

图 3.6.1.1　静稳性力臂

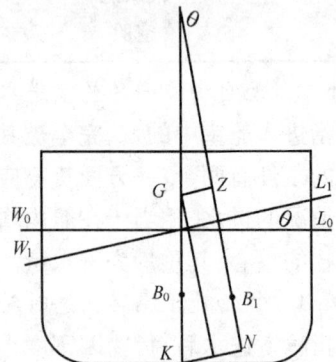

图 3.6.2.1　形状稳性力臂

3.6.2　利用形状稳性力臂求取 GZ

在图 3.6.2.1 中,假如因某种外力作用船舶发生一较大(大于 10°)倾角 θ,水线由 W_0L_0 变为 W_1L_1,浮心 B_0 移至 B_1,重心 G 未发生移动。这时,浮力作用在 B_1 上,垂直向上并垂直于新

的水线 W_1L_1；重力仍作用在 G 上，垂直向下并也垂直于新的水线 W_1L_1。重力作用线与浮力作用线之间的距离 GZ 即为稳性力臂。形状稳性力臂 KN(form stability lever) 与浮力作用线垂直，与平行，所以有下述表达式，

$$GZ = KN - KG\sin\theta \qquad (3.6.2.1)$$

式中，KN 可在船舶形状稳性力臂曲线上查得，查表引数为 (Δ, θ)，如图 3.6.2.2 所示。

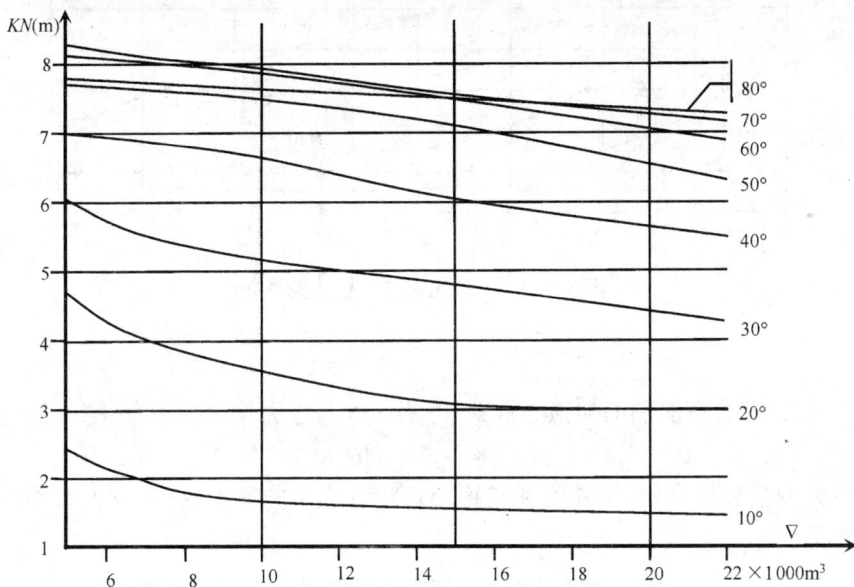

图 3.6.2.2　形状稳性力臂曲线

在实际计算中，如果船舶存在自由液面，则在式(3.6.2.1)中进行自由液面修正比较有利，因而将其改写成为

$$GZ = KN - (KG + \delta KG)\sin\theta \qquad (3.6.2.2)$$

3.6.3　利用假定重心稳性力臂求取 GZ

在图 3.6.3.1 中，假定一个重心 G_a，其高度为 KG_a，作 G_aZ_0 与浮力作用线垂直，则可得到，

$$GZ = G_aZ_0 + G_aG\sin\theta \qquad (3.6.3.1)$$

式中，G_a 在 G 之下时 G_aG 取负，G_a 在 G 之上时 G_aG 取正。G_aZ_0 可在船舶假定重心的稳性交叉曲线上查得，查表引数为 (Δ, θ)，如图 3.6.3.2 所示。

船舶假定重心高度 KG_a 在船舶资料中给出，一般直接标注在稳性交叉曲线上。假定重心高度与实际重心高度的差值 G_aG 用式(3.6.3.2)确定，

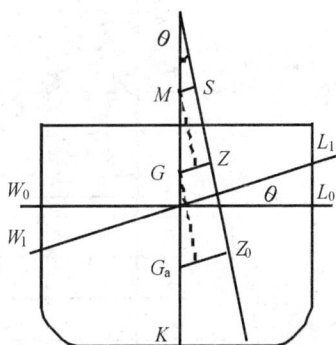

图 3.6.3.1　剩余稳性力臂和假定重心稳性力臂

$$G_aG = KG_a - KG \qquad (3.6.3.2)$$

美国、欧洲的一些船舶常提供这种稳性交叉曲线。应当指出，这种稳性交叉曲线与形状稳性力臂曲线实质上基于同一原理。事实上，G_aZ_0 与 KN 平行，只在数值上略小。

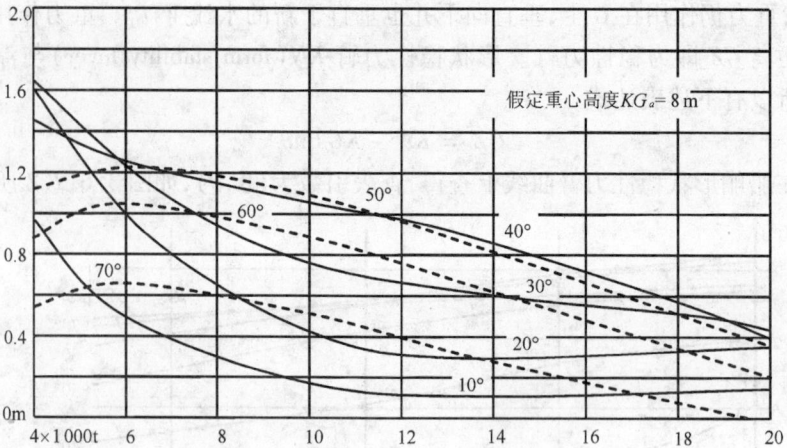

图 3.6.3.2 假定重心稳性力臂曲线

3.6.4 利用剩余稳性力臂求取 GZ

在图 3.6.3.1 中,在船舶的初稳心点 M 处,作 MS 与浮力作用线垂直,则可得到,

$$GZ = MS + GM\sin\theta \tag{3.6.4.1}$$

式中,MS 称为剩余稳性力臂,可在船舶初稳心点稳性交叉曲线上查得,查表引数为 (Δ,θ),如图 3.6.4.1 所示。

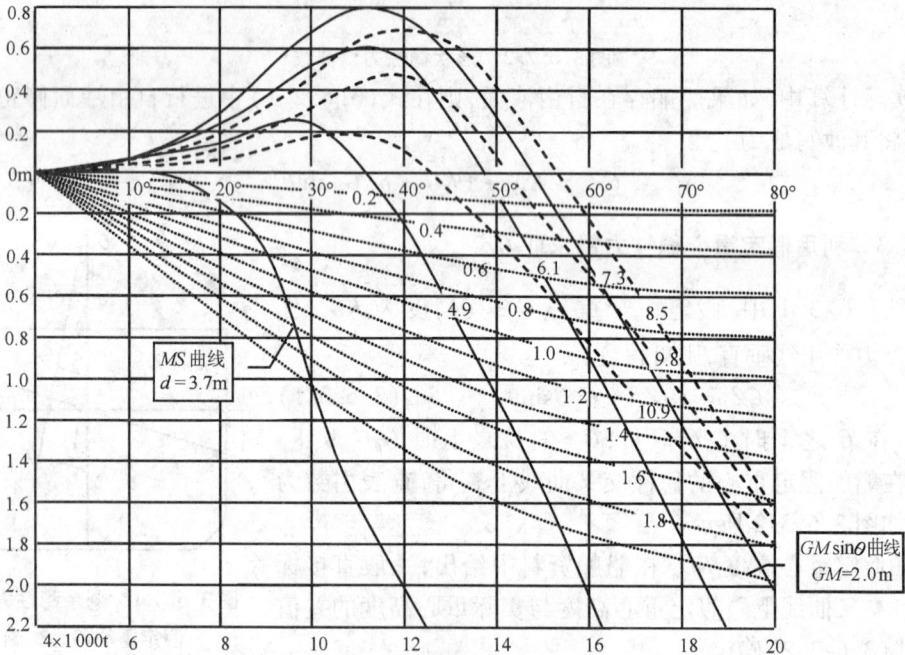

图 3.6.4.1 初稳心点稳性交叉曲线

北美、亚洲、欧洲均有一些船舶提供这种稳性交叉曲线。应当指出,这种稳性交叉曲线与形状稳性力臂曲线实质上基于同一原理。事实上,MS 与 G_aZ_0 和 KN 均平行,只在数值上略有不同。

3.6.5　静稳性力臂曲线的绘制

静稳性力臂曲线是静稳性力臂 GZ 与船舶横倾角 θ 间的关系曲线。一般以纵坐标表示 GZ，横坐标表示横倾角 θ。

GZ 精确到厘米，倾角多以 5° 或 10° 为间隔，取值范围为 0° 到 70° 或当 GZ 为 0 时为止。静稳性力臂曲线多绘制成平滑曲线，也可绘制成折线。以平滑曲线和以折线绘制的静稳性力臂曲线在精度上相差无几，但后者简便许多。

利用形状稳性力臂、假定重力稳性力臂和剩余稳性力臂绘制 GZ 线的方法基本相同。

3.6.5.1　利用形状稳性力臂绘制 GZ 线

例 3.6.5.1

已知 VG 船的排水体积 $\nabla = 18\,683$ m³，重心高度 $KG = 5.8$ m，形状稳性力臂曲线如图 3.6.2.2 所示，试绘制其静稳性力臂曲线。

解：在形状稳性力臂曲线图上，作 $\nabla = 18\,683$ m³ 线，量出 $\theta = 0°, 10°, \cdots, 70°$ 对应的 KN 值；计算 $KG\sin\theta$；计算 $GZ = KN - KG\sin\theta$。整个计算过程一般列表进行，如表 3.6.5.1 所示。将 GZ 曲线绘出，如图 3.6.5.1 所示。

表 3.6.5.1　稳性力臂计算表

横倾角 θ		10°	20°	30°	40°	50°	60°	70°
KN	（m）	1.50	3.00	4.50	5.80	6.70	7.20	7.35
$KG\sin\theta$	（m）	1.36	2.67	3.90	5.02	5.97	6.75	7.33
$GZ = KN - KG\sin\theta$	（m）	0.14	0.33	0.60	0.78	0.73	0.45	0.02

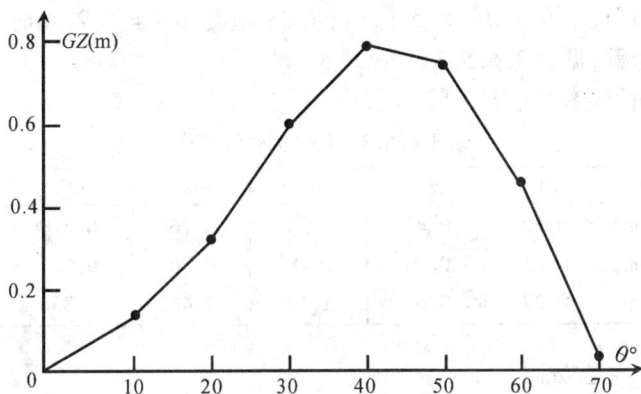

图 3.6.5.1　静稳性力臂曲线

3.6.5.2　利用假定重心稳性力臂绘制 GZ 线

例 3.6.5.2

已知 XJ 船的排水体积 $\nabla = 12\,134$ m³，重心高度 $KG = 8.2$ m，假定重心稳性力臂曲线如图 3.6.4.1 所示，试绘制其静稳性力臂曲线。

解：在假定重心稳性力臂曲线图上，作 $\nabla = 12\,134$ m³ 线，量出 $\theta = 0°, 10°, \cdots, 70°$ 对应的 $G_a Z_0$ 值；计算 $G_a G\sin\theta$；计算 $GZ = G_a Z_0 + G_a G\sin\theta$。整个计算过程一般列表进行，如表 3.6.5.2 所示。将 GZ 曲线绘出，如图 3.6.5.2 所示。

表 3.6.5.2　稳性力臂计算表

横倾角 θ		10°	20°	30°	40°	50°	60°	70°
$G_a Z_0$	（m）	0.10	0.30	0.52	0.92	0.91	0.74	0.38
$G_a G \sin\theta$	（m）	−0.03	−0.07	−0.10	−0.13	−0.15	−0.17	−0.19
$GZ = G_a Z_0 + G_a G \sin\theta$	（m）	0.07	0.23	0.42	0.79	0.76	0.57	0.19

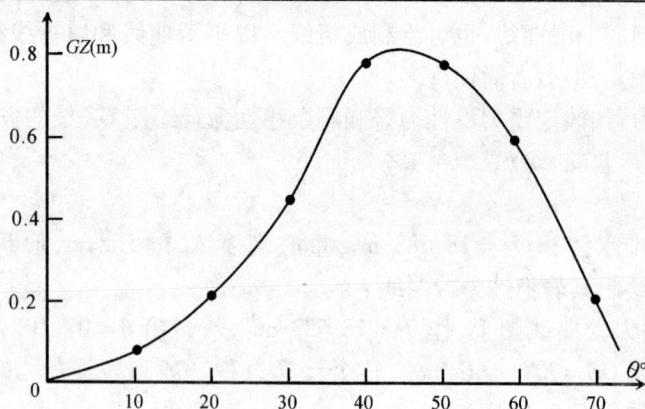

图 3.6.5.2　静稳性力臂曲线

3.6.5.3　利用初稳心点稳性交叉曲线绘制 GZ 线

例 3.6.5.3

已知 ZC 船吃水 $d = 8.5$ m，$GM = 1.2$ m，初稳心点稳性交叉曲线如图 3.6.4.2 所示，试绘制其静稳性力臂曲线。

解：按式（3.6.4.1），是在 $d = 8.5$ m 时的 MS 值与 $GM = 1.2$ m 时 $GM \sin\theta$ 值之和，查图 3.6.4.2 得稳性力臂，见表 3.6.5.3。

将 GZ 曲线绘出，如图 3.6.5.3 所示。

表 3.6.5.3　稳性力臂计算表

横倾角 θ		10°	20°	30°	40°	50°	60°	70°
MS	（m）	0.20	0.40	0.58	0.76	0.41	−0.20	−0.70
$GM \sin\theta$	（m）	0.03	0.20	0.48	0.70	0.92	1.04	0.88
$GZ = MS + GM \sin\theta$	（m）	0.23	0.60	1.16	1.46	1.33	0.82	0.18

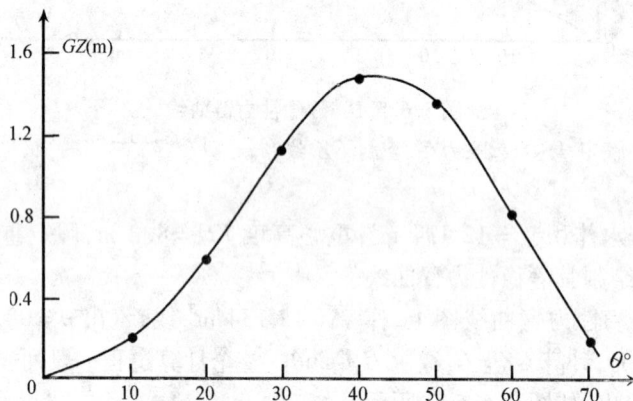

图 3.6.5.3　静稳性力臂曲线

3.6.6　静稳性力臂曲线的特征

图 3.6.6.1 是一典型静稳性力臂曲线,我们将该曲线的特性作如下概括,以供船员在生产中应用。

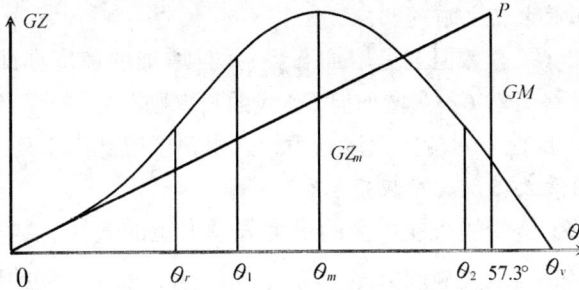

图 3.6.6.1　静稳性力臂曲线

3.6.6.1　GZ 线与船舶的稳性特性

GZ 线完全表征船舶的稳性特征。

船舶发生任何角度倾斜时,其稳性力臂均可在线上量出。开始时,稳性力臂随着船舶倾角的增大而增大,一般在 35 ~ 45°左右达到最大值;其后,稳性力臂随着船舶倾角的增大而减小,大约在 50 ~ 70°间变为 0;在这之后,船舶倾角增加时,稳性力臂为负值,这时船舶自身不但不产生稳性力矩而且还会产生一个加剧倾斜的力矩。

船宽较大而干舷较小的船舶,稳性半径较大,GM 较大,GZ 线在原点处的增加速度较大,GZ 线下面积也较大。这种船的初稳性很好,在小倾角时的稳性较大,船舶发生较大角度倾斜时干舷甲板会入水,因而稳性会大为降低。这类船舶适宜在风浪较小的水域如河道或湖区中航行。

船宽适中而干舷较大的船舶,GZ 线在原点处的增加速度较小,但 GZ 线下的面积并不小。这种船的稳性较好。这种船在小倾角时的稳性较小,在大倾角时稳性较大,且干舷甲板不容易入水,因而适宜在风浪较大的水域如海洋中航行。

有的船舶的 GZ 线开始时为负值,而在某一角度之后呈正常上升趋势。这种船的初稳性为负值,船舶具有一固定的永倾角,这多见于工程船或某种特种作业船。

3.6.6.2　GZ 线与 $GM\sin\theta$

按式(3.2.3.2),小倾角时,GZ 线与 $GM\sin\theta$ 基本一致,其原因是小倾角时稳心点 M 基本不动,GZ 约等于 $GM\sin\theta$。

在绘制静稳性曲线图时可以利用这一结论来检验 GZ 线的正确性,方法是:在小倾角时量取一二个 GZ 值,再计算相应角度时的 $GM\sin\theta$,如果二者不一致则说明 GZ 线的绘制不准确。

倾角越小这一结论越准确。

3.6.6.3　GZ 线在原点处的切线

在原点处,作 GZ 线的切线 OP,则 OP 的斜率等于船舶的初稳性①GM。求取 OP 的斜率的方法是:在 θ 轴上取点 57.3°,在该点处量取 OP 的纵坐标即得 GM,如图 3.6.6.1 所示。OP 连线应与 GZ 在原点的切线相吻合。

3.6.6.4　GZ 线在最大值之前的拐点

随船舶倾角的增加,GZ 在数值上呈增加态势,并且增加的速度亦即 GZ 线的斜率也在增加;但达到一定角度之后,虽然 GZ 在增加但 GZ 线的斜率则开始减小。该角度称为反曲点 θ_r,一般在 20 ~ 30°之间。反曲点对应的角度为甲板入水角或舭部出水角。

3.6.6.5　GZ 线的最大值及其对应角

GZ 线的最大值 GZ_m 是船舶所能承受的最大静倾力矩的表征。事实上,GZ_m 与排水量 Δ 的乘积即为船舶所能承受的最大静倾力矩。易见,GZ_m 越大表明船舶的稳性越好。

GZ_m 对应的角度 θ_m 也是船舶稳性的一个表征。θ_m 越大表明船舶的稳性越好。

对于一船而言,GZ 线有一个峰值。但是,对某些外漂式船舶或其他特殊结构的船舶,GZ 线可能有两个峰值。

3.6.6.6　稳性消失角与稳距

GZ 线由 0 经最大值再次变为 0 时对应的角度为稳性消失角 θ_v(angle of vanishing stability)。稳性消失角表征船舶具有稳性的范围。稳性消失角越大船舶稳性越好。

从 0 到 θ_v 的角度范围称为船舶的稳距(range of stability)。显然,稳距越大船舶稳性越好。

在 0 到 θ_m 之间任取一角度如 θ_1,如果船舶受一固定横倾力矩作用达到该倾角,则船舶倾角略有增加或减小时船舶会自动回摇到 θ_1。实际上,如果船舶所受横倾力矩不变,则当船舶倾角略大于 θ_1 时,船舶的稳性力矩大于横倾力矩,所以船舶将向 θ_1 回摇;当船舶倾角略小于 θ_1 时,船舶的稳性力矩小于横倾力矩,所以船舶也将向 θ_1 回摇。船舶倾角在 0 到 θ_m 之间时称为稳定平衡(stable equilibrium)。

在 θ_m 到 θ_v 之间任取一角度如 θ_2,如果船舶受一固定横倾力矩作用达到该倾角,则船舶倾角略有增加或减小时船舶倾斜方向不一样。实际上,如果船舶所受横倾力矩不变,则当船舶倾角略大于 θ_2 时,船舶的稳性力矩小于横倾力矩,并且会随着倾角的增大而愈加减小,所以船舶会向 θ_v 摇去;当船舶倾角略小于 θ_2 时,船舶的稳性力矩大于横倾力矩,所以船舶将向正浮回摇。船舶倾角在 θ_m 到 θ_v 之间时称为不稳定平衡。

船舶倾角大于稳性消失角 θ_v 时,船舶自身会产生一种具有增大倾角作用的力矩,即船舶的稳性力矩为负值。

GZ 曲线比较完整地表明了船舶自身的稳性特征,但是船舶在稳性方面的安全性不仅取决于自身的稳性大小,还与外在的横倾力矩的特征和大小有关。

---

① 在小倾角时,船舶的静稳性力臂可表示为

$$GZ = GM\sin\theta$$

求 GZ 关于 θ 的导数得

$$\frac{\mathrm{d}GZ}{\mathrm{d}\theta} = GM\cos\theta$$

当 θ 趋近于 0 时,$\frac{\mathrm{d}GZ}{\mathrm{d}\theta}$ 趋近 GM。这一结论的详细证明比较复杂,可参考蒋维清等编著,人民交通出版社于 1992 出版的《船舶原理》,第 85 ~ 86 页。

§3.7　甲板货物入水对横稳性的影响

3.7.1　甲板货物入水的分析方法

船舶发生横倾时,甲板货物可能入水,这会产生如下几种情况:

·　货物未充分绑扎而被冲离船舶;

·　货物全部或部分浸入水中,但不吸收水分;货物会产生一定浮力;

·　货物全部或部分浸入水中,并且吸收一定水分;货物会产生一定浮力。

前一种情况对船舶稳性的影响属于小量卸货问题,后二种情况对船舶稳性的影响,计算起来比较复杂。一般,甲板货物吸收的水分,相当于在甲板上增加载荷,其重心可取为货物重心,其重量为吸水量。

对于后二种情况进行分析时可分二步进行:先假定甲板货物入水后不吸收水分,只产生一定浮力;之后,分析货物吸水后的增重影响。

3.7.2　甲板货物入水对形状稳性力臂的影响

船舶甲板货物入水时对形状稳性力臂的影响可从图 3.7.2.1 上看出。船舶发生横倾角 θ 时,其形状稳性力臂为 KN,由于甲板货物入水,其形状稳性力臂变为 KN'。由于 KN 可以船舶排水量和横倾角为引数在形状稳性力臂曲线上查取,所以只要求得 NN' 就可求出 KN'。

设甲板货物入水部分的重量为 P,其水线面中心到入水前船舶水线面中心 O 点的距离为 L_p,该值与甲板货物的宽度有关,即与水线面中心到中纵剖面的距离 L 有关;船舶排水量为 Δ,相应平均吃水为 d,则 NN' 可按式(3.7.2.1)计算,

$$NN' = \frac{P[L_p - (KN - d)\sin\theta]}{(\Delta + P)\sin\theta} \qquad (3.7.2.1)$$

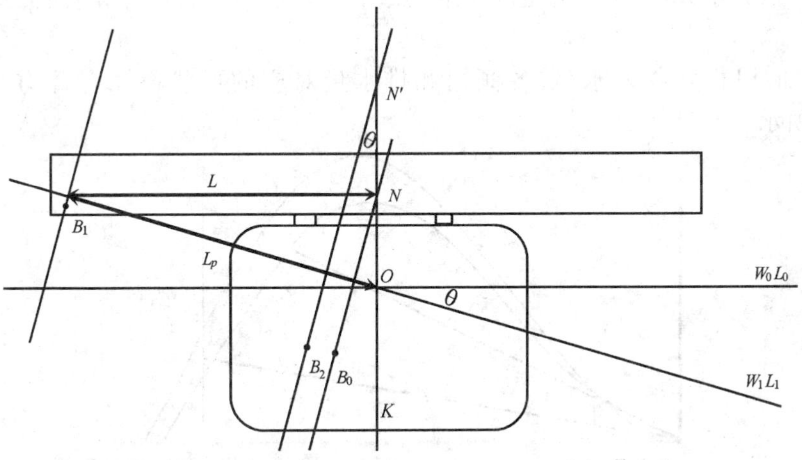

图 3.7.2.1　甲板静稳性力臂曲线

从而,可以利用原来的形状稳性力臂曲线绘制出新的形状稳性力臂曲线:

$$KN' = KN + NN' = KN + \frac{P[L_p - (KN - d)\sin\theta]}{(\Delta + P)\sin\theta} \qquad (3.7.2.2)$$

应注意,甲板货物入水部分的重量 P 随船舶倾角增加而增加,其水线面中心到 O 点的距离 L_p 随船舶倾角增加而减小。

3.7.3　甲板货物入水对静稳性力臂曲线的影响

3.7.3.1　甲板货物入水前对静稳性力臂曲线的影响

甲板货物入水前,船舶由于装载甲板货物,重心会升高,从而稳性会降低,并且,相应静稳性力臂也低于装载甲板货物之前的数值,如图3.7.3.1所示。

3.7.3.2　甲板货物入水后对静稳性力臂曲线的影响

按§3.7.2求作的形状稳性力臂曲线,不难求作甲板货物入水后的静稳性力臂曲线,

$$GZ' = KN + \frac{P[L_p - (KN - d)\sin\theta]}{(\Delta + P)\sin\theta} - KG'\sin\theta$$

$$= \frac{PL_p + (\Delta KN + Pd)\sin\theta}{(\Delta + P)\sin\theta} + \frac{\Delta K + PZ_p}{\Delta + P}\sin\theta \qquad (3.7.3.1)$$

式中, P 和 Z_p 分别为甲板货物的重量(t)和重心距基线高度(m); KG 和 KG' 分别为装载甲板货物之前和之后船舶重心高度(m); GZ' 为装载甲板货物后的稳性力臂(m)。

进一步分析,装载甲板货物后稳性力臂与装载甲板货物前稳性力臂的差值 δGZ 可表为式(3.7.3.2),

$$\delta GZ = \frac{P[L_p - (KN - d)\sin\theta]}{(\Delta + P)\sin\theta} - (KG' - KG)\sin\theta$$

$$= \frac{P[L_p - (KN - d)\sin\theta]}{(\Delta + P)\sin\theta} - \frac{P(Z_p - KG)}{\Delta + P}\sin\theta \qquad (3.7.3.2)$$

从式(3.7.3.2)中不难看出, $KN - d$ 一般很小,所以 $(KN - d)\sin\theta$ 一般小于 L_p ,所以前项为正值; Z_p 一般大于 KG ,所以后项也为正值;虽然二者均为正值,但计算表明,大部分情况下 δGZ 大于0。

分析可知,甲板货物入水后,各倾角和排水量对应的形状稳性力臂均有所增加,如图3.7.3.1所示。

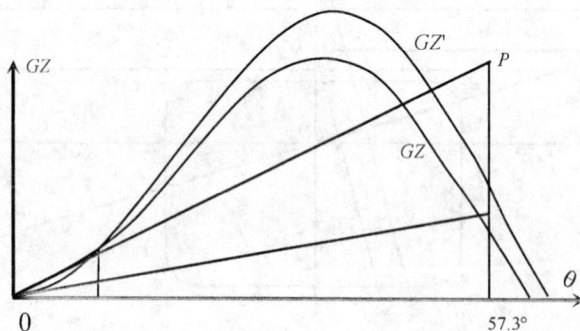

图 3.7.3.1　静稳性力臂曲线

3.7.3.3　装载甲板货物对静稳性参数的影响

船舶装载甲板货物后,对静稳性参数影响可概括为如下要点:

- 初稳性高度有所降低；
- 甲板货物入水之前,静稳性力臂小于未装载甲板货物之前相应倾角的静稳性力臂；
- 甲板货物入水之后,静稳性力臂大于未装载甲板货物之前相应倾角的静稳性力臂；
- 最大静稳性力臂有所增加；
- 最大静稳性力臂角有所增加；
- 稳性消失角有所增加；
- 静稳性力臂下面积有较大幅度增加。

3.7.4　甲板货物吸水对静稳性的影响

船舶装载甲板货物后,若货物还有吸水的性质,则对静稳性参数还会在 3.7.3.3 分节所述状况基础上产生如下影响：

- 初稳性高度进一步降低；
- 静稳性力臂普遍减小；
- 最大稳性力臂有所减小；
- 最大稳性力臂角有所减小；
- 稳性消失角有所减小；
- 静稳力臂下面积有较大幅度减小。

§3.8　船舶横摇

3.8.1　船舶横摇

3.8.1.1　横摇

舶舶在周期性外力作用下所发生的绕纵轴往复旋转运动称为横摇。船舶在横摇过程中,重力和浮力对船体的作用点、作用方向和作用大小均是时间的函数,亦即力的这些要素均为时间的函数。这时,可以计算出这些要素随时间变化的速率。

同样,作用在船体上的其他力,受多种因素影响,但总体上也可认为是时间的函数,从而也可计算出各种力的要素随时间变化的速率。

当作用在船体上外力的变化速率相对于其相应要素的固有变化速率为很小时(一般可取为 10%),则可认为船体处于静态漂浮状态。在其他情况下应认为处于动态漂浮状态。

基于此项分析,船舶在大部分情况下均处于动态漂浮状态,只是在个别情况下可认为处于静态漂浮状态。

作用在船体上的各种力并不常处于平衡状态。重力和浮力并不能在数值上经常相等,也不能经常作用于同一垂线上,加之常有外力扰动,所以船舶常处于某种运动状态或摇摆状态,即动态漂浮状态。

3.8.1.2　自摇

漂浮在水中的船,突然受到一外力作用,并且这外力又立即消失,这时船会发生自由摇摆,并且需经很长时间才能静止下来。若该船漂浮在没有黏性的理想流体中,并且不受空气阻力作用,则船的摇摆就会一直继续下去而不停止。在这种情况下可认为船舶不受外力矩作用或受恒定外力矩作用,相应的横摇称为自摇 θ_s(natural rolling),如图 3.8.1.1 所示。

自摇开始之前,船舶必然受到外力矩的作用。外力矩消失后,船舶自一舷向另一舷横倾,之后再回摇,如此往复进行。由于水阻力的作用,自摇的幅度逐渐减小,经历相当长时间后将停留在正浮位置上。

作用在船上的外力矩突然增加至恒定值,船舶也将自一舷向另一舷横倾,之后再回摇,如此往复进行。由于水阻力的作用,自摇的幅度逐渐减小,经历相当长时间后将停留在一个稳定的位置上。

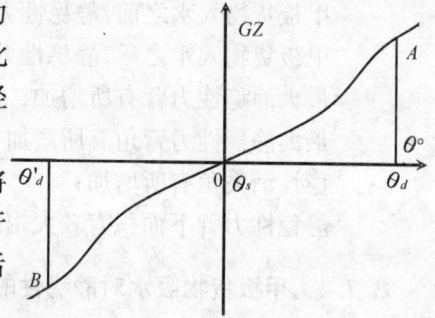

生产中,船舶完全不受外力矩作用或受恒定外力矩作用的情况很少。船舶在航行中或停泊中发生的横摇严格说来并非自摇,因为这时船舶受到周期性变化或不规则变化的外力矩的作用。

图 3.8.1.1 船舶自摇

自摇是船舶自身的一个特征。

3.8.1.3 自摇平衡角

船舶自摇是在某一横倾角的左侧和右侧的摇摆过程,该横倾角称为自摇平衡角 θ_s(natural equilibrium rolling angle),在图 3.8.1.1 中,$\theta_s = 0$。

船舶的自摇平衡角不一定是 0,也就是说,船舶的自摇不一定是在正浮位置左右进行,这取决于作用在船上的外力矩的特性。

在水阻力的作用下,自摇的幅度将逐渐减小,经历相当长时间后将稳定在自摇平衡角上。

3.8.1.4 自摇角

自摇过程中,船舶自自摇平衡角到左舷或右舷所达到的最大横倾角称为自摇角(natural rolling angle)θ_d 和 θ_d',如图 3.8.1.1 所示。当 θ_s 不为 0 时,θ_d 和 θ_d' 不相等,亦即二者不一定关于 θ_s 对称。

船舶自摇角除与装载状况、自身结构等因素有关外,还与作用在船上的外力矩有关。一般,对于给定船舶,排水量和稳性确定之后,其自摇角主要与外力矩的特征有关。

3.8.1.5 自摇周期

自摇过程中,船舶自同一方向相邻两次摇经同一角度所需的时间称为自摇周期(natural rolling period)T_r(s)。自摇周期按式(3.8.1.1)计算

$$T_r = 0.58f \sqrt{\frac{B^2 + 4KG^2}{4GM}} \qquad (3.8.1.1)$$

式中,B 为不包括船壳板的最大船宽(m);d 为所核算装载情况下型吃水(m);KG 为所核算装载情况下船舶重心距基线高度(m);GM 为未经自由液面修正的初稳性高度(m);f 为与 B/d 有关的系数,按表 3.8.1.1 查取。

表 3.8.1.1 f 值

B/d	<2.5	3.0	3.5	4.0	4.5	5.0	5.5	6.0	6.5	>7.0
f	1.00	1.03	1.07	1.10	1.14	1.17	1.21	1.24	1.27	1.30

从式(3.8.1.1)中可以看出,船舶的自摇周期是其自身的一个特征,而与作用在船上的外力矩等因素无关。

若船舶质量左右分布对称,则摇摆周期 T_r(s)可按下式估算,

$$T_r = \frac{2k}{\sqrt{GM}} \tag{3.8.1.2}$$

式中，$k(\mathrm{m})$ 为船舶转心半径(radius of gyration)。若船舶资料中未给出 k 值，则对于质量左右分布对称的船，横摇周期 $T_r(\mathrm{s})$ 按式(3.8.1.3)计算，

$$T_r = \frac{0.8B}{\sqrt{GM}} \tag{3.8.1.3}$$

式中，GM 为经自由液面修正后的初稳性高度(m)；B 为船舶型宽(m)。

3.8.1.6　稳性航区

为了对船舶稳性方面作出规定，我国《船舶与海上设施法定检验规则》以我国海域为中心将世界海洋区域作出了划分：

· 远海航区，系国内航行船舶超出近海航区的海域；

· 近海航区，指中国渤海；黄海及东海距岸不超过 200 n mile 的海域；台湾海峡；南海距岸不超过 120 n mile 的海域(台湾东海岸、海南岛东海岸及南海岸距岸不超过 50 n mile 的海域)；

· 沿海航区，系指台湾岛东海岸、台湾海峡东西两岸、海南岛东海岸及南海岸距岸不超过 10 n mile 的海域；除上述区域外距岸不超过 20 n mile 的海域；距有避风条件且有施救能力的沿海岛屿不超过 20 n mile 的海域。

· 遮蔽航区，系指沿海航区内，由海岸与岛屿、岛屿与岛屿围成的遮蔽条件较好、波浪较小的海域，其内岛屿之间、岛屿与海岸之间的横跨距离应不超过 10 n mile，如山东省胶州湾的团岛—窟窿山一带、浙江省舟山一带、浙江省温州沿海一带的批定海域。

对技术条件较差的船舶，在遮蔽航区中航行时有时会受到营运限制。这是要求这类船舶只能航行于港区附近距岸不超过 10 n mile 的水域(台湾海峡及类似水域距岸不超过 5 n mile)，船舶满载并以其营运航速航行航程不超过 2 h，并限制在蒲氏风级不超过 6 级、目测浪高不超过 2 m 的海况下航行。

3.8.1.7　横摇角

生产中，船舶发生的横摇大多数情况下并不是自摇。影响这种横摇的因素很多，以至于难以精确计。我国《船舶与海上设施法定检验规则》根据船舶的长度、宽度、吃水、排水量、稳性、航区、舭部结构、龙骨面积等多项因素规定了船舶横摇角的计算方法。

对圆舭形船，横摇角(rolling angle)$\theta_r(°)$ 按式(3.8.1.4)计算：

$$\theta_r = 15.28 C_1 C_4 \sqrt{\frac{C_2}{C_3}} \quad (°) \tag{3.8.1.4}$$

式中，各系数计算方法如下：

C_1 是与稳性航区及横摇自摇周期 T_r 有关的系数，在图 3.8.1.2 上以航区和船舶自摇周期为引数查取；

C_2 的计算公式为

$$C_2 = 0.13 + 0.6\frac{KG}{d} \tag{3.8.1.5}$$

式中，d 为所核算装载情况下型吃水(m)；KG 为所核算装载情况下船舶重心距基线高度(m)；

C_3 以所核算装载情况下的宽吃水比按表 3.8.1.2 查取；

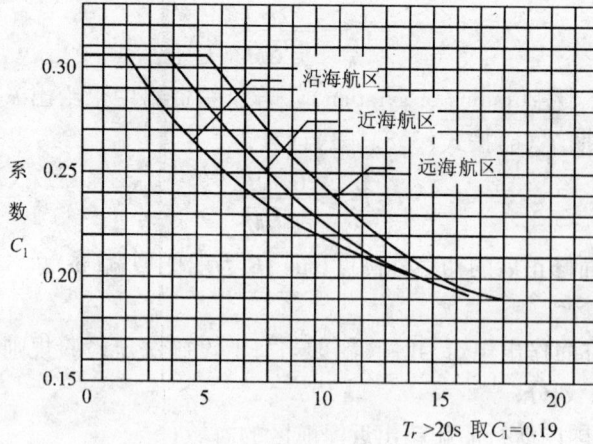

$T_r > 20\,\mathrm{s}$ 取 $C_1 = 0.19$

图 3.8.1.2　船舶自摇周期 $T_r(\mathrm{s})$

表 3.8.1.2　C_3 值

B/d	<2.5	3.0	3.5	4.0	4.5	5.0	5.5	6.0	6.5	>7.0
C_3	0.011	0.013	0.015	0.017	0.018	0.019	0.020	0.021	0.022	0.023

C_4 以船舶类型和舭龙骨尺寸按表 3.8.1.3 查取。

表 3.8.1.3　C_4 值

$A_b/(L_{bp}B)(\%)$	0	0.5	1.0	1.5	2.0	2.5	3.0	3.5	>4.0
干货船、油船、集装箱船、海驳	1.000	0.754	0.685	0.654	0.615	0.577	0.523	0.523	0.523
客船、渔船、拖船	1.000	0.885	0.823	0.769	0.708	0.654	0.577	0.546	0.523

表 3.8.1.3 中，A_b 为舭龙骨总面积 (m^2)；B 为不包括船壳板的最大船宽 (m)。

对折角型船舶，横摇角取为按式 (3.8.1.4) 所得值的 80%。

进行稳性计算时，计算横摇角时不应计及减摇装置的作用。对于其他特殊线型的船舶，按中国船级社的要求校核稳性时，系数 C_2，C_3，C_4 的取值应经该社同意。

粗略估计船舶的最大横摇角 $\theta_r(°)$ 时可用式 (3.8.1.6) 进行，

$$\theta_r = \frac{3\,150C}{B + 75}\quad(°)\qquad\qquad(3.8.1.6)$$

式中，C 为一与摇摆周期 T_r 有关的系数。对于没有舭龙骨的船，当 $T_r < 20\,\mathrm{s}$ 时取 C 为 1.00，当 $T_r > 30\,\mathrm{s}$ 时取 C 为 0.85；对于有舭龙骨的船，当 $T_r < 20\,\mathrm{s}$ 时取 C 为 0.90，当 $T_r > 30\,\mathrm{s}$ 时取 C 为 0.75；当 $20\,\mathrm{s} \leqslant T \leqslant 30\,\mathrm{s}$ 时 C 按内插取值。

3.8.1.8　横摇加速度衡准数

我们用横摇加速度因数 (rolling acceleration facter) a_c 从横摇周期和横摇角两个方面综合说明船舶的横摇特性，其定义为

$$a_c = \frac{0.035B\theta_r}{T_r^2}\qquad\qquad(3.8.1.7)$$

式中，B 为不包括船壳板的最大船宽 (m)。

对一般船舶，横摇加速度因数以大于 0.3 为佳；对于装载甲板货物的船舶和江-海航行船舶，横摇加速度因数不得大于 0.3。

在船舶稳性规范中，常用横摇加速度衡准数 (rolling acceleration criterion) K_a 来对横摇加速

度因数作出规定,其定义为

$$K_a = \frac{0.3}{a_c} \tag{3.8.1.8}$$

装载甲板货物的船舶和江 - 海航行船舶,均应核算横摇加速度衡准数,并且其值不得小于1。

3.8.2 典型自摇过程

3.8.2.1 横倾力矩使船舶横倾至某一角度后立即消失

静横倾力矩作用在船上,使船舶横倾至某一角度后立即消失,致使船舶开始自摇,其过程如图 3.8.2.1 所示。图中,为表述方便,稳性用稳性力臂表示,横倾力矩用其相当力臂表示。

静横倾力矩自 O 点由 0 逐渐加大,且增加速度极其缓慢,如果船舶具有足够的稳性,则随着横倾力矩的增加,船舶便产生相应的倾角,同时产生一个大小与这一横倾力矩相等而方向与之相反的稳性力矩,如 OA 段所示;船舶在横倾力矩作用下横倾至某一角度 θ_d 之后外力矩立即消失,由于稳性力矩的作用,船舶便开始回摇,如 A 点所示;在回摇过程中,回摇的速度不断增加,但加速度不断减小,如 AO 段所示;到达正浮位置时,稳性力矩为 0,回摇加速度为 0,但回摇的速度达到最大值,所以会在惯性的作用下继续回摇。越过 O 点

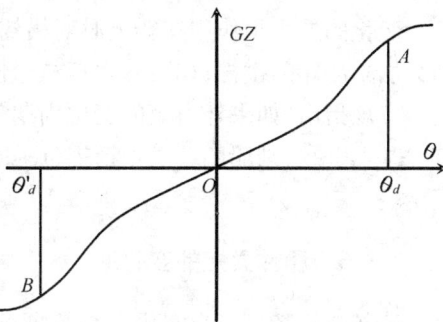

图 3.8.2.1 横倾力矩突然消失的横摇

后,稳性力矩使船舶具有回到正浮位置的趋势,所以阻碍船舶继续回摇,回摇的速度不断减小,回摇的加速度为负值,如 OB 段所示;倾角达到 θ_d' 时,横摇的速度为 0,使船舶回复到正浮位置的稳性力矩达到最大值,回摇加速度为负最大值,所以船舶将开始向正浮位置横倾;在横倾过程中,横倾速度不断增加,但稳性力矩不断减小,所以横倾加速度不断减小,如 BO 段所示;到达 O 点时,稳性力矩为 0,所以横倾的加速度为 0,但横倾速度达到最大值,所以船舶会继续横倾;越过 O 点后,船舶的稳性力矩阻碍横倾的继续进行,所以横倾速度逐渐减小,横倾加速度为负值,如 OA 段所示。

自 A 点开始,船舶的运动将重复上述过程。这里,θ_d 与 θ_d' 即为横摇角,二者近似相等;O 对应于船舶的自摇平衡角为 0;相邻两次自同一方向到达 θ_d 与 θ_d' 间任一点所需时间称为自摇周期。如果除水阻力外无其他外力矩作用,则船舶会经相当长时间的自摇后稳定在正浮位置上。

3.8.2.2 横倾力矩瞬间即达到恒定值

船舶在正横位置受到一个瞬间即达到恒定值的横倾力矩的作用,如图 3.8.2.2 所示。同样,为表述方便,稳性用稳性力臂表示,横倾力矩用其相当力臂表示。

在 O 点,船舶的稳性力矩为 0,在横倾力矩的作用下将开始横倾;在 OC 段,横倾力矩大于稳性力矩,所以船舶横倾速度逐渐增加,但加速度不断减小;到达 C 点,横倾力矩和稳性力矩相等,所以横倾加速度为 0,但这时横倾速度最大,所以船舶会在惯性作用下继续横倾;在 CD 段,稳性力矩大于横倾力矩,所以横倾的速度不断减小,加速度为负值;到了 D 点,船舶横倾速度为 0,但由于稳性力矩大于横倾力矩,所将开始回摇;在 DC 段,回摇的速度逐渐增加,但回摇的加速度不断减小;到了 C 点,横倾力矩与稳性力矩相等,所以回摇的加速度为 0,但回摇的速

度最大,所以船舶将继续回摇;在 CO 段,横倾力矩大于稳性力矩,所以回摇的速度在减小,回摇的加速度为负值;再次到了 O 点,船舶将重复上述运动过程。

这里,0 与 θ_d 即为横摇角;θ_s 是船舶的自摇平衡角,其值不一定在 0 与 θ_d 间中点处,其位置取决于 GZ 线的形状;相邻两次自同一方向到达 O 与 θ_d 间任一点所需时间称为自摇周期。如果除水阻力和恒定横倾力矩外无其他外力矩作用,则船舶会经相当长时间的自摇后稳定在倾角 θ_s 位置上。

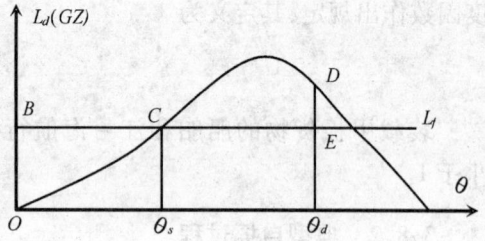

图 3.8.2.2　瞬间即达恒定值的横倾力矩

3.8.2.3　船舶在其他外力矩作用下的横摇

变化的外力矩作用在船上时对横摇的影响比较复杂。如果外力矩与稳性力矩方向一致,则会加剧船舶的横摇;如果外力矩与稳性力矩方向不一致,则会削弱船舶的横倾。

应该指出,如果外力矩的变化周期与船舶自摇周期相近,而且外力矩的方向与稳性力矩的方向基本一致,则船舶会发生谐摇(resonant roll)。谐摇时,倾角极度增大,直接威胁船舶稳性安全。

3.8.3　稳性力矩的变化率

船舶自摇特别是自摇周期是其自身的一个特征。在一个自摇周期上,稳性力矩在不断发生变化。为了研究外力矩作用下船舶的稳性特征,必须了解稳性力矩的变化规律。

3.8.3.1　稳性力矩关于横倾角的变化率

稳性力矩关于横倾角的变化率可从静稳性曲线图上看出。

在图 3.8.2.1 中,在 OA 段上,稳性力矩随倾角的增大而增加(在 GZ 线的拐点之前稳性力矩随倾角的增大而增加,而增加的速度也在增加;在 GZ 线的拐点之后稳性力矩也随倾角的增大而增加,但增加的速度在减小);在 AO 段上,稳性力矩随倾角的减小而减小;在 OB 段上,负向稳性力矩随负向倾角的增大而增加;在 BO 段上,负向稳性力矩随负向倾角的减小而减小。

在图 3.8.2.2 中,在 CD 段上,稳性力矩随倾角的增大而增加,达最大值后随倾角的增大而减小;在 DC 段上,稳性力矩随倾角的减小而增加,达最大值后随倾角的减小而减小;在 CO 段上,稳性力矩随倾角的减小而减小;在 OC 段上,稳性力矩随倾角的增大而增加。

船舶稳性力矩关于横倾角的变化率是其自身特征,其值可利用横摇周期计算出。

3.8.3.2　稳性力矩关于时间的变化率

在一个自摇周期上,稳性力矩关于时间的变化率并不是均匀的。一般,在自摇平衡角处,稳性力矩关于时间的变化率为最大值;之后逐渐减小;在自摇角处,稳性力矩关于时间的变化率为 0。

船舶稳性力矩关于时间的变化率也是其自身特征,其值也可利用横摇周期计算出。

3.8.4　谐摇

如果作用在船上的外力矩呈周期性变化,则当横倾力矩与稳性力矩的方向一致时将加剧船舶横摇;当横倾力矩与稳性力矩的方向不一致时将削弱船舶横摇。一般,在这种力矩作用下船舶的摇摆周期和横摇角均会发生改变。

　　当横倾力矩的作用方向与稳性力矩一致、横倾力矩的周期与船舶的自摇周期一致时,船舶的横摇角会显著增加,即发生谐摇。这种情况对船舶极为危险,生产中尽力避免。

　　周期性变化的动横倾力矩主要由波浪所产生。当船舶有发生谐摇的趋势时,可利用改向或变速的操纵方法加以避免。

§3.9　横倾力矩

3.9.1　静横倾力矩及其对船舶的作用

3.9.1.1　静横倾力矩

　　作用在船上的横倾力矩随时间的变化过程可为各种各样,如正弦函数关系、渐增函数关系、渐减函数关系等。如果横倾力矩关于时间的变化速率远小于稳性力矩的相应变化速率,则可将这种横倾力矩作为静横倾力矩(statical heeling moment)对待。这时,如果船舶稳性足够大,则可认为在静横倾力矩作用范围内的任意倾角上,稳性力矩都与横倾力矩相等。

　　应该指出,静横倾力矩是一种极限情况,生产中船舶受到的横倾力矩只有一部分可近似归并到这种情况中。

3.9.1.2　静横倾力矩对船舶的作用过程

　　在静横倾力矩作用范围内的任意倾角上静横倾力矩与稳性力矩始终相等,如图3.9.1.1所示。图中,稳性力矩用稳性力臂 GZ 表示,横倾力矩用相当力臂 L_f 表示。

　　我们首先考虑静横倾力矩由 0 逐渐加大到恒定值的作用过程。由于横倾力矩的变化速率不超过稳性力矩的变化速率,所以,如果船舶具有足够的稳性,则随着横倾力矩的增加,船舶便产生相应的倾角,同时产生一个大小与这一横倾力矩相等而方向相反的稳性力矩;当横倾力矩达到最大值时,船舶产生的倾角 θ_s 称为最大静倾角。

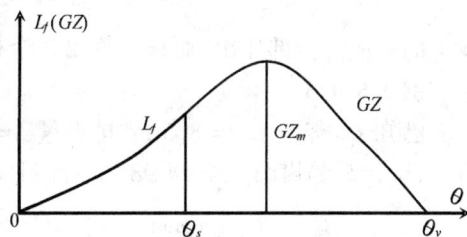

图 3.9.1.1　静横倾力矩作用下的横倾

　　有关静横倾力矩对船舶的作用,我们有如下几项结论:

　　· 如果船舶处于静止正浮,则在最大值不超过最大静稳性力矩的横倾力矩作用下船舶不致于倾覆,在最大值超过最大静稳性力矩的横倾力矩作用下船舶一定倾覆;

　　· 在静倾过程中,只要倾角在稳距范围内,则取消外力矩后船舶必会回摇到正浮位置;

　　· 在静倾过程中,如果外力矩呈周期性变化,则船舶倾角也一定呈类似的周期性变化;

　　· 如果有多个静横倾力矩同时作用于船上,则对船舶的作用结果相当于这些力矩的合成力矩对船舶的作用结果;

　　· 如果船舶处于自摇状态,则静横倾力矩与稳性力矩方向一致时对船舶的横倾有加剧作用,静横倾力矩与稳性力矩方向不一致时对船舶的横倾有削弱作用。

3.9.1.3　静横倾力矩使船舶产生的倾角

　　静横倾力矩必然会使船舶产生倾角 θ。

　　· 倾角 θ 小于10°时

当静倾力矩使船舶产生的倾角 θ 小于 $10°$ 时,用式(3.9.1.1)计算。

$$\tan\theta = \frac{M_i}{\Delta GM} \tag{3.9.1.1}$$

这是因为小倾角时,横倾力矩变为 $M_i\cos\theta$,船舶的稳性力矩近似等于 $\Delta GM\sin\theta$,令二者相等即得式(3.9.1.1)。

· 倾角 θ 大于 $10°$ 时

当静横倾力矩使船舶产生的倾角大于 $10°$ 时,船舶的稳性力矩不能用 $\Delta GM\sin\theta$ 计算,而且没有相应的表达式;静横倾力矩也随船舶倾角 θ 的改变而改变,即 M_i 将变为 $M_i\cos\theta$。计算方法为:

①假定一个倾角 θ_1(如取 $\theta_1 = 10°$),计算 M_i 的相当力臂 L_{i1}

$$L_{i1} = \frac{M_i}{\Delta}\cos\theta_1 \tag{3.9.1.2}$$

在 GZ 曲线上量取 $GZ = L_{i1}$,取其对应角为倾角 θ_2;

②计算 M_i 的相当力臂 L_{i2},

$$L_{i2} = \frac{M_i}{\Delta}\cos\theta_2 \tag{3.9.1.3}$$

在 GZ 曲线上量取 $GZ = L_{i2}$,取其对应角为倾角 θ_3;

③重复上述过程,直到 θ_n 与 θ_{n-1} 相差无几,取 $\theta = \theta_n$ 作为船舶倾角。

在实际计算中,为了方便有时可近似取 $GZ = \frac{M_i}{\Delta}$ 的对应角作为船舶倾角。这时可不将 GZ 线上的对应点全部作出,而只计算出几个相关点,用内插方法确定横倾角。

例 3.9.1.1

已知 ZC 船吃水 $d = 8.5$ m,排水量 $\Delta = 12\,435$ t,$GM = 1.2$ m,静稳性力臂曲线如图3.9.1.2 所示,试计算静横倾力矩 $14\,987$ t-m 对应的横倾角(该力矩的变化与横倾角的余弦成正比)。

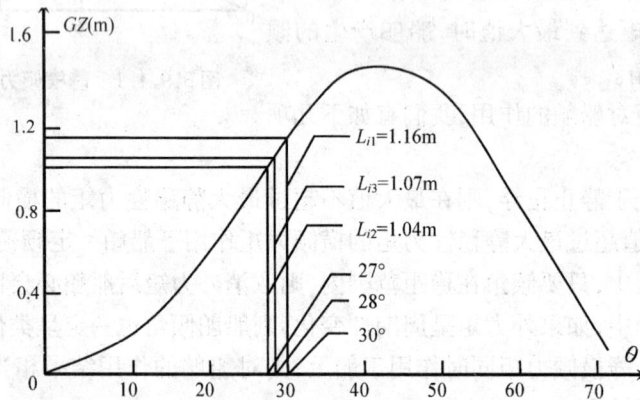

图 3.9.1.2 静倾角的求取

解:估计所给静倾力矩使船舶产生的倾角 θ 大于 $10°$ 时,取 $\theta_1 = 15°$,计算所给静横倾力臂的相当力臂

$$L_{i1} = \frac{M_i}{\Delta}\cos\theta_1 = \frac{14\,987}{12\,435}\cos15° = 1.16 \text{ m}$$

在 GZ 曲线上量取 $GZ = L_{i1} = 1.16$ m，取其对应角 $\theta_2 = 30°$ 为倾角；

计算所给静横倾力矩的相当力臂 L_{i2}，

$$L_{i2} = \frac{M_i}{\Delta}\cos\theta_2 = \frac{14\,987}{12\,435}\cos30° = 1.04 \text{ m}$$

在 GZ 曲线上量取 $GZ = L_{i2} = 1.04$ m，取其对应角 $\theta_3 = 27°$ 为倾角；

计算所给静横倾力矩的相当力臂 L_{i3}，

$$L_{i3} = \frac{M_i}{\Delta}\cos\theta_3 = \frac{14\,987}{12\,435}\cos27° = 1.07 \text{ m}$$

在 GZ 曲线上量取 $GZ = L_{i3} = 1.07$ m，取其对应角为倾角 $\theta_3 = 28°$；

θ_3 与 θ_2 相差无几，取 $\theta = \theta_3 = 28°$ 作为船舶倾角，如图 3.9.1.2 所示。

3.9.1.4　静横倾力矩的实例

实际生产中所发生的静横倾力矩的作用过程可归纳为下列各种。

·　重量装载不对称

货物装卸、油水打入和排放、油水消耗、旅客集中到一舷等都会使船舶左右舷的重量不对称而产生横倾力矩。由于这类横倾力矩是由 0 逐渐加大或由某一数值逐渐变为另一数值，而且过程极为缓慢，所以作为静横倾力矩对待。

设将重量 P 装载在 L_y 处，则产生的横倾力矩 M_i 为

$$M_i = PL_y \tag{3.9.1.4}$$

这种横倾力矩可认为与船舶横倾角余弦成正比，即

$$M_{i\theta} = PL_y\cos\theta \tag{3.9.1.5}$$

·　风力静横倾力矩

$$M_i = pS\left(L_w - \frac{d}{2}\right) \tag{3.9.1.6}$$

式中，p 为风的压力 (Pa)；S 为侧面受风面积 (m^2)；L_w 为侧面受风面积中心到基线的距离 (m)；d 为船舶平均吃水 (m)。

风的压力 p 是视风与中线面垂直的分力即视横风产生的压力。生产中，应实际测定视风舷角 α 和视风速 v_α (m/s)，按式 (3.9.1.7) 计算视横风的风速 v，

$$v = v_\alpha = \sin\alpha \tag{3.9.1.7}$$

以视横风风速 v 为引数，在图 3.9.1.3 上查取相应的视横风风力。

实船上，当船舶自正浮发生横倾时风力横倾力矩略有增加；当横倾角增大时，风力横倾力矩随倾角的增大而减小。风力横倾力矩的最大值与船宽有关，一般发生在横倾角为 $15° \sim 30°$ 之间。在一般的计算中，可以忽略风力横倾力矩与船舶倾角的关系而作为定值对待。

·　拖力和推力产生的静横倾力矩

拖轮横拖、顶推等作业会使船舶产生横倾。如果横拖和顶推缓慢进行，或者经过一段横拖或顶推而使船舶以稳定速度行驶，则可认为拖力或推力在船舶正横方向上的分力与船舶阻力在正横方向上的分力形成的使船舶横倾的力矩为静横倾力矩。

水阻力中心可取在吃水的一半处，大小与拖力或推力相等。

以拖力为例，拖力的作用点在拖缆的系点处。设拖缆的拉力为 P，拖缆系点到基线的距离为 L_z，拖力与中线面的水平夹角即舷角为 α，与中线面的垂向夹角为 β，如图 3.9.1.4 所示。P

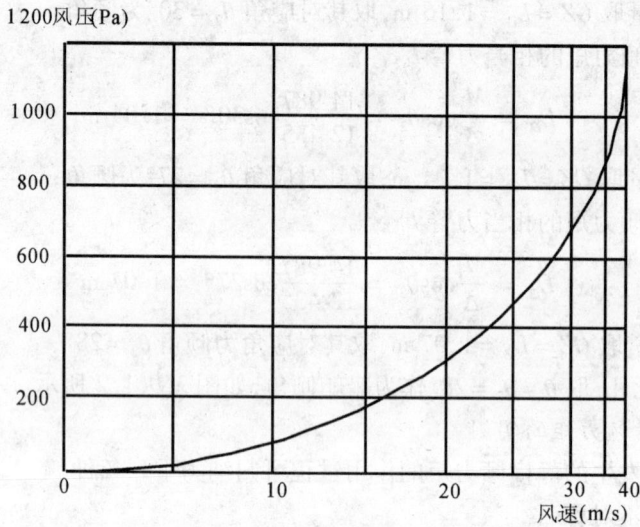

图 3.9.1.3 稳定风的压力曲线

在水平面上的分力为 P',且 $P' = P\sin\beta$;P' 在正横方向上的分力为 P_y,且 $P_y = P'\sin\alpha = P\sin\beta\sin\alpha$。$P_y$ 与水阻力相等,其间的距离为 $L_z - d/2$,所以,由拖力产生的静横倾力矩为

$$M_i = P\left(L_z - \frac{d}{2}\right)\sin\beta\sin\alpha \qquad (3.9.1.8)$$

· 其他静横倾力矩

水对旋转螺旋桨的阻力,会使船舶向螺旋桨旋转方向反偏转;圆航中的离心力会使船舶向转舵反向一侧横倾。船舶稳性较小时应注意这些力的作用。

生产中,有时同时存在多种横倾力矩,这时应分析这些力矩的联合作用。

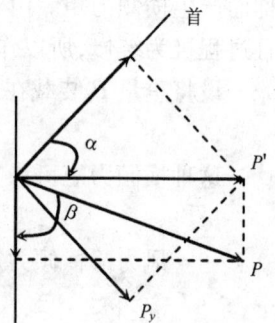

图 3.9.1.4 拖轮的拖力

3.9.2 动横倾力矩及其对船舶的作用

3.9.2.1 动横倾力矩

如果横倾力矩关于时间的变化速率大于稳性力矩的变化速率,则可将这种横倾力矩作为动横倾力矩(dynamical heeling moment)对待。这时,可以认为动横倾力矩的每一数值都在极短时间内达到下一数值,而船舶的稳性尚未作出相应的改变。动横倾力矩随时间的变化过程可为各种各样,如瞬时数值、瞬间即达到恒定值、正弦函数关系、渐增函数关系、渐减函数关系等。

不难看出,动横倾力矩对船舶的作用过程极为复杂,一般情况下,只有一些简单动横倾力矩或对一般动横倾力矩作出一些极端假设,才有可能对其进行定量研究。

3.9.2.2 动横倾力矩对船舶的作用过程

由于动横倾力矩对船舶的作用过程极为复杂,这里只分析航海生产中的一种比较不利的情况。设船舶横摇至某一横倾角 θ_i 而刚刚开始回摇时,突然有一横倾力矩 M_i 从船舶回摇方向作用到船上,相当力臂为 l_i,如图 3.9.2.1 所示。这种情况比较危险,其间船舶的摇摆过程分成如下几个阶段:

·　自 θ_i 回摇

横倾力矩是突然作用到船上的,并且瞬间即达到恒定值。这时,船舶产生的稳性力矩与横倾力矩的作用方向一致,都使船舶向正浮位置回摇,而且,由于稳性力矩和横倾力矩的共同作用,回摇的速度在逐渐增加。但是,由于稳性力矩在逐渐减小,所以总的作用力矩在逐渐减小,回摇的加速度在逐渐减小。回摇到正浮位置时,稳性力矩已减至0,但横倾力矩仍然存在,船舶会继续横倾。过 O 点后,船舶所产生的稳性力矩不

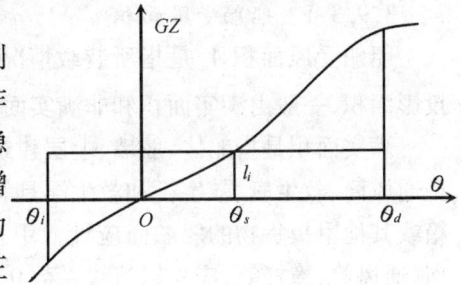

图 3.9.2.1　动横倾力矩对船舶的作用

但不使船舶继续横倾而且还有使船舶向着 O 点方向回摇的趋势,因而部分地抵消了横倾力矩,所以总的作用力矩仍然在减小。也就是说,这一段过程中,回摇的速度仍然在增加,回摇的加速度仍然在减小。

·　自 θ_s 继续回摇

船舶横摇至 θ_s 时,稳性力矩与横倾力矩大小相等,方向相反,所以作用在船舶上的总的力矩为0,横摇的速度不再增加,即加速度为0。但是,这时船舶的横摇速度达到最大值,在惯性力的作用下会继续横倾。倾角超过 θ_s 后,与横倾力矩方向相反的稳性力矩已在数值上将其超过,所以作用在船舶上的总的力矩阻碍其横倾。这一段过程中,稳性力矩在数值与横倾力矩的差值逐渐增大,所以船舶横倾的速度在逐渐减小,横倾速度的加速度为负值,并且负加速度的绝对值在逐渐增大。

·　自 θ_d 横倾

当船舶回摇到 θ_d 时,继续回摇的速度已减至0。但是,这时船舶的稳性力矩远大于横倾力矩,所以船舶并不会停留在 θ_d 上,而会在扣除横倾力矩的剩余稳性力矩作用下以加速度向相反方向横倾。横倾的过程中速度不断增加,但由于剩余稳性力矩在减小,所以加速度在减小。

·　自 θ_s 继续横倾

到了 θ_s,稳性力矩与横倾力矩相等,横倾的加速度为0。但是,这时的横倾速度达到了最大值,所以船舶不会停留在这一位置上而会继续横倾。过了 θ_s 船舶的稳性力矩进一步减小,横倾力矩已开始大于稳性力矩,并且差值在增加,所以船舶的横倾速度在减小,横倾的加速度为负值,并且负加速度的绝对值在逐渐增大。到了 O 点,稳性力矩减至0,但横倾力矩对船舶的横倾仍然具有阻碍作用。过了 O 点,船舶所产生的稳性力矩与横倾力矩的方向一致,均对船舶的进一步横倾起阻碍作用,所以船舶的横倾速度仍在减小,横倾的加速度仍为负值,并且负加速度的绝对值仍在逐渐增大。

·　自 θ_i 再回摇

船舶横倾至 θ_i 时,横倾的速度减为0。但这时稳性力矩与横倾力矩方向一致,总的力矩达到最大值。所以,船舶会开始再回摇。

3.9.3　风力动横倾力矩

从船舶稳性角度考虑,作用在船舶上的风力动横倾力矩及其相当力臂具有重要意义。影响风力动横倾力矩的因素很多,我国《船舶与海上设施法定检验规则》对此作出了规定。

3.9.3.1　船舶受风面积

船舶受风面积 A_f 是指所装载情况下船舶正浮时实际水线以上各部分在纵中剖面上的侧投影面积,一般由满实面积和非满实面积两部分构成。

满实面积是指船体、舷墙、上层建筑、甲板室、桅室、甲板机械、桅杆、吊杆、起重机、烟囱、大型通风筒、救生艇、救生筏和救生浮具等在船舶纵中剖面上的侧面投影面积;对装载木材、集装箱或其他甲板货物的船舶尚应计入甲板货物的侧面投影面积;对于独立的圆剖面物体,如烟囱、通风筒、桅杆等,应乘以流线系数 0.6。

非满实面积是指索具、栏杆、格栅形桁架、天线及零星小物体等在船舶纵中剖面上的侧面投影面积。计算非满实面积时,对客船、干货船、拖船、挖泥船及起重船取所核算基本装载情况中最小吃水时满实面积的 3%,而面积静矩取 6%;渔船及油船取满实面积的 5%,而面积静矩取 10%。

非满实面积也可采用逐件详算的方法计算。计算时,应在其外廓面积上乘以表 3.9.3.1 所示的满实系数。

表 3.9.3.1　满实系数表

项目	满实系数
张网栏杆	0.6
不张网栏杆	0.2
格栅形桁架	0.5
索具和稳索等类似物件	$0.044h/b$

注意,表中 h 为索具等在桅杆上或起重柱上的固定点距离舷墙(无舷墙时为甲板)的高度(m);b 为舷墙处(无舷墙处为甲板边缘处)桅杆前后稳索的间距(m);两个或两个以上物体在纵中剖面上的投影面积重叠时,重叠部分面积只计入 1 次。

3.9.3.2　计算风力作用力臂

在所核算的装载情况下,计算风力作用力臂 Z 为船舶正浮时受风面积中心至水线的垂直距离(m)。

受风面积中心应利用确定图形重心的通常方法计算出。

3.9.3.3　单位计算风压

单位计算风压 P 应以计算风力作用力臂与稳性航区为引数在表 3.9.3.2 上查取。

表 3.9.3.2　计算风力作用力臂与稳性航区的关系

计算风力作用力臂 (m)	无限航区风压 (Pa)	近海航区风压 (Pa)	沿海、遮蔽航区风压 (Pa)
1.0	829	448	228
1.5	905	493	248
2.0	976	536	268
2.5	1 040	547	284
3.0	1 099	603	301
3.5	1 145	628	314
4.0	1 185	647	326
4.5	1 219	667	336
5.0	1 249	683	343
5.5	1 276	698	350
6.0	1 302	711	357
6.5	1 324	724	363
≥7.0	1 347	736	368

3.9.3.4　风力动横倾力矩

风力动横倾力矩 $M_f(\text{kN}-\text{t})$ 按式(3.9.3.1)计算,

$$M_f = \frac{PA_fZ}{9\,810} \tag{3.9.3.1}$$

式中,P 为单位计算风压(Pa);A_f 为受风面积(m^2);Z 为计算风力作用力臂(m)。

3.9.3.5　风力倾侧力臂

风力倾侧力臂 $L_w(\text{m})$ 按式(3.9.3.2)计算:

$$L_w = \frac{PA_fZ}{9\,810\Delta} \tag{3.9.3.2}$$

式中,P 为单位计算风压(Pa);A_f 为受风面积(m^2);Z 为计算风力作用力臂(m);Δ 为所核算装载状态下船舶排水量(t)。

3.9.4　动稳性参数

3.9.4.1　GZ 线下的面积

GZ 线下面积与船舶排水量的乘积为船舶稳性力矩所作的功。所以 GZ 线下的面积也是船舶稳性特征的表征,显然,该面积越大船舶稳性越好。

GZ 曲线比较完整地表明了船舶自身的稳性特征,但是船舶在稳性方面的安全性不仅取决于自身的稳性大小,还与外在的横倾力矩的特征和大小有关。

3.9.4.2　静倾角

船舶在外力矩的作用下所发生的固定横倾角称为静倾角(statical heeling angle),记为 θ_s,如图 3.9.4.1 所示。注意,船舶达到固定的横倾角主要有两种途径:其一,横倾力矩缓慢增加至固定值,这时船舶的倾角逐渐增加,直至产生的稳性力矩与横倾力矩相等而稳定在 θ_s 上;其二,横倾力矩突然增加至固定值,这时船舶将发生横倾和回摇,在水阻力的作用下经很长时间才稳定在 θ_s 上。

3.9.4.3　动倾角

船舶在突然加载的外力矩作用下发生横倾和回摇的幅度角称为动倾角(dynamical heeling angle),记为 θ_d,如图 3.9.2.1 所示。注意:船舶左右舷各对应一个动倾角,并且二者不一定相等;如果相应二个动倾角的静倾角不为 0,则二动倾角不相等;在静倾角一侧的动倾角大于另一个动倾角;二个动倾角并不一定关于静倾角对称。在图 3.9.4.1 中,左动倾角为 θ_i,右动倾角为 θ_f。

3.9.4.4　最小倾覆力臂

船舶在任意横倾位置上,无论处于静止或正在横倾状态,均存在一个会使之倾覆的最小横倾力矩。

这里将最小倾覆力矩(minimum capsizing moment)M_q 定义为:在船舶横摇至倾角 θ_i 而刚刚开始回摇时突然作用在其上、并使船舶产生的动倾角与进水角 θ_f 相等的恒定的动横倾力矩。最

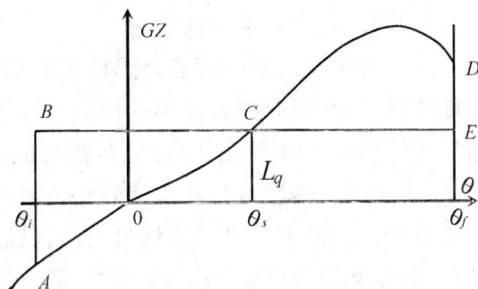

图 3.9.4.1　最小倾覆力臂

小倾覆力矩的相当力臂称为最小倾覆力臂(minimum heeling lever)L_q,如图3.9.4.1所示。这里的横倾角θ_r是船舶稳性规范中的规定值。

可以看出,为了求取最小倾覆力臂L_q,需求作直线BE,使面积ABC等于面积EDC。生产中,一般情况下不必精确计算出最小倾覆力矩或最小倾覆力臂,所以BC线的位置常用目视估计,从而近似求出M_q或L_q。

3.9.4.5 稳性衡准数

从动稳性角度考虑,只要动横倾力矩不超过最小倾覆力矩,船舶就没有倾覆的危险。最小倾覆力矩与动横倾力矩的比值,或最小倾覆力臂与动横倾力矩的相当力臂的比值称为稳性衡准数(stability criterion)K,即

$$K = \frac{M_q}{M_i} = \frac{L_q}{L_i} \tag{3.9.4.1}$$

只要$K \geqslant 1$,船舶就没有倾覆的危险。

3.9.5 常见动横倾力矩

我们将常见动稳性力矩的变化规律归纳成如图3.9.5.1所示的几种情况,这里我们定性地分析各种典型动横倾力矩对船舶的作用过程。

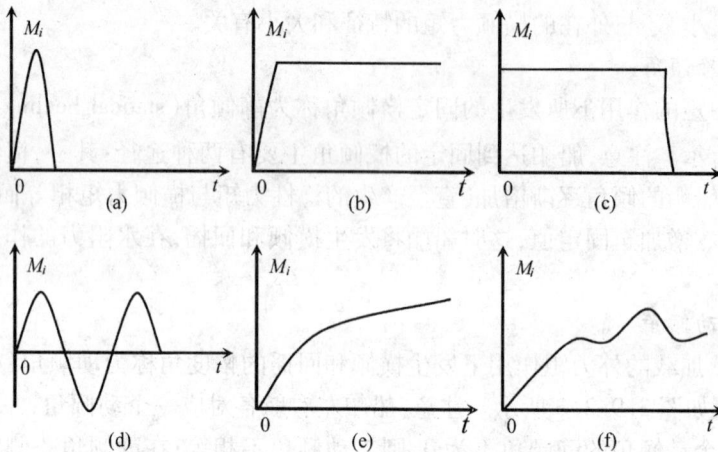

图3.9.5.1 常见的动横倾力矩

3.9.5.1 瞬时动横倾力矩

瞬时动横倾力矩的特点是迅即达到最大值,之后立即消失,如图3.9.5.1(a)所示。例如船舶在横向上受到撞击;大浪在横向上作用于船上;拖轮急牵致拖缆绷断等。这种情况下船舶将以正浮即0°为平衡角作自摇,自摇角的大小取决于动横倾力矩的冲量大小。

3.9.5.2 迅即达到最大值的动横倾力矩

这种动横倾力矩迅即达到最大值,其后保持不变,如图3.9.5.1(b)所示。例如,货物的突然倒塌,重物突然横移,拖索急牵,一舷突然大破舱等。在这种横倾力矩作用下,船舶将发生自摇,平衡角为稳性力矩与横倾力矩相等时对应的船舶倾角,自摇角的大小取决于动横倾力矩的冲量大小。

3.9.5.3　突然消失的横倾力矩

这指恒定的横倾力矩突然消失,如图 3.9.5.1(c)所示。例如,拖带中拖缆突然断损;甲板货物突然落水;将吊起的重件落岸等。船舶将以正浮即 0°为平衡角作自摇,自摇角的大小取决于原横倾力矩的大小。

3.9.5.4　周期性变化的动横倾力矩

周期性变化的动横倾力矩主要为波浪产生的动横倾力矩,如图 3.9.5.1(d)所示。当横倾力矩与稳性力矩的方向一致时将加剧船舶横倾;当横倾力矩与稳性力矩的方向不一致时将削弱船舶横倾。一般,船舶会在这种力矩作用下发生周期性横摇,并且当横倾力矩的作用方向与稳性力矩一致、横倾力矩的周期与船舶的自摇周期一致时,船舶会发生谐摇。

3.9.5.5　具有确定变化规律的动横倾力矩

以确定的变化规律作用在船上的动横倾力矩,这种情况比较少见,如图 3.9.5.1(e)。

3.9.5.6　具有不确定变化规律的动横倾力矩

严格说,大多数动横倾力矩都以不确定的变化规律作用在船上,如风、浪、流、拖缆等共同作用在船上,如图 3.9.5.1(f)所示。对船舶总的作用效果可认为由各项力矩的作用叠加而成。

§3.10　动稳性曲线

3.10.1　稳性力矩作的功

稳性力矩始终使船舶向正浮方向回摇。如果使船舶偏离正浮位置,横倾力矩必须克服稳性力矩而做功;船舶自某一横倾角回摇到正浮位置,在稳性力矩作用下将释放出一定的动能。船舶自正浮横摇至 θ,稳性力矩作的功 W 可表示为

$$W = \Delta \int_0^\theta GZ \mathrm{d}\theta \qquad (3.10.1.1)$$

式中, $\int_0^\theta GZ \mathrm{d}\theta$ 为静稳性力臂曲线 GZ 下的面积。

易见,静稳性力臂曲线可以完全表征船舶静稳性力矩做功的能力。

稳性力矩所做的功是一种能量。

3.10.2　动稳性力臂

我们将船舶在倾角 θ 时的动稳性力臂(dynamical stability lever) L_d 定义为

$$L_d = \frac{W}{\Delta} = \int_0^\theta GZ \mathrm{d}\theta \qquad (3.10.2.1)$$

不难看出,某一倾角上的动稳性力臂实际上是相应于该倾角的静稳性力臂曲线下的面积,如图 3.10.2.1 所示。

动稳性力臂随横倾角的变化规律可由静稳性力臂曲线完全确定。从式(3.10.2.1)可以看出,动稳性力臂曲线是静稳性力矩从正浮到任一倾角的做功能力的表示。

事实上,动稳性曲线上任意倾角处的动稳性力臂 $L_d = BC$ 是 GZ 线下在 0 到 θ 之间的面积即面积 OAC。船舶静稳性力臂曲线的特性完全可由动稳性力臂曲线表示出来。也就是说,船

舶的稳性特征可由动稳性力臂曲线完全表示出来。

船舶的某些动稳性特性在动稳性力臂曲线上更容易求取。

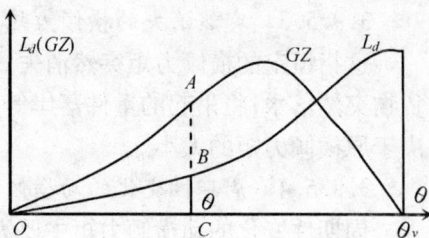

图 3.10.2.1 动稳性力臂

3.10.3 动稳性力臂曲线的绘制

任一横倾角上的动稳性力臂 L_d 是自正浮至该倾角的静稳性力臂 GZ 下的面积。一般以纵坐标表示 L_d,横坐标表示横倾角 θ。绘制动稳性力臂曲线的步骤如下。

· 求取 GZ 值

利用形状稳性力臂、假定重心稳性力臂或剩余稳性力臂求取 GZ,精确到厘米;倾角多以 5°或 10°为间隔,取值范围为 0°到 70°或当 $GZ=0$ 时为止。

· 求取计算点间面积

计算点间面积 S_i 按式(3.10.3.1)求取,

$$S_i = \frac{1}{2}(GZ_i + GZ_{i-1})\delta\theta \qquad (3.10.3.1)$$

式中,$\delta\theta$ 为相邻计算点间的角度(°)或弧度(rad),一般取 $\delta\theta$ 为 5°(0.087rad)或 10°(0.175rad)。

· 计算 L_d

第 i 个动稳性力臂 L_{di} 是 $0 \sim i$ 个计算点间面积之和,即

$$L_{di} = \sum_{j=0}^{i} S_j \qquad (3.10.3.2)$$

· 绘制动稳性力臂曲线

将 L_{di} 标绘在 $\theta - L_d$ 坐标面上,以平滑曲线或折线连接,即得动稳性力臂曲线。一般,在 $\theta - L_d$ 坐标面上还将静稳性力臂曲线绘出。

例 3.10.3.1

ZC 船的静稳性力臂 GZ 的坐标如表 3.10.3.1 所示,试绘制其动稳性力臂曲线。

表 3.10.3.1 ZC 船静稳性力臂表

横倾角 $\theta°$	10°	20°	30°	40°	50°	60°	70°
GZ(m)	0.23	0.60	1.16	1.46	1.33	0.82	0.18

解:按式(3.10.3.1)求取计算点间面积,如 20°~30°处计算点间面积(m²)是 GZ 线下 20°~30°间的面积,即

$$S_{30} = \frac{1}{2}(GZ_{30} + GZ_{20})(30-20)\frac{1}{57.3} = \frac{1}{2}(1.16 + 0.60) \times \frac{10}{57.3} \quad (\text{m}-\text{rad})$$

按式(3.9.4.1)计算 L_{di} 值,如 30°处 L_{d3} 是前 3 个计算点间面积之和,即

$$L_{d3} = \sum_{j=0}^{3} S_j = 0 + 0.02 + 0.07 + 0.15 = 0.24 \quad (\text{m}-\text{rad})$$

计算结果如表 3.10.3.2 所示。

按表 3.10.3.2 可绘制静稳性力臂曲线,如图 3.10.3.2 所示。

表 3.10.3.2　动稳性力臂计算表

横倾角 $\theta°$	10°	20°	30°	40°	50°	60°	70°
GZ（m）	0.23	0.60	1.16	1.46	1.33	0.82	0.18
计算点间面积（m－rad）	0.02	0.07	0.15	0.23	0.24	0.19	0.09
L_d（m－rad）	0.02	0.09	0.24	0.47	0.71	0.90	0.99

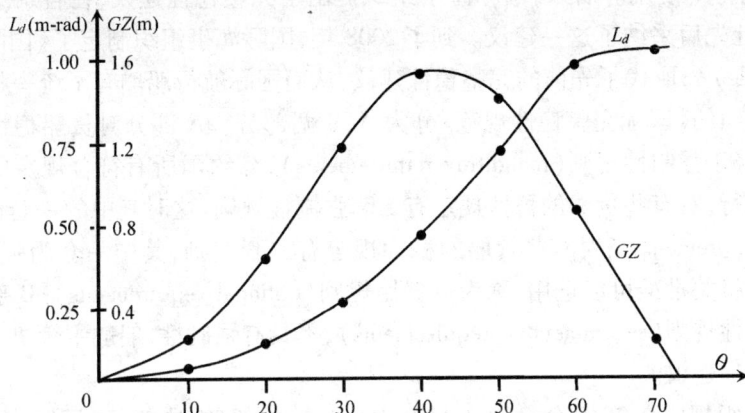

图 3.10.3.2　动稳性力臂曲线

3.10.4　动稳性力臂曲线的特征

图 3.10.4.1 是一典型动稳性力臂 L_d 曲线，该曲线较好地表征了船舶的动稳性特征。

随着船舶自正浮的横倾，L_d 线开始上升，而且上升的速度在增加；当倾角达到 θ_m 时或 GZ 线达到最大值时 L_d 线上升的加速度为 0；当倾角超过 θ_m 时，L_d 线仍在上升，但上升的加速度在减小；当倾角超过 θ_v 时，L_d 线达到最大值。我们将动稳性力臂 L_d 曲线的特征概括如下，以供船员在生产中应用。

3.10.4.1　L_d 线拐点对应 θ_m

在图 3.10.4.1 中，倾角在 θ_m 之前时，L_d 线上升的加速度在增加；倾角在 θ_m 之后时，L_d 线上升的加速度在减小，所以，θ_m 是 L_d 线的拐点。

3.10.4.2　L_d 线的右端点对应 θ_v

在图 3.10.4.1 中，当倾角达到 θ_v 时 L_d 线达到右端点，即取得最大值。

注意，当船舶进水角小于动倾角时，L_d 线绘至进水角为止，这时 DP 线的 P 点应取为 L_d 线的端点。

3.10.4.3　动倾角 θ_d 的求取

将 L_d 线反向延长，并过横摇角 θ_i 作垂线与之相交于 D 点；过 D 点作 L_d 线的切线，切点为 P；过 P 点作 θ 轴的垂线，垂足 θ_d 即为动倾角。

3.10.4.4　最小倾覆力臂的求取

过 D 点作 θ 轴的平行线并截取 $DB = 57.3°$；过 B 点作 DB 的垂线交 DP 线于 A 点，则 AB 的长度即为船舶最小倾覆力臂。

此种作图法的原理在于：DP 线与 DB 线的差值即为最小横倾力矩作的功，其斜率当然为最小倾覆力臂。

§3.11 国际海事组织船舶完整稳性规范

早年,中国、俄罗斯、日本、美国、英国等主要航海国家均制定了海船稳性规范,供本国船舶在国内和国际航行中使用。后来,国际海事组织提出了完整稳性建议,在各缔约国政府倡导下,各主要船级社先后采纳了这一建议。到了 2008 年,国际海事组织制定了《国际完整稳性规范》(2008 IS Code)[①],取代了先前的完整稳性建议,从而国际航行船舶有了统一稳性规范。

国际海事组织的《国际完整稳性规范》分为 A,B 两部分。A 部分对货船稳性的规定是强制性的,其规则属于强制性规则(manditroy requirements),缔约国所有符合规定的船舶从事国际航行时必须执行;对有些货船的稳性规定有二套强制性规则,这时其中的一套称为替代性规则(alternative requirements);对有些货船的稳性规定有二套规则,其中一套为强制性规则,另一套经本国主管机关批准可以选用,称为可选用规则(optional requirements);B 部分对货船稳性的规定是建议性规则(recommended requirements),不具有强制性,船舶主管机关可另外制定规则也可采纳本项建议。

国际海事组织规定[②],2010 年 7 月 1 日及以后建造的船舶,应执行《国际完整稳性规范》A 部分内容。在这之前建造的船舶,可执行本国主管机关批准的稳性规范。

3.11.1 IMO 完整稳性规范

国际海事组织的《国际完整稳性规范》适用于所有 $L_{bp} \geq 24$ m 的海上货物运输船舶,这里,如果最小型深 85% 处水线长度的 96% 大于 L_{bp},则 L_{bp} 取为该值。但是,这一规范的应用限于下述条件:

· $\frac{B}{d} < 3.5$;$\frac{KG}{d} = 1.3 \sim 1.5$;$T < 20$ s。不能满足这些条件的船舶,从事国际航行时,应经主管当局特别批准。

· 两柱间长在 100 m 及以上的集装箱船可用建议性规则。

· 甲板满载木材的木材船可用替代性规则和可选用规则。

· 近海供应船可免于执行本规范中的天气衡准;若长度(L_{bp})不足 100 m,则还可用可选用规则。

· 5 000 DWT 及以上的油船免于执行本规范,而应执行与此规范类似的《国际防止船舶造成污染公约》(MARPOL 73/78)中的有关规定。

3.11.1.1 对静稳性曲线特征的建议

经自由液面修正后的初稳性高度不得小于 0.15 m,即 $G_0M \geq 0.15$ m;

静稳性力臂最大值不得小于 0.2 m,即 $GZ_m \geq 0.20$ m,且其发生的角度不得小于 30°;

最大静稳性力臂角不得小于 25°,即 $\theta_m \geq 25$°;

静稳性力臂曲线下面积在 0° ~ 30°间不得小于 0.055 m - rad,在 0 ~ min$\{40$°,$\theta_f\}$ 间不得小于 0.090 m - rad,在 30° ~ min$\{40$°,$\theta_f\}$ 间不得小于 0.030 m - rad。

---

① IMO,The International Code on Intact Stability,2008.
② IMO,MSC 85/26/Add.1

3.11.1.2　天气衡准

在图 3.11.1.1 中,面积 ACB 不得小于面积 DCE。该图中的各项参数如下:

θ_0 为定常风横风作用下的横倾角,其大小由 L_{w1} 确定,

$$L_{w1} = \frac{PAZ}{\Delta}(m) \tag{3.11.1.1}$$

式中,$P = 0.051\ 4\ t/m^2$ 即 504 Pa(相当于蒲福 10 级风);A 为水线以上船体和货物的侧面投影面积(m^2);Z 为面积 A 的中心到吃水一半处的垂直距离(m)。L_{w1} 有时可用试验[①]的方法确定,但一般应经主管机关批准。

θ_0 不得超过 16°或甲板边缘入水角 θ_e 的 80%,取其小者,即

$$\theta_0 = \min\{16°, 0.8\theta_e\} \tag{3.11.1.2}$$

θ_1 为由于浪的作用向上风横摇的角度,其值由式(3.11.1.3)确定,

$$\theta_1 = 109KX_1X_2\sqrt{\gamma s} \tag{3.11.1.3}$$

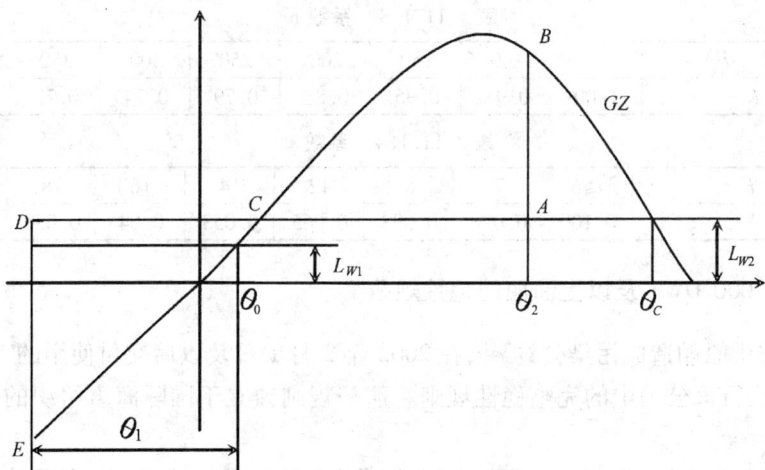

图 3.11.1.1　突风和横摇

式中,X_1 以宽吃水比 B/d 为引数在表 3.11.1.1 上查得的系数;X_2 为以方形系数 C_b 为引数在表 3.11.1.2 上查得的系数;关于 K 值,尖舭型船 K 取 0.7,设有舭龙骨、方龙骨或两者皆有的船以龙骨总面积与长宽之积之比即 $\dfrac{A_k}{L_{bp}B}$(A_k 为龙骨的总面积或方龙骨的侧投影面积或这些面积之和)为引数在表 3.11.1.3 上查得;γ 由式(3.11.1.4)确定

$$\gamma = 0.73 + 0.6\frac{KG - d}{d} \tag{3.11.1.4}$$

s 以横摇周期 T_r 为引数在表 3.11.1.4 上查取。若无确切横摇周期,则 T_r 可按式(3.11.1.5)近似计算,

$$T_r = \frac{2.01CB}{\sqrt{GM}} \tag{3.11.1.5}$$

式中,C 按式(3.11.1.6)计算,

---

① IMO,the Interim Guidelines for alternative assessment of the weather criterion (MSC.1/Circ.1200).

$$C = 0.373 + 0.023 \frac{B}{d} - 0.043 \frac{L_{bp}}{100} \qquad (3.11.1.6)$$

θ_2 为进水角 θ_f,50°及 θ_c 三个角度中的最小值,即

$$\theta_2 = \min\{\theta_f, 50°, \theta_c\} \qquad (3.11.1.7)$$

式中,θ_c 是与 L_{w1} 有关的力臂 L_{w2} 与线的交点对应角,

$$L_{w2} = 1.5 L_{w1} \qquad (3.11.1.8)$$

表 3.11.1.1 系数 X_1

B/d	≤2.4	2.5	2.6	2.7	2.8	2.9	3.0	3.1	3.2	3.3	3.4	≥3.5
X_1	1.00	0.98	0.96	0.95	0.93	0.91	0.90	0.88	0.86	0.84	0.82	0.80

表 3.11.1.2 系数 X_2

C_b	≤0.45	0.50	0.55	0.60	0.65	≥0.70
X_2	0.75	0.82	0.89	0.95	0.97	1.00

表 3.11.1.3 系数 K

$A_k/(L_{bp}B)$	0	100	150	200	250	300	350	≥400
K	1.00	0.98	0.95	0.88	0.79	0.74	0.72	0.70

表 3.11.1.4 系数 s

F	≤6	7	8	12	14	16	18	≥20
s	0.100	0.098	0.093	0.065	0.053	0.04	0.038	0.035

3.11.2　5 000 DWT 及以上油船的稳性规范

按《国际防止船舶造成污染公约》[①],在 2002 年 2 月 1 日及以后交付使用的 5 000 DWT 及以上的油船应执行该公约中的完整稳性规则。这一规则独立于国际海事组织的《国际完整稳性规范》。

这里的"油船"系指成品油船、原油船、装有或部分装有成品油或原油的混合运输船、装有或部分装有成品油或原油的散装化学品船及装有或部分装有成品油或原油的液化气体船。这里,"2002 年 2 月 1 日及以后交付使用"包括建造合同在 1999 年 2 月 1 日及以后签订、在 1999 年 8 月 1 日及以后安放龙骨、经重大改装在 2002 年 2 月 1 日及以后交付使用、重大改装合同在 1999 年 2 月 1 日及以后签订、重大改装工作在 1999 年 8 月 1 日及以后开始。

《国际防止船舶造成污染公约》规定的 5 000 DWT 及以上油船完整稳性规则为:

· 在港口内,

经自由液面修正后的初稳性高度不得小于 0.15 m,即 $G_0M \geq 0.15$ m。

· 在航行中,

经自由液面修正后的初稳性高度不得小于 0.15 m,即 $G_0M \geq 0.15$ m;

静稳性力臂最大值不得小于 0.2 m,即 $GZ_m \geq 0.20$ m,且其发生的角度不得小于 30°;

最大静稳性力臂角不得小于 25°,即 $\theta_m \geq 25°$;

静稳性力臂曲线下面积在 0°~30°间不得小于 0.055 m-rad,在 0°~$\min\{40°, \theta_f\}$ 间不得小于 0.090 m-rad,在 30°~$\min\{40°, \theta_f\}$ 间不得小于 0.030 m-rad。

---

① Regulation 27 of Annex I, Marpol 73/78.

静稳性力臂最大值不得小于 0.2 m,即 $GZ_m \geqslant 0.20$ m,且其发生的角度不得小于 30°;

最大静稳性力臂角不得小于 25°,即 $\theta_m \geqslant 25°$;

静稳性力臂曲线下面积在 0°~30° 间不得小于 0.055 m - rad,在 0°~min$\{40°,\theta_f\}$ 间不得小于 0.090 m - rad,在 30°~min$\{40°,\theta_f\}$ 间不得小于 0.030 m - rad。

3.11.3 散装谷物船舶稳性规范

散装谷物在船舶运输中的下沉和移动会威胁船舶稳性。国际上早在 1948 年即认识到散装谷物的一这特性,并在历次版本的《国际海上人命安全公约》中专门列有谷物装载要求。该组织于 1996 年制定了《谷物装载规则》①(Code of Safe Practice for the Operations of Grain in Bulk),而且加拿大②、美国③、澳大利亚④和中国⑤等主要谷物进出口国家对散装谷物的装载均作出了专门规定。这些规定基本上均以国际海事组织《谷物装载规则》为基准。

国际海事组织的《国际完整稳性规范》未对散装谷物船舶的稳性另作规定,而明确指出散装谷物船舶应以《谷物装载规则》规定的稳性规范为校核标准。

3.11.3.1 对散装谷物船舶的稳性要求

· 因谷物移动而使船舶产生的横倾角 θ_h 不大于 12° 或甲板边缘入水角 θ_e,$\theta_h \leqslant$ min($12°,\theta_e$)(此项规定只适用于 1994 年 1 月 1 日以后建造的船舶⑥);

· 剩余静稳性面积 A 不小于 0.075 m - rad,即 $A \geqslant 0.075$ m - rad;

· 经自由液面修正后的初稳性高度 G_0M 不小于 0.3 m,即 $G_0M \geqslant 0.30$ m。

3.11.3.2 散装谷物的移动假定

上述规定的校核必须在开航前进行,而这时谷物尚未移动。为此,对谷物的移动情况作出了一般假定。

· 满载舱中谷物表面的平均空当

规则中对满载舱中谷物表面的平均空当作出了假定,在舱口内,其大小为 150 mm;在舱前、后、左、右其大小则与桁材的深度及舱口边或舱口端到货舱边界的距离有关。

· 满载舱中的谷面倾角

规则假定满载舱中谷物表面的横倾角为 15°。

· 部分装载舱中的谷面倾角

规则假定部分装载舱中谷物表面的横倾角为 25°。

· 谷物倾侧力臂 λ 按式(3.11.3.1)计算,

$$\lambda = \frac{1}{\Delta}(1 - 0.005\theta) \sum M'_u \tag{3.11.3.1}$$

式中,$\theta(°)$ 为因谷物移动而使船舶产生的横倾角;$\sum M'_u$ 为各舱中谷物移动倾侧重量矩总和(t - m)。由于满载舱和部分装载舱中的谷面倾角均作出了假定,而且还对满载舱中谷物表

---

① IMO. Code of Safe Practice for the Operations of Grain in Bulk. London. 1996.

② Calculation of stability for Vessels Loading Grain in Bulk. Transport Canada, Canada. 1996.

③ National Cargo Bureau Inc. Grain Stability Calculation. USA. 1996.

④ Calculation of stability for Ships Loading Bulk Grain. Federal Department of Transport, Austraia. 1996.

⑤ 中华人民共和国海事局. 船舶与海上设施法定检验规则 - 国内航行船法定技术检验规则,第 4 - 156~4 - 159 页. 北京:人民交通出版社. 2003.

⑥ 对 1994 年 1 月 1 日以前建造的船舶,此项规定为:因谷物移动而船舶产生的横倾角 θ_h 不大于 12°,即 $\theta_h \leqslant 12°$。

面的平均空当作出规定,所以各舱中谷物横向移动和垂
向移动所产生的倾侧力矩均可计算出。谷物倾侧力臂 λ
线可在静稳性力臂曲线图上作出,如图3.11.3.1。

3.11.3.3　基本参数的计算公式

·谷物移动产生的横倾角

因谷物移动而使船舶产生的横倾角 θ_h 可在图3.11.
3.1上量取,也可按式(3.11.3.2)计算。

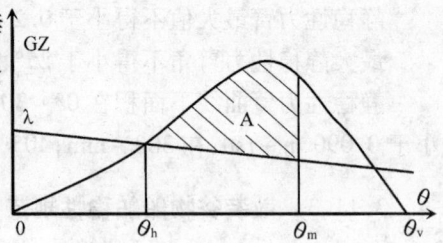

图3.11.3.1　剩余静稳性力臂

$$\tan\theta_h = \frac{\sum M'_u}{\Delta G_0 M} \qquad (3.11.3.2)$$

·　剩余静稳性面积

剩余静稳性面积 A 是由静稳性力臂曲线、谷物倾侧力臂线 λ 和右边界线 θ_m 所围成的面积,

$$\theta_m = \min\{\theta_f, 40°, \theta_{ri}\} \qquad (3.11.3.3)$$

式中,θ_{ri} 是静稳性力臂曲线 GZ 与谷物倾侧力臂线 λ 最大差值对应角。

·　经自由液面修正后的初稳性高度

经自由液面修正后的初稳性高度 G_0M 用通常的方法计算,但应注意,自由液面应取为航次中的最不利状态。谷物重心取在下沉前的体积中心上还是下沉后的体积中心上对 G_0M 的计算数值有影响,而且还对谷物倾侧力矩的计算方法有影响。

3.11.3.4　稳性计算表

从以上分析可以看出,谷物船舶的稳性计算比较复杂,而且由于人们对谷物船舶稳性所作研究较多,形成的理论和提出的运输要求也比较完备,所以此类船舶的稳性计算必须在专门表格上进行才能满足有关当局的要求。

按专门表格计算出的结果,必须满足装运国家或国际海事组织的散装谷物船舶的稳性要求,并经有关当局认可方可开航。

3.11.3.5　散装谷物船舶稳性规范应用的注意事项

散装谷物船舶系指全船均装载散装谷物的船舶。船上必须备有经船级社批准的《散装谷物装载手册》,以使船长能应用有关表格和曲线,按本规范要求进行稳性校核。

对于无《散装谷物装载手册》的船舶,装载散装谷物时可使用"替代性规则"①(optional stability requirements)校核船舶稳性。

若经校核,船舶稳性不满足规范要求,则应对谷面进行固定,或对部分装载舱进行调整,以达到稳性规范的要求,否则不得开航。

只有部分货舱装载散装谷物的船舶,一般应同时满足一般货船的稳性规范和散装谷物船舶的稳性规范。

3.11.4　木材船舶稳性规范

船舶在甲板上装载木材时,对稳性会产生特别影响。木材因吸水而增重会减小船舶稳性;装载在甲板上的木材浸水时会排开水的体积,从而会改变静稳性力臂曲线的形状;甲板上的木

---

①　见IMO谷物装载规则。

材可能发生移动,从而危及船舶安全。国际海事组织 1966 年《国际载重线公约》及 1988 议定书第 41~45 条①对木材船的载重线、立柱布置、积载方法和绑扎方法作出了实际规定;1991年,该组织制定了《船舶载运木材甲板货物的安全操作规则》②,形成了一份关于船舶甲板载运木材货物的比较完备的安全操作规则。到了 2008 年,该组织将对木材船舶的稳性要求纳入《国际完整稳性规范》,将原规则中的核心内容作为可选用规则,从而使木材甲板货物装运与普通货物装运的稳性规则形成了一个即统一又有区别的完备体系。

3.11.4.1　木材甲板货物与木材船的装载状态

海上运输的木材系指采伐后经过初步加工的树木木质部即树干或大枝所形成的原木和板材及其间的各类木型材,包括原木(logs)、料材(timber,lumber,woods)、柱材(poles)、型材(cants)、板材(planks,boards)。对木型材再作加工即得木制品,如家具、纸浆、纸制品等,但这类产品在海上运输时不能作为木材对待。

木材船系指按木材装载要求进行设计并勘划有木材载重线的船舶。木材船有时不装载木材,有时只部分装载木材,有时只在舱内装载木材,这些情况下都不能作为木材船对待。按规则,仅在下述条件下才可将木材船作为木材船对待:

·　在上甲板由首至尾的上层结构物间左右满装木材,且其装载高度不超过船宽的 4%或立柱高度,取其小者,但在计算木材装载高度时甲板舷弧(round gunwale)可扣除;

·　若船尾无上层建筑物,则应将木材装载至舱口后缘;

·　木材甲板货物按规则进行了妥当积载,在船舶发生大角度横倾时货堆不会发生移动;

·　应用木材载重线。

3.11.4.2　木材船在非木材甲板货物装载状态下的稳性要求

木材船在非木材甲板货物装载状态下的稳性必须按普通货船的稳性规范进行校核,即按 3.11.1 节的规定进行校核。

3.11.4.3　木材船在木材甲板货物装载状态下的替代性稳性要求

木材船在木材甲板货物装载状态下,可利用可选用稳性要求校核船舶的稳性。在利用可选用稳性要求校核船舶稳性时,船上应备有相应稳性计算资料,以便船员能在下述条件下计算船舶稳性:

·　计算和绘制静稳性力臂曲线时,计入木材甲板货物入水体积 75%的浮力,即木材甲板货物的渗透率取为 25%;

·　木材甲板货物由于吸水而增重 10%,重心取为甲板货物的重心;

·　木材甲板货物外表面的结冰重量按 3.5.4 节的规定计算;

·　燃料消耗将使液舱产生自由液面并且船舶底部重量减小,二者均使船舶稳性减小;二者综合影响的最不利值可取在航程的 3/4~4/5 处。

在上述条件下,木材船在木材甲板货物装载状态下的可选用稳性要求为:

·　静稳性力臂 GZ 线下面积在 0°~40°或进水角(取小者)间不小于 0.08 m-rad;

·　静稳性力臂 GZ 的最大值不小于 0.25 m;

·　经自由液面修正、甲板货物吸水增重修正及甲板与货物结冰增重修正后的初稳性高

---

① IMO. International Load Lines 1996 including Protocol of 1988,Regulation 41~45. London. 2008

② IMO. Code of Safe Practice for Ships Carrying Timber Deck Cargoes. London. 1991.

度 G_0M 不小于 0.1 m。

3.11.4.4 木材船在木材甲板货物装载状态下的可选用稳性要求

木材船在木材甲板货物装载状态下,还可利用替代性稳性要求校核船舶的稳性。

木材船的替代性稳性要求与一般货船的稳性要求相同,只是在横倾角 θ_0 的计算中将式(3.11.1.2)改为 $\theta_0 = 16°$。

3.11.5 对集装箱船舶的稳性建议

集装箱装载在甲板上,在船舶横倾入水时会产生浮力。考虑集装箱船舶的稳性时必须考虑这方面的影响。国际海事组织 IS 规则对长度(L_{bp})超过 100 m 的集装箱船舶提出了完整稳性建议。这一建议不仅可供专用集装箱船使用,也可供类似船舶使用。

集装箱船舶完整稳性建议的要点为:

· 静稳性力臂最大值不得小于 $0.042/C$ m;

· 静稳性力臂曲线下面积在 $0° \sim \theta_f$ 间不得小于 $0.029/C$ m – rad;

· 静稳性力臂曲线下面积在 $0° \sim 30°$ 间不得小于 $0.009/C$ m – rad,在 $0° \sim \min\{40°, \theta_f\}$ 间不得小于 $0.016/C$ m – rad,在 $30° \sim \min\{40°, \theta_f\}$ 间不得小于 $0.006/C$ m – rad。

这里,C 为形状因数(form factor),按下式计算

$$C = \frac{dD'}{B_m^2} \sqrt{\frac{d}{KG}} \left(\frac{C_b}{C_w}\right)^2 \sqrt{\frac{100}{L_{bp}}} \tag{3.11.5.1}$$

式中,d 为平均吃水(m);KG 为经自由液面修正后的重心高度(m),C_b 和 C_w 分别为方形系数和水线面系数;B_m 为平均吃水一半处的最大船宽(m);L_{bp} 两柱间长(m);D' 为经修正后的型深(m),其计算公式为

$$D' = D + h \left(\frac{2b - B}{B}\right)^2 \left(\frac{2 \sum l_H}{L_{bp}}\right) \tag{3.11.5.2}$$

式中,D 为型深(m),B 为型宽(m);b 为自船中首、尾向 $0.25L_{bp}$ 间舱口围之间的平均宽度(m);h 为自船中首、尾向 $0.25L_{bp}$ 间舱口围的平均高度(m);l_H 为自船中首、尾向 $0.25L_{bp}$ 间各舱口围长度(m),$\sum l_H$ 为这些舱口围长度的总和(m),见图 3.11.5.1。

应注意,对长度(L_{bp})未超过 100 m 的集装箱船舶不能使用对集装箱船舶的完整稳性建议校核其稳性,而应使用完整稳性规范进行校核;对集装箱船舶的完整稳性,可以用强制性规则校核,也可用建议性规则校核;建议性规则还对与集装箱船类似的船舶的完整稳性具有参考价值。

3.11.6 海上方驳的完整稳性规范

对于海上方驳完整稳性建议的要点为:

· 静稳性力臂曲线下面积在 $0° \sim \theta_m$ 间不得小于 0.08 m – rad;

· 因 540 Pa(30 m/s)均布恒风的作用所产生的横倾角,不得大于干舷甲板的一半所对应的角度(风力作用力臂取为风力作用中心到吃水一半间的距离);

· 若 $L_{bp} \leqslant 100$ m,则最小稳矩应为 $20°$;若 $L_{bp} \geqslant 150$ m,则最小稳矩应为 $15°$;长度为其他值时,最小稳矩按内插确定。

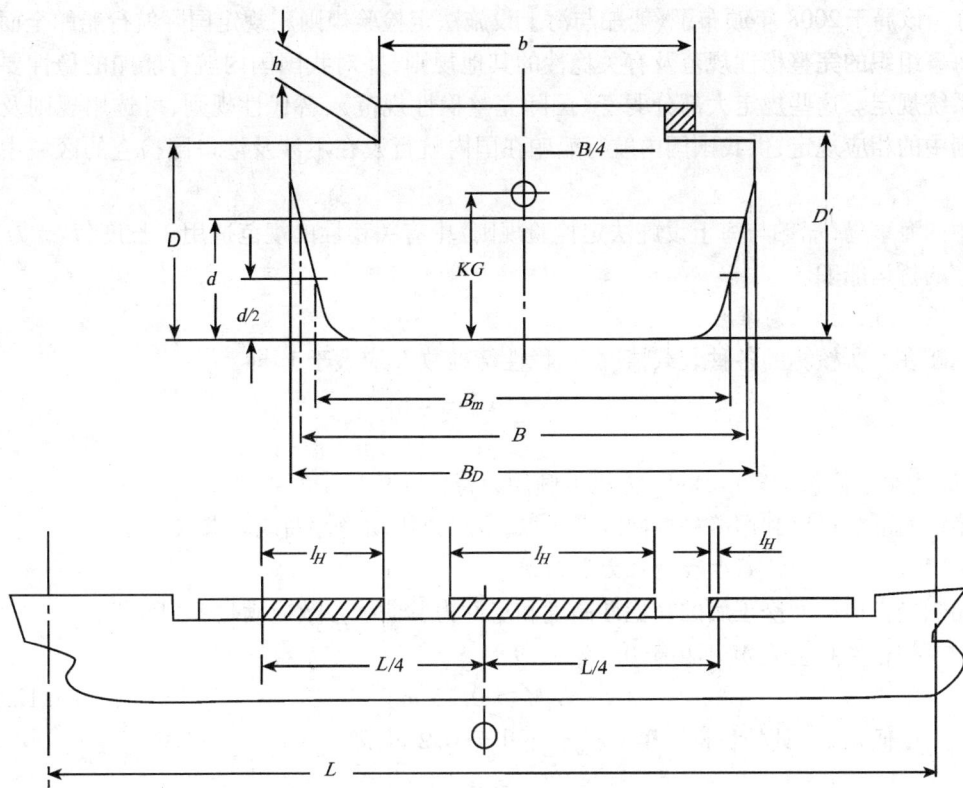

图 3.11.5.1　集装箱船稳性校核中的的尺度

3.11.7　近海供应船舶的完整稳性规范

对于近海供应船舶,免于执行完整稳性规范中天气衡准。若其长度(L_{bp})不足 100 m 则可选用下述校准校核其稳性:

- 若 $\theta_m = 15°$,则静稳性力臂曲线下面积在 0°~15°间不得小于 0.070 m–rad;若 $\theta_m \geq 30°$,则静稳性力臂曲线下面积在 0°~30°间不得小于 0.055 m–rad;若 15° < θ_m < 30°,则静稳性力臂曲线下面积 0°~θ_m 间不得小于 0.055 + 0.001(30°~θ_m)(m–rad);
- 静稳性力臂曲线下面积在 30°~min{40°,θ_m}间不得小于 0.030 m–rad。
- 在 min{30°,θ_m}处的静稳性力臂不得小于 0.2 m;
- 最大静稳性力臂对应角 θ_m 不得小于 15°,即 $\theta_m \geq 15°$;
- 经自由液面修正后的初稳性高度不得小于 0.15 m,即 $G_0M \geq 0.15$ m;

近海供应船是一种专门设计的船舶。一般货船用于近海供应运输时,原则上不能使用上述规定校核其稳性,但主管机关可根据具体情况对于其稳性要求予以适当放宽。

§3.12　中国海事局船舶稳性规范

3.12.1　中国海事局对货运船舶稳性的基本要求

中国海事方面的主管机关是中华人民共和国海事局(Maritime Safety Administration of PR

China)。该局于 2008 年颁布了《船舶与海上设施法定检验规则》,规定国际航行船舶全面遵行国际海事组织的完整稳性规范及有关稳性的其他规则,并对我国国内航行船舶的稳性要求作出了系统规定。这些规定大部分弱于《国际完整稳性规范》、替代性规则、可选用规则及独立性规则中的相应规定,供我国国内航行船舶在国内航行及在不涉及港口国检查的区域中航行使用。

中国海事局《船舶与海上设施法定检验规则》中有关稳性的规范适用于长度(L_{bp})为 20 m 及以上的货运船舶。

3.12.1.1　稳性衡准数

船舶在其所核算的各种装载情况下,稳性衡准数 K 应大于 1,即

$$K = \frac{L_q}{L_w} \geq 1 \tag{3.12.1.1}$$

式中,L_q 为最小倾覆力臂(m);L_w 为风力倾侧力臂(m)。

稳性衡准数可以利用静稳性曲线图求取,也可以用动稳性曲线图求取。

3.12.1.2　初稳性高度和稳性力臂曲线

船舶经自由液面修正后的初稳性高度和稳性力臂曲线参数应满足下列要求:

· 初稳性高度 $G_0 M$ 不小于 0.15 m,即

$$G_0 M \geq 0.15 \text{ m} \tag{3.12.1.2}$$

· 横倾角 30°处的稳性力臂 GZ_{30} 应不小于 0.2 m,即

$$GZ_{30} \geq 0.20 \text{ m} \tag{3.12.1.3}$$

注意,如果进水角小于 30°时则进水角处的稳性力臂应不小于该值。

· 最大稳性力臂对应角 θ_m 应不小于 25°,即

$$\theta_m \geq 25° \tag{3.12.1.4}$$

注意,若进水角小于 25°,则取 $\theta_m = 25°$。

3.12.1.3　横摇加速度衡准数

装载甲板货物的船舶和江—海航行船舶的横摇加速度衡准数不得小于 1,即

$$K_a = \frac{0.3}{a_c} \geq 1 \tag{3.12.1.5}$$

3.12.2　中国海事局稳性核算中应注意的事项

3.12.2.1　对 $B/D > 2$ 的船舶的放宽

如果船舶的宽度与型深比大于 2 即 $B/D > 2$,则其最大稳性力臂角和稳性消失角均可减小 $\delta\theta$ 值,

$$\delta\theta = 20\left(\frac{B}{D} - 2\right)(K - 1)(°) \tag{3.12.2.1}$$

式中,D 为型深;B 为船宽,当 $B > 2.5D$ 时取 $B = 25D$;K 为稳性衡准数,当 $K > 1.5$ 时取 $K = 1.5$。

3.12.2.2　在遮蔽航区中航行时可放宽要求

对在遮蔽航区中航行的船舶,初稳性高度和稳性力臂曲线的要求即式(3.12.1.2)~式(3.12.1.4)可放宽为:

- 最大稳性力臂角不小于 15°;
- GZ_m 不小于式(3.12.1.7)确定的数值,

$$GZ_m \geq 0.2 + 0.022(30 - \theta_m) \tag{3.12.1.7}$$

式中, θ_m 为最大稳性力臂角;

- 若进水角小于最大稳性力臂角,即 $\theta_f < \theta_m$ 则取 $\theta_m = \theta_f$ 横摇角。

3.12.2.3 纵倾较大时则应进行纵倾修正

营运中,如果船舶纵倾过大,以至于对船舶稳性参数具有可观影响时,则进行稳性校核时应计及这类影响。

3.12.2.4 自由液面修正

在进行初稳性高度和稳性力臂曲线参数计算时应注意对自由液面进行修正。

- 凡存在自由液面且装载量在航行途中不发生变化的液体舱,如液货舱、压载水舱等,可按实际装载率计算自由液面的影响。
- 凡存在自由液面且装载量在航行途中发生变化的液体舱,如消耗液体舱、污油水舱、传送液货过程中的液货舱、航行途中变换压载水的压载舱等,均应计算装载 50%舱容液体的自由液面的影响;若液舱形状特殊,存在更不利的自由液面影响,则应按后者计算自由液面的影响;若两液舱之间设有连通管,则该两舱应视为一个液舱计算自由液面的影响。
- 对消耗液体舱和航行途中变换压载水的压载舱,应假定每一类液体至少有一对边舱或一个中心线上的舱存在自由液面,且所取的舱组或舱的自由液面应为最大者。
- 满载液货舱应按装载至 98%舱容的液面高度横倾 0°计算自由液面的影响。
- 除另有规定外,装满 98%以上舱容的液体舱及通常存有剩余液体的空舱,可不计自由液面的影响。
- 如果能证明舱柜内的自由液面移动 30°时所产生的移动力矩 $M_{30}(kN-m)$ 满足下述条件,则可不计该舱柜内自由液面对稳性力臂的影响。

$$M_{30} < 0.098\ 1\Delta_{min}$$

式中, Δ_{min} 为空载到港的排水量(t)。

- 自由液面对稳性力臂曲线的影响可采用修正重心高度的方法计及。
- 在进行上述计算时,可采用静力学方法来完成。

3.12.2.5 进水角影响

在绘制静稳性曲线时应考虑进水角的影响。应注意,进水角开口一般系指船侧、上层连续甲板、上层建筑或甲板室的非风雨密的开口及货舱口、通风筒等,而钢缆、锚链、索具的开口和锚孔、流水孔、泄水管、卫生管和空气管等可能不作为开口对待。

3.12.2.6 结冰计算

对冬季(12 月、1 月和 2 月)航行于青岛(北纬 36°04′)以北的国内沿海船舶,应按 3.5.4.1分节规定的结冰量进行稳性校核。

3.12.3 中国海事局对特殊船舶的稳性要求

3.12.3.1 对运木船的稳性要求

- 计算运木船的稳性力臂曲线时,可计入木材甲板货物外形容积入水部分 75%的浮力;

- 运木船所核算的各种装载情况经自由液面修正后的初稳性高度均应为正值,但出港情况的初稳性高度不应小于 0.1 m;

- 稳性力臂曲线最大值应不小于 0.25 m;

- 运木船到港情况及航行中途情况均应假定木材甲板货物的重量由于吸水而增加 10%;

- 进行结冰计算时,应按实际情况计算结冰;若无实际结冰资料,则应按 3.12.2.6 分节规定重量的 3 倍计算。

3.12.3.2 对散装谷物船的稳性要求

中国海事局对散装谷物船的稳性要求与国际海事组织《国际船舶稳性规范》的要求,即 3.11.2.1 分节的规定完全相同,但是,假定满载舱和部分装载舱的谷面倾角均为 12°,从而计算得到的谷物倾侧重量矩较小,因此对国内航行散装谷物船的稳性要求有所放宽。

对于具有国际海事组织《谷物装载规则》相关计算资料和表格的船舶,可按这些资料和表格计算假定倾侧重量矩,但应作下述修正:

- 对部分装载舱和未经平舱的满载舱,取谷物倾侧重量矩为 $0.46 \sum M'_u$;

- 对经平舱的满载舱,取谷物倾侧重量矩为 $0.80 \sum M'_u$;

- 许用倾侧力矩不变。

对于无国际海事组织《谷物装载规则》相关计算资料和表格的船舶:

- 对部分装载舱,取谷物倾侧重量矩为 $\dfrac{0.017\,7}{SF} \sum M'_u$;

- 对满载舱,必须进行平舱,其内的谷物倾侧重量矩不计。

- 许用倾侧力矩取为 $0.022\,8 G_0 M\Delta (\mathrm{t-m})$。

3.12.3.3 对集装箱船的稳性要求

- 每集装箱的重量取为其实际总重量(gross weight),重心取在箱高的一半处;

- 风力倾侧力臂取为 3.9.3.4 分节规定值的一半,并且不随船舶倾角的变化而改变;

- 在稳性力臂曲线上求得的风力静倾角不大于 1/2 上层甲板入水角,且不超过 12°;

- 经自由液面修正后的初稳性高度不小于 0.3 m。

3.12.3.4 对海驳的稳性要求

这里,海驳系指用于海上运输的非自航驳船。对其稳性的要求分成如下两种情况:

- 船型海驳

最大稳性力臂应不小于 0.37 m,即 $GZ_m \geqslant 0.37$ m;最大稳性力臂角不小于 25°,即 $\theta_m \geqslant 25°$;稳性消失角不小于 50°,即 $\theta_v \geqslant 50°$;或者,至最大稳性力臂角或进水角(取小者)的稳性力臂曲线下的面积不小于 0.1 m−rad,但最大稳性力臂角不小于 20°,即 $\theta_m \geqslant 20°$。

如果进水角小于最大稳性力臂角时,则进水角处的稳性力臂应不小于上述最大稳性力臂之规定值。

- 箱型海驳

这类驳船的特征:仅装载甲板货物;满载吃水下船体的方型系数等于或大于 0.8;船宽与型深比大于 3;甲板上除了用带有垫料的盖关闭的小型人孔外没有其他舱口。不配备船员的箱型海驳应满足下列稳性衡准:

在所核算装载情况下,在无限航区中航行时的横摇角取为15°、在非无限航区中航行时的横摇角取为13°的条件下,稳性衡准数 $K > 1$;在所核算的装载情况下,对于船长为100 m 及以下的船,稳性力臂的正值范围不小于20°,对于船长为150 m 及以上的船,稳性力臂的正值范围不小于15°,对中间长度的船用内插确定稳性力臂的正值范围。

· 载运集装箱的海驳

这类海驳的稳性应达到对集装箱船的稳性要求。

3.12.3.5　对近海供应船的稳性要求

对这类船应核算满载出港(按最不利稳性考虑,计及限定货物在甲板上和甲板下的装载要求,液舱按空舱和满舱分别计及)、满载到港(同满载出港的要求)、压载出港和压载到港四种状态的稳性。

若甲板上装载管材,则应按管材货堆外形体积的百分比计及管内积水:若船中干舷不大于 $0.015L$,则管内积水计为30% 管材货堆体积;若船中干舷大于 $0.030L$,则管内积水计为15% 管材货堆体积;其他情况按内插确定管内积水体积。

若最大稳性力臂对应的横倾角 $\theta_m < 25°$,则该角度之前稳性力臂曲线下的面积应不小于 $0.055 + 0.000\ 1(30° - \theta_m)(m - rad)$,但最大稳性力臂对应的横倾角不得小于15°。

在任何操作状态下的尾部应保持至少 $0.005L$ 的最小干舷。

3.12.4　谨慎驾驶

满足稳性要求的船舶并不能保证在任何风浪中均不致倾覆。事实上,满足稳性要求只是满足航海方面的最低要求。航行中还可能遇到许多不利的情况,如稳性计算中具有误差甚至错误;航行中可能会遇到大于规范中假定的风浪;货物可能会发生移动而使船舶的稳性降低;航行中还可能出现其他特殊情况而危及船舶安全。

规范规定,虽然船舶的稳性达到了要求,但船长仍须充分利用良好船艺,注意船舶装载、气象、海况等情况谨慎驾驶。

§3.13　船舶稳性报告书及应用

3.13.1　船舶稳性报告书

船舶建造部门将船舶有关稳性的资料载入《稳性报告书》(Loading report, Stability information, Loading information)中,供船员在生产中应用。《稳性报告书》的结构、形式及船舶资料的详尽程度因船而异,但基本内容必须符合船级社的规定,一般包括下述内容:

· 船舶综述(general description of the ship);
· 稳性报告书的使用说明(instructions on the use of the booklet);
· 总布置图(general arrangement plans);
· 静水力曲线图或静水力参数表及稳性交叉曲线;
· 舱容曲线;
· 液舱测深表;
· 装载限制(其中包括极限重心高度、临界稳性高度);

- 标准装载状态；
- 稳性计算方法及有关假定的说明；
- 防止货舱进水的方法；
- 横贯注水装置(cross flooding fitting)的使用方法及注意事项；
- 正常和应急情况下安全操作总结表或基本装载情况稳性总结表；
- 稳性报告书的目录及索引；
- 倾斜试验报告。

3.13.2 基本装载情况总结表

船舶稳性规范中规定了一些基本装载情况,如满载到港、满载出港、压载到港、压载出港等。实船上的基本装载情况总结表往往包括更多的装载状态,有的船舶甚至将装载状态分成30种,列入基本装载情况总结表,以至于船员对任何装载状态都可以找到一个与之相似的基本装载状态进行比较。

基本装载情况总结表中,装载状态中列明载货重量及位置、油水装载量及位置、压载量及位置、甲板货物装载量及位置等;稳性计算中包括初稳性高度 GM、自由液面修正量、经自由液面修正后的初稳性高度、静稳性力臂 GZ 曲线、最大静稳性力臂 GZ_m、最大静稳性力臂角 θ_m、稳性消失角 θ_v 以及稳性衡准数 K 等项计算。有的船上在列出上述各种参数的同时还配以图示。

3.13.3 临界重心高度曲线和临界初稳性高度曲线

按我国海船稳性规范,船舶稳性报告书应提供临界重心高度曲线和临界初稳性高度曲线。该二曲线的求作过程比较复杂,而且误差较大,这里介绍其求作要点。

①在 $\Delta_0,\cdots,\Delta_5$ 之间等间距取 5 个排水量,设第 i 个排水量为 Δ_i,如图 3.13.3.1 所示。

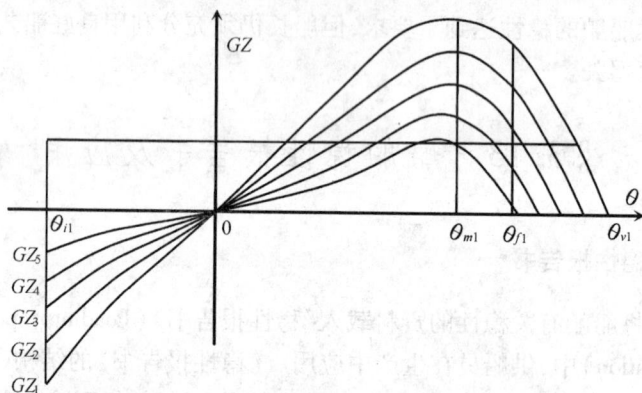

图 3.13.3.1 利用静稳性力臂求作稳性参数

②对于 Δ_i,适当假定 5 个重心高度,如 $KG_1,\cdots,KG_5$,如图 3.13.3.1 所示。

③在 $GZ-\theta$ 平面上,分别作出 Δ_i 与 $KG_1,\cdots,KG_5$ 对应的静稳性力臂曲线 $GZ_1,\cdots,GZ_5$,如图 3.13.3.1 所示。

④分别求出 Δ_i 与 $KG_1,\cdots,KG_5$ 对应的横摇角 $\theta_1,\cdots,\theta_5$;最小倾覆力臂 $L_{q1},\cdots,L_{q5}$;计算 $K_1=L_{q1}/L_f,\cdots,K_5=L_{q5}/L_f$;确定排水量为 Δ_i 时 $K=1$ 对应的重心高度 KG_{ki};在 $\Delta_0,\cdots,\Delta_s$ 之间所取 5 个排水量对应于 $KG_{k1},\cdots,KG_{k5}$;由 $KG_{k1},\cdots,KG_{k5}$ 可得到 $GM_{k1},\cdots,GM_{k5}$;将 $GM_{k1},\cdots,GM_{k5}$

标绘在 $GM-\Delta$ 平面上,并以平滑曲线连接得曲线 GM_k,如图 3.13.3.2 所示。

⑤在 $GZ_1,\cdots,GZ_5$ 上分别量得 $\theta=30°$ 时的静稳性力臂 $GZ_{m1},\cdots,GZ_{m5}$;确定排水量为 Δ_i 时 $GZ_m=0.2$ m 对应的重心高度 KG_{mi};在 $\Delta_0,\cdots,\Delta_s$ 之间所取 5 个排水量对应于 $KG_{m1},\cdots,KG_{m5}$;由 $KG_{m1},\cdots,KG_{m5}$ 可得到 $GM_{m1},\cdots,GM_{m5}$;将 $GM_{m1},\cdots,GM_{m5}$ 标绘在 $GM-\Delta$ 平面上,并以平滑曲线连接得曲线 GM_m,如图 3.13.3.2 所示。

⑥在 $GZ_1,\cdots,GZ_5$ 上分别量得最大静稳性力臂对应角 $\theta_{m1},\cdots,\theta_{m5}$;确定排水量为 Δ_i 时 $\theta_m=30°$ 对应的重心高度 $KG_{\theta i}$;在 $\Delta_0,\cdots,\Delta_s$ 之间所取 5 个排水量对应于 $KG_{\theta 1},\cdots,KG_{\theta 5}$;由 $KG_{\theta 1},\cdots,KG_{\theta 5}$ 可得到 $GM_{\theta 1},\cdots,GM_{\theta 5}$;将 $GM_{\theta 1},\cdots,GM_{\theta 5}$ 标绘在 $GM-\Delta$ 平面上,并以平滑曲线连接得曲线 GM_θ,如图 3.13.3.2 所示。

⑦在 $GZ_1,\cdots,GZ_5$ 上分别量得稳性消失角 $\theta_{v1},\cdots,\theta_{v5}$;确定排水量为 Δ_i 时 $\theta_v=55°$ 对应的重心高度 KG_{vi};在 $\Delta_0\sim\Delta_s$ 之间所取 5 个排水量对应于 $KG_{v1},\cdots,KG_{v5}$;由 $KG_{v1},\cdots,KG_{v5}$ 可得到 $GM_{v1},\cdots,GM_{v5}$;将 $GM_{v1},\cdots,GM_{v5}$ 标绘在 $GM-\Delta$ 平面上,并以平滑曲线连接得曲线 GM_v,如图 3.13.3.2 所示。

⑧将 $GM=0.15$ m 标绘在 $GM-\Delta$ 平面上,如图 3.13.3.2 所示。

⑨由 GM_k,GM_m,GM_θ,GM_v 和 $GM=0.15$ m 5 条曲线作成的"包络"线即为临界初稳性高度曲线 $GM_{临}$,如图 3.13.3.2 所示。

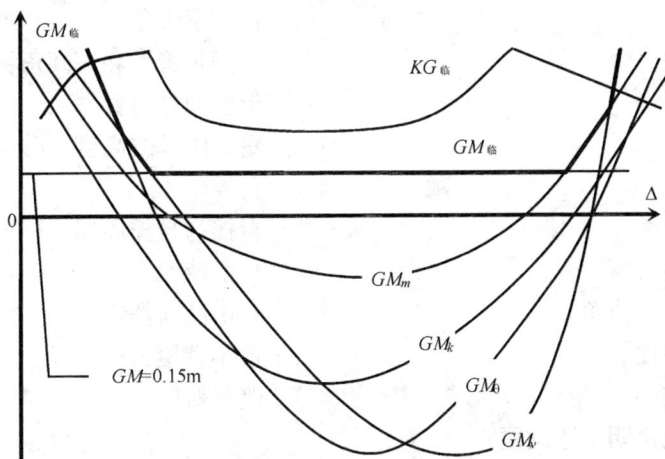

图 3.13.3.2　临界初稳性高度曲线的求作

⑩由于 $KG=KM-GM$,所以 $KG_{临}=KM-GM_{临}$。根据 $GM_{临}$ 即可求得 $KG_{临}$,如图 3.13.3.2 所示。

在任何装载情况下,只要船舶的初稳性高度满足相应排水量下的临界初稳性高度,则可判定当时的装载情况满足我国船舶稳性规范要求。

国际海事组织完整稳性建议下也可绘制出临界稳性高度曲线[①]。

① 王建平. IMO 完整稳性衡准和天气衡准下临界初稳性高度曲线的求作方法. 大连海运学院学报,1989(2).

习题三

1. 解释下述术语：

波浪中的稳性曲线下的面积　　　　　快速结冰

初稳心　　　　　　　　　　　　　　临界初稳性高度曲线

初稳性高度及重稳距　　　　　　　　临界重心高度曲线

动横倾力矩　　　　　　　　　　　　剩余静稳性面积

动倾角　　　　　　　　　　　　　　剩余稳性力臂

动稳性力臂　　　　　　　　　　　　完整稳性和破损稳性

动稳性力臂曲线　　　　　　　　　　稳距

风力动横倾力矩　　　　　　　　　　稳心半径

风力静横倾力矩　　　　　　　　　　稳心高度

横稳性和纵稳性　　　　　　　　　　稳性航区

横摇加速度衡准数　　　　　　　　　稳性衡准数

横摇加速度因数　　　　　　　　　　稳性力矩的变化率

横摇角　　　　　　　　　　　　　　稳性消失角

假定重心稳性力臂　　　　　　　　　小倾角稳性和大倾角稳性

静横倾力矩　　　　　　　　　　　　形状稳性力臂

静倾角　　　　　　　　　　　　　　重心距基线高度

静稳性力臂　　　　　　　　　　　　自摇角

静稳性力臂曲线　　　　　　　　　　自摇与自摇周期

静稳性力臂最大值　　　　　　　　　自由液面

静稳性力臂最大值角　　　　　　　　自由液面惯矩

静稳性与动稳性　　　　　　　　　　最小倾覆力臂

空船重量与重心　　　　　　　　　　遮蔽航区

2. 简要回答或说明下述问题：

1）测定液面深度时，测深孔不在舱长中点时应如何进行纵倾修正？

2）测定液面深度时，测深孔不在舱宽中点时应如何进行横倾修正？

3）定量说明自由液面对稳性的影响。

4）分析水密度改变对船舶稳性的影响。

5）货物重心高度核算中应进行哪些修正？

6）空船重心高度的误差为多大？

7）如何估计船舶排水量和重心高度的误差？

8）如何利用空当高度查取舱柜容积？

9）如何确定船舶常数的重心高度？

10）说明 5 000 DWT 及以上油船完整稳性规则。

11）说明中国海事局对一般货船的稳性要求。

12）说明 IMO 的完整稳性建议。

13）说明 IMO 对集装箱船舶的完整稳性建议。

14）说明 IMO 完整稳性规则对货船的应用条件。

15）说明边舱自由液面对稳性的影响。

16）说明舱内液面不完整时对稳性的影响。

17）说明舱内液体数量对自由液面修正值的影响。

18）说明船舶的动稳性参数。

19）说明船舶自某一横倾角开始自摇的过程。

20）说明船舶自正浮开始自摇的过程。

21）说明船内散货移动对稳性的影响。

22）说明船内重物移动对稳性和倾角的影响。

23）说明吊卸重大件时对船舶稳性的影响。

24）说明吊装重大件时对船舶稳性的影响。

25）说明动横倾力矩对船舶的作用过程。

26）说明动稳性力臂曲线的特征。

27）说明动稳性曲线的绘制过程。

28）说明国际航行散装谷物船舶的稳性规则。

29）说明航海生产中减小自由液面应注意的事项。

30）说明横倾力矩使船舶横倾至某一角度后立即消失后船舶的自摇过程。

31）说明横倾力矩瞬间即达到恒定值后船舶的自摇过程。

32）说明货舱进水对船舶稳性的影响。

33）说明货物下沉量对稳性的影响。

34）说明货物吸水对船舶稳性的影响。

35）说明加油水及油水消耗对稳性的影响。

36）说明甲板货物入水对船舶安全的影响。

37）说明结冰对船舶安全的影响。

38）说明结冰与与温度和风级的关系。

39）说明静横倾力矩作用下船舶倾角的计算方法。

40）说明静稳性力臂曲线的特征。

41）说明利用假定重心稳性力臂绘制静稳性力臂曲线的方法。

42）说明利用剩余稳性力臂绘制静稳性力臂曲线的方法。

43）说明利用形状稳性力臂绘制静稳性力臂曲线的方法。

44）说明连通阀的应用原则。

45）说明临界重心高度曲线和临界初稳性高度曲线的绘制方法。

46）说明木材船的稳性要求及替代性规则。

47）说明倾角与液面面积惯矩的关系。

48）说明梯形自由液面对稳性的影响，并给出正方形、长方形和三角形公式。

49）说明同一舱内装载不同密度液体时对稳性的影响。

50）说明椭圆形自由液面对稳性的影响，并给出圆形公式。

51）说明稳性报告书中的主要内容。

52）说明悬挂重量对稳性的影响。

53）说明选用稳性规范时应注意的事项。

54）说明装载大量重物时对稳性和倾角的影响。

55）说明装载小量重物时对稳性和倾角的影响。

56）说明纵向隔壁对自由液面的影响。

57）图示船舶的稳心及稳心半径。

58）图示船舶的稳性力臂。

59）在船舶有横倾时,舱内液体过满或过少对液面深度的测定有何影响？

60）在船舶有纵倾时,舱内液体过满或过少对液面深度的测定有何影响？

61）怎样利用液舱舱容曲线确定液面下的重心高度？

3. 计算下列试题：

1）DH 船使用船吊吊卸一重量为 60 t 的货物,该重货配于 №2 舱的底舱（$Z_p = 3.50$ m, $Y_p = 0.0$ m）,吊卸时船舶的排水量 $\Delta = 6\ 850$ t, $GM = 1.40$ m,已知重吊自身重量为 5.2 t,船宽 $B = 21.2$ m,舷外跨度 4.0 m,吊杆悬挂点距基线高为 21 m。问吊卸过程中船舶产生的最大横倾角为多少度？（答案：最大横倾角为 6.1°）

2）在棉兰港,LJ 船配载计划做好后,排水量 $\Delta = 18\ 000$ t, $GM = 0.7$ m,若要求初稳性高度达到 1 m,需从二层舱向底舱移动多少货物？（垂移距离 $Z = 8$ m）（答案：$P = 675$ t）

3）BH 船排水量为 10 000 t, $GM = 0.8$ m,装货后发现右倾 4°,打算在左舷加压载水使船舶正浮。若不计自由液面,则应加多少吨压载水？（$y = 10$ m）（答案：$P = 56.1$ t）

4）HH 船满载出港时,$\Delta = 18\ 597$ t,全船垂向总力矩为 147 288 t－m,$KM = 8.92$ m。①求出港时的 GM_1？②现欲使 GM_1 增至 1.1 m,则需从二层舱向底舱移多少货（底舱 $Z_p = 5.48$ m,二层舱 $Z_p = 11.15$ m）？若采用上下轻重货等体积对调,则二层舱的重货（$SF = 0.8$ m³/t）和底舱的轻货（$SF = 4.0$ m³/t）应各移多少吨才能满足要求？③航行中消耗：油 260 t,$Z_p = 1.0$ m,自由液面力矩为 1 720 t－m；淡水 60 t,$Z_p = 5.0$ m,水舱长为 20 m,宽为 10 m,存在自由液面,且舱内有两道纵向隔壁。求到港时的稳性 GM_3？（答案：$GM_1 = 1.0$ m；$P_h = 410$ t,$P_l = 82$ t；$GM_3 = 0.89$ m）

5）DL 船某底舱容积 2 710 m³,双层底高 1.48 m,舱高为 7.32 m,计划配装两种货物：下层焦宝石 100 t（$SF = 0.74$ m³/t）,上层花生果 500 t（$SF = 3.28$ m³/t）。试分别求该舱两种货物的重心高度和该舱的重心高度。（答案：焦宝石 1.58 m,花生果 3.89 m,$Z = 3.51$ m）

6）GS 船装载后排水量为 15 890 t,全船垂向总力矩为 123 146 kN－m,$KM = 8.73$ m,此时为将 GM 调到 1.0 m,拟在船舶重心之下 6.0 m 处加压载水。问应加多少吨方能达到要求？（答案：$P = 53.1$ t）

7）HG 船空船排水量 $\Delta = 5\ 371$ t,本航次净载重量 $NDW = 13\ 580$ t,在舱内实装货物 12 187 t,本航次油、水等储备量为 1 928 t（液舱均满）,船舶常数为 200 t,全船垂向总力矩为 158 472 t－m,$KM = 8.85$ m。现拟在上甲板装载部分货物,若要求 $GM \geqslant 0.60$ m,求最多能在 $Z_p = 13.75$ m 处装多少吨甲板货物？（答案：$P = 715.8$ t）

8）SG 船配载计划做好后,$\Delta = 19\ 000$ t,$GM = 0.80$ m,若要求 GM 达到 1.0 m,需从二层舱和底舱对调移货,垂移距离 $Z = 6.0$ m。问如何调整二层舱和底舱的货物吨数才能满足要求？（答案：$P = 633.3$ t,二层舱的重货下移,底舱的轻货上移,且重货比轻货多 633.3 t）

9）XG 船装载后排水量 $\Delta = 19\,000$ t，$KG = 8.0$ m，$KM = 8.95$ m，船舶右倾 4°。现拟在№3 左压载舱加满压载水，该舱舱容中心位置为：$Z_p = 0.8$ m，$Y_p = 4.18$ m。问应加载多少吨才能将船舶调平？（答案：$P = 348.9$ t）

10）ZY 船排水量为 8 000 t，初稳性高度为 0.85 m，在开航前加油（$\rho = 0.88$）200 t，其重心在船舶重心之下 3.70 m，该油柜呈边长为 10 m 的正方形，存在自由液面的影响。问加油后船舶的初稳性高度为多少？（答案：$GM = 0.85$ m）

11）YH 船排水量 $\Delta = 15\,000$ t，$GM = 0.45$ m。为使 $GM' = 0.60$ m，利用二层舱的盘圆（$SF_1 = 0.45$ m³/t）和底舱的棉花（$SF_2 = 2.80$ m³/t）互换舱位。货物垂向移动距离为 6.0 m，问各需移货多少吨？（答案：$P_h = 446.8$ t，$P_l = 71.8$ t）

12）GH 船某航次装货后排水量为 18 500 t，垂向力矩为 123 000 t−m，$KM = 7.10$ m。此时初稳性高度为多少？问应加载多少吨压载水（舱容中心距基线高为 0.90 m）才能使初稳性高度调整到 0.50 m？（自由液面不计）（答案：$GM = 0.45$ m，$P = 162.3$ t）

13）ZG 船排水量 $\Delta = 20\,000$ t，垂向力矩 $M_z = 9.81 \times 155\,000$ kN−m，$KM = 8.62$ m，且有一梯形油柜（$\rho = 0.85$）存在自由液面，油柜长 $l = 6.0$ m，前后两个宽度分别为 $b_1 = 8.0$ m，$b_2 = 10.0$ m。求：①经自由液面修正后的初稳性高度；②如要求 $GM = 1.0$ m，利用第 3 舱二层舱的金属构件（$SF_1 = 0.75$ m³/t）和底舱的麻袋（$SF_2 = 2.85$ m³/t）互换舱位来调整，货物垂移距离 $Z = 10$ m，问各应移动多少吨？（答案：$GM = 0.85$ m，$P_h = 407.1$ t，$P_l = 107.1$ t）

14）HL 船装货至 $\Delta = 7\,500$ 时，$KM = 7.12$ m，$KG = 6.2$ m，右倾 4°，尚有 500 t 货拟装在重心高度为 7 m，右舷距中线面为 5 m 及左舷距中线面为 8 m 两处。为使装货船舶正浮，问左、右舷应各装多少吨货物？（答案：$P_p = 229.7$ t，$P_s = 270.3$ t）

15）JD 船排水量为 6 850 t，今用船吊将第三舱内 60 t 大件货吊卸至码头，货物重心初始位于中纵剖面上且距基线高为 3.5 m，吊杆顶点距基线为 21 m；当货物的重心转向码头后，吊杆顶点横移距离为 14.5 m。求此时船舶产生的横倾角 $\theta = $？（$KM = 8.4$ m，$KG = 7.0$ m）（答案：$\theta = 5.9°$）

16）XW 船排水量 $\Delta = 7\,750$ t，初稳性高度 $GM = 0.80$ m，在开航前加油（$\rho = 0.84$）250 t，其重心在船舶重心之上 3.5 m，该油柜长 $l = 10$ m，宽 $b = 5$ m，存在自由液面的影响。问加油后船舶的初稳性高度为多少？（答案：$GM' = 0.68$ m）

17）XH 船在大连港装货，计算出港时的排水量 $\Delta = 18\,000$ t，全船垂向力矩为 143 100 × 9.81 kN−m，计划到中途港新加坡后在下述舱位加载货物 1 100 t。大连至新加坡每天消耗油水等约 45 t，按 8 天计算，平均重心高度为 1.5 m，不计自由液面影响，试分别用大量装卸和少量装卸公式计算加载后的初稳性高度为多少？此时稳性有无问题？（查得船舶的临界稳性高度 $GM_c = 0.21$ m；$\Delta = 18\,000$ t 时，$KM = 8.56$ m；$\Delta = 18\,740$ t 时，$KM = 8.59$ m）（答案：按少量装卸公式计算可得 $GM = 0.22$ m；按大量装卸公式计算得 $GM = 0.25$ m. 均大于 GM_c，故稳性符合要求）

舱名	重量（t）	重心高度（m）
№3 二层舱	400	12
№4 二层舱	400	12
上甲板	300	14

18）DF 船某航次配载草图拟就后，计算得船舶排水量 $\Delta = 20\,881$ t，垂向力矩为 158 487 ×

9.81 kN－m,纵向重量力矩中前 310 864×9.81 kN－m,中后 289 565×9.81 kN－m;查得 KM = 8.69 m, d = 9.00 m, X_b = 1.50 m, X_f = －1.80 m, MTC = 230×9.81 kN－m/cm,船长 L_{bp} = 140 m。试计算:①GM = ? ②为使 GM_1 = 1.20 m, t_1 = －0.60 m,应如何移货? 移多少吨才能满足要求? 要求移动货物满足其中一项时,不能改变另一项的大小。以下货舱和舱室尚有机动舱位:№1 二层舱(Z_p = 12 m, X_p = 50 m),底舱(Z_p = 6.0 m, X_p = 50 m);№5 二层舱(GM = 11 m, X_p = －34 m),底舱(Z_p = 6.0 m, X_p = －32 m)(答案:①GM = 1.10 m②先由№1 二层舱移货 P = 348 t至№1 底舱,满足 GM_1 = 1.20 m;再由№1 底舱移货 P = 46 t至№5 底舱,满足 t_1 = －0.60 m)

19)XX 船空船排水量为 2 000 t,空船中心距基线高度为 5.5 m,船舶型宽为 20 m,船舶载荷重量(包括货物、油水及其他重量)为 8 000 t,其重心距基线高为 3.50 m,根据平均吃水查得:船舶浮心距基线高为 2.80 m,横稳心半径为 1.90 m。①试求该船的初稳性高度 GM? ②试用公式计算该船的横摇周期。③开航前由于某种原因,要将装在左舷甲板上的 50 t 重货移到右舷甲板处,其横移距离为 12 m,问船舶会产生多大的横倾角。(答案:处于中垂状态,δ = 0.1 m,为正常范围)

20)已知 HJ 船的排水体积 Δ = 19 268 m³,重心高度 KG = 5.8 m,形状稳性力臂曲线如图 3.6.2.2所示,试绘制其静稳性力臂曲线。

21)已知 XC 船的排水体积 Δ = 14 342 m³,重心高度 KG = 8.2 m,假定重心稳性力臂曲线如图 3.6.3.2 所示,试绘制其静稳性力臂曲线。

22)已知 ZC 船吃水 d = 8.2 m, GM = 1.3 m,初稳心点稳性交叉曲线如图 3.6.4.1 所示,试绘制其静稳性力臂曲线。

23)MV Nonsuch 排水量为 14 000 t, GM = 1.2 m, d = 7.02 m, TPC = 23 t/cm。今用船舶重吊自码头吊起重量为 150 t 的重件,其挂点距基线高为 40 m,挂点至船舷的水平横距为 9 m,船宽为 22.1 m。试求起吊后船舶的最大横倾角。

24)MV Seven Seas 排水量为 19 503 t, GM = 0.78 m, d = 8.00 m, TPC = 25 t/cm。今用船舶重吊将№3 舱内重量为 150 t 的重件吊至码头,该货件初始时位于中纵剖面上,其重心距线高度为 10 m,挂点距基线高为 42 m;当货物转向码头后,挂点的水平移距为 9 m,船宽为 22.1 m。试求吊起货件后船舶的最大横倾角。

第 4 章　吃水差

§4.1　吃水差的概念

4.1.1　吃水差与纵稳性

4.1.1.1　纵稳性

纵倾(trim)时,两相邻浮力作用线的交点称为纵稳心 M_L(longitudinal metacenter)。浮心 B 到纵稳心 M_L 间的距离称为纵稳性半径(longitudinal metacentric radius)R,如图 4.1.1.1 所示。与横稳性相似,纵稳性半径可用式(4.1.1.1)表示,

$$R = \frac{\rho I_y}{\Delta} \qquad\qquad (4.1.1.1)$$

式中,I_y 为水线面面积关于纵倾轴的面积惯矩(longitudinal inertia moment of water plan)。纵倾轴过船舶漂心而与首尾线垂直。

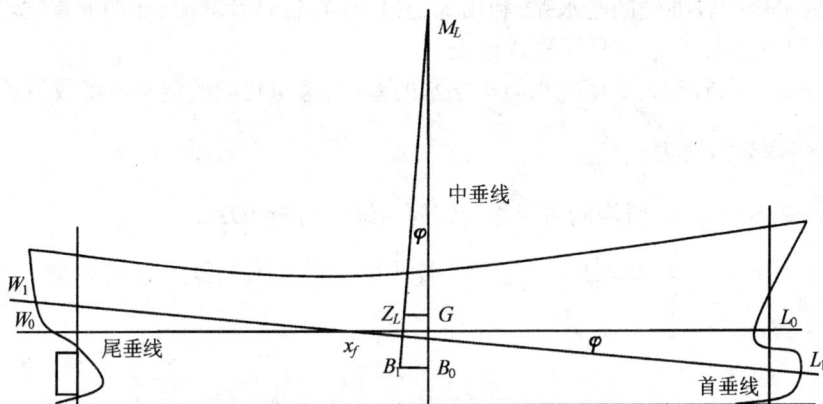

图 4.1.1.1　船舶的纵稳性

如果将水线面面积取为矩形,则式(4.1.1.1)变为式(4.1.1.2),

$$R = \frac{\rho I_y}{\Delta} = \frac{1}{12}\frac{BL_{bp}^3}{L_{bp}Bd} = \frac{1}{12}\frac{L_{bp}^2}{d} \qquad\qquad (4.1.1.2)$$

对于一般货船,取 $d = 10$ m,$L_{bp} = 150$ m,则 $R = 187.5$ m。可见,一般货船的纵稳心半径多在 200 m 左右。

在图 4.1.1.1 中可以看出,船舶的纵稳性力臂(longitudinal stability lever)GZ_L 可表为式(4.1.1.3),

$$GZ_L = GM_L\sin\varphi \qquad\qquad (4.1.1.3)$$

由式(4.1.1.3)可见,船舶的纵稳性力臂也很大,所以船舶通常不会因纵稳性不足而纵向倾覆,因而不必研究纵向大倾角倾斜问题。但是,研究小倾角纵稳性问题却具有实际意义。船

舶吃水差是纵向小倾角静稳性问题;船舶纵摇是纵向小倾角动稳性问题。

4.1.1.2　吃水差的产生

吃水差的产生是小倾角纵稳性问题。

货物、油水或其他重量的装卸和移动,会使船舶重心发生纵向移动,而且这种移动相对于船舶纵稳性的变化很缓慢。由于重心的纵向移动和重量变化船舶便会产生一个纵倾力矩。相应于这个纵倾力矩,船舶便会产生一个纵稳性力矩,大小与之相等,但方向相反。船舶于是产生新的平衡。重心可能会进一步纵向移动或重量会进一步变化,船舶于是会产生又一个纵倾力矩。相应于新的纵倾力矩,船舶便会再产生一个纵稳性力矩,大小与之相等,但方向相反。船舶于是又产生了平衡……如此进行下去,直到船舶重心不再移动并且重量不再变化。

4.1.1.3　吃水差的定义

船舶的吃水差(trim)定义为首垂线上的吃水减去尾垂线上的吃水,即

$$t = d_f - d_a \qquad (4.1.1.4)$$

式中,t 为船舶的吃水差,d_f 为船舶的首吃水,d_a 为船舶的尾吃水。

如果船舶无拱垂,则船舶的吃水沿船长方向上均匀变化。营运中的船舶往往有一定拱垂,所以船舶吃水在船长方向上并非均匀变化。如果船舶为中拱,则中吃水小于平均吃水;如果船舶为中垂,则中吃水大于平均吃水。

生产中,常用首水尺和尾水尺上的吃水作为首、尾吃水,据此计算出的吃水差并不是严格意义上的吃水差,所以有些微的误差。而且,首水尺吃水和尾水尺吃水的测定误差会增加吃水差的误差。为了得到较准确的吃水差,利用式(4.1.1.4)进行计算时,船舶的首吃水 d_f 应经首垂线修正,船舶的尾吃水 d_a 应经尾垂线修正。

有的国家将吃水差定义为尾吃水与首吃水的差值,这与我们的定义所得数值符号相反。

4.1.2　每厘米纵倾力矩

船舶吃水差改变 1 cm 所需的力矩称为每厘米纵倾力矩 MTC。

在图4.1.1.1中,吃水差改变 1 cm 时船舶纵倾角 φ 的正弦值 $\sin\varphi$ 可取为 $\dfrac{1}{100L_{bp}}$,所以每厘米纵倾力矩 MTC 为

$$MTC = \frac{\Delta GM_L}{100L_{bp}} \qquad (4.1.2.1)$$

式中,纵稳性高度 GM_L 与纵稳心半径 R 的差值很小,船内自由液面对纵稳性的影响值与 R 相比也很小,所以 MTC 可表为

$$MTC = \frac{\Delta R}{100L_{bp}} = \frac{\rho I_y}{100L_{bp}} \qquad (4.1.2.2)$$

据式(4.1.2.2)可将 MTC 制成表格或绘出曲线,供船员在生产中应用。例如,排水量为20 000 t 的船舶满载时 MTC 为 250 t‑m/cm 左右,空载时 MTC 为 150 t‑m/cm 左右。

目前,船舶资料中 MTC 均以力矩单位(t‑m/cm)给出。但是,对于新造船,MTC 定义为吃水差改变 1 cm 所需的力矩,即每厘米纵倾力矩(kN‑m/cm)。

4.1.3　船舶的合适吃水差

船舶的吃水差应为多大并没有统一的标准,但船舶在确定吃水差时应注意以下因素。

4.1.3.1　螺旋桨沉深的限制

为了保证螺旋桨和舵具有足够的沉深,船舶应具有适当的吃水差。如图 4.1.3.1 所示,螺旋桨轴心距水线面的距离 I 与螺旋桨直径的比值应达到 50% ~ 60% ,即

$$\frac{I}{D} > 50\% ~ 60\% \qquad\qquad (4.1.3.1)$$

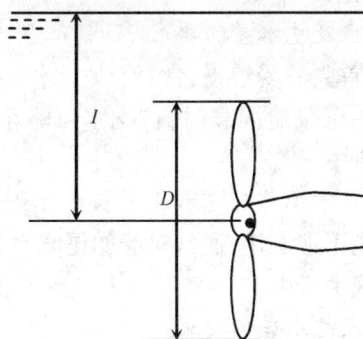

图 4.1.3.1　螺旋桨沉深限制

试验表明,当 I/D 小于 40% ~ 50% 时,螺旋桨的推进效率将急剧下降。

4.1.3.2　防止甲板上浪

船舶适当的尾倾有利于防止甲板上浪。在较大风浪中航行时,保证船舶适当的尾倾会减小前甲板受浪击的可能性。这有利于防止前舱盖受损,减小舱内货物受水湿的可能性。

4.1.3.3　吃水的限制

大型船舶的吃水较大,在港口或航道水深有限制时不得有较大吃水差。如大型油船、大型散装矿船等常应将其吃水差尽可能调至 0。

4.1.3.4　研究机构的建议

上海船舶运输研究所在分析了国际海事组织对有关船舶提出的首吃水及平均吃水的最小要求后,建议我国远洋船舶的最小首吃水及最小平均吃水应满足下述要求:

当 $L_{bp} \leqslant 150$ m 时, $d_f \geqslant 0.025\ L_{bp}$ 且 $d_m \geqslant 0.02\ L_{bp} + 2$;

当 $L_{bp} > 150$ m 时, $d_f \geqslant 0.012\ L_{bp} + 2$ 且 $d_m \geqslant 0.02\ L_{bp} + 2$;

上述的首吃水和平均吃水的单位为米。应当指出,这一建议并不是衡准,只可供船长在生产中参考选用。

4.1.3.5　最佳纵倾

船舶所受阻力可认为主要与排水量、航行速度和吃水差有关,即

$$R = f(\Delta, v, t)$$

对于船舶的一个航次,在开航前或在装货前可估算出排水量 Δ 的大小,也可预计出船舶的航行速度,所以阻力 R 就仅与吃水差 t 有关。一般 R 并不是 t 的线性函数,适当选择 t 可使 R 取得最小值。这种使阻力在给定的排水量 Δ 和航行速度 v 的前提下取最小值的吃水差 t 称为最佳纵倾(optimum trim)。

应该指出, $R = f(\Delta, v, t)$ 所确定的一组曲线只能通过最佳纵倾试验确定。从最佳纵倾曲线上查取 t 时,应用尽可能准确的排水量 Δ ,应用航行中使用时间最长的航行速度。

最佳纵倾 t 可能为尾倾,也可能为首倾。从航海生产角度看,首倾不符合操纵性的要求,

一般认为在 5 级风以下时按最佳纵倾确定吃水差,在 6 级风以上时按操纵性确定吃水差。

4.1.3.6 船舶操纵性方面的要求

从船舶操纵性方面看,船舶应保持适当尾倾,以有利于发挥船舶的操纵性能,使船舶具有充分的保向性;船舶吃水差与船长之比应小于 2.5%,即船舶纵倾角应小于 1.5°;适当尾倾符合船员的航海习惯。

4.1.3.7 迎浪航行时对吃水及吃水差的要求

船舶迎浪航行时,为了防止首尖舱受浪损,常对首吃水作出一定限制。

一般,若首尖舱和/或其下的压载舱满载时,首吃水可略小,否则首吃水应达到较大的数值。该值一般列在船舶装载手册中。

4.1.3.8 保证应急消防泵正常工作对吃水及吃水差的要求

为了保证船舶应急消防泵能正常工作,通常对船舶尾吃水作出限制,即船舶的尾吃水不得太小。该值一般也列在船舶装载手册中。

4.1.3.9 净空高度对吃水及吃水差的要求

为了使船舶安全通过江河或海峡上的桥涵,必须保证船舶净空高度不超过一定限值。因此必须从这一角度对船舶的吃水和吃水差作出一定限制。

4.1.3.10 盲区长度限制对吃水及吃水差的要求

船舶装载甲板货物时,为了保证首向盲区长度(length of blind sector, LBS)不超过有关规定,必须对船舶的吃水和吃水差作出限制。

从这一角度考虑,必须对船舶的吃水和吃水差作出一定限制。有关这方面的计算,见 7.7.4 节。

4.1.3.11 船舶航行时的合适吃水差

综上所述,万吨级货船的吃水差应达到下述要求:

· 满载航行时应为 -0.30 ~ -0.59 m;
· 半载航行时应为 -0.60 ~ -0.89 m;
· 压载航行时应为 -0.90 ~ -1.90 m。

船舶进出港、过浅滩、过浅水道常要求平吃水,以使船舶的最大吃水达到最小值。

§4.2 在配载图上计算吃水差

4.2.1 荷重的重心纵向位置

4.2.1.1 空船重心的纵向位置

空船重量 Δ_0 为固定值,空船重心的纵向位置也是一固定值,由倾斜试验确定后列在船舶资料中。空船重心纵向位置的均方差可取为 0.05 m。

一般,尾机船的空船重心在中后,中机船的重心在船中附近。对于尾机船和中后机船来说,空船时尾倾很大,例如空船重量在 5 000 t 左右的尾机船其重心在中后 8 m 左右。从纵倾的角度考虑,未加压载的空船无法正常航行。

一些老旧的船上没有空船重量及重心资料,这种船应立即进行倾斜试验,否则无法正常营运。对于一般的万吨级货船,重心距中距离的 1 m 误差可导致吃水差的误差在 0.25 m 左右。

4.2.1.2　油水的重心纵向位置

油水重量以舱柜为单位,粗略计算时重心纵向位置取在舱容中心上;较精确计算时,以液舱的液面高度为引数在舱容表上查取重心纵向位置。一般,船舶装载手册中的液舱舱容表中列有各液舱的重心纵向位置。

储备物料的重心纵向位置取为固定值,在船舶装载手册中查取。

一般,油水及储备物料 $\sum G$ 的重心纵向位置的均方差在 0.10 m 左右。

4.2.1.3　货物重心纵向位置

· 杂货的重心纵向位置

杂货的重心一般按票计。现代杂货船上,一般很少有超过 10 票货物的情形,所以可以按票计算。早年,一艘船可能装载数百票货物,这可将若干票进行合并,按货堆计算。

杂货货堆一般为规则形状,其重心纵向位置的选取可参照固体散货堆形状确定。

据估计,全船杂货重心纵向位置的误差可达 2 m 左右。

· 固体散货的重心纵向位置

固体散货货堆的俯视形状可归纳为图 4.2.1.1 所示的类形。其中(a)形货堆的重心纵向位置取在 $L/2$ 处;(b)和(c)形货堆的重心纵向位置取在距长边 $L/2 \sim L/3$ 之间处;(d)形货堆的重心纵向位置取在距底边 $L/3$ 处;(e)形货堆的重心纵向位置也取在距底边 $L/3 \sim L/2$ 之间。

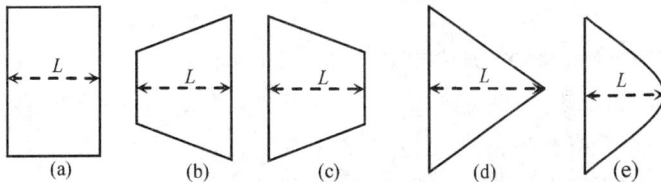

图 4.2.1.1　纵向货堆的俯视形

货堆的侧视形状可归纳为图 4.2.1.2 所示的类形。其中(a)、(b)、(c)和(e)形货堆的重心纵向位置取在 $L/2$ 处;(d)形货堆的重心纵向位置取决于上边和下边的长度,一般可取在 $L/2$ 略偏右侧一点。

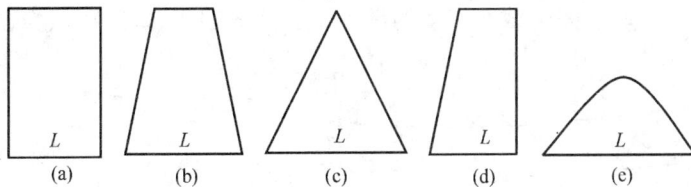

图 4.2.1.2　纵向货堆的侧视形

全船固体散货重心纵向位置的误差 1 m 左右。

· 集装箱的重心纵向位置

集装箱的重心纵向位置取在箱长的中点处,同一排位(bay)的集装箱取统一值。应注意,有时同一排位的集装箱,在甲板上箱垛和甲板下箱垛的重心纵向位置可能略有不同,这时应分别计算。

全船集装箱货物重心纵向位置的误差 0.3 m 左右。

· 液体散货的重心纵向位置

液体散货的重心纵向位置以舱为单位计算,以液舱的液面高度为引数在舱容表上查取。船舶装载手册中的液舱舱容表中列有各液舱的重心纵向位置。

全船液体散货重心纵向位置的误差 0.1 m 左右。

· 特种货物的重心纵向位置

对于特种货物,如重大件,货载资料中常给出货物的重心位置,其在船上的重心纵向位置取决于其在船上的积载位置。

若对积载位置进行精确测定,则全船特种货物重心纵向位置的误差 0.1 m 左右。

4.2.1.4 常数重心纵向位置

船舶常数的重心取在空船重心处,即船舶常数的重心纵向坐标取为空船重心的纵向坐标。船舶常数重心纵向位置的误差一般很大,可能达 5 m 左右。

4.2.2 船舶重心纵向位置及其计算表格

船舶重心纵向位置在不同的坐标系统中有不同的表示法。我国最常见的坐标系统为将原点取在基线中点的首向坐标系统。在这一系统中,船舶各项载荷及其重心纵向位置常用距船中的距离表示。

船舶重心距中距离 X_g 用式(4.2.2.1)计算,

$$X_g = \frac{\sum P_i X_i}{\Delta} \qquad (4.2.2.1)$$

式中,P_i 为某一项载荷的重量;X_i 为载荷 P_i 的重心距中距离。

生产中,按式(4.2.2.1)计算船舶重心距中距离并非易事,并且容易出现遗漏和计算错误。所以,计算中必须严格按表格进行,见表 3.1.6.1。

计算中,重心距中距离保留 2 位小数,力矩保留到整数。

4.2.3 吃水差的计算公式

在配载图上,货物已经配妥,船舶所产生的吃水和吃水差的大小完全取决于货物及油水等在船舶纵向上的分布。

在图 4.2.3.1 中,船舶因配载而产生的纵倾角 φ 一般很小,所以可认为纵倾时重力作用线

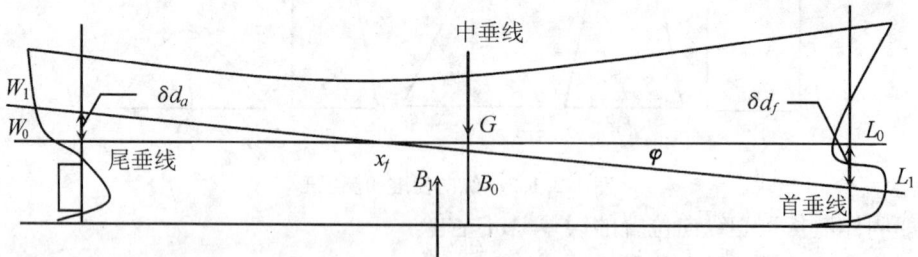

图 4.2.3.1 纵倾下重力与浮力

与浮力作用线平行,即船舶的纵倾力矩为 $\Delta(X_g - X_b)$,也就是说船舶吃水差 t 可表为式(4.2.3.1),

$$t = \frac{\Delta(X_g - X_b)}{100MTC} \qquad (4.2.3.1)$$

吃水差 t 在首尾垂线上的分配一般并不相同,如图4.2.3.1所示。相对于正浮时的吃水,吃水差在首吃水上的分量 δd_f 可表示为:

$$\frac{\delta d_f}{\left(\dfrac{L_{bp}}{2} - X_f\right)} = \frac{t}{L_{bp}} \qquad (4.2.3.2)$$

即首吃水上的分量为

$$\delta d_f = \left(0.5 - \frac{X_f}{L_{bp}}\right)t \qquad (4.2.3.3)$$

相应地,尾吃水上的分量 δd_a 可表示为:

$$\delta d_a = -\left(0.5 + \frac{X_f}{L_{bp}}\right)t \qquad (4.2.3.4)$$

如果查得船舶的平均吃水 d_m,则船舶首尾吃水为:

$$d_f = d_m + \delta d_f = d_m + \left(0.5 - \frac{X_f}{L_{bp}}\right)t \qquad (4.2.3.5)$$

$$d_a = d_m + \delta d_a = d_m - \left(0.5 + \frac{X_f}{L_{bp}}\right)t \qquad (4.2.3.6)$$

例 4.2.3.1

TJ 船两柱间长为 140 m,空船排水量 Δ_0 为 5 371 t,重心距中距离为 -7.509 m,平均吃水为 2.57 m,此时每厘米纵倾力矩为 169.0 t – m/cm,浮心距中距离为 2.749 m。求该船空船吃水差及首尾吃水。

解:按式(4.2.3.1),吃水差为

$$t = \frac{\Delta(X_g - X_b)}{100MTC} = \frac{5\,371(-7.509 - 2.749)}{100 \times 169.0} = -3.260 \text{ m}$$

按式(4.2.3.5)和式(4.2.3.6),得首尾吃水为:

$$d_f = d_m + \left(0.5 - \frac{X_f}{L_{bp}}\right)t = 2.57 + \left(0.5 - \frac{2.749}{140}\right)(-3.260) = 1.002 \text{ m}$$

$$d_a = d_m - \left(0.5 + \frac{X_f}{L_{bp}}\right)t = 2.57 - \left(0.5 + \frac{2.749}{140}\right)(-3.260) = 4.262 \text{ m}$$

例 4.2.3.2

在例3.1.6.1中,按表3.1.6.2的计算可得:

$$X_g = \frac{\sum P_i X_i}{\Delta} = \frac{12\,869}{20\,508} = 0.628 \text{ m}$$

以 $\Delta = 20\,508$ t 查静水力参数表1.4.1.1得:

$$d_m = 8.892 \text{ m}$$

$$MTC = 228.85 \text{ t – m/cm}$$

$$X_b = 1.535 \text{ m}$$

$$X_f = -1.646 \text{ m}$$

TJ 船的两柱间长 L_{bp} 为 140 m,所以

$$t = \frac{\Delta(X_g - X_b)}{100MTC} = \frac{20\,508(0.628 - 1.535)}{100 \times 228.85} = -0.650 \text{ m}$$

按式(4.2.3.5)和式(4.2.3.6),得首尾吃水为

$$d_f = d_m + \left(0.5 - \frac{X_f}{L_{bp}}\right)t = 8.892 + \left(0.5 - \frac{-1.646}{140}\right)(-0.650) = 8.559 \text{ m}$$

$$d_a = d_m - \left(0.5 + \frac{X_f}{L_{bp}}\right)t = 8.892 - \left(0.5 + \frac{-1.646}{140}\right)(-0.650) = 9.225 \text{ m}$$

§4.3　吃水差的调整

4.3.1　货物纵向移动

船上货物纵向移动会产生纵倾力矩,该纵倾力矩将使船舶改变吃水差。设重量为 P 的重物由 X_1 移至 X_2,则船舶吃水差的改变量 δt 为所产生的纵倾力矩与该状态下每厘米纵倾力矩

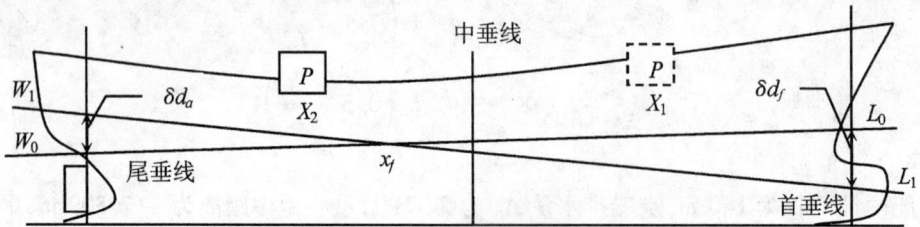

图 4.3.1.1　重物的纵向移动

的比值,如图4.3.1.1所示,即

$$\delta t = \frac{P(X_2 - X_1)}{100MTC} \tag{4.3.1.1}$$

吃水差的改变量在首吃水上的分量 δd_f 及在尾吃水上的分量 δd_a 分别为:

$$\delta d_f = \left(0.5 - \frac{X_f}{L_{bp}}\right)\delta t \tag{4.3.1.2}$$

$$\delta d_a = -\left(0.5 + \frac{X_f}{L_{bp}}\right)\delta t \tag{4.3.1.3}$$

如果已知船舶初始首吃水 d_{f0} 和尾吃水 d_{a0},则船舶新的首吃水 d_f 和尾吃水 d_a 为:

$$d_f = d_{f0} + \delta d_f = d_{f0} + \left(0.5 - \frac{X_f}{L_{bp}}\right)\delta t \tag{4.3.1.4}$$

$$d_a = d_{a0} + \delta d_a = d_{a0} - \left(0.5 + \frac{X_f}{L_{bp}}\right)\delta t \tag{4.3.1.5}$$

$$t = t_0 + \delta t = d_f - d_a \tag{4.3.1.6}$$

上述式(4.3.1.1)~式(4.3.1.6)的应用中应注意下述事项:

· 船舶初始状态不一定为正浮,即 d_{f0} 和 d_{a0} 不一定相等;

· 货物的移动量一般不超过当时排水量的10%;

· 在式(4.3.1.1)中,X_1 为货物原来所在的纵向位置,X_2 为货物新的纵向位置。

例 4.3.1.1

HQ 船 $d_f = 7.4$ m，$d_a = 8.2$ m，$L_{bp} = 147$ m。今将 100 t 压载水自第一压载舱（中前 53.92 m）至第三压载舱（中后 32.18 m），并查得 $MTC = 198$ t − m/cm，$X_f = -3.94$ m。求调整后船舶的吃水差及首尾吃水。

解： 按式(4.3.1.1)、式(4.3.1.4)～式(4.3.1.6)，

$$\delta t = \frac{P(X_2 - X_1)}{100 MTC} = \frac{100(-32.18 - 53.92)}{100 \times 198} = -0.44 \text{ m}$$

船舶新的首尾吃水为：

$$d_f = d_{f0} + \left(0.5 - \frac{X_f}{L_{bp}}\right)\delta t = 7.40 + \left(0.5 - \frac{-3.94}{147}\right)(-0.44) = 7.168 \text{ m}$$

$$d_a = d_{a0} + - \left(0.5 + \frac{X_f}{L_{bp}}\right)\delta t = 8.20 - \left(0.5 + \frac{-3.94}{147}\right)(-0.44) = 8.408 \text{ m}$$

$$t = t_0 + \delta t = 7.40 - 8.20 + (-0.44) = -1.24 \text{ m}$$

4.3.2 小量装卸时的吃水差

将小量货物 P 装于船上纵向位置 X_p 处，船舶将产生下沉和纵倾。这个过程在理论上可分两步进行，即设先将 P 装于漂心 X_f 处，再自 X_f 处移至 X_p 处，如图 4.3.2.1 所示。

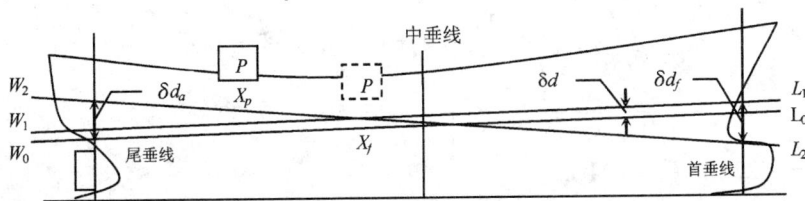

图 4.3.2.1 小量装载重物

将 P 装于漂心 X_f 处，船舶将产生平行下沉 δd，

$$\delta d = \frac{P}{100 TPC} \tag{4.3.2.1}$$

对于小量装货，下沉后漂心的纵向位置变化很小而可忽略，即认为 X_f 不变。将 P 自 X_f 处移至 X_p 处，则船舶吃水差的改变量 δt 可按式(4.3.1.1)计算，

$$\delta t = \frac{P(X_p - X_f)}{100 MTC} \tag{4.3.2.2}$$

如果已知船舶初始首吃水 d_{f0} 和尾吃水 d_{a0}，则船舶新的首吃水 d_f 和尾吃水 d_a 为：

$$d_f = d_{f0} + \delta d + \left(0.5 - \frac{X_f}{L_{bp}}\right)\delta t \tag{4.3.2.3}$$

$$d_a = d_{a0} + \delta d - \left(0.5 + \frac{X_f}{L_{bp}}\right)\delta t \tag{4.3.2.4}$$

$$t = t_0 + \delta t = d_f - d_a \tag{4.3.2.5}$$

在上述式(4.3.2.1)～式(4.3.2.5)中，当 P 取负值时即为小量卸货过程产生的吃水及吃水差。式(4.3.2.1)～式(4.3.2.5)的应用中应注意下述事项：

- 船舶初始状态不一定为正浮，即 d_{f0} 和 d_{a0} 不一定相等；

- 货物的装卸量一般不超过当时排水量的 10%；
- 在漂心上装卸时船舶只产生平行沉浮而吃水差不变；
- 航行中的油水消耗、打入和排放压载水、甲板结冰等均属于小量装卸问题。

例 4.3.2.1

QY 船 $d_f = 8.80$ m，$d_a = 9.00$ m，将 400 t 货物各分装在 No1（$X_p = 50.0$ m）舱和 No5（$X_p = -30$ m）舱多少吨方可使吃水差为 -0.50 m？（$MTC = 230$ t-m/cm，$TPC = 25$ t/cm，$X_f = -1.70$ m）

解：设在 No1 装载 P_1 吨，在 No5 舱装载 P_2 吨，则可得方程组

$$P_1 + P_2 = 400$$

$$\frac{P_1(50 + 1.70) + P_2(-30 + 1.70)}{100 \times 230} = -0.5 - (8.80 - 9.00) = -0.3$$

解得，$P_1 = 55.25$ t，$P_2 = 344.75$ t

例 4.3.2.2

XY 船抵锚地时，满载吃水为 $d_f = 7.32$ m，$d_a = 7.77$ m，该港允许吃水为 7.50 m，现决定在中后 33.50 m 处驳卸货物以调尾吃水与港口允许吃水相同，问应卸多少吨货物？卸后的首吃水为多少？（$X_f = -0.233$ m，$MTC = 204.9$ t-m/cm，$TPC = 24.8$ t/cm）

解：设卸 P 吨，且首吃水为 d_f，则可得方程组

$$\frac{P}{100 \times 24.8} = \frac{1}{2}\left[7.5 + d_f - (7.32 + 7.77)\right]$$

$$\frac{P(-33.5 + 0.233)}{100 \times 204.9} = d_f - 7.50 - (7.32 - 7.77)$$

解得，$P = -222$ t，$d_f = 7.41$ m

例 4.3.2.3

JG 船满载抵锚地（水密度 $\rho = 1.025$），当时首吃水 $d_f = 8.8$ m，尾吃水 $d_a = 9.02$ m，决定驳卸后，于次日乘高潮过浅滩（水密度 $\rho = 1.010$）进港。问在 No2 舱（$X_p = 31.45$ m）和 No4 舱（$X_p = -10.70$ m）各驳卸多少货物方可以 0.50 m 富裕水深驶过潮高为 2.00 m、航道基深为 7.00 m 的浅滩？（$\Delta = 20\ 500$ t，$MTC = 230$ t-m/cm，$TPC = 25.7$ t/cm，$X_f = -1.76$ m，$L_{bp} = 140$ m）

解：按驳卸前和驳卸后的平均吃水的差值可知，驳卸量属小量卸货。驳卸前和驳卸后由海水进入水密度 $\rho = 1.010$ 的水域中平均吃水的增加量近似相等，即

$$\delta d = \frac{20\ 500}{100 \times 25.7}\left(\frac{1.025}{1.010}\right) = 0.118 \text{ m}$$

驳卸后为平吃水时驳卸量最小，即驳卸后在海水中的平吃水应为

$$8.50 - 0.118 = 8.382 \text{ m}$$

设在 31.45 m 驳卸 P_1 吨，在 -10.70 m 处驳卸 P_2 吨，则

$$\frac{P_1 + P_2}{100 \times 25.7} = 8.382 - \frac{1}{2}(8.80 + 9.02)$$

$$\frac{P_1(31.45 + 1.76) + P_2(-10.70 + 1.76)}{100 \times 230} = 0 - (8.80 - 9.02)$$

解得，$P_1 = -168$ t，$P_2 = -1\ 190$ t

4.3.3　大量装卸时的吃水差

大量装卸时的吃水及吃水差的计算可利用两种方法进行计算。

4.3.3.1　重新计算吃水及吃水差

如果装卸量较大,可重新计算船舶的重心和排水量,查取浮心、漂心、每厘米纵倾力矩等参数,计算船舶的吃水及吃水差。

应注意,重新计算时未发生改变的装载方案的重心不必重新计算,这样可减少相当一部分计算工作量。

4.3.3.2　利用小量装卸公式进行迭加计算

将装卸量分成若干部分,使每一部分均为小量装卸,利用小量装卸的吃水差和吃水计算公式分别进行累次计算。计算结果即可作为大量装卸的吃水差和吃水。

4.3.4　舷外水密度改变对吃水差的影响

进出不同海水密度区域时船舶的吃水会发生变化。这种变化可认为先平行沉浮,再发生一定的纵倾,如图4.3.4.1所示。

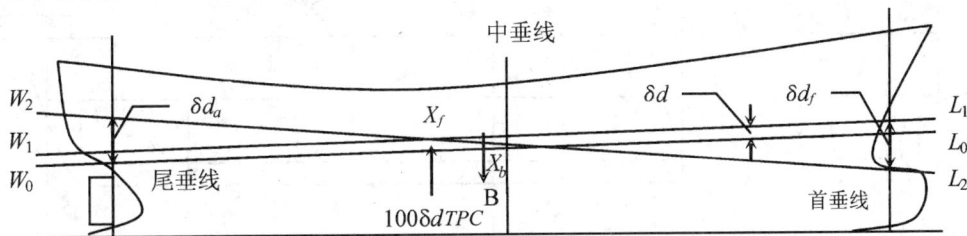

图 4.3.4.1　舷外水密度改变对吃水差的影响

先考虑船舶由水密度较大的水域进入水密度较小的水域。这时,船舶会发生平行下沉量 δd。

厚度为 δd 的一层水的重量的重心在水线面的漂心处,船舶由水密度较大的水域进入水密度较小的水域时,相当于将大小为 $100\delta dTPC$ 的浮力由原来的浮心 X_b 处移至漂心 X_f 处,产生的力矩为 $100\delta dTPC(X_b - X_f)$。船舶在这一力矩作用下发生纵倾,从而吃水差的改变量为

$$\delta t = \frac{\delta d(X_b - X_f)TPC}{MTC} \tag{4.3.4.1}$$

船舶进出水密度不同的水域,水线面会发生变化,从而漂心也会发生变化。但变化量不大,所以可认为 X_f 固定在原来的位置上。

船舶的首尾吃水及吃水差可由式(4.3.2.3)~式(4.3.2.5)计算出。δt 与 δd 的单位相同。

对于大多数海船来说,漂心 X_f 在浮心 X_b 之后,$(X_b - X_f) > 0$。船舶由海水水域进入淡水水域时,δd 为正值,δt 也为正值,即吃水增加并发生首倾;船舶由淡水水域进入海水水域时,δd 为负值,δt 也为负值,即吃水减小并发生尾倾。

4.3.5　利用吃水差比尺查取首尾吃水

早年,用手算或算盘进行吃水差计算,由于计算工具不发达,计算极为费时,于是人们研制

出吃水差计算图表或吃水差比尺。图4.3.5.1是HD船的吃水差比尺示意图。

在吃水差比尺上,可查得在各舱中装卸100 t货物时首尾吃水的改变量。在各舱内装卸某一重量货物时,可按查得的每装载100 t重量首尾吃水改变量计算出相应的吃水改变量,从而计算出吃水和吃水差。

吃水差比尺的绘制原理并不复杂。

在排水量为Δ时,如果在船舶纵向上X_p处装载$P = 100$ t货物,则首尾吃水的改变量δd_f和δd_a可用式(4.3.2.3)和式(4.3.2.4)计算,

$$\delta d_f = \frac{1}{TPC} + \left(\frac{L_{bp}}{2} - X_f\right)\frac{X_p - X_f}{TPCL_{bp}} \tag{4.3.5.1}$$

$$\delta d_a = \frac{1}{TPC} - \left(\frac{L_{bp}}{2} + X_f\right)\frac{X_p - X_f}{TPCL_{bp}} \tag{4.3.5.2}$$

易见,对于给定的排水量,首尾吃水的改变量δd_f和δd_a均只是X_p的函数,所以可分别绘制出δd_f和δd_a关于X_p函数的曲线。

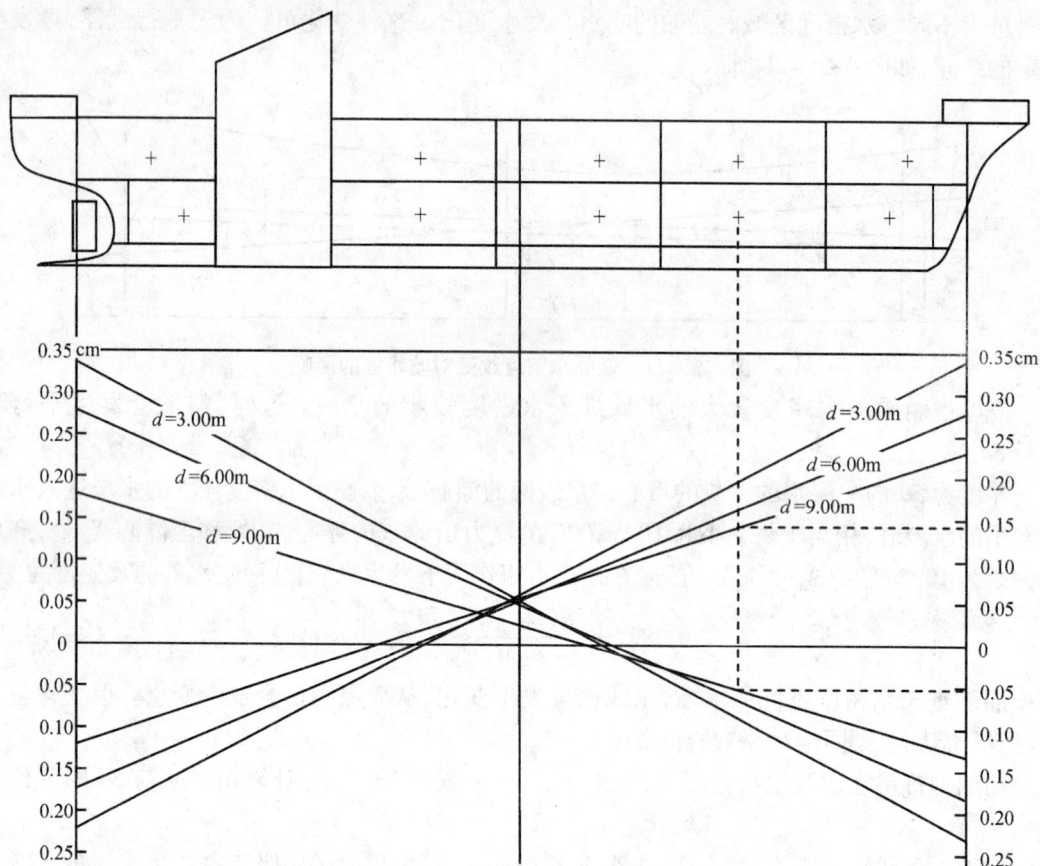

图4.3.5.1 HD船吃水差比尺

事实上,令$X_p = X_f$,则,

$$\delta d_f = \delta d_a = \frac{1}{TPC} \tag{4.3.5.3}$$

令$\delta d_f = 0$,则

$$X_p = \frac{MTCL_{bp}}{TPC(L_{bp}/2 - X_f)} + X_f \qquad (4.3.5.4)$$

令 $\delta d_a = 0$

$$X_p = \frac{MTCL_{bp}}{TPC(L_{bp}/2 + X_f)} - X_f \qquad (4.3.5.5)$$

例 4.3.5.1

HD 船在科特斯(Kortis)港装货中首吃水为 8.85 m,尾吃水为 9.31 m,试计算在№4 底舱装载 250 t 货物时的首尾吃水及吃水差。

解:在图 4.3.5.1 上查得在№4 底舱装载 100 t 货物时首尾吃水的改变量为 $\delta d_f = 0.14$ m, $\delta d_a = -0.05$ m,所以

$$d_f = 0.14 \times \frac{250}{100} + 8.85 = 9.20 \text{ m}$$

$$d_a = -0.05 \times \frac{250}{100} + 9.31 = 9.18 \text{ m}$$

$$t = 9.20 - 9.18 = 0.02 \text{ m}$$

卸货时可按装载负值货物计算。

吃水差比尺的形式有多种,使用方法大同小异。实践表明,利用吃水差比尺进行吃水差计算,不比利用计算器直接计算方便,而且前者误差较大,所以,计算器在船上应用后这类计算比尺逐渐失去其存在的价值。

§4.4　进坞与搁浅

4.4.1　船舶进坞

4.4.1.1　墩木上的最大受力

船舶进坞(dry docking)是为了进行船底的检查和修理。进入坞内后,关闭坞门排水,船舶将随水面逐渐下落。由于进坞时船舶一般略有尾倾,所以尾部先与坞墩(block)接触而受力。随着坞水的进一步排除,船舶进一步下落,直到完全坐定在坞墩上。

在船舶尾部与坞墩接触后,船体即受到坞墩的反力 P 的作用。随着船舶进一步下落 P 将逐渐增加,当龙骨线与各坞墩上表面的连线接近时 P 达到最大值。

船底受到坞墩的反力 P 作用时,对船舶浮性的影响可从两个角度考虑,如图 4.4.1.1 所示:在 P 的作用点处卸下重量为 P 的重物,同时船舶排水量在 X_f 处减少 P,作用在船体纵向上的纵倾力矩为 $P\left(\frac{L_{bp}}{2} + X_f\right)$;或者,船舶浮力中大小为 P 的分力由 X_f 处移至 P 的作用点处,作用在船体纵向上的纵倾力矩也为 $P\left(\frac{L_{bp}}{2} + X_f\right)$。

设船舶尾部与墩木接触的瞬间吃水差为 t,随水面高度的下降吃水差改变量为 δt,反力 P 可表示为

$$P = \frac{100MTC\delta t}{\left(\frac{L_{bp}}{2} + X_f\right)} \qquad (4.4.1.1)$$

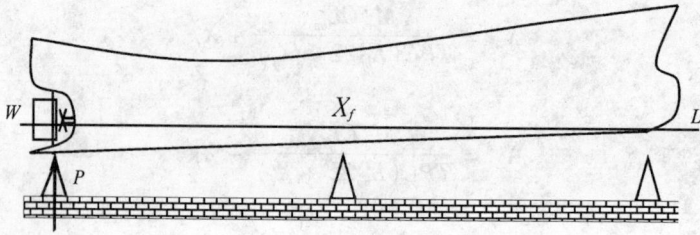

图 4.4.1.1 船舶进坞

由于船舶尾部与墩木接触的瞬间吃水差 t 一般为负值,吃水差的改变量 δt 为正值。当 $\delta t = -t$ 时 P 达到最大值,这时 $t = 0$,即船舶坐定在墩木上。

易见,为了不使墩木受力过大,应将船舶尾部与墩木接触之前的吃水差调到较小数值。

4.4.1.2 重心高度的增加

当船舶与墩木接触时,可认为其重心高度增加了[1]。设船舶排水量为 Δ,初始重心在 G_0 处,重心高度为 KG_0,如图 4.4.1.2 所示。当船舶与墩木接触时受反力 P 的作用,相当于在 P 处卸下重量为 P 的重物。这时,相当于船舶水线由 $W_0 L_0$ 下降为 $W_1 L_1$,排水量减为 $(\Delta - P)$。设新的重心在 G_1 处,重心高度为 KG_1,则

$$(\Delta - P)KG_1 = \Delta KG_0 + 0 \cdot P$$

从而新的重心高度 KG_1 为

$$KG_1 = \frac{\Delta}{\Delta - P}KG_0 \qquad (4.4.1.2)$$

可以看出,随排水量的减小,P 将逐渐增加,KG_1 将逐渐增加。当 P 达到最大值时 KG_1 将达到最大值。

根据船舶的平均吃水可查得 KM_0。当 P 值不很大时,船舶稳性 $G_1 M_0$ 可近似取为

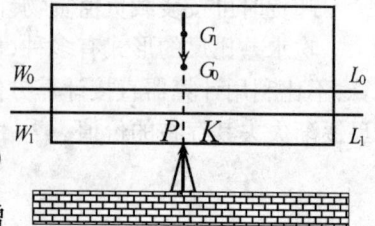

图 4.4.1.2 重心高度的上升

$$G_1 M_0 = KM_0 - KG_1 = G_0 M_0 - \frac{P}{\Delta - P}KG_0 \qquad (4.4.1.3)$$

4.4.1.3 稳心距基线高度的减小

当船舶与墩木接触时,也可认为其稳心减小了[2]。设船舶受到墩木反力 P 作用之前的水线为 $W_0 L_0$,排水量为 Δ,稳心为 M_0;受到墩木反力 P 作用之后的水线为 $W_1 L_1$,排水量为 $(\Delta - P)$,稳心为 M_1,如图 4.4.1.3 所示。船舶受到墩木反力 P 作用后,$W_1 L_1$ 水线下的浮力 $(\Delta - P)$ 可认为仍然过 M_0 点,而船舶在 $(\Delta - P)$ 和 P 合力作用下的稳心 M_1 可由式 $(4.4.1.4)$ 和式 $(4.4.1.5)$ 确定,

$$(\Delta - P)KM_0 \sin\theta = \Delta KM_1 \sin\theta \qquad (4.4.1.4)$$

即,

$$KM_1 = \frac{\Delta - P}{\Delta}KM_0 \qquad (4.4.1.5)$$

易见,P 增大时 KM_1 将减小。当 P 达到最大值时 KM_1 取得最小值。

当 P 值不很大时,船舶稳性的改变量 δGM 可近似取为

---

[1] A. R. Lester. Merchant Ship Stability. p235. UK Buterworth. 1985.
[2] Ditto；Also H. J. Pursey. Merchant Ship Stability. p235. UK Brown. Son & Ferguson Ltd. 1977.

$$\delta GM = KM_1 - KG_0 = -\frac{P}{\Delta}KM_0 \qquad (4.4.1.6)$$

式(4.4.1.3)和式(4.4.1.6)是从两个不同的角度得到
的结果,但计算出的数值相差不大。应当指出,该二式均是
近似结果,仅当船舶与墩木接触时的吃水差较小时才可
应用。

图 4.4.1.3　稳心距基线高度的下降

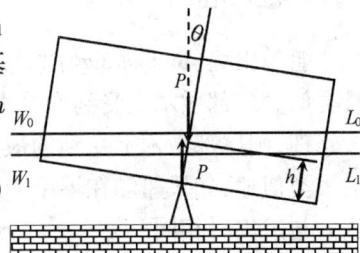

4.4.1.4　丧失稳性的临界吃水

船底受到墩木反力 P 的作用时船舶稳性会降低。在 P
的作用点处卸下重量为 P 的重物后船舶稳性的改变 δGM 可
用式(4.4.1.7)求得[1]。

$$\delta GM = -\frac{P}{\Delta - P}\Big(d_m - \frac{1}{2}\frac{P}{100TPC} - GM\Big) \qquad (4.4.1.7)$$

当 $\delta GM + GM = 0$ 时船舶的吃水称为丧失稳性的临界吃水(critical draft)。不难推得,丧
失稳性的临界吃水 d_c 为

$$d_c = \frac{\Delta}{P}GM + \frac{1}{2}\frac{P}{100TPC} \qquad (4.4.1.8)$$

应当指出,式(4.4.1.8)中的 TPC 与吃水有关,所以为了得到较准确的计算结果必须用迭
代的方法计算 d_c 值。这可用下述计算方法予以克服[2]。

在图 4.4.1.4 中,船舶的横倾角为 θ;水线 W_0L_0 和 W_1L_1
间所损失的浮力 P 作用在该二水线间的中点处,该中点距基
线高度为 h。损失的浮力 P 与墩木的反力 P 所构成的力矩 Ph
对船舶稳性力矩 M_r 的影响可用式(4.4.1.9)表示,

$$M_r = \Delta GM\sin\theta - Ph\sin\theta \qquad (4.4.1.9)$$

当 $\Delta GM = Ph$ 时船舶的吃水即为丧失稳性的临界吃水。

力矩 Ph 可表为

$$Ph = (\Delta KB - \Delta_1 KB_1) \qquad (4.4.1.10)$$

图 4.4.1.4　丧失稳性的临界吃水

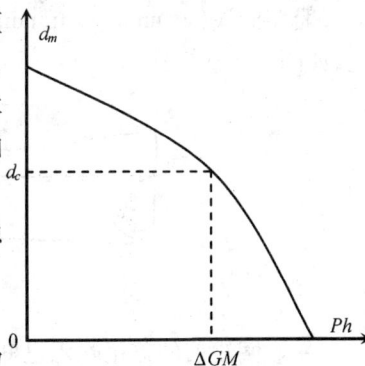

式中 Δ 为船舶与墩木接触之前的排水量,KB 为与 Δ 对应
的浮心高度;Δ_1 为船舶与墩木接触之后某一时刻的排水量,
KB_1 为与 Δ_1 对应的浮心高度。可见 Ph 实际上为船舶与墩木
接触后吃水的函数,其曲线可利用静水力参数表绘出,如
图 4.4.1.5 所示。

在图中,量取 $\Delta GM = Ph$,则对应的吃水即为船舶丧失稳
性的临界吃水。

例 4.4.1.1

NQ 船进坞修理,船体与墩木接触时的平均吃水为
5.00 m,KG_0 为 11.00 m。计算其稳性高度,并估算丧失稳性

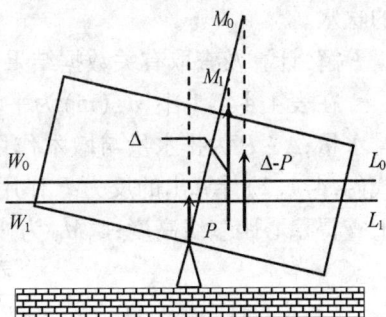

图 4.4.1.5　Ph 关于吃水的曲线

① 盛振邦等编著. 船舶静力学. 第 101 页. 北京:国防工业出版社,1984.
② 蒋维清等编著. 船舶原理. 第 136 页. 北京:人民交通出版社,1992.

的吃水。

解:计算及查取有关数据结果如表 4.4.1.1 所示:

在表 4.4.1.1 中,d_m(m)为平均吃水;Δ(t)为以平均吃水为引数在静水力参数表上查得的排水量;$\Delta - P$ 为排水量与墩木作用反力 P 的差值;KG_0 为坐墩开始时的重心高度;KG_1 为按式(4.4.1.2)计算出的反力 P 作用下的重心高度;KM_0 为以平均吃水为引数在静水力参数表上查得稳心距基线高度;G_1M_0 为按式(4.4.1.3)计算出的对应吃水处的初横稳性高度。

表 4.4.1.1　坐墩过程中的稳性

d_m(m)	Δ(t)	$\Delta - P$	P	KG_0	KG_1	KM_0	G_1M_0
5.0	17 052	17 052	0	11.00	11.00	14.08	3.08
4.5	17 052	15 240	1 812	11.00	12.31	15.06	2.75
4.0	17 052	13 440	3 612	11.00	13.99	16.31	2.32
3.5	17 052	11 653	5 399	11.00	16.10	18.04	1.94
3.0	17 052	9 883	7 169	11.00	18.98	20.36	1.38
2.5	17 052	8 125	8 927	11.00	23.09	23.83	0.74
2.0	17 052	6 397	10 655	11.00	29.33	28.87	−0.46

在表 4.4.1.1 中利用内插法可确定 NQ 船丧失稳性的临界吃水为 2.18 m,即在此之前必须采取措施防止船舶发生横向倾覆。

4.4.2　出坞

船舶出坞(undocking)时,墩木上受到的反力、产生的横倾角及吃水差的计算过程同进坞时类似。尾部墩木上受到的最大反力发生在首底刚刚离开墩木时。如果船舶在坞中未进行过大修理,则尾部墩木上受到的最大反力可认为与进坞时相同。

类似地,如果船舶在坞中未进行过大修理,则起浮(refloating)后船舶的横倾角和吃水差可认为与进坞时相同。

4.4.3　搁浅

船舶搁浅(grounding,stranding)后,如果船底没有破裂则在搁浅处有反力 P 作用在船体上,如图 4.4.3.1 所示。

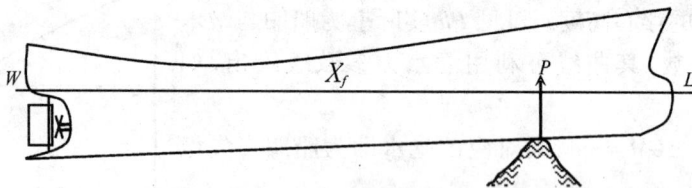

图 4.4.3.1　船舶搁浅

一般搁浅前的首尾吃水已知,搁浅后的首尾吃水可直接观测,所以搁浅前后的平均吃水的差值 δd 可计算出,所以,搁浅处的反力 P 可按式(4.4.3.1)计算。

$$P = 100\delta dTPC \qquad (4.4.3.1)$$

式中,TPC 可按搁浅前后的平均吃水查得。

船舶搁浅后的稳性改变量可按式(4.4.1.7)计算。

4.4.4　船舶纵倾与纵摇

舶舶在周期性外力作用下所发生的绕横轴往复旋转运动称为纵摇。

· 最大纵倾角

船舶在航行中受风浪影响会发生纵摇。在纵摇过程中可能发生的最大纵倾角 φ_p(°)按式(4.4.4.1)估计：

$$\varphi_p = \begin{cases} 6°,若\ L_{bp} \leqslant 120\ \text{m} \\ 7°,若\ 120\ \text{m} < L_{bp} < 275\ \text{m} \\ 8°,若\ L_{bp} \geqslant 275\ \text{m} \end{cases} \qquad (4.4.4.1)$$

此项估计主要用于货载受力计算中。

· 纵摇周期

进行一般估算时，船舶纵摇周期 T_p(s)按式(4.4.4.2)计算，

$$T = \begin{cases} 7 - 0.123(183 - L_{bp}),若\ 60\ \text{m} \leqslant L_{bp} \leqslant 183\ \text{m} \\ 7 + 0.123(183 - L_{bp}),若\ L_{bp} > 183\ \text{m} \end{cases} \qquad (4.4.4.2)$$

4.4.5　浅水中的船体下坐

舶舶在浅水中航行时，浅水对船体周围流场会产生影响，船体会产生一定量下沉，称为船体下坐(Squat)。

船体下坐量与多种因素有关，如船速、船在浅水区中与岸壁间的相对位置、船体几何形状及尺度、浅水区区域的几何形状及尺度等[1]。设船体最大下坐量为 $\delta_{\max}$，在一般航行情况下可用式(4.4.5.1)进行估算：

$$\delta_{\max} = 0.05(C_b + S_{sc}^{0.81} + V_k^{2.08}) \qquad (4.4.5.1)$$

式中，S_{sc} 为船体横剖面面积与水道横剖面面积的比值为；V_k 为船体与水的相对速度。

在开敞水域中，若水深与船舶吃水的比值在 1.1～1.4 之间时，可用式(4.4.5.2)估算船体最大下坐量，

$$\delta_{\max} = 0.01 C_b V_k^2 \qquad (4.4.5.2)$$

在受限水域中，若水深与船舶吃水的比值 S_{sc} 在 0.001～0.265 之间时，可用式(4.4.5.3)估算船体最大下坐量，

$$\delta_{\max} = 0.02 C_b V_k^2 \qquad (4.4.5.3)$$

从以上各式中不难看出，方形系数较大的船下座量较大；船体与水的相对速度较大时，下坐量较大；船体与海底间的富余水深较小时下座量较大；在受限水域中航行时产生的下坐量较大。

实际上，船体下坐量与多种因素有关，其估算公式也有多种，所得结果也会略有不同。对于大型船舶，航行中首尾下坐量还可能不同。船舶在浅水区域中航行时，必须充分估计船体下坐量对安全吃水的影响，必要时应减小航行速度。

---

[1]　Bryan Barrass & Capt D R Derrett, Ship stability for masters ans mates. P283. Butterworth Heinemann, UK. 2006.

§4.5　首尾盲区

4.5.1　首尾盲区的限制

　　一些国际组织、国家、地区及苏伊士和巴拿马运河当局对船舶因吃水、吃水差及货物装载状况所产生的盲区提出限制。其中,国际海事组织提出的要求对大部分船舶均具有约束力。

　　国际海事组织从货物装载状况角度对总长不小于 45 m、1998 年 7 月 1 日以后建造的船舶,规定了盲区(blind sector)的限制,其中对首向盲区(foreward blind sector)的要求[①]对重大件货物装载具有特别重要的意义:

　　· 从驾驶台操控位置向前看去,在任何吃水、纵倾和甲板货物的装载状态下,船首左右 $10°$ 的盲区长度 $L_f \leqslant \min\{2L_{oa}, 500 \text{ m}\}$;该区间的单一盲区不得大于 $5°$;

　　· 从驾驶台操控位置向前看去,船首左右 $10°$ 以外区域,首向上的单件货物、索具或其他障碍物所产生的盲区不得超过 $10°$;

　　· 所产生的所有盲区总和不得超过 $20°$;

　　· 盲区间的可视角度即可视区(clear sector)不得小于 $5°$。

4.5.2　首尾盲区的计算

　　从驾驶台上,向首向和向尾向看去,分别会有一定的盲区,如图 4.5.2.1 所示。首向盲区的长度记为 L_f,尾向盲区(aftward blind sector)的长度记为 L_a。对于驾驶台在尾部的船,首向盲区的长度大于尾向盲区的长度;对于驾驶台在首部的船,首向盲区的长度小于尾向盲区的长度。

　　从图 4.5.2.1 上不难看出,首向盲区 L_f 可表示为:

$$L_f = \left[L_s + (L_2 - L_1)\tan\varphi \right] \frac{L_2/\cos\varphi}{H - L_2\tan\varphi}$$

$$= \frac{L_2\left[L_s + (L_2 - L_1)\tan\varphi \right]}{H\cos\varphi - L_2\sin\varphi} \qquad (4.5.2.1)$$

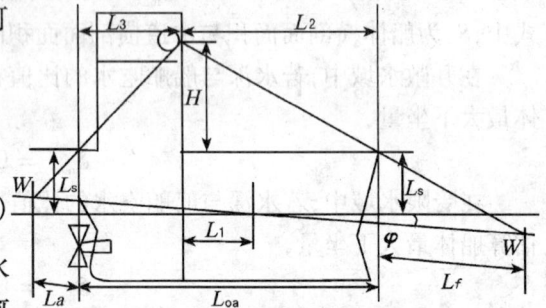

图 4.5.2.1　甲板货件产生的盲区

式中,L_1 为某一装载装状态下漂心到视点的水平距离(m);L_2 为船首到视点间的水平距离(m);φ 为船舶的纵倾角($°$);H 为甲板到视点的垂直距离(m),其中观测者身高可分别取船长、大副、二副、三副和引航员的实际身高;L_s 为水线面到首甲板顶端或尾甲板顶端的垂直距离(m)。

　　船长很大(200 m 以上)且吃水差较小(正负 1 m 以下)时,首向盲区 L_f 可近似表示为:

$$L_f = \frac{L_2 L_s}{H} \qquad (4.5.2.2)$$

　　类似地,尾向盲区 L_a 可表示为:

---

① SOLAS chapter V, regulation 22.1.2.

$$L_a = \left[L_s - (L_3 + L_1)\tan\varphi \right] \frac{L_3/\cos\varphi}{H - L_3\tan\varphi}$$

$$= \frac{L_3\left[L_s + (L_3 - L_1)\tan\varphi \right]}{H\cos\varphi - L_3\sin\varphi} \tag{4.5.2.3}$$

式中，L_3 为船尾到视点间的水平距离(m)，其他符号同前。

船长很大(200 m 以上)且吃水差较小(正负 1 m 以下)时，尾向盲区 L_a 可近似表示为：

$$L_a = \frac{L_3 L_s}{H} \tag{4.5.2.4}$$

首向盲区随吃水的增加而减小；随首倾的增加而减小，随尾倾的增加而增大。尾向盲区随吃水的增加而减小；随首倾的增加而增大，随尾倾的增加而减小。

4.5.3　盲区表

按式(4.5.2.1)和式(4.5.2.2)计算盲区比较复杂，装载手册中常提供据此编制出的可见距离表和盲区表，以供船员查取。表 4.5.3.1 为以吃水和纵倾为引数列出的某船首向盲区，该船总长 L_{oa} 为 244.5 m。从表中可以看出，从左下角至右上角，该船首向盲区从不足一倍船长增加到接近 2 倍船长。

表 4.5.3.1　首向盲区表

首盲区 纵倾 / 尾吃水	-2.50	-2.00	-1.50	-1.00	-0.50	0.00	0.50	1.00	1.50	2.00
6.00	225.11	240.65	257.26	275.07	294.20	314.81	337.07	361.20	387.43	416.07
6.20	222.08	237.52	254.03	271.72	290.72	311.19	333.31	357.28	383.35	411.79
6.40	219.06	234.39	250.79	268.36	287.24	307.58	329.56	353.37	379.26	407.52
6.60	216.03	231.26	247.55	265.01	283.77	303.97	325.80	349.45	375.18	403.25
6.80	213.00	228.13	244.31	261.66	280.29	300.36	322.04	345.54	371.09	398.98
7.00	209.97	225.00	241.08	258.30	276.81	296.75	318.28	341.63	367.01	394.71
7.20	206.94	221.87	237.84	254.95	273.33	293.13	314.53	337.71	362.92	390.43
7.40	203.92	218.75	234.60	251.60	269.85	289.52	310.77	333.80	358.84	386.16
7.60	200.89	215.62	231.36	248.24	266.38	285.91	307.01	329.88	354.75	381.89
7.80	197.86	212.49	228.13	244.89	262.90	282.30	303.26	325.97	350.67	377.62
8.00	194.83	209.36	224.13	241.54	259.42	278.68	299.50	322.05	346.58	373.35
8.20	191.80	206.23	221.65	238.18	255.94	275.07	295.74	318.14	342.50	369.08
8.40	188.77	203.10	218.41	234.83	252.46	271.46	291.98	314.23	338.41	364.80
8.60	185.75	199.97	215.18	231.48	248.99	267.85	288.23	310.31	334.32	360.53
8.80	182.72	196.84	211.94	228.12	245.51	264.24	284.47	306.40	330.24	356.26
9.00	179.69	193.71	208.70	224.77	242.03	260.62	280.71	302.48	326.15	351.99
9.20	176.66	190.58	205.46	221.41	238.55	257.01	276.95	298.57	322.07	347.72
9.40	173.63	187.45	202.23	218.06	235.07	253.40	273.20	294.65	317.98	343.44
9.60	170.61	184.32	198.99	214.71	231.60	249.79	269.44	290.74	313.90	339.17
9.80	167.58	181.19	195.75	211.35	228.12	246.17	265.68	286.82	309.81	334.90
10.00	164.55	178.06	192.51	208.00	224.64	242.56	261.93	282.91	305.73	330.63

有的装载计算机在进行船舶稳性、强度和吃水计算的同时,也给出当时装载状态下的首向盲区和尾向盲区。

4.5.4　首尾盲区的估算

按式(4.5.2.1)和式(4.5.2.2)的计算还可用估算公式进行简化。在船舶装载手册中,常列有各种装载状态下的首尾盲区表。利用该表可推得首尾盲区的估算公式。

在图 4.5.4.1 中,在驾驶台 C 点处看到的首部盲区为 NA,而且

$$\frac{MA}{NA} = \frac{MO}{ND} \tag{4.5.4.1}$$

设 EO 的高度为 H,GD 的高度为 h,MN 约等于船舶总长 L_{oa},则 $NA = L_f$,$MA = L_{oa} + L_f$,$ND = h - d_f$,$MO = H - d_a$,$t = d_f - d_a$,代入式(4.5.3.5)不难得出

$$L_f = \frac{L_{oa}(H - d_f)}{H - h + t} \tag{4.5.4.2}$$

类似地,船舶的尾向盲区可表示为:

$$L_a = \frac{L_{oa}(H - d_a)}{H - h + t} \tag{4.5.4.3}$$

实际计算中,H 和 h 不必进行测量,而只将已知的两个首尾盲区、首尾吃水及吃水差代入上二式,就可得到 H 和 h 的具体数值,从而得到该船的盲区估算公式。

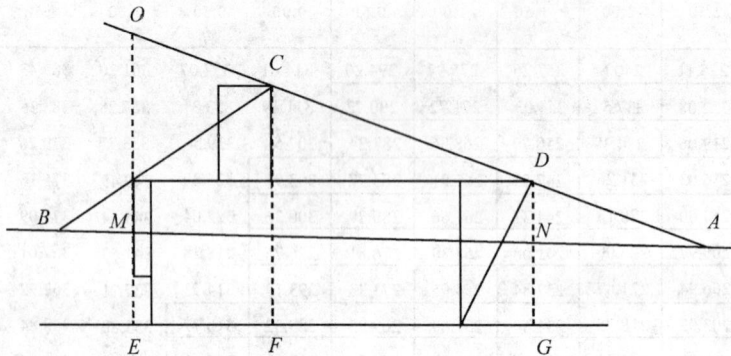

图 4.5.4.1　盲区的示意图

4.5.5　甲板货件可装载的最大高度

货件在甲板上堆装时,会增加首向盲区长度。货件堆装的高度不得太高,否则会影响驾驶台的视线。首向盲区受到甲板上货件的影响后,其长度和可视角度必须满足本章规定的首尾盲区限制。

这里以驾驶台上至少应能看到船首前 2 倍船长的距离为例,说明此项限制的校核方法,如图 4.5.5.1 所示。

在图 4.5.5.1 所示装载状态下,甲板货件的最大许可高度 H_{max} 可按式(4.5.5.1)计算:

$$H_{max} = \left(2L_{oa} + \frac{L_2 - L_x}{\cos\varphi}\right)\frac{H + B - L_1\tan\varphi}{L_2/\cos\varphi + 2L_{oa}} - B - (L_x - L_1)\tan\varphi \tag{4.5.5.1}$$

式中,L_{oa} 为船舶总长(m);L_1 为某一装载状态下漂心到视点的水平距离(m);L_2 为船首到视点

间的水平距离(m);L_x 为某一装载装状态下甲板货物前缘到视点的水平距离(m);φ 为船舶的纵倾角(°);H 为甲板到视点的垂直距离(m);B 为水线面到甲板的垂直距离(m),其值为型深与平均吃水的差值,再加上梁拱高度、甲板板厚和龙骨板厚;其他符号同前。

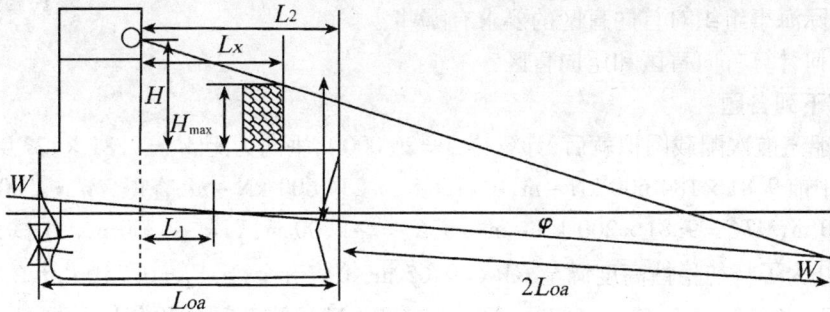

图 4.5.5.1　盲区对甲板货件装载高度的限制

习题四

1. 解释下列术语:

吃水差　　　　　　　　　　　　　　　丧失稳性的临界吃水

吃水差改变量　　　　　　　　　　　　纵稳性

空船重心距中距离　　　　　　　　　　最佳纵倾

每厘米纵倾力矩　　　　　　　　　　　船体下座

漂心　　　　　　　　　　　　　　　　首向盲区和尾向盲区

2. 简要回答或说明下述问题:

1) 吃水差是怎样产生的?

2) 船舶进坞时,如何估计丧失稳性的临界吃水?

3) 船舶进坞时,如何估计稳心距基线高度的减小量?

4) 船舶进坞时,如何估计重心高度的增加量?

5) 如何计算船舶的每厘米纵倾力矩?

6) 如何计算船舶搁浅时的稳性和吃水?

7) 如何计算大量装卸后的吃水差?

8) 如何计算货物纵向移动后的吃水差?

9) 如何计算小量装卸后的吃水差?

10) 如何确定常数的重心?

11) 如何确定船舶的合适吃水差?

12) 如何确定船舶的重心距中距离?

13) 如何确定墩木的最大反力?

14) 如何确定货物重心纵向位置?

15) 说明吃水差与纵稳性关系。

16) 万吨级货船的吃水差一般应为多少?

17) 舷外水密度的改变对吃水差有何影响?

18）在吃水和稳性方面,船舶出坞时应注意哪些问题?

19）怎样利用吃水差比尺查取首尾吃水?

20）影响船体下座的因素有那些?

21）国际海事组织对首向盲区的要求有哪些?

22）如何计算首向盲区和尾向盲区?

3. 计算下列各题:

1）LT 船某航次配载图拟就后,计算得 $\Delta = 20\,000$ t,垂向力矩 $M_z = 9.81 \times 123\,000$ kN－m,纵向力矩:中前 $9.81 \times 184\,600$ kN－m,中后 $9.81 \times 234\,600$ kN－m,查得 $KM = 7.00$ m,平均吃水 $d_m = 9.20$ m,$MTC = 9.81 \times 200$ kN－m/cm,$X_b = -2.00$ m,$X_f = -6.00$ m。①试计算 GM 和吃水差 t。②为了将初稳性高度调至 $GM' = 0.65$ m,拟将五金(S. $F_1 = 0.75$ m^3/t,$Z_p = 6.20$ m)与麻袋(S. $F_2 = 2.88$ m^3/t,$Z_p = 11.20$ m)位置互换。试计算两种货物各换多少吨才能满足要求?（答案:①$GM = 0.85$ m,$t = -0.5$ m②五金 $P = 1\,082$ t,麻袋 $P = 282$ t）

2）HT 船船长 $L_{bp} = 140$ m,满载出港,平均吃水 $d_m = 9.0$ m,排水量 $\Delta = 16\,000$ t,经计算得纵向力矩:船中前为 $9.81 \times 164\,200$ kN－m,船中后为 $9.81 \times 18\,600$ kN－m。此时浮心距船中距离 $X_b = -1.25$ m,漂心距船中距离 $X_f = -4.3$ m,$MTC = 9.81 \times 240$ kN－m/cm。试求:①该船出港时的首尾吃水是多少? ②若将吃水差调整为 $t = -0.30$ m,应从第一舱移多少货至第五舱?（纵向移动距离为 80 m）（答案:①$d_f = 8.95$ m,$d_a = 9.05$ m;②移动货物 $P = 60$ t）

3）PF 船满载到达某锚地,$d_f = 8.30$ m,$d_a = 9.10$ m,此时 $MTC = 9.81 \times 223.5$ kN－m/cm,$TPC = 25.5$ t/cm,$X_f = -5.40$ m。欲调平吃水进港,问应在中后 55 m 处驳卸多少吨货物? 驳卸后的平均吃水为多少?（$L_{bp} = 148$ m）（答案:驳卸 $P = 360$ t,平均吃水 $d_m = 8.59$ m）

4）FD 船抵目的港时的满载吃水 $d_f = 9.50$ m,$d_a = 10.50$ m,该港允许进港的最大吃水为 9.00 m,已知该船满载时的 $TPC = 25$ t/cm,$MTC = 9.81 \times 300$ kN－m/cm,$X_f = -5.5$ m,$L_{bp} = 150$ m。问欲在第二货舱($X_p = +45$ m)和第四货舱($X_p = -40$ m)各驳卸多少吨货物才能达到 9 m 平吃水进港?（答案:第二货舱 $P = 702.4$ t,第四货舱 $P = 1\,897.6$ t）

5）HZ 船首吃水 $d_f = 7.32$ m,尾吃水 $d_a = 7.77$ m,航行到 New Mexico。该港允许吃水为 7.50 m,决定在中后 54.9 m 处过驳卸货,调整尾吃水与港口吃水相同。问应驳卸多少吨货物?（$X_f = -3.36$ m,$TPC = 24.3$ t/cm,$MTC = 9.81 \times 194$ kN－m/cm,$L_{bp} = 148$ m）（答案:$P = 160.8$ t）

6）JM 船船长 140 m,$TPC = 25$ t/cm,$MTC = 9.81 \times 200$ kN－m/cm,漂心在船中后 6 m 处,问需在船中前 45 m 处装多少吨货才能使尾吃水减少 20 cm?（答案:$P = 261.2$ t）

7）SD 船尚有 150 t 货物待装,此时 $X_f = -4.60$ m,$TPC = 25$ t/cm,$MTC = 9.81 \times 200$ kN－m/cm。试计算:①货物装在漂心前 40 m 处时,首尾吃水各变化多少? ②为使尾吃水不变,该货物应装于中前多少米处?（答案:①$\delta d_f = +0.22$ m,$\delta d_a = -0.08$ m②中前 $X_p = 12.44$ m）

8）MD 船装完货后,算得 $\Delta = 19\,150$ t,首吃水 $d_f = 8.60$ m,尾吃水 $d_a = 8.40$ m。现要求船舶尾倾 0.40 m,问需要由 №1 压载舱调拨多少吨压载水至 №5 压载舱?（两压载舱的间距为 76.0 m,$MTC = 9.81 \times 220$ kN－m/cm）（答案:$P = 173.7$ t）

9）LS 船配载草图做好后,船舶平均吃水为 8.70 m,计算得吃水差为 -0.80 m,$MTC = 9.81 \times 230$ kN－m/cm。现要求吃水差为 -0.40 m,问应从 №5 舱二层舱移货至 №2 舱二层舱多少吨?（两舱间距为 50 m）（答案:$P = 184$ t）

10）CC 船装货结束前观测首吃水 $d_f = 8.10$ m，尾吃水 $d_a = 7.60$ m，此时尚有 200 t 货物拟装于№5 舱二层舱（重心距中 $X_p = -33.61$ m），问货物全部装船后能否尾倾？（$X_f = -0.61$ m，$MTC = 210 \times 9.81$ kN－m/cm）（答案：初始吃水差 $t = 0.50$ m，吃水差改变量 $\delta t = -0.31$ m，最终吃水差 $t' = +0.19$，不能尾倾）

11）DQ 船配载图拟就后，经计算 $\Delta = 18\,000$ t，中前纵向力矩为 $180\,000 \times 9.81$ kN－m，中后纵向力矩为 $216\,000 \times 9.81$ kN－m，查得船舶平均吃水 $d_m = 8.06$ m，每厘米纵倾力矩 $MTC = 210 \times 9.81$ kN－m/cm，浮心纵向坐标 $X_b = 1.80$ m，漂心纵向坐标 $X_f = -1.0$ m，船舶最佳纵倾值 $t = -0.66$ m。因各舱均装满，现确定将№3 舱重货（$X_p = 10.0$ m，S.F = 1.0 m³/t）和№1 舱的轻货（$X_p = 50.0$ m，S.F = 2.5 m³/t）互换，使其满足最佳纵倾要求。问两舱应各移多少货物？（答案：№3 舱重货 $P = 2\,275$ t，№1 舱轻货 $P = 910$ t）

12）HF 船首吃水 $d_f = 7.10$ m，尾吃水 $d_a = 7.30$ m，船长 $L_{bp} = 140$ m，现将 500 t 货物分装于中前 39.88 m 及中后 50.12 m 的舱内。问应如何分配才能使首尾吃水相等？装货后的吃水又为多少？（$TPC = 24.57$ t/cm，$MTC = 200$ t－m/cm，$X_f = 0.12$ m）（答案：中前 $P = 324$ t，中后 $P = 176$ t；装货后 $d_f' = d_a' = 7.40$ m）

13）TD 船拟以平吃水驶过广州莲花山水道，当装货至 $d_f = 5.90$ m，$d_a = 6.30$ m 时，尚有 200 t 货物待装，已知船长为 140 m。问应将此 200 t 货物装在距船中多远处？并求装货后的平均吃水为多少米？（$TPC = 24$ t/cm，$MTC = 190$ t－m/cm，$X_f = 1.26$ m）（答案：距船中距离 $X_p = 39.26$ m；装货后的平吃水 $d_f' = d_a' = 6.18$ m）

14）MJ 船船长 140 m，$TPC = 24$ t/cm，$MTC = 190.2 \times 9.81$ kN－m/cm，漂心在中后 1.16 m，问如果在中前 48.84 m 处装货，需装多少吨才能使船尾吃水减少 20 cm？装货后首吃水改变多少？（答案：在中前装货量 $P = 230$ t；装货后首吃水改变量 $\delta d_f = 0.40$ m）

15）ZJ 船抵某港锚地时，满载吃水为 $d_f = 8.50$ m，$d_a = 9.50$ m，该港允许船舶最大吃水为 8.00 m。已知该船此时漂心坐标 $X_f = -1.70$ m，$MTC = 230$ t－m/cm，$TPC = 26$ t/cm，船长 $L_{bp} = 140$ m。问至少应在№2 货舱（$X_p = 31$ m）和№4 货舱（$X_p = -11$ m）处驳卸多少吨货，才能达到 8.00 m 平吃水进港？（答案：№2 舱卸货量 $P = 35.1$，№4 舱卸货量 $P = 2\,596.5$ t）

16）JX 船抵锚地时，满载吃水为 $d_f = 7.32$ m，$d_a = 7.77$ m，该港允许吃水为 7.50 m，现决定在中后 33.50 m 处驳卸货物以调尾吃水与港口允许吃水相同。问应卸多少吨货物？卸后的首吃水为多少？（$X_f = -0.233$ m，$MTC = 204.9$ t－m/cm，$TPC = 24.8$ t/cm）

17）TD 船 $d_f = 8.80$ m，$d_a = 9.00$ m，将 400 t 货物各分装在№1（$X_p = 50.0$ m）舱和№5（$X_p = -30$ m）舱多少吨方可使吃水差为 -0.50 m？（$MTC = 230$ t－m/cm，$TPC = 25$ t/cm，$X_f = -1.70$ m）

18）Fourseas 船要求吃水降为丧失稳性的临界值之前稳性的减小值不得超过 0.1 m，求其最大吃水差为多少？（MTC 为 9.81×146 kN－m/cm，Xf 在尾柱前 70 m，KG_0 为 8.40 m，KM_0 为 9.00 m，排水量为 14 000 t）（答案：尾倾 0.75 m）

19）Fleet Wave 船进坞时 $d_f = 7.80$ m，$d_a = 8.90$ m，MTC 为 9.81×172 kN－m/cm，X_f 在尾柱前 92 m，KG_0 为 7.50 m，KM_0 为 8.40 m，TPC 为 27 t/cm，L_{bp} 为 176 m，排水量为 12 500 t。试计算：①临界吃水时的 GM；②在临界吃水时横倾 1°时的正浮力矩；③临界吃水时的首尾吃水；④在临界吃水时水面下降 20 cm 后作用在船尾处的反力。（答案：①临界吃水时 $P = 170$ t，$G_0M_1 = 0.797$ m，$G_1M_0 = 0.786$ m；②临界吃水时横倾 1°时的正浮力矩为 9.81×172 kN－m；

③临界吃水时的首尾吃水 $d_f = d_a = 8.262$ m；④在临界吃水时水面下降 20 cm 后作用在船尾处的反力 $P = 710$ t）

20）Atlanta 船进坞时静水力参数为：$d_f = 6.00$ m，$d_a = 7.00$ m，MTC 为 9.81×460 kN－m/cm，X_f 在尾柱前 153 m，KG_0 为 9.00 m，KM_0 为 9.30 m，L_{bp} 为 300 m，排水量为 12 500 t。试计算该船可否安全坐墩。（答案：$P = 301$ t，$G_1M_0 = 0.206$ m，可安全坐墩）

21）大宇丸船进坞时 $d_f = 9.90$ m，$d_a = 10.70$ m，MTC 为 9.81×360 kN－m/cm，X_f 在尾柱前 82 m，KG_0 为 9.40 m，KM_0 为 10.20 m，TPC 为 34 t/cm，L_{bp} 为 160 m，排水量为 23 500 t。试计算：①临界吃水时的 GM；②临界吃水时的首尾吃水；③吃水为 10 m 时的 GM。（答案：①临界吃水时 $P = 351$ t，$G_0M_1 = 0.648$ m，$G_1M_0 = 0.656$ m；②临界吃水时 $d_f = d_a = 10.28$ m；③吃水为 10 m 时 $P = 1\ 303$ t，$G_0M_1 = 0.236$ m，$G_1M_0 = 0.265$ m）

22）Kingsasa 船受损后进坞，$d_f = 12.60$ m，$d_a = 9.00$ m，预计在首柱后 15 m 处着墩，有关静水力参数为：MTC 为 9.81×290 kN－m/cm，TPC 为 21.3 t/cm，X_f 在尾柱前 76 m，KG_0 为 8.90 m，KM_0 为 9.40 m，L_{bp} 为 165 m，排水量为 19 500 t。试计算该船可否安全坐墩，并估算着墩时的首尾吃水。（答案：$P = 1\ 411$ t，$G_1M_0 = -0.194$ m，$G_0M_1 = -0.180$ m，不能安全坐墩，着墩时 $d_f = d_a = 10.00$ m）

23）King Land 船 L_{bp} 为 130 m，吃水 $d_f = 6.80$ m，$d_a = 7.60$ m 时在首柱后 20 m 处单点搁浅。当时，MTC 为 9.81×180 kN－m/cm，X_f 在尾柱前 64 m，KG_0 为 6.20 m，KM_0 为 7.00 m，TPC 为 20 t/cm，排水量为 18 000 t。搁浅后潮水下落 1 m，试计算潮水下落后的 GM 及相应的首尾吃水。（答案：$G_1M_0 = 0.54$ m，$G_0M_1 = 0.52$ m，$d_f = 5.54$ m，$d_a = 8.17$ m）

第 5 章　抗沉性

§5.1　抗沉性的基本概念

抗沉性是指船舶在一个舱或几个舱进水的情况下,仍能保持不沉没和不倾覆的能力。

为了保证船舶具有一定的抗沉性,必须使船舶具有足够的干舷和设置充分的双层底,从而具有足够的储备浮力;必须设置足够密集的横舱壁和纵舱壁,从而保证一舱或几舱进水而不致产生过大的下沉、纵倾和横倾;在船舶在破损进水后还应采取有效施救措施,如抽水、灌水、堵漏、加固、抛弃船上载荷、移动载荷或调驳压载水等,以减少船舶倾斜、改善船舶浮态和稳性。

船舶抗沉性不应太大,否则建造成本可能太高。

货船的抗沉性校核主要分成两类:对于液货船,一般规定破损状态下的稳性要求、假定破损状况,用一般计算方法校核假定状态下的稳性是否能够达到规定值;对于干货船,主要用概率计算方法计算船舶的生存概率是否达到规定值。

抗沉性计算与校核的工作量很大,船员一般难以进行。但是,船员必须了解各种船舶的抗沉性能力,必须能够初步判断船舶抵御破损的能力和在受到破损后的生存能力。

5.1.1　抗沉性计算与校核中的基本术语

船体破损后海水进入船舱会使船体发生下沉。为了保证船舶具有一定安全裕度,中国海事局《船舶与海上设施法定检验规则》规定,货运船舶破损后的下沉限界线为舱臂甲板线下以 76 cm,如图 5.1.1.1 所示。

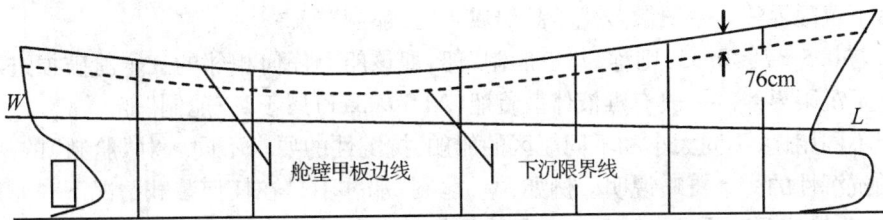

图 5.1.1.1　船舶下沉限界线

船舶下沉限界线为一曲线,其上各点的切线为相应位置的最高破舱水线。船舶在设计上应保证一个舱或几个舱进水的情况下水线不淹没下沉限界线。

以下是抗沉性计算与校核中的一些基本概念:

· 分舱载重线,是用以决定船舶分舱的水线;

· 最深分舱载重线(deepest subdivision load line),是相应于船舶核定的夏季吃水的分舱载重线;

· 部分载重线(partial load line),是空船吃水加上空船吃水与最深分舱载重线之间差值的 60%;

·　船舶分舱长度(subdivision length of the ship, L_s)是船舶处于最深分舱载重时限制垂向浸水范围的甲板及其以下部分最大投影型长度。

5.1.2　可浸长度

为了保证船舱进水后舱内水线不淹没下沉限界线,可以计算出船长各点处最大许可长度,称为可浸长度(floodable length)。图5.1.2.1是可浸长度曲线。

图5.1.2.1中曲线上各点的垂向坐标是相应的可浸长度。可浸长度与舱内进水后的渗透率有关。易见,当渗透率减小时,可浸长度会增加。

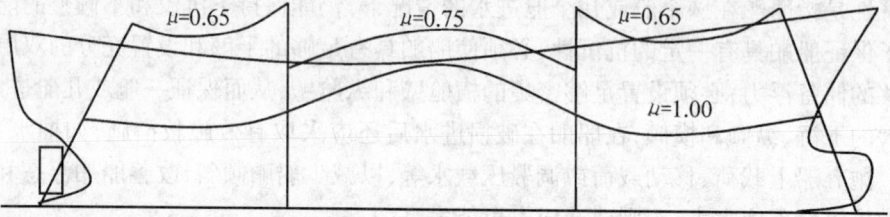

图5.1.2.1　可浸长度曲线

5.1.3　分舱因数

如果船舶货舱的长度等于其长度中点处的可浸长度,则该舱破损进水后,水线恰与下沉限界线相切。为了增加船舶的抗沉性,引入系数$F \leqslant 1$,将F与可浸长度的乘积作为许可舱长(permissible length)。这里,F称为分舱因数(factor of subdivision)。

对于一艘船,

·　若$0.5 < F \leqslant 1$,则称为"一舱制"船,即该船上任何一舱破损进水后水线不会超过下沉限界线。一般远洋货船属于"一舱制"船。

·　若$0.33 < F \leqslant 0.50$,则称为"二舱制"船,即该船上任何相邻的两个舱破损进水后水线不会超过下沉限界线。一般散装化学品船属于"二舱制"船。

·　若$0.5 < F \leqslant 0.33$,则称为"三舱制"船,即该船上任何相邻的三个舱破损进水后水线不会超过下沉限界线。一般有毒液体散货船(NLS tanker)属于"三舱制"船。

对于不同用途、不同大小和不同航区的船舶,抗沉性的要求不同。对"舱制"的划分,也只是对船舶抗沉性的一个概略说明。例如,"一舱制"船并不是在任何装载情况下一舱进水都不会沉没,因为按抗沉性原理设计舱室时是按照舱室在平均渗透率下的进水量来计算的;若该船满载钢材,一个货舱进水时其进水量就会较大地超过储备浮力,就不一定保证船舶不沉。

5.1.4　船舶破损

研究船舶破损而致舱内进水(bilging, flooding)后的浮性与稳性对于评价船舶的抗沉性具有重要意义。船舶破损可概括为下述3种情况。

5.1.4.1　舱柜上部封闭,破口位于水线以下

舱柜上部封闭、破口位于水线以下的破损情况如图5.1.4.1(a)所示,其特点是整个舱柜充满水,其后进水量不变,且没有自由液面,例如双层底下部破舱进水。这种情况,进水量对船舶浮性、稳性和吃水的影响可按装载重物计算。

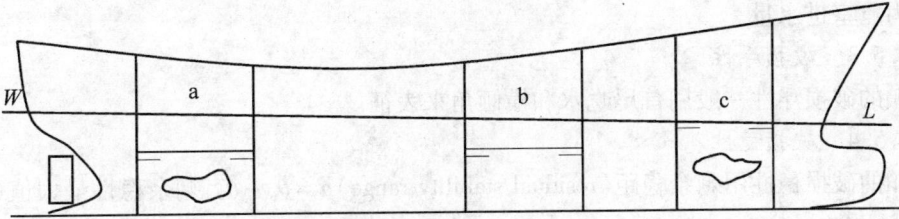

图 5.1.4.1　船舶破损情况

5.1.4.2　舱柜上部开敞,且与舷外水不相通

舱柜上部开敞,船侧未受损而与舷外水不相通,水自上部灌入舱内,如图 5.1.4.1(b)所示,其特点是舱内水量由进水情况确定,一般存在自由液面,例如甲板上浪至舱内进水。这种情况,进水量对船舶浮性、稳性和吃水的影响可按装载重物计算,但应进行自由液面修正。

5.1.4.3　舱柜上部开敞,且与舷外水相通

舱柜上部开敞,船侧因受损而与舷外水相通,如图 5.1.4.1(c)所示,其特点是舱内水面与舷外水面一致,进水量由下沉和倾斜情况确定,例如货舱侧壁在水线下部位受损而致舱内进水。这种情况,进水量对船舶浮性、稳性和吃水的影响必须用逐步逼近的方法进行计算。

逐步逼近计算方法的要义为:先假定一个水线,计算进水量;按计算出的进水量计算新的水线,在新的水线基础上计算新的进水量……直到确定一个水线,而相应的新进水量不再增加。

5.1.5　破损假定

船舶受损后的残存能力称为抗沉性。船舶进水后所具有的剩余浮性与稳性是其抗沉性的表征。一般,在船舶破损前对其破损状况作出假定,并根据假定的破损状况计算其剩余浮性和稳性,从而定量地确定船舶抗沉性。

5.1.5.1　船舶破损假定

破损程度的假定一般分为两个方面:

· 舷侧损坏

对舷侧损坏(side damage)的范围作出假定。

· 船底损坏

对船底损坏(bottom damage)的范围作出假定。

但是,如果实际损坏的程度低于上述假定状况且对船舶浮态更为不利,则应以实际损坏状况作为计算基础。

5.1.5.2　渗透率假定

渗透率(permeability)是舱柜内的进水重量与舱内原有货物或其他物质重量的比值,一般用 μ 表示。设货物的积载因素和密度①分别为 $SF(\mathrm{m^3/t})$ 和 $\rho(\mathrm{t/m^3})$,则渗透率可表为

$$\mu = \frac{1}{SF}\left(SF - \frac{1}{\rho}\right) \tag{5.1.5.1}$$

对货舱、机舱、油水舱、船员居室等舱室进水后的渗透率作出假定。散装舱容与渗透率的

---

① 粗略地说,货物的积载因素 SF 是其堆装时所占容积与其重量的比值,而货物的密度是其重量与实际体积的比值,所以二者一般并不互为倒数。

乘积即为舱室进水量。

5.1.5.3　破损浮性

船舶的破损浮性一般用首尾吃水和横倾角来表征。

5.1.5.4　破损稳性

船舶的破损稳性用剩余稳距（residual stability range）$a = \theta_b - \theta_a$、剩余稳性最大值（residual maximum stability lever）GZ_r 和剩余稳性面积（residual stability area）A_r 即面积 ACB 表示，如图 5.1.5.1 所示。

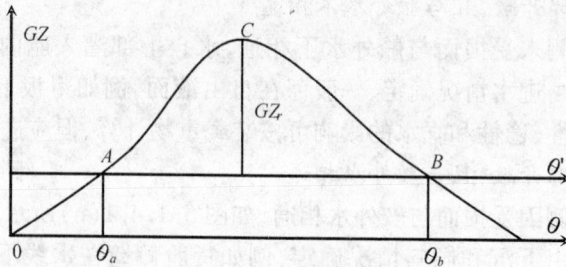

图 5.1.5.1　剩余稳性的参数

5.1.6　破损后实际浮性与稳性的计算

船舶破损后，破损状况并非与假定情况一致，因此必须根据实际破损情况计算出进水量，求出其最终浮性与稳性，以判断船舶是否仍处于安全状态。

基于假定破损状况计算出的浮性与稳性是船舶抗沉能力的表征，而基于实际破损状况计算出的浮性与稳性是判断船舶是否仍处于安全状态的基础。

为了估计船舶破损后的浮性和稳性，必须确定各种进水情况下的最终水线位置。对于第一种和第二种进水情况，最终水线位置可用装载重物的计算方法确定；对于第三种进水情况，最终水线位置只能用逐步逼近的计算方法确定。

用于此项计算的逐步逼近法主要分为重量增加法和浮力损失法两类[1]，二者计算量相当，但由于前者较为直观，符合船员固有的计算习惯和已有船舶资料，而在生产中使用频数较大。

这里主要介绍重量增加法计算原理。

5.1.6.1　重量增加法的基本思想

对于第三种进水情况，舷外水与破损舱柜相通，可认为船舶排水体积形状仍与原船体相同，但破损舱柜中所载重量增加了。

由于增加重量的重心不一定在船舶漂心的垂线上，所以船舶除平等下沉外还会发生纵倾和横倾，形成新的水线面；新水线面可能高于破损舱柜的水面高度，于是该舱柜的水量将增加；破损舱柜内的水量增加后，进水量也将增加，于是又形成新的水线面……经历一段时间后，破损舱柜内的进水量不再发生变化，水线面也不再发生变化。

水线面不再发生变化时的进水量称为最终进水量（final flooding），相应的水线面称最终水线面（final water plan）。

对于货运船舶，多数情况下舱柜内的进水量左右两舷对称，所以船舶只发生纵倾而不发生

① A. A. 罗卡塞维奇著，李世谟等译. 船舶原理. 北京：人民交通出版社，1955.

横倾,但浮性和稳性会发生变化。也有一些情况,舱柜内进水量左右不对称,船舶将同时发生纵倾和横倾,并使浮性和稳性发生变化。

5.1.6.2 渐增进水量逼近法

在图 5.1.6.1 中,船舶某一舱柜破损而进水,初始水线为 $W_0 L_0$,最终稳定在水线 WL 处。已知船舶的初始状态为:

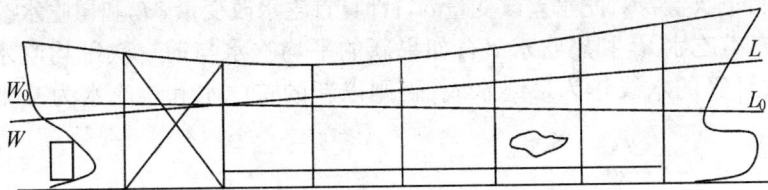

图 5.1.6.1 破损前和破损后的水线

· 首吃水 d_{fl} 和尾吃水 d_{a1};

· 破损舱柜中心至船中的距离 X;

· 破损舱柜的舱容表,其中可查出不同液面高度对应的重心距基线高度、重心距船中距离及液体体积;

· 两柱间长 L_{bp};

· 渗透率 μ;

· 静水力参数表。

利用渐增进水量逼近法进行计算的过程如下:

第一次近似计算

①根据首吃水 d_{fl} 和尾吃水 d_{a1},计算平均吃水 d_{m1}

$$d_{m1} = (d_{fl} + d_{a1}) \tag{5.1.6.1}$$

②以平均吃水 d_{m1} 为引数查取排水量 Δ_1;

③计算破损舱柜中心处的吃水 d_{x1},

$$d_{x1} = d_{m1} + \frac{X}{L_{bp}} t_1 \tag{5.1.6.2}$$

④根据破损舱柜中心处的吃水 d_{x1} 计算破损舱柜内的液面到舱底的深度;查取其所对应的散装体积;按实际渗透率计算进水量 P_1;

⑤以 $(\Delta_1 + P_1/2)$ 为引数查取 MTC_1,TPC_1,X_{fl};

⑥计算平行下沉量 δd_1,吃水差改变量 δt_1;计算首吃水改变量 δd_{fl} 和尾吃水改变量 δd_{a1};

⑦计算新的首吃水 d_{f2} 和尾吃水 d_{a2};如果新的平均吃水与前一次平均吃水的差值小于 1 cm,则将该次计算的水线作为最终水线;否则以新的首吃水和尾吃水为基础进行下一次计算。

第二次近似计算

①根据首吃水 d_{f2} 和尾吃水 d_{a2},计算平均吃水 d_{m2} 和 t_2,

$$d_{m2} = \frac{1}{2}(d_{f2} + d_{a2}) \tag{5.1.6.3}$$

②以平均吃水 d_{m2} 为引数查取排水量 Δ_2;

③计算破损舱柜中心处的吃水 d_{x2},

$$d_{x2} = d_{m2} + \frac{X}{L_{bp}}t_2 \qquad\qquad (5.1.6.4)$$

④根据破损舱柜中心处的吃水 d_{x2} 计算破损舱柜内的液面到舱底的深度;查取对其所对应的散装体积;按实际渗透率计算进水量 P_2;

⑤以 $(\Delta_1 + P_2/2)$ 为引数查取 MTC_2 , TPC_2 , X_{f2};

⑥计算平行下沉量 δd_2 ,吃水差改变量 δt_2;计算首吃水改变量 δd_{f2} 和尾吃水改变量 δd_{a2};

⑦计算新的首吃水 d_{f3} 和尾吃水 d_{a3};如果新的平均吃水与前一次平均吃水的差值小于 1 cm,则将该次计算的水线作为最终水线;否则以新的首吃水和尾吃水为基础进行下一次计算。

……

按上述方法计算下去,直到求得最终水线。一般,经 4 ~ 5 次近似计算即可达到要求的计算精度。

5.1.6.3 渐减进水量逼近法

已知船舶的初始状态为:

破损舱柜中心至船中的距离 X;

破损舱柜的舱容表,其中可查出不同液面高度对应的重心距基线高度、重心距船中距离及液体体积;

两柱间长 L_{bp};

渗透率 μ;

静水力参数表。

按破损舱柜的舱容表及渗透率,计算出破损舱柜满载舷外水时对应的重量 P;根据初始吃水,利用小量装卸公式计算装载量为 P 时的首吃水 d_{f1} 和尾吃水 d_{a1}。

第一次近似计算

①根据首吃水 d_{f1} 和尾吃水 d_{a1},计算平均吃水 d_{m1} 和 t_1

$$d_{m1} = (d_{f1} + d_{a1}) \qquad\qquad (5.1.6.5)$$

②以平均吃水 d_{m1} 为引数查取排水量 Δ_1;

③计算破损舱柜中心处的吃水 d_{x1},

$$d_{x1} = d_{m1} + \frac{X}{L_{bp}}t_1 \qquad\qquad (5.1.6.6)$$

④根据破损舱柜中心处的吃水 d_{x1} 计算破损舱柜内的液面到舱底的深度;查取其所对应的散装体积;按实际渗透率计算进水量 P_1;

⑤以 $(\Delta_1 + P_1/2)$ 为引数查取 MTC_1 , TPC_1 , X_{f1};

⑥计算平行下沉量 δd_1 ,吃水差改变量 δt_1;计算首吃水改变量 δdf_1 和尾吃水改变量 δda_1;

⑦计算新的首吃水 d_{f2} 和尾吃水 d_{a2};如果新的平均吃水与前一次平均吃水的差值小于 1 cm,则将该次计算的水线作为最终水线;否则以新的首吃水和尾吃水为基础进行下一次计算。

第二次近似计算

①根据首吃水 d_{f2} 和尾吃水 d_{a2},计算平均吃水 d_{m2} 和 t_2

$$d_{m2} = \frac{1}{2}(d_{f2} + d_{a2}) \qquad\qquad (5.1.6.7)$$

②以平均吃水 d_{m2} 为引数查取排水量 Δ_2；

③计算破损舱柜中心处的吃水 d_{x2}，

$$d_{x2} = d_{m2} + \frac{X}{L_{bp}}t_2 \tag{5.1.6.8}$$

④根据破损舱柜中心处的吃水 d_{x2} 计算破损舱柜内的液面到舱底的深度；查取对其所对应的散装体积；按实际渗透率计算进水量 P_2；

⑤以 $(\Delta_1 + P_2/2)$ 为引数查取 MTC_2，TPC_2，X_{f2}；

⑥计算平行下沉量 δd_2，吃水差改变量 δt_2；计算首吃水改变量 δd_{f2} 和尾吃水改变量 δd_{a2}；

⑦计算新的首吃水 d_{f3} 和尾吃水 d_{a3}；如果新的平均吃水与前一次平均吃水的差值小于 1 cm，则将该次计算的水线作为最终水线；否则以新的首吃水和尾吃水为基础进行下一次计算。

……

按上述方法计算下去，直到求得最终水线。一般，经 4 ～ 5 次近似计算即可达到要求的计算精度。

5.1.6.4　优选逼近法

在利用渐增重量逼近法和渐减重量逼近法计算最终水线位置时，各次进水量的取法对提高计算精度和减少计算次数影响很大。一般，可以利用 0.618 法或其他方法，这里用实例说明等分逼近法的计算过程。

例 5.1.6.1

TJ 船 $L_{bp} = 148$ m，$d_f = 7.040$ m，$d_a = 8.560$ m，其静水力参数表如表 1.4.1.1 所示。该船 No2 舱舷侧双层底以上部位发生破损而与海水贯通，如图 5.1.6.2 所示。该舱的主要参数如表 5.1.6.1 所示。求其最终水线位置及稳性。

表 5.1.6.1　TJ 船 No2 舱容积表

底舱				二层舱			
距舱底高（m）	舱容（m³）	距基线高（m）	备注	距舱底高（m）	舱容（m³）	距基线高（m）	备注
0	0	1.42	该舱散装容积为 3 282 m³，重心距中距离为 34.62 m	0	0	9.50	该舱散装容积为 1 662 m³，重心距中距离为 34.58 m
0.5	150	1.67		0.4	162	9.70	
1.0	329	1.94		0.8	324	9.90	
1.5	511	2.20		1.2	487	10.10	
2.0	699	2.46		1.6	651	10.30	
2.5	890	2.72		2.0	815	10.50	
3.0	1 084	2.98		2.4	980	10.70	
3.5	1 281	3.24		2.8	1 145	10.90	
4.0	1 480	3.50		3.2	1 310	11.10	
4.5	1 682	3.76		舱口以下	1 474	11.31	
5.0	1 887	4.02		包括舱口	1 572	11.46	
5.5	2 092	4.28					
6.0	2 300	4.54					
6.5	2 509	4.80					
7.0	2 720	5.06					
7.5	2 932	5.33					
横梁下	3 094	5.52					

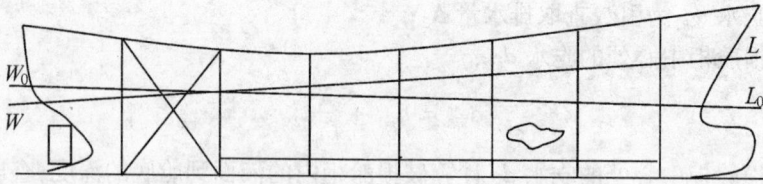

图 5.1.6.2 破损前和破损后的水线

解:此项计算用等分法进行,计算过程如表 5.1.6.2 所示。

初始状态计算:

由 d_f 和 d_a 计算出 d_m 及 t;查得底舱和二层舱的距中距离的平均值为 $X = 34.60$ m,计算出 X 处的初始水面距基线的高度 d_x;从 d_x 中扣除双层底高度作为该处水面至舱底高度 $h = 6.005$ m;取假定进水深度为 $h + h/2 = 9.008$ m;查得 9.008 m 对应的包装容积为 3 715 m³,取渗透率为 0.80,散装容积与包装容积的比值取为 1.061,海水密度取为 1.025 t/m³,计算得进水量为 3 715×0.8×1.061×1.025/0.98 = 3 298 t;取 TPC,X_f 和 MTC 为原平均吃水 7.800 m 对应的排水量与假定进水量的一半之和所对应的数值;计算 δd,δt,δd_f 和 δd_a;计算新的吃水、平均吃水和吃水差,得 $d_f = 11.021$ m,$d_a = 7.233$ m,$d_m = 9.127$ m 及 $t = 3.788$ m。

第一次计算:

以 $d_f = 11.021$ m,$d_a = 7.233$ m,$d_m = 9.127$ m 及 $t = 3.788$ m 为初始数据;计算出 X 处的初始水面距基线的高度 d_x;从 d_x 中扣除双层底高度作为该处水面至舱底高度 $h = 8.593$ m;取假定进水深度为 8.593 + (9.008 − 8.593)/2 = 8.801 m;查得 8.801 m 对应的包装容积为 3 614 m³,取渗透率为 0.80,散装容积与包装容积的比值取为 1.061,海水密度取为 1.025 t/m³,计算得进水量为 3 582×0.8×1.061×1.025/0.98 = 3 180 t;取 TPC,X_f 和 MTC 为原平均吃水 7.800 m 对应的排水量与假定进水量的一半之和所对应的数值;计算 δd,δt,δd_f 和 δd_a;计算新的吃水、平均吃水和吃水差 $d_f = 10.920$ m,$d_a = 7.265$ m,$d_m = 9.093$ m 及 $t = 3.655$ m。

……

经第四次计算得,$d_f = 10.804$ m,$d_a = 7.300$ m,$d_m = 9.052$ m 及 $t = 3.504$ m,这时平均吃水与前一次计算平均吃水的差值在 0.01 cm 左右。此水线即为最终水线。

表 5.1.6.2 TJ 船№2 舱抗沉性计算表

项目	初始状态	1 次计算	2 次计算	3 次计算	4 次计算	最终状态
d_f(m)	7.040	11.021	10.920	10.868	10.829	10.804
d_a(m)	8.560	7.233	7.265	7.279	7.290	7.300
d_m(m)	7.800	9.127	9.093	9.074	9.060	9.052
t(m)	−1.520	3.788	3.655	3.589	3.539	3.504
d_x(m) = $d_m + tX/L$(m)	7.425	10.013	9.947	9.913	9.887	
$h = d_x − 1.420$(m)	6.005	8.593	8.527	8.493	8.467	
假定进水深度(m)	9.008	8.801	8.664	8.579	8.523	
假定进水量(m)	3 269	3 180	3124	3 093	3 072	
TPC(t/cm)	25.40	25.35	25.30	25.30	25.30	
X_f(m)	−1.12	−1.10	1.10	1.10	1.10	
MTC(t−m/cm)	220.0	219.5	219.5	219.5	219.5	
δd(m)	1.287	1.254	1.235	1.222	1.214	
δt(m)	5.308	5.175	5.109	5.059	5.024	
δd_f(m)	3.981	3.880	3.828	3.789	3.764	
δd_a(m)	−1.327	−1.295	−1.281	−1.270	−1.260	

5.1.7　箱形船的进水计算

5.1.7.1　箱形船的进水

一般船舶的进水计算比较复杂,这里利用箱形船的第三种进水计算过程说明船舶进水过程中浮性和稳性的变化趋势。

设一箱形船,长为 L,宽为 B,吃水为 d_0,如图 5.1.7.1 所示。在该船中部,一长度为 l 的空货舱底部破损而进水,进水前的吃水为 d_0,进水后的吃水为 d_1。由于进水前的排水量和进水

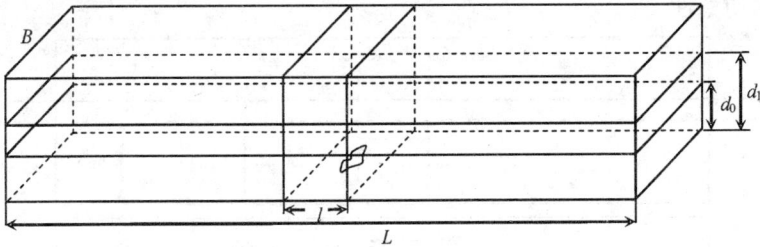

图 5.1.7.1　箱型船的进水

后的排水量相等,所以

$$LBd_0 = LBd_1 - lBd_1 \tag{5.1.7.1}$$

而且,进水后稳心距基线高度 KM 可表为

$$KM = KB + \frac{I_x}{\nabla} \tag{5.1.7.2}$$

式中,KB 为进水后的浮心高度(m),I_x 为进水后的水线面积对横倾轴的惯性矩(m^4),∇ 为进水后的排水量(t)。

不难看出,进水舱在纵向上的位置、进水舱在横向上的位置、进水舱是否横贯船宽、舱内货物的积载因数和密度的大小等因素均对具体计算过程有影响。

5.1.7.2　中部货舱的进水

我们用以下几个算例说明中部货舱进水的计算过程。

例 5.1.7.1

某箱型船长为 110 m,宽为 12 m,深为 8 m,正浮时吃水为 6 m。横贯船宽的长度为 9 m 的中舱破损进水。该船重心高度为 4.8 m,泊于海水中。试计算:①进水后的吃水;②破损前的初稳性;③破损后的初稳性。

解:

①进水后的吃水

设进水后的吃水为 d_1,则 d_1 可按式(5.1.7.1)表为

$$110 \times 12 \times 6 = 110 \times 12 \times d_1 - 9 \times 12 \times d_1$$

解得,$d_1 = 6.535$ m。

②破损前的初稳性

破损前的初稳性高度 G_0M 等于船舶的浮心高度加上稳性半径,再减去重心高度,即

$$G_0M = \frac{6}{2} + \frac{110 \times 12^3}{12 \times 110 \times 12 \times 6} - 4.8 = 0.2 \text{ m}$$

③破损后的初稳性

破损后的初稳性高度 G_1M 等于船舶的浮心高度加上稳性半径,减去重心高度,再减去进水舱柜中的自由液面影响值,即

$$G_1M = \frac{6.535}{2} + \frac{110 \times 2^3}{12 \times 110 \times 12 \times 6.535} - 4.8 - \frac{9 \times 12^3}{12 \times 110 \times 12 \times 6.535} = 0.154 \text{ m}$$

例 5.1.7.2

某箱型船长为 80 m,宽为 6 m,深为 4 m,正浮时吃水为 2 m,$KG = 2.2$。宽度为 4 m、长度为 10 m 的中舱破损进水,如图 5.1.7.2 所示。试计算:①进水后的吃水;②破损前的初稳性;③破损后的初稳性。

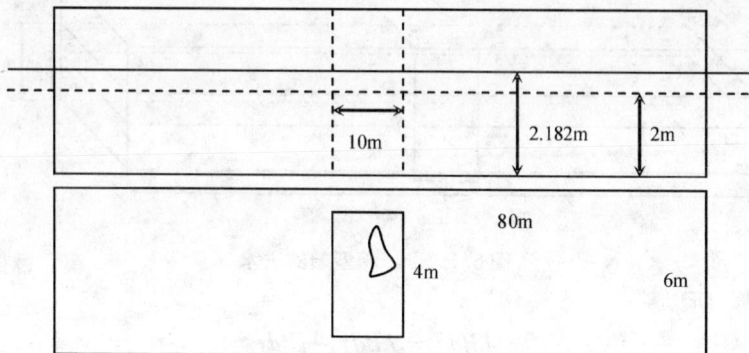

图 5.1.7.2　未横贯船宽的中舱进水

解:

①进水后的吃水可按式(5.1.7.1)计算,即

$$80 \times 6 \times 2 = 80 \times 6 \times d_1 - 10 \times 4 \times d_1$$

解得,$d_1 = 2.182$ m。

②破损前的初稳性

$$GM = \frac{2}{2} + \frac{80 \times 6^3}{12 \times 80 \times 6 \times 2} - 2.2 = 0.30 \text{ m}$$

③破损后的初稳性

$$GM = \frac{2.182}{2} + \frac{1}{80 \times 6 \times 2} \frac{80 \times 6^3 - 10 \times 4^3}{12} - 2.2 = 0.335 \text{ m}$$

例 5.1.7.3

某箱型船长为 140 m,宽为 20 m,深为 14 m,正浮时吃水为 5.8 m,$KG = 8.00$ m。宽度为 7 m、长度为 24 m 的中舱破损进水,如图 5.1.7.3 所示。该舱在高度为 6 m 处有一水密甲板。试计算:①进水后的吃水;②破损前的初稳性;③破损后的初稳性。

解:这种情况下,进水舱中的甲板在进水后的水面之上时属于例 5.1.7.2 中问题,所以这里假定进水舱中的甲板在进水后的水面之下,故可以利用重量增加法进行计算。

①进水后的吃水可按式(5.1.7.1)表为

$$140 \times 20 \times 5.8 = 140 \times 20 \times d_1 - 24 \times 7 \times d_1$$

解得,$d_1 = 6.16$ m。

②破损前的初稳性

$$GM = \frac{5.8}{2} + \frac{20^2}{12 \times 5.8} - 8.0 = 0.647 \text{ m}$$

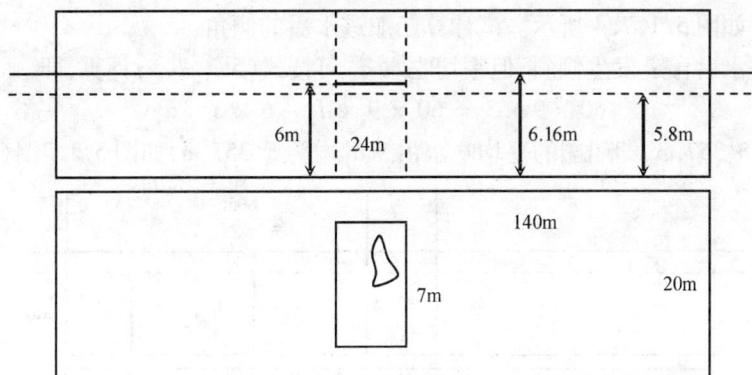

图 5.1.7.3　带有甲板的中舱进水

③破损后的初稳性

破损后的浮心 KB_1 为

$$KB_1 = \frac{6.16}{2} = 3.08 \text{ m}$$

破损后的稳心半径 B_1M_1 为

$$B_1M_1 = \frac{20^2}{12 \times 6.16} = 5.411 \text{ m}$$

破损后的重心高度 KG_1 为

$$KG_1 = \frac{140 \times 20 \times 5.8 \times 8 + 7 \times 24 \times 6 \times \frac{6}{2}}{140 \times 20 \times 5.8 + 7 \times 24 \times 6} = 7.708 \text{ m}$$

破损后的初稳性 G_1M_1 为

$$G_1M_1 = 3.08 + 5.411 - 7.708 = 0.783 \text{ m}$$

例 5.1.7.4

某箱型船长为 100 m,宽为 9 m,深为 6 m,正浮时吃水为 5 m,$KG = 2.2$ m。宽度为 9 m,长度为 20 m 的中舱破损进水,其中所载货物的积载因数 SF 为 1.2,密度为 2。试计算破损后的初稳心高度 KM。

解:按式(5.1.5.1),破损舱的渗透率 μ 为

$$\mu = \frac{1}{SF}\left(SF - \frac{1}{\rho}\right) = \frac{1}{1.2}\left(1.2 - \frac{1}{2}\right) = 0.583$$

进水后的吃水 d_1 为

$$100 \times 9 \times 5 = 100 \times 9 \times d_1 - 20 \times 9 \times 0.583 \times d_1$$

解得,$d_1 = 5.650$ m。

船舶破损后的稳性为

$$KM_1 = \frac{5.65}{2} + \frac{100 \times 9^3 - 20 \times 9^3 \times 0.583}{12} = 4.018 \text{ m}$$

5.1.7.3　中部边舱的进水

例 5.1.7.5

某箱型船长为 60 m,宽为 9 m,正浮时吃水为 5 m,$KG = 3$ m。宽度和长度均为 6 m 的中部

边舱破损进水,如图5.1.7.4所示。试计算船舶进水后的倾角。

解:船舶进水后肯定发生倾斜,但平均吃水 d_1 可按式(5.1.7.1)计算,即

$$60 \times 9 \times 5 = 60 \times 9 \times d_1 - 6 \times 6 \times d_1$$

解得,$d_1 = 5.357$ m,即船舶的平均吃水由5 m增为5.357 m,如图5.1.7.4(a)所示。

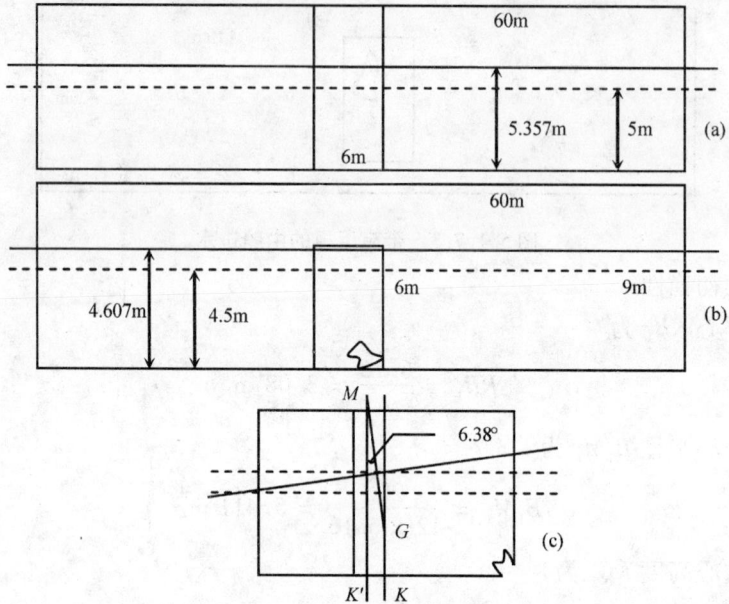

图5.1.7.4 船中边舱进水

由于船宽为9 m,所以进水前水线面积中心距进水一侧的距离为4.5 m,进水后水线面积中心距进水一侧的距离为:

$$\frac{60 \times 9 \times 4.5 - 6 \times 6 \times 3}{60 \times 9 - 6 \times 6} = 4.607 \text{ m}$$

即从俯视图看船舶的横倾轴由图5.1.7.4(b)中的虚线位置移至实线位置。

相应于这一移动,船舶的浮力作用线由图5.1.7.4(c)中的 K 线移至 K',移距为4.607 - 4.5 = 0.107 m。

破损后的水线面对新横倾轴的惯性矩 I_x 为

$$I_x = \frac{60 \times 9^3}{3} - \frac{6 \times 6^3}{3} - 4.607^2(60 \times 9 - 6 \times 6) = 3\ 451 \text{ m}^4$$

所以,船舶的稳心距基线高度 KM 为

$$KM = \frac{5.357}{2} + \frac{3\ 451}{60 \times 9 \times 5} = 3.957 \text{ m}$$

船舶的稳性高度 GM 为

$$GM = 3.957 - 3 = 0.957 \text{ m}$$

从而,船舶的横倾角 θ 为

$$\theta = \arctan \frac{0.107}{0.957} = 6.38°$$

5.1.7.4 端部货舱的进水

例5.1.7.6

某箱型船长为 180 m，宽为 20 m，正浮时在淡水中的吃水为 12 m，$KG = 8$ m。一长度为 12 m 的首端空舱进水，如图 5.1.7.5 所示。试计算船舶进水后在淡水中的首尾吃水。

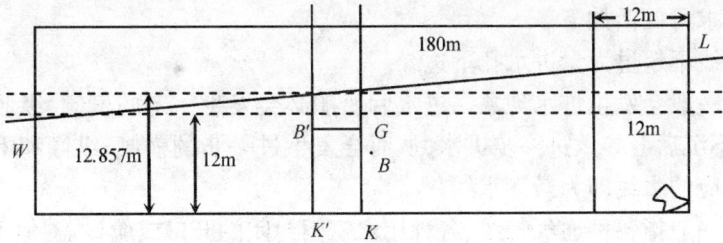

图 5.1.7.5　端部货舱进水

解：图 5.1.7.5 中的首端货舱进水后，船舶的平均吃水 d_1 可按式(5.1.7.1)计算，即

$$180 \times 20 \times 12 = 20(180 - 12)d_1$$

解得，$d_1 = 12.857$ m，即船舶的平均吃水由 12 m 增为 12.857 m。而船舶的浮力作用线由 KB 将移至 $K'B'$，移距为 $12/2 = 6$ m。

船舶排水量 Δ 为

$$\Delta = 180 \times 20 \times 12 \times 1.000 = 43\ 200\ t$$

进水后，船舶的纵稳性高度 GM_L 为：

$$GM_L = \frac{12.857}{2} + \frac{(180 - 12)^2}{12 \times 12.857} - 8.00 = 181.3\ m$$

船舶每厘米纵倾力矩 MTC 为：

$$MTC = \frac{43\ 200 \times 181.3}{100 \times (180 - 12)} = 466.2\ t - m/cm$$

船舶的吃水差 t 为

$$t = \frac{43\ 200 \times 6}{100 \times 466.2} = 5.560\ m$$

首吃水 d_f 为

$$d_f = 12.857 + \left(\frac{1}{2} + \frac{6}{180 - 12}\right) \times 5.560 = 15.836\ m$$

尾吃水 d_a 为

$$d_a = 12.857 - \left(\frac{1}{2} + \frac{6}{180 - 12}\right) \times 5.560 = 10.276\ m$$

§5.2　液货船的破损稳性衡准

船舶破损稳性的校核计算量很大，船员一般难以进行。但是，船员在生产中必须了解各种船的抗沉性规范，也就是要了解各种船舶在破损情况下的生存能力。这一方面要了解船舶所能抵御破损的状况，另一方面还要了解在假定的破损状况船舶的残存生存能力。

5.2.1　油船的破损稳性衡准

5.2.1.1　油船的破损稳性要求

1974 年《国际海上人命安全公约》中关于货船破损稳性的要求不适用于油船。油船的破损稳性应达到《1973 年国际防止船舶造成污染公约及 1978 年议定书》(MARPOL 73/78) 附则 1 的要求。该附则已于 1983 年 10 月 2 日生效,我国也已参加了这一附则。该规则中对油船的破损稳性要求可概括如下。

·　最终水线不超过大量进水孔下边缘。

船舶破损后一般会发生进水现象。进水后船舶必会发生一定的横倾、纵倾和下沉。发生了横倾、纵倾和下沉后会导致进一步进水,从而会发生进一步的横倾、纵倾和下沉。当船舶浮态稳定不变时对应的水线即为最终水线。

大量进水孔一般指各种通气管线、各种用水密门封闭的开口或舱口盖,但不包括由水密人孔盖和小型舱盖封闭的各种开口、对甲板整体结构无影响的小型水密舱柜的舱口盖、遥控的水密滑门及不可开启的舷窗。

·　进水后的船舶横倾角不超过 25°;若上甲板边缘未入水可将此限增至 30°。

这里的横倾角系指因进水使船舶产生的最终横倾角。若上甲板已入水,则其限值为 25°,否则其限值为 30°。

·　剩余稳距不小于 20°;剩余静稳性力臂最大值不小于 0.1 m;剩余静稳性面积不小于 0.0175 m – rad。

船舶进水后,形状稳性力臂在各角度上的数值均有所减小,但因破损进水致使重心高度的改变一般不大,所以新的静稳性力臂曲线一般相当于将原曲线上的横轴上移一距离。

进行上述各项参数计算时主要应考虑三个方面的问题,即:船舶结构与渗透率,如船舶布置与结构的特点、破损货舱的形状、其内货物的重量、比重及自由液面的影响等;舷侧和船底的假定破损程度,如舷侧的三维破损假定、船底的三维破损假定;在船长方向上的破损部位。计算中还应注意,进水过程中的稳性应达到主管当局的要求,但我国船级社和海事局对此尚未作出规定。船舶纵向舱壁上的各种连通器对进水后的横倾角的减小量及对浮性其他参数的改善不得计及。

5.2.1.2　船舶结构与渗透率方面的影响因素

·　满载舱柜与部分装载舱柜应分别计算,应计及破损舱柜中的货物比重及货物的溢流。

由于满载舱柜和部分装载舱柜的渗透率不同,所以必须分别计算其破损后对船舶浮态的影响。油船上,货油舱及其他液体舱柜内的液体比重一般均小于海水的比重,所以破损进水后有些舱柜的液体将残留在舱柜内并漂浮在进水的上部,这时计算其对船舶浮态的影响时必须计及其上液体的数量与比重。

·　渗透率的确定

油船进水处所的渗透率按表 5.2.1.1 确定,其中,油水舱柜和其他舱柜的渗透率应认为平衡水线以下的空间完全为海水所占,而其上的空间仍为原液体。

·　破损以上部位上层建筑的浮力应认为完全丧失。

舷侧受到垂向损坏时,破损以上部位上层建筑的浮力应认为完全丧失。但不直接在破损部位之上并且与破损部位有水密门分隔的上层建筑的浮力应认为依然存在。这里水密门系指水密舱壁上的铰接或类似结构的水密门。

·　各破损舱柜的自由液面应在 5°横倾角的状态上计算。

舱柜进水后,船舶一般会发生横倾,而横倾状态下的自由液面对稳性的减小值一般大于正浮状态下对稳性的减小值。规则规定,各破损舱柜的自由液面应在 5°横倾角的状态上计算,但同时指出主管当局可要求未满载舱柜的自由液面在5°以上横倾角的状态上计算。我国目前尚无规定。

表5.2.1.1   油船进水处所的渗透率

舱柜	渗透率
物料舱柜	0.60
居住处所	0.95
机械处所	0.85
空舱	0.95
油水舱柜	0 ~ 0.95
其他舱柜	0 ~ 0.95

· 在进行油水舱柜的自由液面计算中,应至少计及影响最大的一个中油水舱或一对边油水舱的自由液面。

自由液面对稳性的减小值与液面对船舶纵轴的面积惯矩成正比。一般,船中附近的横贯左右舷的液舱的面积惯矩最大,因而对稳性的减小值亦最大。在油水舱柜的自由液面的计算中,应至少计及对稳性影响最大的一个中油水舱或一对边油水舱的自由液面。如果实际营运中经常存在两个或更多个有自由液面的油水舱,且其对船舶稳性的影响更为不利,则应计及这种情况。

5.2.1.3   破损程度的假定

· 舷侧损坏

纵向 $\min\{1/3L^{2/3}, 14.5 \text{ m}\}$;

横向 $\min\{B/5, 11.5 \text{ m}\}$,在夏季水线面上自舷侧以直角向船中量取;

垂向自船底的型表面向上无限制。

· 船底损坏

纵向 自首柱 0.3L 以内为 $\min\{1/3L^{2/3}, 14.5 \text{ m}\}$,其他部位为 $\min\{1/3L^{2/3}, 5 \text{ m}\}$;

横向 自首柱 0.3L 以内为 $\min\{B/6, 10 \text{ m}\}$,其他部位为 $\min\{B/6, 5 \text{ m}\}$,在夏季水线面上自舷侧以直角向船中量取;

垂向 $\min\{B/15, 10 \text{ m}\}$,自船底的型表面向上量取。

· 如果实际损坏的程度低于上述的假定状况但对船舶浮态更为不利,则应以实际损坏状况作为计算基础。

虽然实际损坏程度低于上述假定值,但对船舶浮态的影响更为不利,则应以实际损坏状况作为计算基础。但是规则指出,如果损坏部位中的横舱壁间距小于上述纵向破损长度,或者横舱壁上有凹入部分或台阶,且在假定的破损部位之内达 3.05 m 以上,则仍以假定破损状况作为计算基础。

· 如果上述的假定破损范围内有水密舱壁,则这种水密舱壁应认为已经破损即不存在;而且未破损舱壁间的距离应不小于上述纵向破损长度。

· 破损部位中管线应加以防护,以防进水大量流入非破损舱室。

这是因为舱柜破损后,进水有可能通过破损部位中管线流入非破损区域,致船舶浮态恶化。管线的防护主要是设置相应阀门,以限制舱柜间液体的互流。

5.2.1.4   分舱限制

· 总长大于 225 m 的油船

船舶总长大于 225 m 的油船沿船长方向上的任何部位发生上述假定破损,船舶浮态均应达到破损稳性的基本要求。

· 总长大于 150 m 但不超过 225 m 的油船

船舶总长大于 150 m 但不超过 225 m 的油船沿船长方向上除包括机舱舱壁区域外的任何部位发生上述假定破损,船舶浮态均应达到破损稳性的基本要求。机舱作为单独进水舱室计算。

· 总长不超过 150 m 的油船

总长不超过 150 m 的油船在船长方向上除机舱外的相邻舱壁之间的任何部位发生上述假定破损,船舶浮态均应达到破损稳性的基本要求。对于船长不超过 100 m 的油船,可由主管当局批准放宽要求。

5.2.2 液体散装化学品船的破损稳性

5.2.2.1 液体散装化学品船的破损稳性要求

1974 年《国际海上人命安全公约》中关于货船破损稳性的要求不适用于液体散装化学品船。这类船舶,如果在 1986 年 7 月 1 日之前建造即此日期之前安放龙骨、或开始建造、或组装的建造材料达到 50 t 或达到建造材料的 1%(取小者),则应适用国际海事组织(IMO)制定的《载运散装危险化学品船舶的建造和设备规则》(BCH Code);如果在此日期之后建造,则应适用国际海事组织制定的《国际载运散装危险化学品船舶的建造和设备规则》(IBC Code)。我国目前不对液体散装化学品船的破损稳性作出规定,而完全采纳国际海事组织的规定。

· 液体散装化学品船的破损稳性要求进水过程中水线不得超过大量进水孔下边缘。

船舶破损后一般会发生进水现象。进水后船舶必会发生一定的横倾、纵倾和下沉。这一过程一般是逐渐进行的。当船舶浮态稳定不变时对应的水线即为最终水线。

大量进水孔一般指各种通气管道、各种用水密门封闭的开口或舱口盖,但不包括由水密人孔盖和道门盖板封闭的各种开口、对甲板整体结构无影响的小型水密舱柜的舱口盖、遥控的水密滑门及不可开启的舷窗。

· 进水过程中横倾角不得超过 25°;若上甲板边缘未入水可将此限增至 30°。

这里的横倾角系指因进水使船舶产生的最大横倾角。若上甲板已入水,则其限值为 25°,否则其限值为 30°。

· 进水过程中剩余稳性应达到主管当局的要求。

我国船级社及海事局到目前为止不对此作出规定,而完全应用国际海事组织制定的规则。

· 进水的最终阶段剩余稳距不小于 20°;剩余静稳性力臂最大值不小于 0.1 m;剩余静稳性面积不小于 0.0175 m - rad。

规则规定,船舶倾角在稳距之内时水线不得淹过未加防护的开口下边缘。在稳距之内允许存在各种通气管道、各种用水密门封闭的开口或舱口盖,由水密人孔盖和道门盖板封闭的各种开口、对甲板整体结构无影响的小型水密舱柜的舱口盖、遥控的水密滑门及不可开启的舷窗。

5.2.2.2 破损程度的假定

· 舷侧损坏

纵向 $\min\{1/3L^{2/3}, 14.5 \text{ m}\}$;

横向 $\min\{B/5,11.5\text{ m}\}$，在夏季水线面上自舷侧以直角向船中量取；

垂向 自船底的型表面向上无限制。

· 船底损坏

纵向 自首柱 $0.3L$ 以内为 $\min\{1/3L^{2/3},14.5\text{ m}\}$，其他部位为 $\min\{1/3L^{2/3},5\text{ m}\}$；

横向 自首柱 $0.3L$ 以内为 $\min\{B/6,10\text{ m}\}$，其他部位为 $\min\{B/6,5\text{ m}\}$，在夏季水线面上自舷侧以直角向船中量取；

垂向 $\min\{B/15,6\text{ m}\}$，自船底中部型表面向上量取。

· 如果实际损坏的程度低于上述的假定状况但对船舶浮态更为不利，则应以实际损坏状况作为计算基础。

5.2.2.3　船舶结构与渗透率方面的影响因素

· 渗透率的确定

液体散装化学品船进水处所的渗透率按表 5.2.2.1 确定，其中，考虑油水舱柜和其他舱柜的渗透率时应认为平衡水线以下的空间完全为海水所占，而其上的空间仍为原液体。

表 5.2.2.1　液体散装化学品船进水处所的渗透率

舱柜	渗透率
物料舱柜	0.60
居住处所	0.95
机械处所	0.85
空舱	0.95
油水舱柜及其他舱柜	$0\sim0.95$

· 破损舱柜中的货物比重及货物的溢流应计及。

液体散装化学品船上，许多货物的比重小于海水的比重，所以破损进水后有些舱柜的液体将残留在舱柜内并漂浮在进水的上部。这时计算其对船舶浮态的影响时必需计及其上液体的数量与比重。

假定破损范围内的水密空间应认为进水，其渗透率按上述规定计算。

· 由机械操纵的平衡装置在计算横倾角和剩余稳性时不得计及。

各种阀门、连通管系等需由机械操纵的平衡装置不得认为对船舶的横倾角有减小作用，不得认为对船舶的剩余稳性有增加作用。使用连通装置过程中亦应保证船舶具有规定的稳性。由大截面连通管连接的舱室可作为一个舱室对待。

· 破损部位中管线应加以防护，以防进水大量流入非破损舱室。

这是因为舱柜破损后，进水有可能通过破损部位中管线流入非破损区域，致船舶浮态恶化。管线的防护主要是设置相应阀门，以限制舱柜间液体的互流。

· 破损以上部位上层建筑的浮力应认为完全丧失。

舷侧受到垂向损坏时，破损以上部位上层建筑的浮力应认为完全丧失。但是，如果上层建筑不直接在破损部位之上并且与破损部位有水密舱壁分隔、其上的开口可由遥控水密滑门关闭、未加防护的开口在稳距之内不会被淹没，则其浮力应认为依然存在。

5.2.2.4　船舶类型

· 在建造要求上，液体散装化学品船分成三个类型。

液体散装化学品种类繁多，运输要求各异。为适应不同化学品的运输要求，液体散装化学品船在建造上分成三个类型：Ⅰ型船用于装载危险性最大、环境防护要求最为严格的货物；Ⅱ型船用于装载危险性中等、环境防护要求中等的货物；Ⅲ型船用于装载危险性较小、环境防护要求较低的货物。各种液体散装化学品对船型的要求列于 IBC 规则的第十七章。

·　舱柜的位置

Ⅰ型船舱柜的设置应能保证发生下述破损时不受损伤：

横向 $\min\{B/5,11.5\text{ m}\}$，在夏季水线面上自舷侧以直角向船中量取；

垂向 $\min\{B/15,6\text{ m}\}$，自船底中部型表面向上量取。

而且，在任何部位船壳与货舱壁的距离不得小于 760 mm。此项不适用于存贮因扫舱而产生的污货的舱柜。

Ⅱ型船舱柜的设置应能保证自船底中部型表面向上量取发生破损达到 $\min\{B/15,6\text{ m}\}$ 时不受损伤。

Ⅲ型船可以利用船壳作为舱壁。

·　破损的位置

各类型船的假定破损位置是其生存能力的表征，规定如下：

Ⅰ型船的破损位置假定在船长的任何位置上；

$L>150$ m 的Ⅱ型船的破损位置假定在船长的任何位置上；其他 ⅡG 型船的破损位置假定在船长的任何位置，但包括机舱舱壁的位置除外；

$L>225$ m 的Ⅲ型船的破损位置假定在船长的任何位置上；其他Ⅲ型船的破损位置假定在船长的任何位置，但包括机舱舱壁的位置除外；$L<125$ m 的Ⅲ型船的机舱进水时生存能力应由主管当局确定。

5.2.3　液化气体船的破损稳性

5.2.3.1　液体散装化学品船的破损稳性要求

1974 年《国际海上人命安全公约》中关于货船破损稳性的要求不适用于液化气体船舶。这类船舶应适用国际海事组织（IMO）制定的《载运散装液化气体船舶的建造和设备规则》（IGC Code）。我国目前不对散装液化气体船的破损稳性作出规定，而完全采纳国际海事组织的规定。

·　进水过程中水线不得超过大量进水孔下边缘。

液化气体船破损后，在整个进水过程，计及横倾、纵倾和下沉的水线不得超过大量进水孔下边缘。

·　进水过程中横倾角不得超过 30°。

这里的横倾角系指因进水使船舶产生的最大横倾角。

·　进水过程中剩余稳性应达到主管当局的要求。

我国船级社及海事局到目前为止均不对此作出规定，而完全应用国际海事组织制定的规则。

·　进水的最终阶段剩余稳距不小于 20°；剩余静稳性力臂最大值不小于 0.1 m；剩余静稳性面积不小于 0.0175 m－rad。

5.2.3.2　破损程度的假定

·　舷侧损坏

纵向 $\min\{1/3L^{2/3},14.5\ \text{m}\}$ ；

横向 $\min\{B/5,11.5\ \text{m}\}$ ，在夏季水线面上自舷侧以直角向船中量取；

垂向 自船底的型表面向上无限制。

· 船底损坏

纵向 自首柱 $0.3L$ 以内为 $\min\{1/3L^{2/3},14.5\ \text{m}\}$ ，其他部位为 $\min\{1/10L^{2/3},5\ \text{m}\}$ ；

横向 自首柱 $0.3L$ 以内为 $\min\{B/6,10\ \text{m}\}$ ，其他部位为 $\min\{B/6,5\ \text{m}\}$ ；

垂向 $\min\{B/15,2\ \text{m}\}$ ，自船底中部型表面向上量取，其他部位为 $\min\{1/15B,2\ \text{m}\}$ 。

· 如果实际损坏的程度低于上述的假定状况但对船舶浮态更为不利，则应以实际损坏状况作为计算基础。

5.2.3.3　船舶结构与渗透率方面的影响因素

液化气体船进水处所的渗透率按表 5.2.3.1 确定，其中，考虑油水舱柜和其他舱柜的渗透率时应认为平衡水线以下的空间完全为海水所占，而其上的空间仍为原液体。

表 5.2.3.1　液化气体船进水处所的渗透率

舱柜	渗透率
物料舱柜	0.60
居住处所	0.95
机械处所	0.85
空舱	0.95
油水舱柜	0 ~ 0.95，取较大危险者
其他舱柜	0 ~ 0.95，取所载液体的渗透率

5.2.3.4　船舶类型

· 在建造要求上，液化气体船分成三个类型

液化气体船在建造上分成三个类型：IG 型船用于装载危险性最大、环境防护要求最为严格的货物；IIG/IIPG 型船用于装载危险性中等、环境防护要求中等的货物；IIIG 船用于装载危险性较小、环境防护要求较低的货物。各种液化气体对船型的要求列于 IGC 规则。

· 舱柜的位置

IG 型船的舱柜不得设置在横向和垂向的假定破损区域中，而且任何部位距船壳板不得小于 760 mm。

IIG/IIPG 及 IIIG 型船舱柜不得设置在横向和垂向的假定破损区域中，而且任何部位距船壳板不得小于 760 mm。

· 破损的位置

各类型船的假定破损位置是其生存能力的表征，规定如下：

IG 型船的破损位置假定在船长的任何位置上；

IIG 型船，$L>150\ \text{m}$ 时破损位置假定在船长的任何位置上；其他 IIG 型船的破损位置假定在船长的任何位置，但机舱前或后舱壁包括在破损位置中时除外；

IIPG 型船，$L<150\ \text{m}$ 时，如果具有 C 型独立舱柜、排泄阀最大允许压力至少为 7 kg/cm^2、货物系统的设计温度不低于 $-55\,°\!\text{C}$，则破损位置假定在船长的任何位置上，但两个相邻舱壁大于假定损伤长度时除外；

IIIG 型船的破损位置假定在船长的任何位置，但两个相邻舱壁大于假定损伤长度时除外；

$L<125\ \text{m}$ 的 IIIG 型船，破损位置假定在船长的任何位置，但两个相邻舱壁大于假定损伤长度

的部位及机舱部位除外。

§5.3　干货船的抗沉性衡准

国际海事组织从 1990 年开始在《国际海上人命安全公约》①中要求对干货船采用概率方法对抗沉性进行核算。中国海事局也以此规则为基础,在《船舶与海上设施法定检验规则》中作出了相应规定。

此项规定适用于 1992 年 2 月 1 日及以后建造的船舶分舱长度(L_s)超过 100 m 的货船及 1998 年 7 月 1 日或以后建造的长度(L_s)为 80 m 及以上但不超过 100 m 的货船,其中不包括符合以下规则的船舶:

- 《MARPOL73/78》附则 I;
- 《国际散化规则》;
- 《国际气体运输船规则》;
- 《近海供应船设计和建造指南》(A.469(XII) 决议);
- 《特殊用途船安全规则》(A.534(13) 决议,经修正);
- 采用《1966 载重线公约》第 27 条的破损稳性要求且同时符合 A.320(IX) 和 A.514(13) 决议的规定,但是对适用该公约第27(9) 条的船舶而言,被认为有效的主水密横舱壁应按 A.320(IX) 决议中(12)(f) 规定的间距设置。

5.3.1　船舶破损的概率

5.3.1.1　破损概率与概率密度

船舶破损的概率是一个很复杂的量,一般是多个随机变量的函数。在一般的分析中,可近似只与二个变量,即其在船长方向上破损的位置和破损的长度有关。

这里以模型说明破损的过程。设船长为 L_s,有首尖舱、尾尖舱和货舱共 6 个舱室,舱长为 $l_1,\cdots,l_6$,各横舱壁间不水密。第 3 舱因破损而进水,其在纵向上的位置为 x,其长度为 y。该舱进水后,必导致 2,4 舱进水,破损长度增加到 $l_2 + l_3 + l_4$;2,4 舱进水后必然导致 1,5 舱进水,进而会导致 6 舱进水。这样损坏就会扩大到全船,损坏长度为 L_s,如图 5.3.1.1 所示。

在实际分析中,破损的纵向位置 x 和长度 y 均为随机变量,其概率密度为 $f(x,y)$。$f(x,y)$ 的具体表达式通常难以建立,但可以通过实船事故数据统计确定。实际上,$f(x,y)$ 是定义在 (x,y) 平面上的函数,其在这一平面上的积分为 1,如图 5.3.1.2 所示。

如果确定了 $f(x,y)$,则可以相应确定各舱破损的概率。设有长度为 l 的货舱发生破损,其内进水,则结果相当于该舱全部长度破损,即破损的长度也为 l,从而,该舱发生破损的概率即为在 (x,y) 平面上底边和高度均为 l 的三角形与曲面 $f(x,y)$ 形成的柱形体积。

一组相邻货舱的损坏,可以作为一个较长的货舱损坏对待。多个货舱的损坏可用求和的方法计算总损坏的概率。

5.3.1.2　双层底对破损概率的影响

大部分船舶设有双层底。这对破损概率的定义具有一定影响。事实上,双层底舱破损的

---

① IMO. 1974 SOLAS,II − 1 Part B − 1.

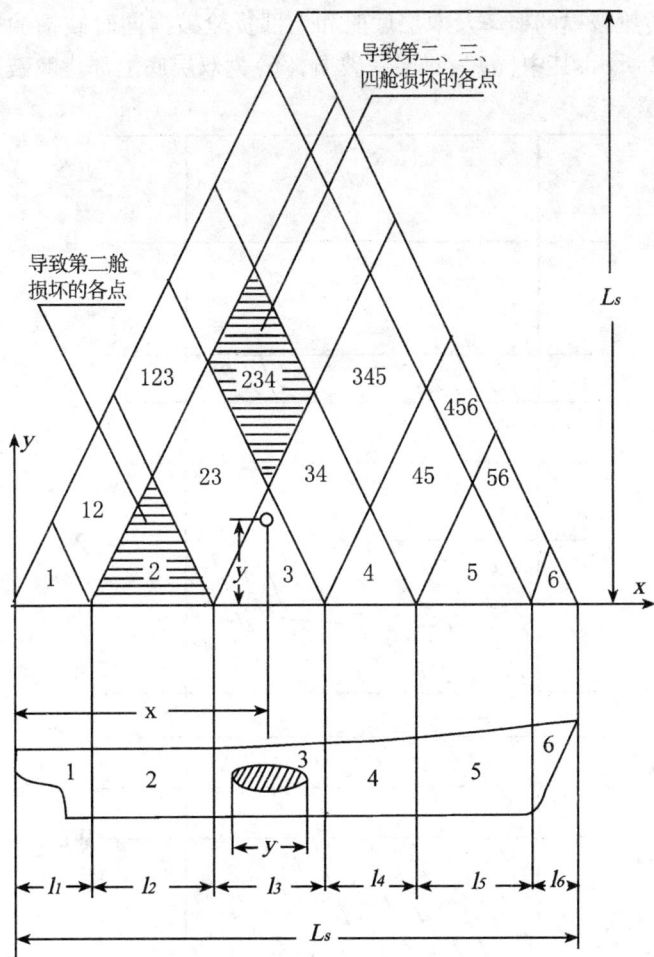

图 5.3.1.1　损坏的位置及扩大

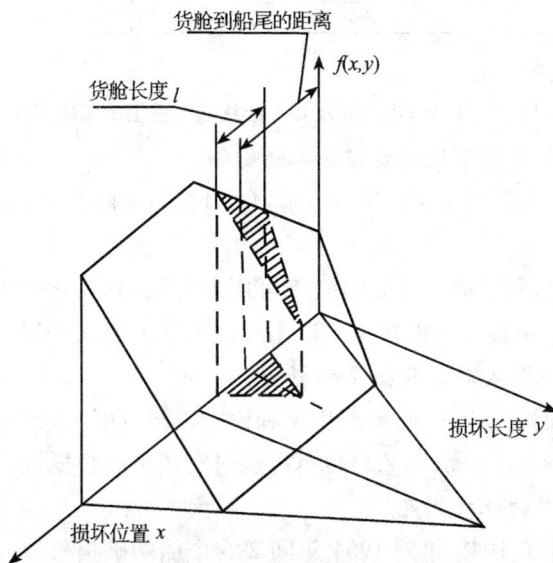

图 5.3.1.2　损坏位置与长度的概率密度

概率、双层底上部货舱破损的概率及双层底舱和上部货舱破损同时破损的概率是三个不同的概念,如图5.3.1.3所示,其中(a)为双层底破损,(b)为双层底上部货舱破损,(c)为双层底及上部货舱同时破损。

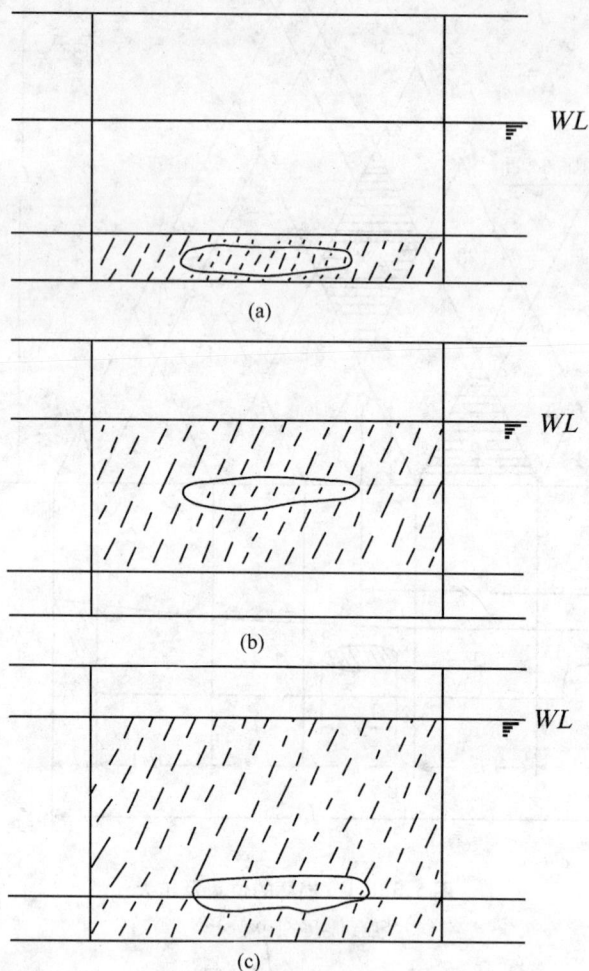

图5.3.1.3 双层底及其上部货舱对破损的概率影响

5.3.1.3 水线上部水密甲板对破损概率的影响

如果船舶在水线上部设有水密的甲板,则船舶侧部的垂向损坏会限制在这一水密甲板之下。

这种情况下,这一水密甲板未受损的概率可用 v 表示,其在水线上的数值为0,在这一甲板处为1,在水线与这一甲板之间的概率可以用线性内插求得,如图5.3.1.4所示。

5.3.1.4 横向破损深度对破损概率的影响

在实际分析中,破损的纵向位置 x、长度 y 和横向破损深度 z 均为随机变量,如图5.3.1.5所示,其概率密度为 $f(x,y,z)$。$f(x,y,z)$ 也可以通过实船事故数据统计确定。

5.3.1.5 破损概率的统计测定

国际海事组织统计了1948年到1964年间296个船舶破损事故,对这些数据进行了数理统计分析,所得到的结论是制定分舱指数计算方法的基础。

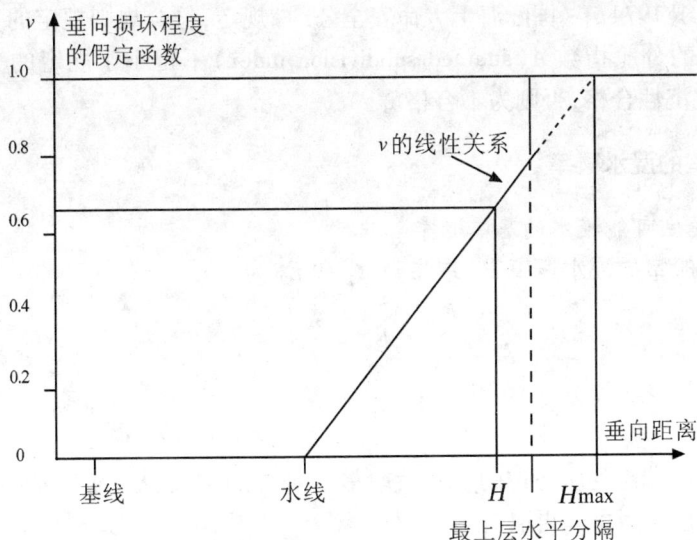

图 5.3.1.4　水线与水线上部甲板之间破损的概率

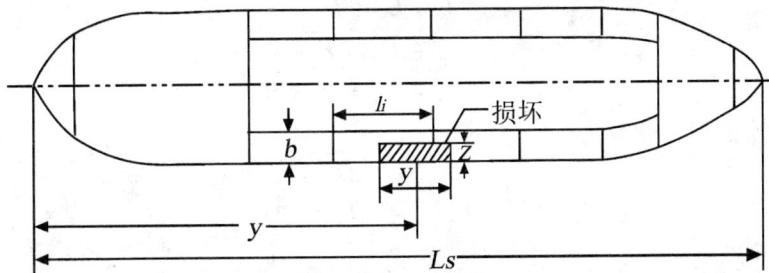

图 5.3.1.5　横向破损深度对破损概率的影响

· 破损长度与船长的比值是一随机变量,其密度函数在 0.04 处取得最大值;这一密度函数与船长基本无关;由于船速和船舶尺度随年份略有增加,这一密度函数的最大值随年份的增加略有下降。

· 横向破损深度与船宽的比值是一随机变量,其密度函数在 0.11 处取得最大值;这一密度函数与船宽基本无关,但随船长的增加而略有增加。

· 纵向破损主要发生在 0.5 ~ 0.9 倍船长间;在尾向即 0.0 ~ 0.1 倍船长间发生损坏的概率很小;0.1 ~ 0.5 倍船长间发生损坏的概率基本均匀增加;在首向即 0.9 ~ 1.0 倍船长间发生损坏的概率锐减。

5.3.2　分舱指数的规定

船舶的最小分舱指数即规定的分舱指数 R(required subdivision index)为

$$R = (0.002 + 0.000\ 9L_s)^{\frac{1}{3}} \qquad (5.3.2.1)$$

达到的分舱指数 A 为

$$A = \sum P_i S_i \qquad (5.3.2.2)$$

式中,i 为所考虑的每一个舱或舱组;P_i 表示所考虑的舱或舱组可能浸水的概率,不考虑任何水平分隔;S_i 表示考虑的舱或舱组浸水后的生存概率,包括任何水平分隔的影响。

国际海事组织 1974 年《国际海上人命安全公约》规定,符合规则规定的货船,在营运中的分舱指数即达到的分舱指数 A(attained subdivision index)不得小于规定的分舱指数 R,即若 $A \geqslant R$ 则该船的抗沉性合格,否则为不合格。

5.3.3 舱室的浸水概率

5.3.3.1 舱室可能浸水的基本概率

为计算单一舱室的浸水概率 P_i,取参数 E_1 和 E_2 为

$$E_1 = \frac{X_1}{L_s} \tag{5.3.3.1}$$

$$E_2 = \frac{X_2}{L_s} \tag{5.3.3.2}$$

式中,X_1 为 L_s 的后端点到所考虑的舱室后端最前部位的距离;X_2 为 L_s 的后端点到所考虑的舱室后端最后部位的距离。再取

$$E = E_1 + E_2 - 1 \tag{5.3.3.3}$$

$$J = E_2 + E_1 \tag{5.3.3.4}$$

$$J' = \begin{array}{l} J - E,若 E \geqslant 0 \\ J + E,若 E < 0 \end{array} \tag{5.3.3.5}$$

最大无因次破损长度取为

$$J_{max} = \frac{48}{L_s} \tag{5.3.3.6}$$

J_{max} 不得大于 0.24。

破损位置沿船长的假定分布密度取为

$$a = 1.2 + 0.8E \tag{5.3.3.7}$$

a 不得大于 1.20。

破损位置沿船长的假定分布函数为

$$F = 0.4 + 0.25E(1.2 + a) \tag{5.3.3.8}$$

再取下述参数

$$y = \frac{J}{J_{max}} \tag{5.3.3.9}$$

$$p = \frac{F_1}{J_{max}} \tag{5.3.3.10}$$

$$q = 0.4F_2(J_{max})^2 \tag{5.3.3.11}$$

$$F_1 = \begin{array}{l} y^2 - \frac{1}{3}y^3,若 y < 1 \\ y - \frac{1}{3},若 y \geqslant 1 \end{array} \tag{5.3.3.12}$$

$$F_2 = \begin{array}{l} \frac{1}{3}y^3 - \frac{1}{12}y^4,若 y < 1 \\ \frac{1}{2}y^2 - \frac{1}{3}y + \frac{1}{12},若 y \geqslant 1 \end{array} \tag{5.3.3.13}$$

每一单个舱可能浸水的概率 P_i 按计算如下：

· 当所考虑的舱延伸至整个船长 P_i 时取

$$P_i = 1 \tag{5.3.3.14}$$

· 当所考虑的舱的后端点与 L_s 的后端点重合时取

$$P_i = F + 0.5ap + q \tag{5.3.3.15}$$

· 当所考虑的舱的前端点与 L_s 的前端点重合时：

$$P_i = 1 - F + 0.5ap \tag{5.3.3.16}$$

· 当所考虑的舱的两端位于船长 L_s 的前后端点以内时取

$$P_i = ap \tag{5.3.3.17}$$

· 若所考虑的舱室跨越船长中点，则在应用式(5.3.3.15)～式(5.3.3.17)时应减去按式(5.3.3.11)计算得到 q 值，且在计算其中的 F_2 时取 $y = \dfrac{J'}{J_{max}}$。

5.3.3.2 多舱舱室的浸水概率

多个舱室的浸水概率，可作为几个相邻舱组浸水概率之和。

对于几个相邻舱构成的相邻舱组，其浸水概率 P_i，可按下述方法计算。

· 对于两个相邻舱的舱组，取

$$P_i = P_{12} - P_1 - P_2 \tag{5.3.3.18}$$

$$P_i = P_{23} - P_2 - P_3 \tag{5.3.3.19}$$

· 对于三个相邻舱的舱组，取

$$P_i = P_{123} - P_{12} - P_{23} + P_2 \tag{5.3.3.20}$$

$$P_i = P_{234} - P_{23} - P_{34} + P_3 \tag{5.3.3.21}$$

· 对于四个相邻舱的舱组，取

$$P_i = P_{1234} - P_{123} - P_{234} + P_{23} \tag{5.3.3.22}$$

$$P_i = P_{2345} - P_{234} - P_{345} + P_{34} \tag{5.3.3.23}$$

这里，P_{12}，P_{23}，P_{34} 等，P_{123}，P_{234}，P_{345} 等，P_{1234}，P_{2345} 等，应作为单舱计算，其无因次长度 J 取 P 的下标所标明的舱组的无因次长度。

对三个或更多相邻舱室为一组的舱组，如果该舱组的无因次长度减去该舱组最前和最后舱室的无因次长度大于 J_{max}，则其浸水概率 P_i 等于零。

5.3.3.3 设有边舱时舱室可能浸水的概率

若船舶设有边舱，则该边舱可能浸水的概率 P_i 值应在计算值的基础上乘以缩减因数 r；该边舱和其相邻的内侧舱室同时浸水的概率 P_i 值应在计算值的基础上乘以 1 与缩减因数 r 的差值即 $(1-r)$。

缩减因数 r 应按式(5.3.3.24)求得：

当 $J \geqslant 0.2 \dfrac{b}{B}$，

$$r = \begin{cases} \dfrac{b}{B}\left(2.3 + \dfrac{0.08}{J + 0.02}\right) + 0.1, & 若 \dfrac{b}{B} \leqslant 0.2 \\[3mm] \dfrac{0.016}{J + 0.02} + \dfrac{b}{B} + 0.36, & 若 \dfrac{b}{B} \leqslant 0.2 \end{cases} \tag{5.3.3.24}$$

$J = 0$ 时，$r = 1$；

当 $0 < J < 0.2 \dfrac{b}{B}$ 时取 r 为 $J = 0$ 时与 $J = 0.2 \dfrac{b}{B}$ 时的线性内插值。

在式（5.3.3.24）中，b 为纵向限界之间的平均横向距离（m），在最深分舱载重线处由船壳板量至通过纵舱壁最外部分并与其平行的平面。

5.3.4　浸水后的生存概率

每一舱或舱组浸水后，船舶的生存概率 S_i 应按下述步骤求得。

5.3.4.1　初始装载状态下的生存概率

通常对任一初始装载状态的任一浸水情况的生存概率 S 为

$$S = C \sqrt{0.5 GZ_{max} \theta_{ran}} \qquad (5.3.4.1)$$

式中，θ_e 为最终横倾平衡角（°）；C 按式（5.3.3.26）计算

$$C = \begin{cases} 1, & \text{若 } \theta_e \leqslant 25° \\[2mm] \sqrt{\dfrac{30 - \theta_e}{5}}, & \text{若 } 25° < \theta_e \leqslant 30° \\[2mm] 0, & \text{若 } \theta_e > 30° \end{cases} \qquad (5.3.4.2)$$

θ_{ran} 为最终横倾平衡角至稳性消失角间的稳距（°），但不得大于 $20°$；GZ_{max} 为稳距上的最大静稳性力臂，但不大于 0.1 m。

若下沉、横倾和纵倾后的最终水线浸到某些开口的下缘，且通过这些开口可能发生继续浸水，则取 $S = 0$。这些开口包括空气管、通风筒和以风雨密门或舱口盖关闭的开口，但不包括可用水密人孔盖或平面舱盖开闭的开口、用保持甲板完整性的小型水密舱口盖开闭的开口、用遥控的水密滑动门、道门和盖板开启并在海上常处于关闭状态的开口，以及永闭型舷窗。

5.3.4.2　单一舱室或一组舱室的生存概率

单一舱室或一组舱室的 S_i 应根据所考虑的吃水按式（5.3.4.3）计算：

$$S_i = 0.5 S_1 + 0.5 S_p \qquad (5.3.4.3)$$

式中，S_1 是在最深分舱载重线处初始装载状态的生存概率 S；S_p 是在部分载重线处初始装载状态的生存概率 S。

对于防撞舱壁前面的所有舱室计算所得的 S_i 应等于 1，此时假定船舶位于最深分舱载重线并且不限制垂向破损范围。

5.3.4.3　水线以上带有水平分隔的舱室的生存概率

对水线以上带有水平分隔的舱室或舱室组，计算得到的生存概率 S 应乘以概率因数 v_i；如果由于水平分隔以上处所同时浸水能使船舶达到的分舱指数增加一个正值，则该舱或舱组的生存概率 S 应为 $(1 - v_i)$。

如果假定破损范围的最上层水平分隔位于 H_{max}，则取概率因数 $v_i = 1$；如果假定浸水至分舱载重线以上的水平分隔，则概率因数 v_i 按式（5.3.4.4）计算，

$$v_i = \frac{H - d}{H_{max} - d} \qquad (5.3.4.4)$$

式中，H 是假定限制垂向破损范围的水平分隔在基线以上的高度（m）；H_{max} 是在基线以上破损的最大可能的垂向范围（m），或

$$H_{max} = \begin{cases} d + 0.56L_s\left(1 - \dfrac{L_s}{500}\right), & 若\ L_s \leqslant 250\ \text{m} \\ d + 7, & 若\ L_s > 250\ \text{m} \end{cases} \qquad (5.3.4.5)$$

取其小者。

5.3.5 干货舱破损计算中的渗透率

在本规则的分舱和破舱稳性计算中,每一处所或某处所的一部分的渗透率应按表5.3.5.1确定。

表 5.3.5.1 干货船进水处所的渗透率

舱柜	渗透率
物料舱柜	0.60
居住处所	0.95
机械处所	0.85
空舱	0.95
干货处所	0.70
液体处所	0 ~ 0.95,视严重程度而定

习题五

1. 解释下列术语:

船底损坏假定　　　　　　　　　　重量增加法

分舱限制　　　　　　　　　　　　最终水线

浮力损失法　　　　　　　　　　　下沉限界线

渐减进水量逼近法　　　　　　　　分舱载重线

渐增进水量逼近法　　　　　　　　最深分舱载重线

破损假定　　　　　　　　　　　　部分载重线

破损稳性　　　　　　　　　　　　船舶分舱长度

渗透率　　　　　　　　　　　　　可浸长度

剩余静稳性力臂　　　　　　　　　许可舱长

剩余静稳性面积　　　　　　　　　分舱因数

剩余稳距　　　　　　　　　　　　破损概率与概率密度

舷侧损坏假定　　　　　　　　　　规定的分舱指数

箱形船　　　　　　　　　　　　　达到的分舱指数

液化气体船舶类型　　　　　　　　舱室的浸水概率

液体化学品船舶类型　　　　　　　生存概率

优选逼近法

2. 简要回答或说明下述问题:

1) 船舶破损后的 3 种进水情况是什么?

2) 如何规定船舶的破损假定?

3) 如何确定船舶的渗透率假定?

4）用什么参数表示船舶的破损浮性？

5）用什么参数表示船舶的破损稳性？

6）船舶破损后的实际稳性与假定状态下的破损稳性有什么关系？

7）船舶破损后的实际浮性与假定状态下的破损浮性有什么关系？

8）重量增加法的基本思想是什么？

9）渐增进水量逼近法的原理是什么？

10）渐减进水量逼近法的原理是什么？

11）优选逼近法的原理是什么？

12）浮力损失法的原理是什么？

13）如何计算箱形船中部货舱进水后的浮性与稳性？

14）如何计算箱形船端部货舱进水后的浮性与稳性？

15）如何计算箱形船中部边舱进水后的浮性与稳性？

16）油船的破损稳性要求是什么？

17）液化气体船的破损稳性要求是什么？

18）液体散装化学品船的破损稳性要求是什么？

19）液化气体船的破损假定是什么？

20）液体散装化学品船的破损假定是什么？

21）液体散装化学品船分成哪些类型？

22）液化气体船分成哪些类型？

23）如何进行干货船的破损校核？

3. 计算下列试题：

1）TJ 船 $L_{bp} = 148$ m, $d_f = 8.45$ m, $d_a = 9.14$ m, 其静水力参数表如表 1.4.1.1 所示。该船 No2 舱舷侧双层底以上部位发生破损而与海水贯通, 如图 5.1.6.1 所示。该舱的主要参数如表 5.1.6.1 所示。试用渐减进水量逼近法求其最终水线位置及稳性。

2）TJ 船 $L_{bp} = 148$ m, $d_f = 9.45$ m, $d_a = 9.98$ m, 其静水力参数表如表 1.4.1.1 所示。该船 No2 舱舷侧双层底以上部位发生破损而与海水贯通, 如图 5.1.6.1 所示。该舱的主要参数如表 5.1.6.1 所示。试用优选逼近法求其最终水线位置及稳性。

3）TJ 船 $L_{bp} = 148$ m, $d_f = 6.78$ m, $d_a = 7.83$ m, 其静水力参数表如表 1.4.1.1 所示。该船 No2 舱舷侧双层底以上部位发生破损而与海水贯通, 如图 5.1.6.1 所示。该舱的主要参数如表 5.1.6.1 所示。试用浮力损失法求其最终水线位置及稳性。

4）一箱形船长度为 100 m, 宽为 10 m, 深为 8 m, 正浮于海水中, 吃水为 4 m, 重心高度 KG 为 4 m。船中一横贯船宽、长度为 20 m 的空舱进水, 试计算进水后的吃水、进水前和进水后的 GM。（答案：吃水为 5.0 m, 进水前的稳性为 0.08 m, 进水后的稳性为 0.17 m）

5）一箱形船长度为 120 m, 宽为 14 m, 正浮于海水中, 吃水为 4 m。船中一宽度为 6 m、长度为 20 m、深度为 3 m 的空舱进水, 试计算进水后的吃水和 KM。（答案：吃水为 4.214 m, KM 为 6.234 m）

6）一箱形船长度为 100 m, 宽为 10 m, 深为 6 m, 正浮于海水中, 吃水为 4 m, 重心高度 KG 为 2.8 m。船中一横贯船宽、长度为 20 m 的空舱底部破损进水, 其内龙骨上部 4.2 m 处有一水密甲板, 试计算进水后的吃水、进水前和进水后的 GM。（答案：吃水为 4.84 m, 进水前的稳

性为 1.28 m,进水后的稳性为 1.77 m)

7) 一箱形船长度为 150 m,宽为 14 m,深为 8 m,正浮于海水中,吃水为 5.5 m。船中一横贯船宽、长度为 18 m、深度为 3 m 的货舱进水,其内装有积载因数 $SF = 1.2$ m³/t、密度为 $\rho = 1.5$ t/m³ 的煤。试计算进水后的吃水。(答案:吃水为 5.81 m,渗透率 $\mu = 0.44$)

8) 一箱形船长度为 100 m,宽为 8 m,正浮于海水中,吃水为 6 m,重心高度 KG 为 3.2 m。船中一长度为 9 m、宽为 3 m 的空边舱底部破损进水。试计算进水后的横倾角。(答案: 6.58°)

9) 一箱形船长度为 180 m,宽为 16 m,正浮于海水中,吃水为 10 m,重心高度 KG 为 6.5 m。船中一长度为 10 m、中间有一道纵向隔壁、在中纵剖面左侧并距中心线 4 m 的空边舱底部破损进水。试计算进水后的横倾角。(答案:2.32°)

10) 一箱形船长度为 95 m,宽为 8 m,深为 6.5 m,正浮于海水中,吃水为 4 m,重心高度 KG 为 3.0 m。端部一横贯船宽、长度为 6 m 的货舱底部破损进水。试计算进水后的首尾吃水。(答案:$MTC = 50.48$ t-m/cm,$t = 1.852$ m,首吃水 5.254 m,尾吃水 3.404 m)

第6章 船舶强度

本章介绍了切力、弯矩、切力和弯矩许用值等船舶强度概念,论述了百分制校核法、单点弯矩估算法、船中弯矩估算法和力图校核法等船中强度校核方法,用算例说明了舱壁站面处强度的校核方法、纵向和横向强度校核方法,介绍了局部强度的主要概念和校核方法。

§6.1 船舶强度的概念

6.1.1 船舶强度

船舶强度是指船舶抵抗外力所致破坏性变形的能力。船舶的这一能力取决于其内在结构,即船舶构件的结构、尺寸、形状、材料、受到腐蚀的程度、疲劳程度等。

从海上货物运输角度,船舶强度一般分为以下几种。

6.1.1.1 纵向强度

纵向强度(longitudinal strength)系指船舶在纵向上抵抗破坏性弯曲、剪切和扭转变形的能力,计算中将船舶视为一空心变断面且两端自由支承的梁。船舶纵向强度构件主要指船中 $0.4L_{bp}$ 长度中的纵向连续构件,如船壳板、内底板、船底板、船侧纵桁、甲板纵桁、各纵骨等。

6.1.1.2 局部强度

局部强度(local strength)系指船舶各层甲板承受负荷的能力,计算中将各层甲板视做板架。船舶局部强度构件主要指甲板,但其下的纵梁、横梁、承柱乃至舱壁及肋骨等也具有一定的支承作用。

6.1.1.3 横向强度

横向强度(athwartship strength)系指船舶在横向上抵抗破坏性弯曲和剪切变形的能力,计算中将船舶视为一盒形结构物。

从航海角度考虑,一般船舶的横向强度足够,因为在建造中常进行特别加固:

· 为了增加横向强度,大舱口货船设有强舷侧桁材,把横框架梁承受的载荷传递到相邻的肋板上;

· 为减少纵向围板的变形,在载荷集中处布置横向刚性框架;

· 在舱口围板下布置刚性特别强的支柱,并与刚性横框架连接;

· 对舱口角隅区域,增加甲板和纵向围板的板厚,增加舷顶列板的厚度,且在这些区域中不设扶梯通道口和通风机口,同时在舱口盖之间的横伸缩缝装设特别宽的密封件。

对于大舱口船,如集装箱船等,需要进行横向强度的校核,而且,在这类船舶的装载中应采取一些措施,如集装箱开启面变形可能性相当大,积载中应一面端面、一面开启面交替堆放;由于纵向围板处的横向变形导致桥式配件变形,故要求把左舷和右舷的集装箱分别系固在船舶的两舷,并且,两堆箱子之间的间隔要考虑到横向变形。

6.1.1.4　扭转强度

船体上的受力一般不均匀,如左首部分的荷重大于右首部分,并且左尾部分的荷重小于右首部分;航行中左首和右尾处于浪峰,右首和左尾处于浪谷。这种情况下船体会发生一定的扭转变形。船体能够抵御这种扭转变形的能力称为扭转强度(torsion strength)。

一般货船的扭转强度足够,只有大舱口船,如集装箱船等,才需要进行扭转强度的校核。

6.1.1.5　纵刚度

在任何力的作用下,体积和形状都不发生改变的物体叫做"刚体"(rigid body)。它是力学中的一个抽象概念,即理想模型。事实上任何物体受到外力,不可能不改变形状。实际物体都不是真正的刚体。若物体本身的变化不影响整个运动过程,为使被研究的问题简化,可将该物体当做刚体来处理而忽略物体的体积和形状的改变。

纵刚度(longitudinal rigidity)系指船舶抵抗纵向挠性变形的能力。在纵刚度的有关计算中,一般将船舶视做两端自由支承的梁。船体纵向变形用船体挠度(deflection)表示,其特征值为船中吃水与首尾平均吃水的差值。如果船中吃水小于首尾平均吃水说明船体处于中拱状态;如果船中吃水大于首尾平均吃水说明船体处于中垂状态。船舶的挠度应控制在 $L_{bp}/1\,000$ 以内。

不难想象,船舶强度的计算和校核过程将十分复杂。近些年来,概率理论的应用、有限元计算技术的发展及计算机计算速度的提高,使船舶强度计算与校核的速度、精度都大为提高。但这些技术在船上很难由船员掌握,本章重点介绍纵向强度和局部强度计算与校核的实用方法。这是船员在航海生产中能够且有必要掌握的知识。

6.1.2　纵向上的切力、弯矩及其许用值

6.1.2.1　切力与弯矩的产生过程

作用在船舶上的外力主要分成重力和浮力。重力和浮力在船体上特别是在纵向上的分布并不均匀,于是便会产生纵向上的弯矩、切力和扭转力矩。从生产实际角度出发,纵向强度在普通货船的安全性方面具有重要意义。

作用在船舶纵向上的弯矩与切力的产生过程可从图6.1.2.1看出。

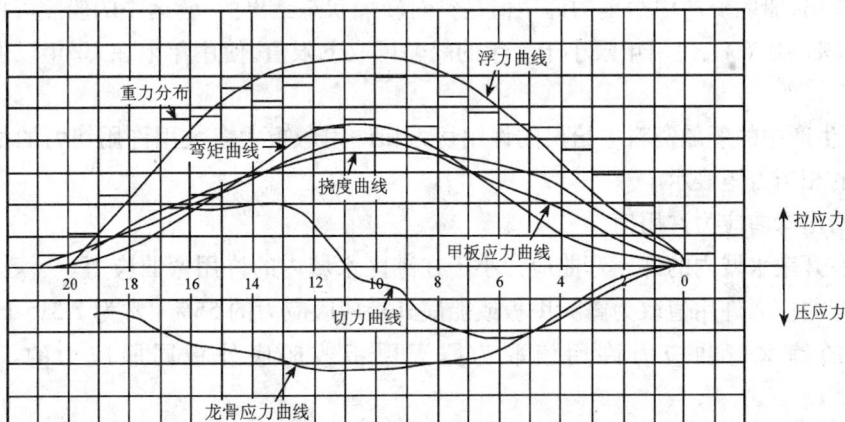

图6.1.2.1　强度计算中的有关曲线

重力在纵向上的分布称为重力曲线(weight curve),一般并不均匀,通常压载时,机舱处的

重力相对较大,而重载时机舱处的重力相对较小;浮力在纵向上的分布称为浮力曲线(buoyancy curve),一般与吃水、吃水差及船中的拱垂情况等因素有关,中区较均匀,首尾则显著减小至0;重力与浮力之差即为载荷曲线(load curve),船舶在纵向上的受力情况即所产生的弯矩和切力的大小由载荷曲线确定;载荷曲线的一次积分即为切力曲线(shear curve),其最大值发生在距首尾各约1/4船长的两处;对切力曲线的积分即为弯矩曲线(bending moment curve),其最大值发生在船中附近。

实际生产中,切力的最大值不一定正好在距首尾各约1/4船长的两处,其误差可能达到1/4船长;弯矩的最大值也不一定正好在船中,其误差也能达到1/4船长。

6.1.2.2 纵向上的切力与弯矩许用值

船舶纵向上所能承受应力的大小与许多因素有关,以至于生产中难以精确计算。在进行纵向强度校核时,船舶的许用切力和弯矩可从船舶资料中查得,一般分成如下几种情况给出。

· 给出船中静水弯矩许用值

对于较小船舶(长度常在90 m以下),船舶资料中常只给出船中剖面上的许用弯矩。在进行校核计算时,只要经计算表明船中剖面上实际所受静水弯矩小于这一许用弯矩,就可认为船舶的纵向强度处于安全状态。

· 给出船中静水和波浪弯矩许用值

对于中等大小船舶(长度常在150 m以下),船舶资料中给出船中剖面上的静水和波浪许用弯矩。在进行校核时,若经计算表明船中剖面上实际所受静水弯矩小于静水许用弯矩、船中剖面上实际所受波浪弯矩小于波浪许用弯矩,则可认为船舶的纵向强度处于安全状态。

· 给出重要剖面上的切力和弯矩许用值

对于大型船舶(长度常在150 m以上),船舶资料中会给出各横舱壁所对应的横剖面处的港区水域(静水)许用切力和弯矩、开敞水域(波浪)许用切力和弯矩;也可能将船长分成20个站,给出各站面处的港区水域许用切力和弯矩、开敞水域许用切力和弯矩。校核中,应计算各横舱壁所对应的横剖面处的切力和弯矩,或计算各站面处的切力和弯矩,并保证不超过相应的许用值。

应当指出,船舶资料中给出的许用值是针对新船状态给出的,营运中的船舶可按每年扣除腐蚀量0.4%~0.6%,使用年限小于5年的船舶可取下限值,使用年限在10年以上时可取上限值。

目前,生产中的船舶资料中给出的许用切力和许用弯矩大多数用许用切力的相当重量和许用弯矩的相当力矩表示。

· 给出弯曲应力许用值

船舶在开敞水域内的许用弯曲应力小于在港区水域内的许用弯曲应力。一般,港区水域中的静水弯曲应力许用值取为露天甲板或船底外板屈服应力的55%(常为1 315 kg/cm²);开敞水域中的静水弯曲应力许用值取为露天甲板或船底外板屈服应力的55%(常为815 kg/cm²)。

露天甲板上的最大应力取为最大弯矩与露天甲板剖面模数的比值;船底外板上的最大应力取为最大变矩与船底外板剖面模数的比值。

露天甲板上和船底外板上的最大应力不得超过弯曲应力的许用值。

6.1.2.3　船舶实际所受切力和弯矩的估算

船舶实际所受切力和弯矩可按下述步骤估算：

· 重力矩的估算

重力矩可认为由 4 部分构成，即空船、货物、油水和常数，较粗略地估算时可按此 4 项计算，也可据具体情况按站段估算。

· 浮力矩的估算

较粗略地估算时可按排水量和吃水差在船舶资料中提供的表格上查取，也可根据具体情况按站段估算。

· 波浪弯矩的估算

波浪弯矩的估算按入级与建造规范中的规定进行，也可按其他公式进行。

6.1.2.4　船舶纵向强度的校核

船舶纵向强度的校核可按下述步骤进行：

· 计算有关剖面处实际所受切力和弯矩；

· 查取或计算有关剖面处的许用切力和弯矩；

· 如果有关剖面处实际所受切力和弯矩不大于相应的许用切力和弯矩，则认为船舶纵向强度处于安全状态。

应当注意，在进行校核中，有关剖面处的许用切力和弯矩系估算值，因而存在相当的误差；有关剖面处实际所受切力和弯矩也系估算值，因而也存在相当误差，所以，即使经计算表明船舶纵向强度处于安全状态，也应谨慎操作以防出现不测；或者使有关剖面处实际所受切力和弯矩远小于相应的许用切力和弯矩，以策安全。

6.1.3　保证船舶纵向强度的注意事项

6.1.3.1　主机位置

· 中机船

中机船在满载时常处于中拱状态；在压载时常处于中垂状态。

· 尾机船

尾机船在满载时常处于中垂状态；在压载时常处于中拱状态。

· 中后机船

中后机船在满载时常略有中拱；在压载时常略有中垂。

6.1.3.2　按舱容比分配货物重量

在配载过程中，应按各舱容积大小的比例分配各舱应配入的重量。设船舶共有 n 个货舱，各舱均分成 m 层，则每一舱内应配入的货物重量 W_{ij} 为

$$W_{ij} = \frac{QC_{ij}}{\sum\limits_{i,j=1}^{n,m} C_{ij}} \tag{6.1.3.1}$$

式中，C_{ij} 为第 i 舱中的第 j 舱室的容积（m^3）；Q 为货物总重量（t）。

按舱容比分配货物重量能保证上下各层舱间的重量比例比较合理、纵向上各货舱间的重量比例也比较合理，所以一般能比较好地满足船舶的稳性、吃水差和强度方面的要求。下述各项应注意：

·　货物重量较小时,不得将货物分配得过于零散,一般可根据船舶排水量和货物重量确定一个下限值,如取排水量的1%为下限;

·　各舱内应配入的重量应取为整吨或整10吨,以方便装卸过程中的监督与管理;

·　实际装载时,有时难以准确达到所确定的应配入重量,其误差可取为货物重量的10%~20%,甚至更大。误差的大小主要由船舶的稳性、吃水差和强度方面的要求确定;

·　虽然按舱容比分配货物重量,但有时也不满足船舶的稳性、吃水差和强度方面的要求,因而还应进行校核计算。

6.1.3.3　油水消耗

·　中机船

由于中机船在满载时常处于中拱状态而压载时常处于中垂状态,所以在满载航行中应先用首尾处舱位的油水,后用中部舱位的油水;在压载航行时应先用中部舱位的油水,后用首尾舱位的油水。

·　尾机船

由于尾机船在满载时常处于中垂状态而压载时常处于中拱状态,所以在满载航行中应先用中部舱位的油水,后用首尾舱位的油水;在压载航行时应先用首尾舱位的油水,后用中部舱位的油水。

·　中后机船

由于中后机船在满载时常略有中拱而压载时常略有中垂状态,所以在满载航行时应先用首尾舱位的油水,后用中部舱位的油水;在压载航行时应先用中部舱位的油水,后用首尾舱位处的油水。

6.1.3.4　装卸货物与打排压载水

在装卸货物与打排压载水过程中,往往会产生危及船体强度的切力和弯矩,所以应制订严格的装卸货物和打排压载水的计划。

·　中机船

对于满载的中机船,应先卸首尾处舱位中的货物,后卸中部舱位的货物;对于空载的中机船,应先装首尾舱位中货物,后装中部舱位中货物。打排压载水和油水时应按类似原则进行。

·　尾机船

对于满载的尾机船,应先卸中部舱位的货物,后卸首尾舱位的货物;对于空载的尾机船,应先装中部舱位的货物,后装首尾舱位中的货物。打排压载水和油水时应按类似原则进行。

·　中后机船

对于满载的中后机船,应先卸首尾处舱位中的货物,后卸中部舱位的货物;对于空载的中后机船,应先装首尾舱位中货物,后装中部舱位中货物。打排压载水和油水时应按类似原则进行。

6.1.3.5　中途港货物的装卸

配载过程中,应考虑中途港装卸货物对强度的影响。

对于在中途港卸下的货物不得过于集中,以免卸货时产生过大弯矩而损伤船体强度;也不得过于分散,以免不得不过多地移动或更换装卸工具。

对于在中途港加载的货物也不得过于集中,以免装货时产生过大弯矩而损伤船体强度;也不得过于分散,以免不得不过多地移动或更换装卸工具。

6.1.4　局部强度及其许用值

6.1.4.1　集中载荷和均布载荷

在进行局部强度校核中应区分集中载荷和均布载荷。

· 集中载荷

集中载荷(concentrated load)系指载荷作用在甲板上的重力集中在一个很小的面积上,如重大件的撑柱、底脚等。

· 均布载荷

均布载荷(even-distributed load)系指载荷作用在甲板上的重力均布在一个较大的面积上,如固体散货和液体散货底部、货堆底部等。

集中载荷许用值大于均布载荷许用值。但是,有时难以区分集中载荷和均布载荷二者。不能确定为集中载荷还是均布载荷时应作为均布载荷对待;多处集中载荷相距很近时可作为均布载荷对待;有时可取集中载荷和均布载荷许用值的中间值作为许用值。

6.1.4.2　集中载荷和均布载荷许用值

在进行局部强度校核中,各层甲板的集中载荷和均布载荷许用值一般可在船舶资料中查得。

舱底板载荷许用值一般以舱为单位给出。

二层甲板和上甲板的载荷许用值以舱为单位按图6.1.4.1所示部位给出。舱口前系指前舱壁与舱口之间的部位;舱口后系指后舱壁与舱口之间的部位;舱口间系指舱口边与舱壁之间的部位;舱口盖上的载荷单独给出。

一般,甲板上的舱口前、舱口后、舱口间和舱口盖各部位按均布载荷和集中载荷分别给出载荷许用值。

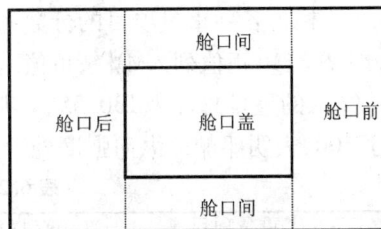

图 6.1.4.1　甲板载荷限制

应当明确,甲板上各部位承受载荷的能力并不相同,甲板上舱角处、横梁上部位、下有支柱的部位承受载荷能力较大,在舱口四周及舱盖上的部位承受载荷能力较弱。

重大件货物应选择在承受载荷能力较大的部位装载。

6.1.4.3　局部强度的校核

船舶局部强度的校核可按下述步骤进行:

· 查取或计算有关部位的载荷许用值;

· 计算有关部位实际载荷;

· 如果有关部位实际所受载荷不大于相应的许用值,则认为船舶局部强度安全;

· 应当注意,在进行校核中,甲板有关部位上的许用载荷系估算值,因而存在相当的误差;其上实际所受载荷也系估算值,因而也存在相当误差。所以,即使经计算表明船舶局部强度处于安全状态,也应谨慎操作以防出现不测;或者使有关甲板部位实际所受载荷远小于相应许用值,以策安全。

§6.2　船中强度的校核

6.2.1　百分制校核法

百分制校核法[1]要义是:将船舶在波浪中的许用弯矩扣除波浪影响,得到静水最大许用弯矩,并作为 100 百分值;将船舶各项重量以舱为单位除以 100;分别乘以预先确定的分数系数得到百分制中的分数;计算分数代数和得到百分值;如果百分值不超过 100 则表明船舶纵向强度合适。

校核中,船上备有列有重量项目及分数系数的《百分制强度计算表》。事实上,从以上计算过程不难看出,该方法校核的是船中弯矩的概略值。

应当指出,这种方法在排水量为半载以下时有可能产生较大误差。

美国船级社曾向其所注册的船舶推荐使用百分制强度计算法。后来这种方法为一些船舶配载计算机制造商所采纳。

例 6.2.1.1

JH 船在棉兰(Belawan)装货后按百分制校核强度。船舶的重量项目如表 6.2.2.1 中①栏所示;各重量项目即空船、油水、常数与货物的重量(t)除以 100 所得之值,如表 6.2.2.1②栏所示;③栏为各项重量项目的分数系数,由船舶资料中给出;④和⑤栏分别是重量与系数的乘积,即②×③,正值列入④栏,负值列入⑤栏。

②栏的重量总计为 130.35,表明船舶的排水量为 13 035 t;⑤栏的总和为百分值 55.58,远小于 100,表明船舶的纵向强度处于安全状态并有较大的安全系数。

表 6.2.2.1　JH 船百分制强度校核表

①重量项目	②重量(t)/100	③分数系数	④计算值(+)	⑤计算值(-)
空船	38.45		40.35	
备品	1.03		1.03	
常数	2.00		2.34	
首尖舱	2.33	+ 1.322	3.08	
No1 压载舱(左右)	2.22	+ 0.822	1.82	
No2 压载舱(左中右)	3.04	+ 0.564	1.71	
No3 压载舱(左右)	1.56	+ 0.297	0.46	
No4 压载舱(左右)	1.86	+ 0.030	0.06	
No3 燃油舱(中)	2.23	+ 0.306	0.68	
No4 燃油舱(中)	2.34	+ 0.036	0.08	
溢油舱(左)	1.05	- 0.722		0.76
污油舱(中)	0.98	- 0.782		0.77
锅炉水舱	0.88	- 0.698		0.61
日用水舱(左右)	0.78	- 1.013		0.79
蒸馏水舱	0.69	- 0.576		0.40
淡水舱	3.45	- 0.837		2.89
No1 货舱	16.87	+ 0.985	16.62	
No2 货舱	15.23	+ 0.419	6.38	
No3 货舱	16.98	- 0.121		2.05
No4 货舱	16.38	- 0.657		10.76
重量总计(t)	130.35	百分值	55.58	

---

[1]　William E. George. Stability and Trim for the Ship's Officer,pp171～175. Cornell Maritime Press. USA. 1985.

6.2.2　单点弯矩估算法

用百分制校核法估算船中弯矩时误差较大,而利用单点弯矩估算法(calculation of single point bending moment)有利于提高精度,如表 6.2.2.1 所示。

单点弯矩估算法的要意如下:

①计算载荷及载荷关于尾柱的力矩

· 计算货物及货物关于尾柱的力矩

货物的重量及其关于尾柱的力矩分下列几种情况:对于件杂货,按票计或按船上的分区计算;对于固体散货和液体散货,按舱计算;对于集装箱,按排计算;对于重大件货物,按件计算。

· 计算油水及油水关于尾柱的力矩

在计算油水的重量及其关于尾柱的力矩时,各燃油舱、各淡水舱、各滑油舱、其他各种液柜等,均按舱计算。

· 计算空船及空船关于尾柱的力矩

· 计算常数及常数关于尾柱的力矩

· 计算载荷及载荷关于尾柱的力矩

载荷及载荷关于尾柱的力矩即为上述 5 项重量之和与力矩之和。

②将力矩换算到计算点处

将载荷关于尾柱的力矩换算到计算点处的力矩的方法是:在上述力矩之和中扣除排水量与力矩换算系数 ω 之积。

力矩换算系数 ω 是与计算点到尾柱间的距离有关的系数,由船舶资料提供。

③计算浮力力矩

浮力力矩(buoyancy moment, BM)是以排水量和吃水差为引数,在浮力力矩图上查取,如图 6.2.2.1 所示。注意,必要时应用内插方法以获得较精确数值。

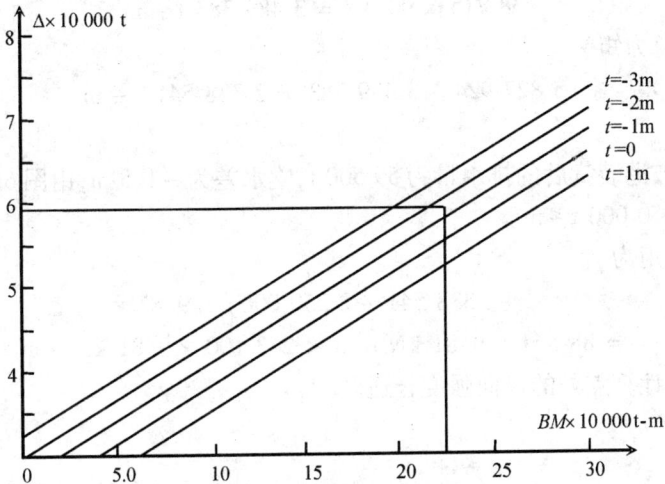

图 6.2.2.1　GL 船浮力力矩

④计算点处所受弯矩

计算点处所受弯矩是船舶排水量产生的总力矩与浮力力矩之差。如果该计算值不超过该计算点处的许用值,则船舶该点处的强度合适。

单点弯矩估算法可估算船舶任意肋骨处的弯矩,但生产中主要用来估算船中弯矩。如果船舶的货物隔舱装载、存在用于压载或装载谷物的顶边舱、货物在纵向上分布很不均匀,则船舶的最大弯矩可能不发生在船中,或者在纵向上可能产生多个弯矩峰值。这种情况下应注意多选择几个计算点进行校核。

这里用算例说明单点弯矩估算法的计算过程。

例 6.2.2.1

GL 船在新加坡(Singapore)港装货后,所装集装箱的重量及相对尾柱的力矩计算过程如表 6.2.2.2 所示。取№121 号肋骨所在处为计算点。在尾柱与计算点间,该船前港所载集装箱的重量为 16 769 t,相对尾柱的纵向力矩为 2 593 213 t-m;空船、备品与常数的重量为 10 974 t,相对于尾柱的纵向力矩为 1 750 353 t-m;油水的重量为 4 930 t,相对于尾柱的纵向力矩为 707 664 t-m。已知该船在计算状态下的排水量为 59 500 t,吃水差为 -1.5 m;在计算点处力矩换算系数 ω =90.13;该处的许用弯矩为 243 100 ×9.81 kN-m;浮力力矩图如图 6.2.2.1 所示。试校核计算点处所受弯矩是否许可。

解:

从表 6.2.2.1 可得到,在尾柱到计算点间的集装箱总重量为 6 042 t,总力矩为 776 694 t-m。

在尾柱到计算点间的载荷总重量为

$$6\ 042 + 16\ 769 + 10\ 974 + 4\ 930 = 38\ 715\ t$$

在尾柱到计算点间的载荷总力矩为

$$707\ 694 + 2\ 593\ 213 + 1\ 750\ 353 + 707\ 664$$
$$= 5\ 827\ 924\ t-m$$

到计算点间载荷总力矩的修正量为

$$38\ 715 × 90.13 = 3\ 489\ 383\ t-m$$

计算点处的总力矩为

$$5\ 827\ 924 - 3\ 489\ 383 = 2\ 338\ 541\ t-m$$

该船在新加坡港装货后的排水量为 59 500 t,吃水差为 -1.5 m,由图 6.2.2.1 查得船中处的浮力力矩为 2 250 000 t-m。

所以,船中弯矩为

$$(2\ 338\ 541 - 2\ 250\ 000) × 9.81$$
$$= 88\ 541 × 9.81\ kN-m < 243\ 100 × 9.81\ kN-m$$

因此,该船在计算点处的纵向强度合适。

表 6.2.2.2　GL 船尾柱前力矩计算表

排	重量(t)	重心距尾柱距离(m)	纵向力矩(t－m)
01		225.82	
02		222.75	
03	11	219.32	2 413
05	40	211.02	8 441
06		207.95	
07		204.52	
09	192	196.44	37 716
10	76	193.37	14 696
11	204	189.94	38 748
13	100	180.98	18 098
14		177.91	
15	392	174.48	68 396
17	341	164.64	56 142
18		161.57	
19	368	158.14	58 196
21	343	149.18	51 469
22		146.11	
23	382	142.68	54 501
25		132.60	
26		131.53	
27		128.10	
29	449	119.14	53 494
30		116.07	
31	440	112.64	49 562
33	778	102.67	79 877
34		99.61	
35	1 926	96.18	185 243
Fr. 121 合计	6 042		776 694
37	18	60.77	1 094
38		57.73	
39	7	54.35	380
41		46.08	
42	48	43.00	2 064
43		39.58	
45	263	30.58	8 043
46		27.50	
47	231	24.06	5 562
49		14.33	
50		11.26	
51		7.84	

6.2.3　船中弯矩估算法

对于中小型船舶,可利用船中弯矩估算法校核船舶强度。估算时,船中弯矩用式(6.2.3.1)计算:

$$M'_s = 9.81 \times \frac{1}{2}(mW_h + xW_m + \sum P_i X_i - C\Delta L_{bp}) \tag{6.2.3.1}$$

式中,W_h 为包括舾装在内的船体重量(t),m 为 W_h 的相当力臂,对于中机船取 $m = 0.2277L_{bp}$(m);对于中后机船取 $m = 0.2353L_{bp}$(m);对于尾机船取 $m = 0.2478L_{bp}$(m);

W_m 为包括各种管系、轴系和螺旋桨在内的机舱设备重量(t),x 为 W_m 的中心距中距离的绝对值(m);

P_i 为第 i 项载荷的重量,即货物、油水和常数,但空船重量不包括在内;X_i 为 P_i 中心的距中距离绝对值;在进行 $\sum P_i X_i$ 计算时,货物按票计算,油水按舱计算,常数作为一项计算;

Δ 为计算状态时的排水量(t);L_{bp} 为两柱间长(m);C 为船舶浮力的相当力臂系数,以 C_b 为引数在浮力相当力臂系数表上查取,表6.2.3.1是TJ船浮力相当力臂系数表。对于一具体船舶,C_b 是吃水的函数,所以可利用静水力参数值确定 C 与吃水的关系,并列成表格。在这种表格上可方便地查得 C 值。

在利用船中弯矩估算船舶强度时,应注意船中许用弯矩应按营运年限作腐蚀扣减。计算过程必须按计算表格进行,以免产生错误,见例6.2.3.1。

应该指出,式(6.2.3.1)的误差较大,对大型船舶几乎不能使用。

表6.2.3.1　船舶浮力相当力臂系数(C)

C_b	C	C_b	C	C_b	C
0.59	0.1696	0.68	0.1854	0.77	0.2011
0.60	0.1714	0.69	0.1872	0.78	0.2029
0.61	0.1734	0.70	0.1889	0.79	0.2047
0.62	0.1748	0.71	0.1906	0.80	0.2065
0.63	0.1766	0.72	0.1923	0.81	0.2083
0.64	0.1783	0.73	0.1941	0.82	0.2100
0.65	0.1800	0.74	0.1959	0.83	0.2117
0.66	0.1818	0.75	0.1976	0.84	0.2135
0.67	0.1836	0.76	0.1994	0.85	0.2152

例6.2.3.1

TJ船的舱室和重量项目如表6.2.3.2 ①栏所示;在曼谷(Bankok)港,各项重量如②栏所示;③栏为各项重量的距中距离(m)。有关参数为:

该船为尾机型,L_{bp} 为 140 m,船体重量 W_h 估计为 4634.5 t;

机舱设备重量 W_m 估计为736.5 t,重心距中距离的绝对值估计为46.83 m;

当时的排水量为20881 t,相应的方形系数 C_b 为0.756;

船中弯矩许用值为379312 kN-m。

试校核船在该港的船中弯矩是否合适。

解: $\sum P_i X_i$ 计算过程见表6.2.3.2。④和⑤栏分别是重量与重心距中距离的乘积,即②×③,正值列入④栏即中前力矩,负值列入⑤栏即中后力矩。经计算,$\sum P_i X_i$ =408141 kN-m。

表 6.2.3.2　TJ 船载荷对中力矩的计算过程

①项目	②重量 （t）	③重心距中 （m）	④中前力矩 （gkN－m）	⑤中后力矩 （gkN－m）
No1 货舱	1 955	50.37	98 473	
No2 货舱	2 619	31.19	81 687	
No3 货舱	2 676	12.15	32 513	
No4 货舱	3 636	－10.67		38 796
No5 货舱	2 522	－33.35		84 109
No1 燃油舱	211	31.30	6 604	
No2 燃油舱	216	12.10	2 614	
No3 燃油舱	297	－10.70		3 178
No4 燃油舱	216	－33.48		7 232
燃油沉淀柜	21	－44.25		929
燃油日用柜	21	－44.25		929
No1 重柴油舱	446	50.60	22 568	
重柴油沉淀柜	11	－45.89		505
重柴油日用柜	10	－47.29		473
油渣舱	6	－54.19		325
轻柴油日用柜	7	－42.40		297
轻柴油舱	23	－50.77		1 168
气缸油储存柜	14	－48.02		672
滑油贮存柜	15	－60.44		907
滑油澄清柜	11	－53.61		590
滑油循环柜	17	－51.50		876
滑油净油柜	13	－60.43		786
饮水舱	98	－66.40		6 507
尾尖舱	154	－66.69		10 270
淡水舱	38	－52.31		1 988
蒸馏水柜	22	－45.12		993
缸套水泄水柜	7	－47.28		331
粮食	20	－57.10		1 142
船员和行李	6	－48.70		292
备品	30	－12.87		386
常数	172	0		
总计	15 510			40 814

船体重量的相当力臂取为 $m = 0.274\,8L_{bp} = 0.274\,8 \times 140 = 34.69$ m，船体重量所产生的重力对中力矩绝对值为

$$9.81mW_h = 9.81 \times 4\,634.5 \times 34.69 = 1\,577\,162 \text{ kN} － \text{m}$$

机舱设备重量所产生的重力对中力矩绝对值为

$$9.81mW_m = 9.81 \times 736.5 \times 46.83 = 338\,350 \text{ kN} － \text{m}$$

以 $C_b = 0.756$ 为引数查表 6.2.3.1 得 $C = 0.198\,7$。

该船中实际受到的弯矩为

$$M'_s = \frac{1}{2}(mW_h + xW_m + \sum P_i X_i - C\Delta L_{bp})$$

$$= \frac{1}{2}(157\ 162 + 338\ 350 + 4\ 003\ 863 - 5\ 698\ 315)$$

$$= 110\ 530\ kN - m < 379\ 312\ kN - m$$

计算表明,船舶处于中拱状态,且船中实际受到的静水弯矩远小于船中许用弯矩。

6.2.4　力图校核法

力图校核法实际上是由船中弯矩估算法演变而成的。令 M'_s 等于某一固定值,则式(6.2.4.1)能够确定 $\sum P_i X_i$ 关于 d_m 的函数关系。

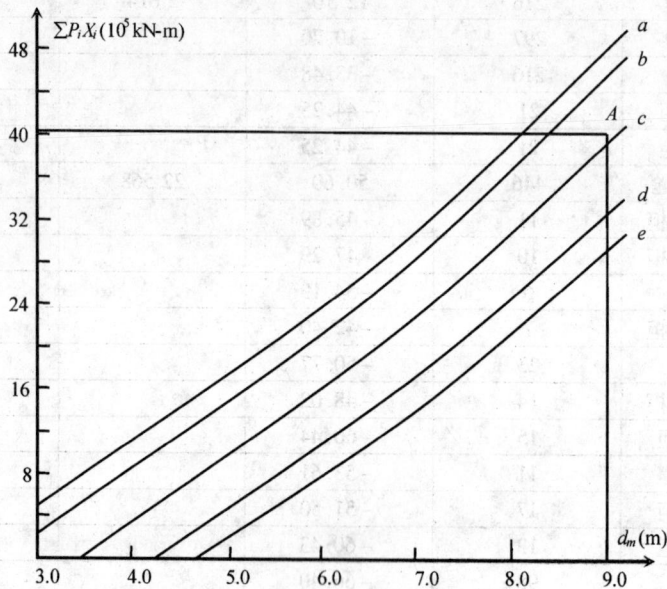

图 6.2.4.1　TJ 船力图

图 6.2.4.1 是 TJ 船的力图,其中各曲线的意义为:

设船中许用弯矩为 M_s。令 $M'_s = 0$,得曲线 c;令 $M'_s = \pm 0.5\ m_s$,分别得曲线 b 和 d;令 $M'_s = \pm M_s$,分别得曲线 a 和 e。

在力图中,如果由 $\sum P_i X_i$ 和 d_m 所确定的点在 c 线上,则表明船中实际所受弯矩为 0,即船舶强度处于最为有利状态;如果由 $\sum P_i X_i$ 和 d_m 所确定的点在 c 线与 b 线或 c 线与 d 线之间,则表明船中实际所受弯矩的绝对值不超过 $0.5\ M_s$,即船舶强度处于有利状态;如果由 $\sum P_i X_i$ 和 d_m 所确定的点在 b 线与 a 线或 d 线与 e 线之间,则表明船中实际所受弯矩的绝对值不超过 M_s,即船舶强度处于允许状态;如果由 $\sum P_i X_i$ 和 d_m 所确定的点在 a 线之左上部或 e 线之右下部,则表明船中实际所受弯矩的绝对值超过 M_s,即船舶强度处于不允许状态;如果由 $\sum P_i X_i$ 和 d_m 所确定的点在 c 线之上部,则表明船中受到中拱弯矩作用;如果由 $\sum P_i X_i$ 和 d_m 所确定的点在 c 线之下部,则表明船中受到中垂弯矩作用。

在利用力图进行强度校核时,关键是计算 $\sum P_i X_i$,其计算方法同前。

例 6.2.4.1

TJ 船在 Bangkok 港装货。经计算装货后 $\sum P_i X_i = 408\ 141\ kN - m, d_m = 9.0\ m$。试校核其船中强度是否合适。

解：以 $\sum P_i X_i = 408\ 141\ kN - m, d_m = 9.0\ m$ 为引数,在图 6.2.4.1 上绘得 A 点。易见,船舶处中拱状态,并且其强度处于有利状态。

§6.3　舱壁站面强度的校核

6.3.1　舱壁站面处的切力与弯矩许用值

船舶的空船、常数、油水及货物等重量在纵向上的分布函数称为重力曲线,船舶的浮力在纵向上的分布函数称为浮力曲线;重力曲线与浮力曲线的差值称为载荷曲线。

载荷曲线沿船长方向的积分为切力曲线。切力的最大值发生在距船舶首尾各为 1/4 船长的两个位置附近。切力曲线确切地表明了船舶各横剖面上所受切力的大小,然而为绘制这条曲线所作的计算工作常十分复杂,以至于在实际生产中无法进行。

将切力曲线沿船长方向积分就得到弯矩曲线,它表明了船舶各横剖面上所受弯矩的大小。弯矩的最大值发生在船中附近。在实船上,进行弯矩计算,绘制弯矩曲线自然更为复杂。

船舶纵向强度的校核中,一般给出各横剖面上许用切力和弯矩值,再将船舶某一装载状态下各剖面上实际受到的切力和弯矩计算出,与许用值进行比较,若不大于许用值则为合适。大型船舶的切力许用值常按计算点给出,小型船舶常仅给出最大切力许用值。切力的许用值一般列在船舶强度计算书中。排水量在 10 000 t 以下的船舶有时不给出切力的许用值,这是因为这种船舶的建造结构能完全满足航运生产中的切力要求。一般船舶仅给出最大弯矩许用值,只有某些大型船舶才给出各计算点上的弯矩许用值。弯矩许用值也列明在船舶强度计算书中。生产中,由船舶强度计算书中查得的切力和弯矩许用值常应根据船体受到的腐蚀状况作适当扣减。

6.3.2　重量累积和与纵向力矩累积和

我们用实例说明其要义。

HL 船货载重量、重心与排水量的计算情况如表 6.3.2.1 所示,其中表明了重量累积和与纵向力矩累积和的计算过程。

①重量 $W/1\ 000$

各液舱的重量按估算法计算;各舱货物的重量按实际装载的数量计算;空船重量一般列在表格中,它是空船排水量、各种备品、各种物料及船舶常数重量在该计算段上的相当重量。为计算方便将各项重量(t)除以 1 000 填入该表。

②重心距中距离

重心距中距离(m)是各项重量的实际重心的距中距离,我国生产的船舶上取中前为正,中后为负,外国的一些船舶上取中前为负,中后为正。表中一般不给出空船重心,因其纵向力矩已列入表中。

表 6.3.2.1　货载重量、重心与排水量计算

No	舱　名	①W/1 000 (t)	②重心距中距离 (m)	③纵向力矩 (①×②)(t－m)
1	尾尖舱左 AFT PEAK T.（P）	0	65.58	0
2	尾尖舱右 AFT PEAK T.（S）	0	60.50	0
3	No6 舱货物	0.133	61.35	8.160
4	空船重量(1)	0.789	－	53.622
	11 号肋骨前和(1～4)	$W1=0.931$		$M1=61.782$
5	2 号柴油柜右 No2. D. O. T.（S）	0.065	30.65	1.992
6	No5 舱货物	1.389	34.61	48.073
7	空船重量(2)	1.553	－	69.879
	52 号肋骨前和(1～7)	$W2=3.938$		$M2=181.726$
8	1 号柴油柜左 No1. . D. O. T.（P）	0.035	21.78	0.762
9	燃油柜中 F. O. T.（C）	0.198	13.41	2.655
10	燃油柜左 F. O. T.（P）	0.197	13.16	2.593
11	燃油柜右 F. O. T.（S）	0.239	15.49	3.702
12	4 号边压载舱左 No4. W. B. T.（P）	0.132	11.72	1.547
13	4 号边压载舱右 No4. W. B. T.（S）	0.084	11.74	0.986
14	No4 舱货物	1.302	13.26	17.265
15	空船重量(3)	0.825	－	10.883
	79 号肋骨前和(1～15)	$W3=6.950$		$M3=222.119$
16	3 号边压载舱中 No3. W. B. T.（C）	0	－5.95	0
17	3 号边压载舱左 No3. W. B. T.（P）	0	－5.49	0
18	3 号边压载舱右 No3. W. B. T.（S）	0	－5.81	0
19	No3 舱货物	1.069	－5.74	－6.136
20	空船重量(4)	0.612		－3.269
	100 号肋骨前和(1～20)	$W4=8.631$		$M4=212.714$
21	2 号边压载舱中 No2. W. B. T.（C）	0.181	－22.26	－4.029
22	2 号边压载舱左 No2. W. B. T.（P）	0	－22.49	0
23	2 号边压载舱右 No2. W. B. T.（S）	0	－22.38	0
24	No2 舱货物	0.909	－22.14	－20.125
25	空船重量(5)	0.851		－19.328
	121 号肋骨前和(1～25)	$W5=10.572$		$M5=169.232$
26	淡水舱左 F. W. T.（P）	0.154	－46.51	－7.163
27	淡水舱右 F. W. T.（S）	0.104	－45.39	－4.721
28	1 号边压载舱左 No1. W. B. T.（P）	0.1735	－39.03	－6.722
29	1 号边压载舱右 No1. W. B. T.（S）	0.1735	－039.07	－6.779
30	No1 舱货物	0.826	－41.23	－34.060
31	空船重量(6)	0.697	－	－26.519
	145 号肋骨前和(1～31)	$W6=12.700$		$M6=83.218$
32	首尖舱 F. P. T.（C）	0	－60.90	0
33	首压载舱 F. B. T	0.050	－51.66	－2.583
34	空船重量(7)	0.392		－22.573
	171 号肋骨前和(1～34)	$W7=13.142$		$M7=58.062$

③纵向力矩

纵向力矩是上述①和②项的乘积,有正负之别。

各计算点处重量累积和用 $W1,W2,\cdots,W7$ 表示;各计算点处纵向力矩累积和用 $M1,M2$,$\cdots,M7$ 表示。

6.3.3　切力与弯矩

浮力、切力与弯矩的计算过程如表 6.3.3.1 所示:

表 6.3.3.1　浮力、切力与弯矩计算

计算点	④距中距离 (m)	⑤浮力 (t)	⑥切力 (t)	⑦切力许用值 (t)	⑧浮力矩 (t-m)	⑨弯矩 (t-m)	⑩弯矩许用值 (t-m)
11 号肋骨	57.10	0.269	662	2 475	1.538	7 084	33 500/59 800
52 号肋骨	24.30	3.631	307	2 155	55.236	30 797	48 920/75 780
79 号肋骨	2.70	6.911	39	2 435	168.860	34 494	55 550/83 160
100 号肋骨	-14.10	9.411	-780	2 340	306.255	28 156	48 230/76 230
121 号肋骨	-30.90	11.494	-922	2 140	482.743	13 164	37 892/53 200
145 号肋骨	-50.10	12.810	-110	2 430	718.117	1 371	23 470/34 290

④距中距离(m)

距中距离是计算点即相应肋骨号处到船中的距离(m)。计算点一般选在货舱的横舱壁处,主要为了使货物及油水等重量便于计算。

⑤浮力(t)

浮力是船首到相应计算点的浮力累加值(t),其值与船舶吃水及吃水差有关。实船计算中浮力一项,一般以吃水及吃水差为引数查取相应表格得到。为了查取方便,这种表格常因船舶大小不同而有各种不同形式。

⑥切力(t)

切力是表 6.3.2.1 中相应肋骨号上 Wi 值与表 6.3.2.1 中相应肋骨号上的浮力之差,如 52 号肋骨上的切力为

$$(3.938 - 3.631) \times 1\,000 = 307 \text{ t}$$

⑦切力许用值(t)

切力许用值是船舶设计资料中提供的数值。

⑧浮力矩(t-m)

浮力矩的相当力矩是船尾或首到相应计算点的浮力力矩累加值(t-m),其值也与船舶吃水及吃水差有关。实船计算中浮力矩相当力矩也是以吃水及吃水差为引数查取相应表格得到。为了查取方便,这种表格常因船舶大小不同而有各种不同形式。

⑨弯矩(t-m)

弯矩的相当力矩是表 6.3.2.1 中相应肋骨号上 Mi 值减去 Wi 与计算点到船中的距离的积,再减去表 6.3.2.1 中相应肋骨号上的浮力力矩之后得到的差值,如 52 号肋骨上的弯矩为

$$(181.726 - 24.30 \times 3.938 - 55.236) \times 1\,000 = 30\,797 \text{ t-m}$$

在最后一个计算肋骨上,相应的弯矩应为 0,否则可将其数值按重量加权比例分配到其他肋骨上。

⑩弯矩许用值(t-m)

弯矩许用值的相当力矩是船舶设计资料中提供的数值,较大值为静水中许用值,较小者为波浪中许用值。

§6.4　纵向和横向强度的校核

对于大型船舶,常有必要计算和校核纵向和横向强度。计算中,常取舱壁处为计算点,有时也取站号为计算点。对手算作业,取舱壁处为计算点较为有利,这使货物重量的计算较为简便。不难看出,这种计算校核过程略显复杂,这里以 MV Fleet Wave 号油船为例说明横舱壁处纵向强度和纵舱壁处横向强度的计算校核过程。

6.4.1　船舶资料

6.4.1.1　船舶布置

MT Fleet Wave 号油船的布置及各舱的装载状态如图 6.4.1.1 所示,其中左边 1 舱(PW1)、右边 1 舱(SW1)和中 5 舱(C5)为部分装载舱,左边 4 舱(PW4)和右边 4 舱(SW4)为空舱。

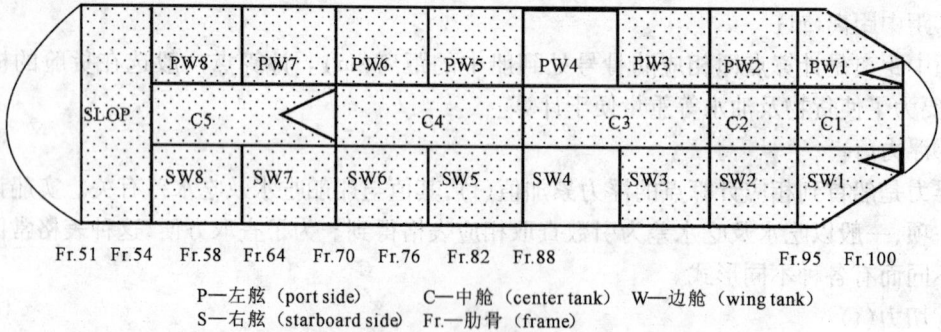

P—左舷（port side）　　　　C—中舱（center tank）　　W—边舱（wing tank）
S—右舷（starboard side）　　Fr.—肋骨（frame）

图 6.4.1.1　舱柜布置及装载图

6.4.1.2　船舶装载量

MV Fleet Wave 号油船在汉堡港的装载计划如表 6.4.1.1 所示。装油后排水量 Δ 为 2 683 550 t,总载重量 DW 为 234 020 t,L_{bp} 为 304 m,首吃水 d_f 为 19.67 m,尾吃水 d_a 为 19.70 m。

6.4.1.3　切力和弯矩基准值及修正值

在进行强度计算时要用到切力基准值、每米吃水修正值及每米吃水差修正值、弯矩基准值、每米吃水修正值及每米吃水差修正值。这些数值均按船舶平均吃水给出。MV Fleet Wave 号油船在平均吃水为 19.0 m 时的切力和弯矩基准值、每米吃水修正值及每米吃水差修正值如表 6.4.1.2 所示。

表 6.4.1.1　各舱装载量

舱别	货油重量(t)	舱别	货油重量(t)
中间货油舱 C1	9 270	边货油舱 PW3&SW3	22 122
中间货油舱 C2	13 865	边货油舱 PW5&SW5	22 122
中间货油舱 C3	23 769	边货油舱 PW6&SW6	22 118
中间货油舱 C4	23 769	边货油舱 PW7&SW7	21 602
中间货油舱 C5	19 883	边货油舱 PW8&SW8	12 648
边货油舱 PW1&SW1	9 432	污油舱 SLOP	6 320
边货油舱 PW2&SW2	25 658		

表 6.4.1.2　切力和弯矩基准值及修正值

计算位置	距中距离(m)	静水切力相当重量(t)			静水弯矩(t-m)		
		基准值	每米吃水修正值	每米吃水差修正值	基准值	每米吃水修正值	每米吃水差修正值
Fr.100	127.32	5.308	0.363	-0.355	33.640	2.175	-2.180
Fr.95	105.26	23.524	1.448	-1.341	358.389	22.694	-21.576
Fr.88	78.38	55.663	3.338	-2.884	1 751.021	106.714	-96.414
Fr.82	48.38	82.749	4.951	-4.027	3 827.192	231.046	-200.475
Fr.76	18.38	109.833	6.564	-5.010	6 715.946	403.761	-336.427
Fr.70	-11.62	136.922	8.176	-5.835	10 417.312	624.859	-499.496
Fr.64	-41.62	163.998	9.789	-6.500	14 931.235	894.341	-684.907
Fr.58	-71.62	190.389	11.400	-7.005	20 252.249	1 212.198	-887.884
Fr.54	-91.62	206.055	12.450	-7.248	24 221.591	1 450.828	-1 030.559
Fr.51	117.58	214.250	13.027	-7.359	26 913.717	1 614.228	-1 124.081

6.4.1.4　切力与弯矩许用值

大型船舶的强度校核中,一般将海上航行状态和在港停泊状态分开校核。

船舶资料中一般提供横舱壁处的静水许用切力和静水许用弯矩、纵舱壁处的静水许用切力。表 6.4.1.3 是 MV Fleet Wave 号油船的各横舱壁处的静水许用弯矩值、静水许用切力值和纵舱壁处的静水许用切力值。现按海上航行状态校核该船舱壁处横剖面上的切力、弯矩及纵剖面上的切力是否超过许用值。

表 6.4.1.3　许用切力和许用弯矩值

计算位置	横舱壁处静水弯矩许用值(t-m)		横舱壁处静水切力许用值(t)		纵舱壁处静水切力许用值(t)	
	海上航行	港口停泊	海上航行	港口停泊	海上航行	港口停泊
Fr.100	-	-	19 000	19 200	3 054	3 411
Fr.95	-	-	15 400	19 100	2 555	3 490
Fr.88	57 500	103 200	15 950	20 600	4 844	5 945
Fr.82	57 500	103 200	16 680	20 800	3 431	4 536
Fr.76	57 500	103 200	22 050	22 850	5 431	6 145
Fr.70	57 500	103 200	18 490	20 600	2 937	3 618
Fr.64	57 500	103 200	16 840	19 640	3 004	3 828
Fr.58	57 500	103 200	14 020	16 900	3 247	4 098
Fr.54	57 500	103 200	11 450	14 850	2 341	3 165
Fr.51	-	-	11 920	15 300	2 341	3 165

6.4.2　载荷对中力矩的计算

载荷对中力矩的计算一般用表格进行。这种计算是一项比较细致的工作。表 6.4.2.1 是 MV Fleet Wave 号油船的载荷对中力矩计算表。

表 6.4.2.1　载荷对中力矩的计算

序号	舱别/类号	重量(t)/1 000 ①	分配系数 ②	分担载荷 W_i ③=①×②	载荷距中(m) ④	载荷对中力矩(t-m) ⑤=③×④
1	首尖舱	0	1.000	0	-143.84	0
Fr. 100		$\sum W_i = 0, i=1$			$\sum M_i = 0, i=1$	
2	C1	9.27	1.000	9.27	-126.08	-1 159.49
3	PW1&SW1	9.432	1.000	9.432	-123.92	-1 168.81
Fr. 95		$\sum W_i = 18.702, i=1,\cdots,3$			$\sum M_i = -2 328.30, i=1,\cdots,3$	
4	C2	13.865	1.000	13.865	-95.88	-1 329.38
5	PW2&SW2	25.658	1.000	25.658	-95.80	-2 458.04
Fr. 88		$\sum W_i = 58.225, i=1,\cdots,5$			$\sum M_i = -6 115.72, i=1,\cdots,5$	
6	C3	23.769	0.500	11.885	-63.38	-753.24
7	PW3&SW3	22.122	1.000	22.122	-63.38	-1 402.09
Fr. 82		$\sum W_i = 92.232, i=1,\cdots,7$			$\sum M_i = -8 271.05, i=1,\cdots,7$	
8	C3	23.769	0.500	11.885	-33.38	-396.72
9	PW4&SW4	0	1.000	0	-33.38	0
Fr. 76		$\sum W_i = 104.117, i=1,\cdots,9$			$\sum M_i = -8 667.77, i=1,\cdots,9$	
10	C4	23.769	0.500	11.885	-3.38	-40.17
11	PW5&SW5	22.122	1.000	22.122	-3.38	-74.77
Fr. 70		$\sum W_i = 138.124, i=1,\cdots,11$			$\sum M_i = -8 782.71, i=1,\cdots,11$	
12	C4	23.769	0.500	11.885	26.62	316.37
13	PW6&SW6	22.118	1.000	22.118	26.62	588.76
Fr. 64		$\sum W_i = 172.127, i=1,\cdots,13$			$\sum M_i = -7 877.56, i=1,\cdots,13$	
14	C5	19.883	0.504	10.021	56.62	567.39
15	PW7&SW7	21.602	1.000	21.602	56.45	1 219.43
Fr. 58		$\sum W_i = 203.750, i=1,\cdots,15$			$\sum M_i = -6 090.74, i=1,\cdots,15$	
16	C5	19.883	0.336	6.681	81.62	545.28
17	PW8&SW8	12.648	1.000	12.648	81.30	1 028.28
Fr. 54		$\sum W_i = 223.079, i=1,\cdots,17$			$\sum M_i = -4 517.18, i=1,\cdots,17$	
18	C5	19.883	0.160	3.181	96.37	306.58
19	Slop P&S	6.320	1.000	6.320	97.63	617.02
Fr. 51		$\sum W_i = 232.580, i=1,\cdots,19$			$\sum M_i = -3 593.58, i=1,\cdots,19$	

①栏为船舶的货载和油水等重量,一般以舱为单位。为便于计算,将该重量除以 1 000 填入表中①栏。应注意,有的货舱或舱柜不正好位于两个计算点之间,这时仅在①栏中填入位于所选计算点间的重量。

②栏为重量分配系数。如果一个货舱或舱柜不正好位于两个计算点之间,则在该栏中填入该货舱货物或该舱柜液体的重量在选定计算点之间的百分比。例如中 3 舱(C3)在 88 号和82 号肋骨之间的重量为总重量的 50%,所以该货舱货物重量在这二肋骨间的分配系数为0.500;中 5 舱(C5)位于 64 号和 50 号肋骨之间,在 64 号和 58 号肋骨之间的重量为总重量的50.4%,所以分配系数为 0.504;在 58 号和 54 号肋骨之间的重量为总重量的 33.6%,所以分

配系数为 0.336;在 54 号和 51 号肋骨之间的重量为总重量的 16%,所以分配系数为 0.160。

③栏为分担载荷,即按分配系数计算出的一个货舱的货物或一个舱柜的液体在所选定计算点之间的重量,易见,③ = ① × ②。

④栏为载荷距中距离(m)。载荷距中距离是指载荷中心到船中横剖面的距离,这里取中前为负,中后为正,因此得到的力矩为正时表示中垂,得到的力矩为负时表示中拱。生产中有时也取中前为正,中后为负,因此得到的力矩为正时表示中拱,得到的力矩为负时表示中垂。载荷距中距离一般在船舶提供的空白计算表中给出。

⑤栏为载荷对中力矩(t - m),易见⑤ = ④ × ③。载荷对中力矩的符号与载荷距中距离一致。

$\sum W_i$ 为第 i 个计算点之前的所有货物和油水的重量之和。例如,第 88 号肋骨处为第 3 个计算点,$\sum W_i$ 为第 3 个计算点之前的所有货物和油水的重量之和,即

$$\sum W_i = 0 + 9.27 + 9.432 + 13.865 + 25.658 = 58.225$$

$\sum M_i$ 为第 i 个计算点之前的所有货物和油水重量对中力矩的代数和。例如,第 88 号肋骨处为第 3 个计算点,$\sum M_i$ 为第 3 个计算点之前的所有货物和油水重量对中力矩的代数和,即

$$\sum M_i = 0 - 1\ 159.49 - 1\ 168.81 - 1\ 329.38 - 2\ 458.04 = -6\ 115.72$$

6.4.3 静水切力计算

MV Fleet Wave 号油船的切力计算如表 6.4.3.1 所示。

表 6.4.3.1 切力计算表

计算位置	基准值①	吃水修正值②	吃水差修正值③	浮力与空船重量④	总载重量⑤	切力计算值⑥
Fr. 100	5.308	0.254	-0.011	5.551	0	-5 551
Fr. 95	23.524	1.014	-0.040	24.497	18.702	-5 795
Fr. 88	55.663	2.337	-0.087	57.912	58.225	6 158
Fr. 82	82.749	3.466	-0.121	86.074	92.232	6 158
Fr. 76	109.833	4.595	-0.150	114.278	104.117	10 161
Fr. 70	136.922	5.723	-0.175	142.470	138.124	-4 346
Fr. 64	163.998	6.852	-0.195	170.665	172.127	1 472
Fr. 58	190.389	7.890	-0.210	198.159	203.75	5 591
Fr. 54	206.055	8.715	-0.217	214.533	223.079	8 526
Fr. 51	214.250	9.150	-0.221	223.179	232.58	9 401

在该计算表中,计算过程如下:

①栏为切力基准值,在表 6.4.1.2 中按肋骨号查取。例如,88 号肋骨处切力的基准值为 55.663。

②栏为切力的吃水修正值。船舶实际尾吃水为 19.70 m,而查表所用的基准吃水为 19.00 m,差值为 0.70 m;在表 6.4.1.2 中查得每米吃水修正值,与 0.70 m 相乘即得切力的吃水修正值。例如,88 号肋骨处每米吃水修正值为 3.338,所以该处切力的吃水修正值为 0.7 × 3.338 = 2.337。

③ 栏为切力的吃水差修正值。船舶实际尾吃水为 19.70 m,实际首吃水为 19.67 m,吃水差为 19.70 – 19.67 = 0.03 m;在表 6.4.1.2 中查得每米吃水差修正值,与 0.03 m 相乘即得切力的吃水差修正值。例如,88 号肋骨处每米吃水差修正值为 – 2.884,所以该处切力的吃水差修正值为 0.03 × (– 2.884) = – 0.087。

④ 栏为浮力与空船重量产生的弯矩,其值为基准值、吃水修正值和吃水差修正值之和,易见,④ = ① + ② + ③。例如,88 号肋骨处弯矩的基准值为 55.663,吃水修正值为 2.337,吃水差修正值为 – 0.087,所以该处因浮力与空船重量产生的弯矩为 55.663 + 2.337 – 0.087 = 57.912。

⑤ 栏为总载重量产生的静水切力,即表 6.4.3.1 中相应 $\sum W_i$ 值。例如,88 号肋骨处总载重量产生的静水切力为 58.225。

⑥ 栏为切力计算值,该值为总载重量产生的切力与浮力及空船重量产生的切力之差再乘以 1 000,即⑥ = 1 000 × (⑤ – ④)。例如,88 号肋骨处的切力计算值为 1 000 × (58.225 – 57.912) = 6 158 t = 6 158 × 9.81 kN – m。

6.4.4　静水弯矩计算

静水弯矩计算也利用表格进行,表 6.4.4.1 为 MV Fleet Wave 号油船的弯矩计算表。

表 6.4.4.1　弯矩计算表

计算位置	基准值①	吃水修正值②	吃水差修正值③	浮力与空船重量④	总载重量⑤	弯矩计算值⑥
Fr.88	1 751.021	74.700	– 2.892	1 822.289	– 1 552.045	270 784
Fr.82	3 827.192	161.732	– 6.014	3 982.910	– 3 808.866	174 044
Fr.76	6 715.946	282.633	– 10.093	6 988.486	– 6 754.100	234 386
Fr.70	10 417.312	437.401	– 14.985	10 839.728	– 10 387.71	452 018
Fr.64	14 931.235	626.038	– 20.547	15 536.726	– 15 041.485	495 241
Fr.58	20 252.249	848.539	– 26.637	21 074.151	– 20 683.315	390 836
Fr.54	24 221.591	1 015.580	– 30.917	25 206.254	24 955.677	250 577

在该计算表中,计算过程如下:

① 栏为弯矩基准值,在表 6.4.1.2 中按肋骨号查取。例如,88 号肋骨处的弯矩基准值为 1 751.021。

② 栏为弯矩吃水修正值。船舶实际尾吃水为 19.70 m,而查表所用的基准吃水为 19.00 m,差值为 0.70 m;在表 6.4.1.2 中查得每米吃水修正值,与 0.70 m 相乘即得弯矩的吃水修正值。例如,88 号肋骨处每米吃水修正值为 106.714,所以该处弯矩的吃水修正值为 0.7 × 106.714 = 74.700。

③ 栏为弯矩的吃水差修正值。船舶实际尾吃水为 19.70 m,实际首吃水为 19.67 m,吃水差为 19.70 – 19.67 = 0.03 m;在表 6.4.1.2 中查得每米吃水差修正值,与 0.03 m 相乘即得弯矩的吃水差修正值。例如,88 号肋骨处每米吃水差修正值为 – 96.414,所以该处弯矩的吃水差修正值为 0.03 × (– 96.414) = – 2.892。

④ 栏为浮力与空船重量产生的弯矩,其值为弯矩的基准值、吃水修正值和吃水差修正值之和,易见,④ = ① + ② + ③。例如,88 号肋骨处切力的基准值为 1 751.021,吃水修正值为 74.700,吃水差修正值为 – 2.892,所以该处因浮力与空船重量产生的切力为 1 751.021 +

$74.700 - 2.892 = 1\ 822.289$。

⑤ 栏为总载重量产生的静水弯矩,即表 6.4.2.1 中相应 $\sum W_i$ 值与表 6.4.1.2 中的相应肋骨距中距离的乘积,再加上表 6.4.2.1 中相应 $\sum M_i$。例如,在 88 号肋骨处,根据表 6.4.2.1 查得 $\sum W_i$ 为 58.225;根据表 6.4.1.2 查得相应肋骨距中距离为 78.38 m;根据表 6.4.2.1 查得 $\sum M_i$ 为 $-6\ 115.72$;该肋骨处总载重量产生的静水弯矩为 $58.225 \times 78.38 - 6\ 115.72 = -1\ 552.045$。

⑥ 栏为弯矩计算值,该值为浮力及空船重量产生的弯矩与总载重量产生的弯矩之和,再乘以 1 000,即⑥ $= 1\ 000 \times$(⑤ $+$ ④)。例如,在 88 号肋骨处,浮力及空船重量产生的弯矩为 $1\ 822.289$;总载重量产生的静水弯矩为 $-1\ 552.045$;所以该肋骨处的静水弯矩为 $1\ 000 \times (1\ 822.829 - 1\ 552.045) = 270\ 784\ t - m = 270\ 784 \times 9.81\ kN - m$。

6.4.5 纵舱壁上的静水切力计算

大型船舶有时需要校核横向强度。船舶横向上的许用弯矩一般远大于实际所受弯矩,因此校核横向强度时只须校核纵站面上的切力是否超过许用值。

为了便于计算,校核横向强度时只校核纵向舱壁处纵剖面上的切力是否超过许用值。大型船舶一般设一道、二道甚至三道纵舱壁,每一纵舱壁处纵站面上的切力分布并不是均匀的,但可认为各纵舱壁处站面上的切力分布大致相同,因此只计算任一纵舱壁处纵站面上的切力分布即可判定船舶横向强度是否满足要求。

船舶纵舱壁处纵站面上的切力各处不等,其值取决于下述几项因素:

· 各横剖面上的静水切力

横剖面上的静水切力越大,纵剖面上的相应位置处的切力就会越大,近似计算时可认为二者为线性关系。横剖面上的静水切力在纵剖面上的分配系数可由船舶资料中查取。

· 中间货舱的装载量

中间货舱的装载量越大,纵剖面上相应位置处的切力就会越大,近似计算时可认为二者为线性关系。中间货舱装载量的重力在纵剖面上的分配系数可由船舶资料中查取。

· 边舱的装载重量

边舱中的装载量越大,纵剖面上的相应位置处的切力就会越大,近似计算时可认为二者为线性关系。边舱装载量的重力在纵剖面上的分配系数可由船舶资料中查取。

· 计算站段中点处的吃水

纵剖面上选定的计算站点之间中点处的吃水对其切力也有影响,计算站段中点处的吃水对纵剖面上相应位置切力的修正系数可由船舶资料中查得。

纵向剖面上各处的切力可据上述 4 项估算出,MV Fleet Wave 号油船的纵舱壁处静水切力的计算方法如表 6.4.5.1 所示,计算过程如下:

表 6.4.5.1　纵向剖面上的切力计算表

编号	Fr.51		Fr.54		Fr.58		Fr.64		Fr.70		Fr.76		Fr.82		Fr.88		Fr.95		Fr.100	
	前	后	前	后	前	后	前	后	前	后	前	后	前	后	前	后	前	后	前	后
①	9 405		8 526		5 591		1 472		-4 346		-10 161		6 158		313		-5 795		-5 551	
②	2 125		1 927		1 264		333		-928		-2 296		1 392		71		-1 310		-1 255	
③			C5/19 883						C4/23 769				C3/23 769		C2/13 865				C1/9 270	
④		0.109		0.034 5		0.057 6		0.057 1		0.057 1		0.057 1		0.057 1		0.117 4		0.117 1	
⑤		217		686		1 145		1 357		1 357		1 357		1 357		1 628		1 086	
⑥		SLOP/3 160		W8/6 324		W7/10 801		W6/11 059		W5/11 061		W4/0		W3/11 061		W2/12 829		W1/1 716	
⑦		0.008 0		0.009 0		0.010 0		0.010 0		0.010 0		0.010 0		0.010 0		0.010 3		0.010 2	
⑧		25		57		108		111		111		0		111		132		48	
⑨		19.695		19.693		19.691		19.688		19.685		19.682		19.679		19.676		19.673	
⑩		-24.585		-43.182		-71.970		-71.970		-71.970		-71.970		-71.970		-86.364		-57.576	
⑪		-484		-850		-1 417		-1 417		-1 417		-1 417		-1 416		-1 699		-1 133	
⑫		1 883		2 034		1 100		384		-931		-2 356		1 444		132		1 309	
⑫		2 169		1 371		497		-1 033		-2 347		-1 452		19		-1 371		-1 250	

① 栏为各计算肋骨处横剖面的静水切力，取自表 6.4.3.1 的计算结果。例如，88 号肋骨处横剖面的静水切力为 313 t-m＝313×9.81 kN-m。

② 栏为横剖面上的静水切力在纵剖面上相应位置处产生的切力，其值为横剖面上的静水切力乘以横剖面切力的纵向切力分配系数。横剖面切力的纵向切力分配系数在各计算站点上取统一数值，这一数值可由船舶资料中查取，此算例中取为 0.226。例如，88 号肋骨处横剖面的静水切力为 313×9.81 kN-m，在纵剖面上相应位置处产生的切力为 313×0.226＝71 t＝71×9.81 kN-m。

③ 栏为中间货舱的装载量，由表 6.4.1.1 查取。例如，中 2 货油舱（C2）的装载量为 13 865 t。

④ 栏为中间货舱载重量的纵向切力分配系数，这一系数在各计算站点上取值不同，可由船舶资料中查取。例如，在 82 号肋骨前部至 88 号肋骨后部之间，中间货舱载重量的纵向切力分配系数为 0.057 1。

⑤ 栏为中间货舱的装载量在纵剖面上相应位置处产生的切力，其值为中间货舱载重量乘以中间货舱载重量的纵向切力分配系数，即⑤＝(③×④)t＝9.81(③×④)kN。例如，在 82 号肋骨前部至 88 号肋骨后部之间，中间货舱的装载量所产生的切力为 23 769×0.057 1＝1 357 t＝9.81×1 357 kN

⑥ 栏为边舱的装载量，由表 6.4.1.1 查取。例如，左边 3 舱（PW3）和右边 3 舱（SW3）的装载量为 22 122 t，单一边舱的装载量为 11 061 t。

⑦ 栏为边舱货载重量的纵向切力分配系数，这一系数在各计算站点上取值不同，可由船舶资料中查取。例如，在 82 号肋骨前部至 88 号肋骨后部之间，边舱货载重量的纵向切力分配系数为 0.010 0。

⑧ 栏为边舱的装载量在纵剖面上相应位置处产生的切力，其值为边舱装载重量乘以边舱货载重量的纵向切力分配系数，即⑧＝(⑦×⑥)t＝9.81(⑦×⑥)kN。例如，左边 3 舱（PW3）或右边 3 舱（SW3）的装载量所产生的切力为 11 061×0.010 0＝111 t＝9.81×111 kN。

⑨ 栏为纵剖面上选定的计算站段中点处的吃水，其值可在船舶资料中查取，也可按计算

站段中点到首柱的距离进行计算。例如:在表6.4.1.2中查得82号肋骨距中距离为48.38 m, 88号肋骨距中距离为78.38 m,所以此二计算站点之间的计算站段的中点距中距离为(48.38 + 78.38)/2 = 63.38 m;此中点距首柱距离为304/2 - 63.38 = 88.62 m;由于船舶两柱间长为 304 m,首吃水 d_f 为19.67 m,尾吃水 d_a 为19.70 m,所以该中点处的吃水为$\frac{88.62}{304}$(19.70 - 19.67) = 19.679 m。计算原理可参见图6.4.5.1。

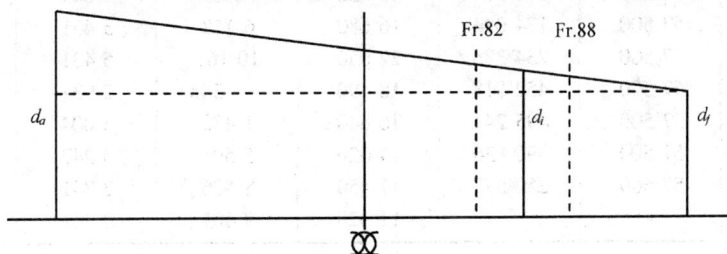

图6.4.5.1　计算站段中点处吃水的计算

⑩ 栏为计算站段排水量的纵向切力分配系数,这一系数在各计算站点上取值不同,可从船舶资料中查取。例如,在82号肋骨前部至88号肋骨后部之间,排水量的纵向切力分配系数为 -71.970。

⑪栏为计算站段排水量在纵剖面上相应位置处产生的切力,其值为计算站段中点处的吃水与计算站段排水量的纵向切力分配系数的乘积,即⑪ = (⑨×⑩)t = 9.81(⑨×⑩)kN。例如,左边3舱(PW3)和右边3舱(SW3)的装载量产生的切力为 19.67 × (-71.970) = -1 416 t = 9.81 × (-1 416)kN。

⑫栏为纵剖面上计算站段间的切力,可据上述②,⑤,⑧和⑪项估算出。但是,这些项目之间的组合关系比较复杂,最常用的方法是将纵剖面上计算站段间的切力取为⑫ = ② + ⑤ + ⑧ + ⑪或取为⑫ = ② - ⑤ - ⑧ - ⑪。例如,在82号肋骨前部至88号肋骨后部之间,可取切力为 1 392 + 1 357 + 111 + 1 416 = 1 444 t = 9.81 × 1 444 kN,也可取切力为71 - 1 357 - 111 + 1 416 = 19 t = 9.81 × 19 kN。在校核时取绝对值最大的数值与许用值比较,以判断纵剖面上的切力是否过大。

6.4.6　校核

将计算值与许用值比较即可判断船舶的强度是否处于安全状态。表6.4.6.1是 MV Fleet Wave 号油船的海上航行状态下横剖面上静水弯矩计算值、静水切力计算值及纵剖面上静水切力计算值与相应许用值。经比较可见,该船的强度适于海上航行。

表6.4.6.1　切力和弯矩许用值

计算位置	航行状态下横剖面上静水弯矩(t-m)		航行状态下横剖面静水切力(t-m)		航行状态下纵舱壁上静水切力(t-m)	
	许用值	计算值	许用值	计算值	许用值	计算值
Fr.100	–	–	19 000	−5 551	3 054	1 309
Fr.95	–	–	15 400	−5 796	2 555	−1 371
Fr.88	57 500	270 784	15 950	313	4 844	1 444
Fr.82	57 500	174 044	16 680	6 158	3 431	−2 356
Fr.76	57 500	234 386	22 050	10 161	5 431	−2 347
Fr.70	57 500	452 018	18 490	−4 346	2 937	−1 033
Fr.64	57 500	495 241	16 840	1 472	3 004	1 100
Fr.58	57 500	390 836	14 020	5 591	3 247	2 034
Fr.54	57 500	250 577	11 450	8 526	2 341	2 169
Fr.51	–	–	11 920	9 401	2 341	1 883

§6.5　船体强度的详算方法

船舶计算中,一般先确定重力在船长上的分布,求取重力曲线;确定浮力在船长上的分布,求取浮力曲线;重力与浮力之差即为载荷,从而可以得到载荷曲线;载荷曲线沿船长的积分即为切力曲线;切力沿船长方向的积分即为弯矩曲线。将各点切力、弯矩与相应的许用值比较,就可以判断此装载状态下的切力与浮力是否满足有关要求。

这里以 GS 船为例,说明船舶强度详算的方法。该船主要技术参数如下:

$L_{oa}=244.5$ m　　$d=14.00$ m

$L_{bp}=234.00$ m　　$\Delta_0=1\,960.8$ t

$B=42.67$ m

$D=19.80$ m

6.5.1　重力曲线与重心的求作

6.5.1.1　空船重力曲线

经倾斜试验确定出空船重心位置及空船重量。空船重量沿船长的分布有多种表示法,较为精确的表示法如表6.5.1.1所示。

项目系指空船的各项目的名称,一般可达百余项;重量系指相应项目的重量(t);X,Y,Z分别为相应项目的重心距离尾柱的距离(m)、距首尾中心线的距离(m)及距基线的高度(m);XA 和 XF 分别为相应项目尾向界限和首向界限距尾柱的距离(m)。

在实际计算中,一般以船舶总长为计算长度、以 1 cm 为计算间隔,原点取在尾轴上。该船计算中,取计算长度为 244.5 m,即在船长上取 0,1,…,24 450 为计算站号,共 24 450 段,24 451个计算点。

这样,将所有空船重量的项目分配到各站段上,就可得到空船重量分布曲线(折线),如第A075 项,重量 132.4 t,均匀分配到 17.75～18.67 m 间,即分配到 1 775～1 867 站段间。经计算,可得到 $\sum P_iX_i$,$\sum P_iY_i$,$\sum P_iKG_i$ 及该船的空船重量分布曲线,如图6.5.1.1所示。

表 6.5.1.1　空船重量的表示法

项目	重量(t)	X(m)	Y(m)	Z(m)	XA(n)	XF(m)
A075	132.4	18.21	0.00	10.94	17.75	18.67
A076	225.9	16.99	0.00	10.94	16.23	17.75
A077	159.4	15.68	0.00	10.94	15.13	16.23
A078	149.6	14.62	0.00	10.94	14.11	15.13
A079	128.0	13.62	0.00	10.94	13.13	14.11
A080	229.1	12.26	0.00	10.94	11.39	13.13
A081	114.0	10.90	0.00	10.94	20.41	11.39
A082	54.6	10.14	0.00	10.94	9.87	10.41
A083	255.3	7.81	0.00	10.94	5.75	9.87
A084	155.1	4.72	0.00	10.94	3.69	5.75
A085	59.1	3.14	0.00	10.94	2.59	3.69
A086	255.3	0.48	0.00	10.94	-1.63	2.59
A087	184.5	-3.16	0.00	10.94	-4.70	-1.63

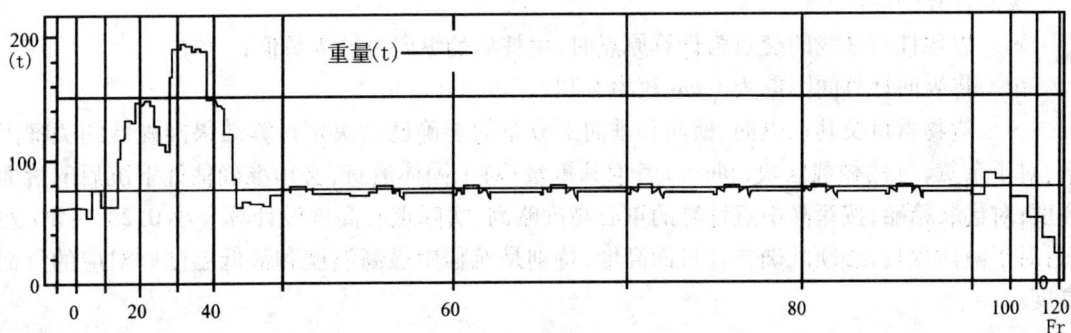

图 6.5.1.1　GS 船空船重量曲线

在该图上,横坐标为肋骨号。首尾处肋骨间距较小,船中处肋骨间距较大,但按船舶资料很容易将肋骨位置转换成船舶纵长度;竖坐标为重量(t)。

6.5.1.2　油水及物料重力曲线

燃油、柴油、淡水、压载水、污油水、物料等重量也按前后舱壁的位置,分配到相应站段上。经计算,可得到 $\sum P_i X_i$,$\sum P_i Y_i$,$\sum P_i KG_i$ 及相应的重力分布曲线。

6.5.1.3　货物重力曲线

货物重量可按前后舱壁的位置,分配到相应站段上。本例计算中,取满载状态,如图 6.5.1.2所示。经计算,可得到 $\sum P_i X_i$,$\sum P_i Y_i$,$\sum P_i KG_i$ 及相应的重力分布曲线。

6.5.1.4　重力曲线的求取

将按图 6.5.1.1 ~ 6.5.1.2 所得曲线叠加在一起,得该船满载状态下的重力曲线,如图 6.5.2.1所示。船舶排水量及重心位置为:

$$\Delta = \sum P_i \qquad (6.5.1.1)$$

$$X_g = \frac{\sum P_i X_i}{\Delta} \qquad (6.5.1.2)$$

$$Y_g = \frac{\sum P_i Y_i}{\Delta} \qquad (6.5.1.3)$$

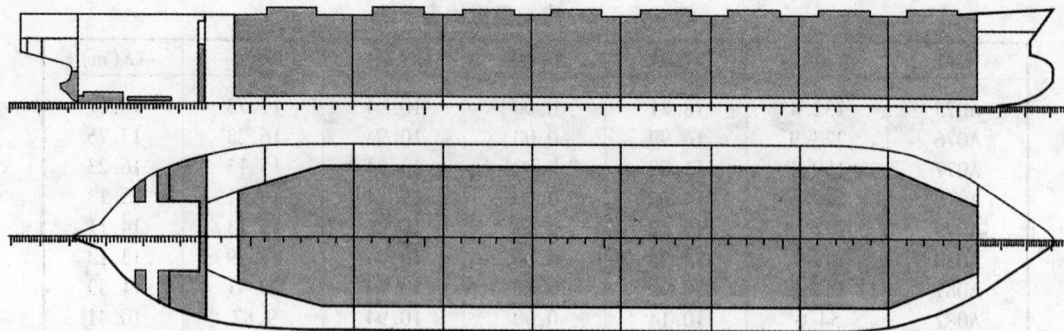

图 6.5.1.2　GS 船满载装载状态示意图

$$KG = \frac{\sum P_i KG_i}{\Delta} \tag{6.5.1.4}$$

式中,P_i 为某一项载荷的重量。

实际计算中应注意:

· 以尾柱与基线的交点为计算原点时,尾柱后的纵向坐标为负值;

· 将纵向计算间隔取为 1 cm 较为有利;

· 货物重量及其在纵向、横向和垂向上分布的准确性是决定计算结果准确性的关键因素,对于杂货,可按积载区块(block)考虑其重量;对于固体散货,必须准确估计下沉后的货面高度;对集装箱船,按箱高中点计算的重心高度略高,实际重心高度较计算会小 0.2% ~2% 左右;对于液体散货,必须准确估计货面高度,特别是航程中最高温度和最低温度所对应的货面高度。

6.5.2　浮力曲线与浮心的求作

浮力与浮心计算中,误差较大。为了提高计算精度,经常需要用迭代方法进行计算。这里介绍这一方法的计算要点。

6.5.2.1　初始静水力参数的查取

一般来说,计算得到的排水量及相应重心位置,误差较小,较为可信。根据计算得到的排水量,在《静水力参数表》上可查得一组静水力参数。

然而,查得的这一组静水力参数是计算排水量对应的正浮状态的参数,而不是计算状态的参数。

6.5.2.2　调整纵倾以计算浮心位置

相应于计算状态,船舶浮心纵坐标应与重心纵坐标相等,但查得的浮心纵坐标与重心纵坐标一般不相等。这说明,船舶计算状态并非处于正浮状态。

若浮心位于重心左侧,则应以漂心为中心,增加水线的尾倾;每次增加尾倾 1 cm,计算船舶浮心,直到浮心位于重心右侧。

若浮心位于重心右侧,则应以漂心为中心,增加水线的首倾;每次增加首倾 1 cm,计算船舶浮心,直到浮心位于重心左侧。

早年,常利用黄金分割法(0.618 法)进行迭代计算。后来,随着计算机计算速度的提高,常用二分法进行迭代计算。现在,计算机计算速度已足够快,用每次增加尾倾或首倾 1 cm 方法进行计算,在计算速度上不会有不便之感,但程序设计上却方便很多。

6.5.2.3 平行调整水线以计算排水量

按 6.5.2.2 分节计算得到的水线,可认为其下浮力与重力在同一垂线上,但在纵倾状态下的排水量与正浮时的排水量并不会相等。这时可利用平行沉浮的方法按邦戎曲线计算纵倾水线下的排水量。

若按浮力计算得到的排水量大于按重力计算得到的排水量,则将水线平行下沉;每次平行下沉 1 cm,计算排水量直到按浮力计算得到的排水量小于按重力计算得到的排水量。

若按浮力计算得到的排水量小于按重力计算得到的排水量,则将水线平行上浮;每次平行上浮 1 cm,计算排水量直到按浮力计算得到的排水量大于按重力计算得到的排水量。

同样,进行此项计算时也不必利用黄金分割法(0.618 法)或二分法,用每次平行沉浮1 cm 方法进行计算,在计算速度上不会有不便之感,但程序设计上却方便很多。

6.5.2.4 浮力曲线的绘制与浮心的求作

一般来说,按 6.5.2.3 分节计算得到的水线基本上可认为是船舶计算状态下的真实水线。但是,对于特大型船或计算精度要求特别高的船,还应重复 6.5.2.2 分节和 6.5.2.3 分节的计算方法一次或多次,以得到更精确的计算水线。

按邦戎曲线可以绘出计算排水量的浮力曲线,如图 6.5.2.1 所示,并得到相应的浮心位置 X_b,Y_b 和 KB。

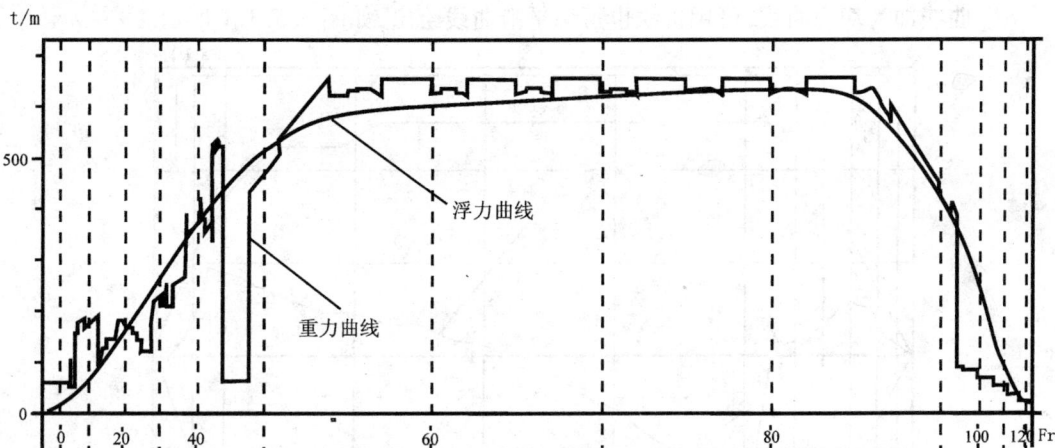

图 6.5.2.1 GS 船满载装载状态示意图

实际计算中应注意:

· 吃水很小时,常应重复 6.5.2.2 分节和 6.5.2.3 分节的计算方法一次或多次,以得到较精确的计算水线;

· 吃水很小且吃水差较大时,正浮水线面上的漂心与纵倾水线面上的漂心纵坐标差别较大,所以利用平均吃水和漂心计算得到的首尾吃水不确,而应以按 6.5.2.2 分节和 6.5.2.3 分节得到的首尾吃水为准;

· 其他静水力参数均随吃水差的变化而变化,但一般可以忽略其变化量;

· 查取静水力参数时,应以按重力计算得到的排水量为引数查取,并且一次将所用参数查全。

6.5.3　切力曲线的求作与切力校核

重力与浮力的差值即为载荷,载荷沿船长的积分即为切力。船舶装载手册中一般会给出切力许用值,将切力计算值与许用值比较,若不超过装载手册中给出的限值,则船舶切力强度合格,否则,船舶强度不合格,而需要调整货物或油水。

6.5.3.1　载荷曲线的求取

重力与浮力的差值即为载荷。将 6.5.1.4 分节得到的重力曲线及 6.5.2.4 分节得到的浮力曲线沿船长以 1 cm 为间隔作离散处理,得

$$q_i = W_i - B_i \quad (i = 0, \cdots, m)$$

式中,q_i 为站段即第 $i-1$ 站与第 i 站上的载荷(t),其中 0 为计算起始点,一般为船舶总长的尾端,在尾柱之后;m 为计算终止点,一般为船舶总长的首端,在首柱之前;W_i 为第 i 站上的重量(t);B_i 为第 i 站上的浮力(t)。

6.5.3.2　切力与切力曲线的求取

载荷沿船长的积分即为切力,即

$$SF_i = \delta l \sum_{j=0}^{i} (W_j - B_j) \quad (i = 0, \cdots, m)$$

式中,SF_i 为第 i 站点处所受到的切力(t),δl 为站段的长度(m)。

SF_i 曲线即为切力曲线,可用折线也可用平滑曲线绘出,如图 6.5.3.1 所示。

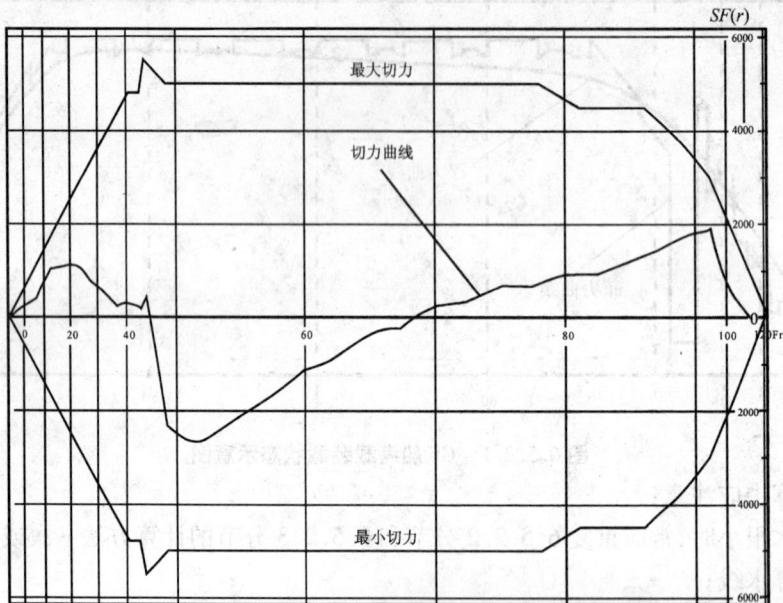

图 6.5.3.1　GS 船的切力曲线

6.5.3.3　切力校核

装载手册中一般会给出主要站点所在横剖面上的切力许用值。切力许用值通常分成静水切力许用值、进水切力许用值和港内切力许用值,如表 6.5.3.1 所示,分别用以限定在静水中航行、舱内进水、港内装载等状态下的切力数值。

表 6.5.3.1　GS 船静水切力许用值、进水切力许用值和港内切力许用值

肋骨号	静水切力(t)	肋骨号	静水切力(t)	肋骨号	港内切力(t)
0	0	0	0	0	0
41	4 800	41	5 760	41	5 700
45	4 800	45	5 760	45	6 400
47	5 500	47	6 600	47	7 100
49	5 000	49	6 000	53	7 200
51	5 000	51	6 000	55	7 700
54	5 000	54	6 000	66	7 200
56	5 000	56	6 000	77	8 000
58	5 000	58	6 000	84	6 000
61	5 000	61	6 000	91	3 000
63	5 000	63	6 000	112	0
66	5 000	66	6 000		
68	5 000	68	6 000		
71	5 000	71	6 000		
73	5 000	73	6 000		
76	5 000	76	6 000		
78	5 000	78	6 000		
81	4 500	81	5 400		
83	4 500	83	5 400		
86	4 500	86	5 400		
89	3 720	89	4 320		
91	3 000	91	3 600		
112	0	112	0		

校核时,即将船舶各站剖面上所受到的切力与相应状态下的切力许用值进行比较。任何时刻,船舶各站剖面上所受到的切力不得超过相应状态下的切力许用值。

6.5.4　弯矩曲线的求作与弯矩校核

切力沿船长的积分即为弯矩,即

$$BM_i = \delta l \sum_{j=0}^{i} SF_j \quad (i = 0,\cdots,m) \tag{6.5.4.1}$$

式中,BM_i 为第站点处所受到的弯矩(t-m),δl 为站段的长度(m)。

BM_i 曲线即为切力曲线,可用折线也可用平滑曲线绘出。

装载手册中一般会给出主要站点所在横剖面上的弯矩许用值。弯矩许用值通常分成静水弯矩许用值、进水弯矩许用值和港内弯矩许用值,如表 6.5.4.1 所示,分别用以限定在静水中航行、舱内进水、港内装载等状态下的弯矩数值。

校核时,即将船舶各站剖面上所受到的弯矩与相应状态下的弯矩许用值进行比较。任何时刻,船舶各站剖面上所受到的弯矩不得超过相应状态下的弯矩许用值。图 6.5.4.2 为 GS 船满载状态下的静水弯矩许用值及相应的弯矩计算值。

表 6.5.4.1　GS 船静水弯矩许用值、进水弯矩许用值和港内弯矩许用值

肋骨号	静水 拱(t-m)	静水 垂(t-m)	肋骨号	进水 拱(t-m)	进水 垂(t-m)	肋骨号	港内 拱(t-m)	港内 垂(t-m)
0	0	0	0	0	0	0	0	0
41	110 000	-60 000	41	130 000	85 000	41	136 000	-146 000
45	105 000	-60 000	45	130 000	90 000	45	149 000	-160 000
47	100 000	-60 000	47	130 000	90 000	47	156 000	-168 000
49	160 000	-80 000	49	190 000	110 000	49	182 000	-195 000
51	175 000	-95 000	51	210 000	130 000	51	211 000	-226 000
54	220 000	-180 000	54	250 000	240 000	53	242 000	-260 000
56	250 000	-200 000	56	275 000	265 000	55	276 000	-295 000
58	270 000	-200 000	58	275 000	265 000	66	366 000	-392 000
61	270 000	-200 000	61	275 000	265 000	77	315 000	-338 000
63	270 000	-200 000	63	275 000	265 000	84	180 000	-193 000
66	270 000	-200 000	66	275 000	265 000	89	86 000	-92 000
68	270 000	-200 000	68	275 000	265 000	90	67 000	-71 000
71	250 000	-200 000	71	275 000	265 000	112	0	0
73	250 000	-200 000	73	275 000	265 000			
76	220 000	-200 000	76	275 000	265 000			
78	209 500	-190 000	78	265 000	250 000			
81	178 000	-161 000	81	220 000	205 000			
83	157 000	-142 000	83	190 000	175 000			
86	125 100	-112 400	86	140 000	130 000			
89	93 000	-83 000	89	100 000	95 000			
91	71 600	-65 400	91	80 000	70 000			
112	0	0	112	0	0			

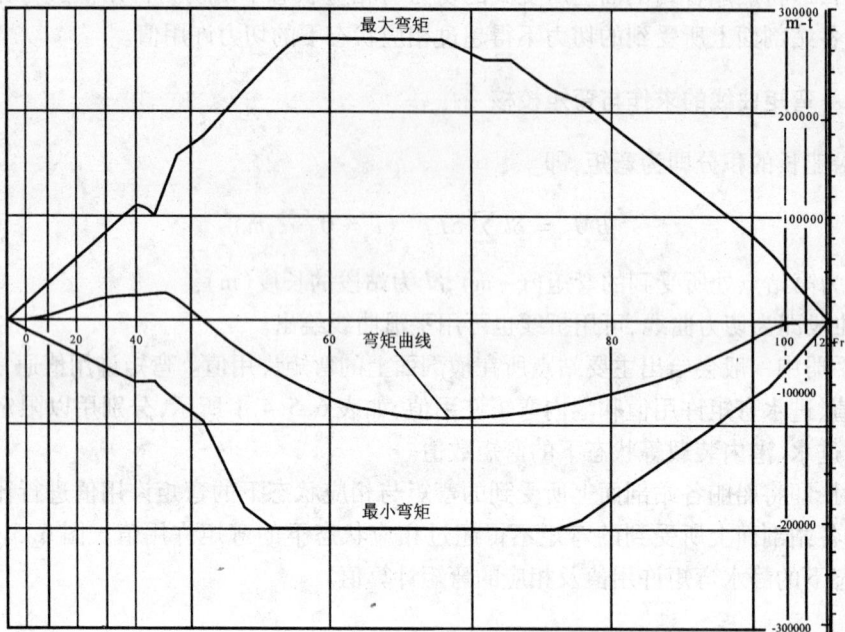

图 6.5.4.2　GS 船的弯矩曲线

§6.6　局部强度的校核

6.6.1　各层甲板的载荷许用值

6.6.1.1　小型船舶的甲板载荷许用值

在船舶强度计算书中,小型船舶的甲板载荷许用值给出的方式比较简单,一般不区别甲板的有关部位,甚至不区别集中载荷还是均布载荷。表6.6.1.1 是 XJ 船各层甲板载荷许用值。

表6.6.1.1　XJ 船各层甲板载荷许用值表

载荷	上甲板	二层舱甲板	内底板	上甲板舱盖	二层舱舱盖
均布载荷重量(t)	1.75	2.5 ~ 3.5	7.5	1.75	No.1 舱 4.0,其他舱 3.5
载荷总重量		4 个前轮 10 t 2 个前轮 7 t	4 个前轮 10 t 2 个前轮 10 t		

对于现有船舶,载荷多以其相当的重量给出;对于新造船舶,载荷一般以千帕(kPa)为单位给出。

6.6.1.2　大型船舶的甲板载荷许用值

大型船舶各层甲板载荷许用值常分舱、分部位按集中载荷和均布载荷给出。表6.6.1.2 是 TJ 船各层甲板的载荷许用值。

表6.6.1.2　TJ 船甲板载荷许用值

甲板	No.1 舱	No.2,3 和 4 舱	No.5 舱
上甲板	均布载荷 舱盖 $P_h=0$ 时, 舱口前 $P_d=3.88\ t/m^2$ 舱口后 $P_d=3.28\ t/m^2$ 舱口间 $P_d=3.32\ t/m^2$ 舱盖 $P_h=1.53\ t/m^2$ 时, 舱口前 $P_d=3.28\ t/m^2$ 舱口后 $P_d=3.28\ t/m^2$ 舱口间 $P_d=3.22\ t/m^2$ 集中载荷 舱口前后 $P=11.0\ t/m^2$ 舱口间 $P=4.65\ t/m^2$	均布载荷 舱盖 $P_h=0$ 时, 舱口前 $P_d=2.34\ t/m^2$ 舱口后 $P_d=2.18\ t/m^2$ 舱口间 $P_d=1.78\ t/m^2$ 舱盖 $P_h=1.44\ t/m^2$ 时, 舱口前 $P_d=2.13\ t/m^2$ 舱口后 $P_d=1.88\ t/m^2$ 舱口间 $P_d=1.78\ t/m^2$ 集中载荷 舱口前后 $P=10.7\ t/m^2$ 舱口间 $P=3.55\ t/m^2$	均布载荷 舱盖 $P_h=0$ 时, 舱口前 $P_d=2.34\ t/m^2$ 舱口后 $P_d=2.18\ t/m^2$ 舱口间 $P_d=1.78\ t/m^2$ 舱盖 $P_h=1.44\ t/m^2$ 时, 舱口前 $P_d=2.13\ t/m^2$ 舱口后 $P_d=1.88\ t/m^2$ 舱口间 $P_d=1.78\ t/m^2$ 集中载荷 舱口前后 $P=10.7\ t/m^2$ 舱口间 $P=3.55\ t/m^2$
中间甲板	均布载荷 $P=2.20\ t/m^2$ 集中载荷 舱口盖 $P=10.6\ t/m^2$ 舱口前后 $P=6.60\ t/m^2$ 舱口间 $P=8.55\ t/m^2$	均布载荷 $P=2.34\ t/m^2$ 集中载荷 舱口盖 $P=7.90\ t/m^2$ 舱口前后 $P=6.13\ t/m^2$ 舱口间 $P=8.30\ t/m^2$	均布载荷 $P=2.34\ t/m^2$ 集中载荷 舱口盖 $P=7.90\ t/m^2$ 舱口间 $P=7.71\ t/m^2$ 舱口间 $P=8.30\ t/m^2$
底舱	压载平台载荷 173#肋骨前 $P=7.6\ t/m^2$ 173#肋骨后 $=12.0\ t/m^2$	底舱载荷 均布载荷 $P=15.7\ t/m^2$ 集中载荷 $P=8.75\ t/m^2$	轴隧平台载荷 19#肋骨前 $P=10.4\ t/m^2$ 19#肋骨后 $=3.85\ t/m^2$

6.6.1.3　经验公式

上甲板的载荷许用值 P_d 可用式(6.6.1.1)估算,

$$P_d = \frac{H_c}{SF}(\text{t}) = \frac{9.81 H_c}{SF}(\text{kPa}) \qquad (6.6.1.1)$$

式中,H_c 为上甲板上货物的设计堆高,重结构船取 1.5 m,轻结构船取 1.2 m;SF 为货物的积载因数(m^3/t),可取为设计舱容系数的倒数。

中间甲板和底舱的载荷许用值 P_d 可用式(6.6.1.2)估算,

$$P_d = \frac{H_d}{SF}(\text{t}) = \frac{9.81 H_c}{SF}(\text{kPa}) \qquad (6.6.1.2)$$

式中,H_d 为中间甲板或底舱平均高度(m),SF 同前。

在进行各层甲板载荷估算时,如果船舶资料中没有设计舱容系数 μ,则可取其为 $\mu = 0.72\ \text{t/m}^3$,即取 $SF = 1.4\ \text{m}^3/\text{t}$)。

大多数情况下,利用经验公式所确定的载荷许用值偏于保守,即船舶实际承受载荷的能力可能远大于此值。如果有理由认为利用经验公式所确定的载荷许用值过小,则可在船舶装载时适当超过此限值。

为了确定船舶的局部强度的大小常应进行十分复杂的计算。在装载大型货件时,除应注意选择适当装载部位和衬垫外,必要时应请专家进行实际指导或制订装载计划。

6.6.2　甲板载荷估算

6.6.2.1　集中载荷

货件的底脚、轮、支柱等部位对甲板的压力可作为集中载荷对待。如果货件上的重量分布均匀,则各支承点处的压力为货件总重力与支承点数的比值。

图 6.6.2.1 是在甲板上装载的车辆,其上货物重量分配接近均匀,货件总压力为 P,共有 4 个支承点,所以每一支承点所受的压力为 $P/4$。

同一货件下各支承点所受的压力有时不相同,这时应分别估算。如果支承点所受压力超过甲板载荷许用值,则应进行衬垫或将货件移至载荷许用值较大的部位。

应当注意,相距很近的一些支承点或经

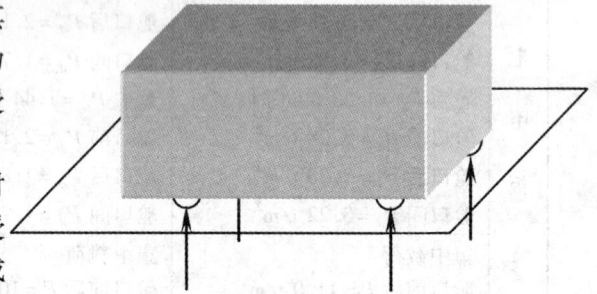

图 6.6.2.1　集中载荷示意图

充分衬垫的支承点有时可作为均布载荷对待;船舶的横摇、纵摇和垂荡运动,会使货物对甲板产生动压力。

6.6.2.2　均布载荷

各类固体散货、液体散货或普通杂货的货堆下的压力可作为均布载荷对待。图 6.6.2.2 是装载固体散货的货舱,其下的压力为:

$$P = \frac{H}{SF}(\text{t}) = \frac{9.81 H}{SF}(\text{kPa}) \qquad (6.6.1.3)$$

式中,H 为货面距舱底高度(m),如果货面高度起伏较大,可取其较高部位对舱底的高度;SF

为货物的积载因数(m^3/t)。

货物下沉前和下沉后,对舱底的压力不变,所以 H 和 SF 可用下沉前数值计算,也可用下沉后数值计算。

图 6.6.2.2　均布载荷下的压力

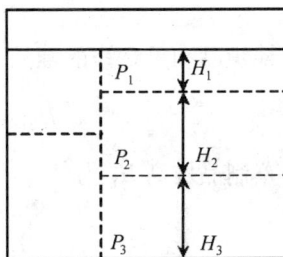

6.6.2.3　一般载荷

实际生产中,集中载荷与均布载荷是二种极限端情况,大部分载荷均在此二者之间。

一般来说,区别的原则如下:

· 固体和液体散装货物、普通包装货物等下部的载荷为均布载荷;

· 未加充分衬垫的重大件货物,每个支承下的载荷为集中载荷;

· 有些装载部位作了加强,其上装载货物时属于哪种载荷应按船资料规定处理。

6.6.2.4　货堆下的压力

舱内积载多层货物时,其下对甲板产生的压力可按叠加原理计算。图 6.6.2.3 是装载多层货物的货舱。设舱内装载 3 层货物,各层重量产生的重力分别为 P_1,P_2 和 P_3(kN),积载因数分别为 SF_1,SF_2 和 SF_3(m^3/t),货高分别为 H_1,H_2 和 H_3(m),则 P_3 下的压力 P 为

图 6.6.2.3　多层货物下的压力

$$P = \frac{H_1}{SF_1} + \frac{H_2}{SF_2} + \frac{H_3}{SF_3}(\text{kPa}) \qquad (6.6.1.4)$$

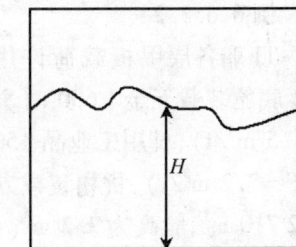

在进行货堆高度估算时,一般假定各票货物的上层表面是水平的,而且舱内所有货物的最终表面也是水平的;货物体积与货舱容积的比值等于货物高度与货舱高度的比值。在这些假定下可利用简单的几何关系确定货物的高度,并计算出其对舱底产生的压力。

当然,对不同舱形,可对货堆高度作些微修正,必要时应下舱进行实际测量。

6.6.3　局部强度的校核计算

局部强度的校核方法是:查取载货甲板有关部位的载荷许用值;计算货载下对甲板的压力;如果计算压力未超过载荷许用值,则表明局部强度合适,否则应进行调整。

例 6.6.3.1

TJ 船各层甲板载荷许用值如表 6.6.1.2 所示。今在其№1 上甲板装载一挖土机,重量为 35 t,每条履带与甲板的接触长度为 4.0 m,宽为 0.6 m。试计算每条履带下的压力及应铺设衬垫垫木的面积。

解: 查表 6.6.1.2 得,TJ 船№1 上甲板的载荷许用值为 1.75 t 即 17.16 kPa。每只履带下的压力 P 为

$$P = \frac{9.81 \times 35}{4 \times 0.6 \times 2} = 71.53 \text{ kPa} > 17.16 \text{ kPa}$$

可见不加垫木将损坏甲板。设垫木的面积为 A,则

$$A = \frac{9.81 \times 35}{17.16} = 20 \text{ m}^2$$

例 6.6.3.2

TJ 船各层甲板载荷许用值如表 6.6.1.2 所示。今在其 No2 底舱装载五金 1 600 t ($SF = 0.5$ m³/t)、棉纺织品 100 t ($SF = 4.5$ m³/t)、日用工业品 150 t ($SF = 4.6$ m³/t)、草制品 90 t ($SF = 7.2$ m³/t),货物装载方案如图 6.6.2.4 所示。该舱舱容为 2 710 m³,舱高为 7.2 m³。试校核其下舱底板的负荷是否安全。

解:查表 6.6.1.2 得,TJ 船No2 底舱的均布载荷许用值 $P_c = 15.7$ t/m²。

五金堆高 H_1 为

$$H_1 = 7.2 \times \frac{1\ 600 \times 0.5}{2710} = 2.13 \text{ m}$$

棉织品和重烧镁的堆高 H_2 为

$$H_2 = 7.2 \times \frac{100 \times 4.5 + 500 \times 1.1}{2\ 710} = 2.66 \text{ m}$$

草制品堆高 H_1 为

$$H_1 = 7.2 \times \frac{90 \times 7.2}{2\ 710} = 1.72 \text{ m}$$

靠近重烧镁一侧的压力较大,其值 P 为

$$P = \frac{2.13}{0.5} + \frac{2.66}{1.1} + \frac{1.72}{7.2} = 6.92 \text{ t/m}^2$$

由于 P 小于均布载荷许用值 15.7 t/m²,所以该舱舱底局部强度合适。

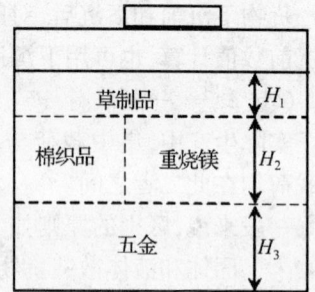

图 6.6.2.4 No.2 底舱的配载

6.6.4 保证船舶局部强度的注意事项

装载中,应从下述几方面保证船舶局部强度:
· 重件的装载应尽可能多地跨越甲板横梁;
· 用木板或其他材料作衬垫,增加底部的受力面积;
· 重件货物应配装在强度较大的部位;
· 在配载时,注意轻重货物的搭配,重货应尽可能扎位装载;
· 对上甲板或二层甲板,可从下部加设撑柱;
· 对老旧船舶,应适当减小载荷许用值;
· 重件货物应尽可能配装在船舶重心附近的甲板上,以减小船舶运动中货物产生的惯性压力;
· 请有关专家指导。

§6.7 各舱荷重的限值

6.7.1 各舱的许可荷重

船上各舱货物、物料及压载水的装载量,不但要满足纵向强度的要求,而且还要满足局部

强度的要求。

从纵向强度和局部强度考虑,可认为各舱最大许可装载量(主要为货物和该舱下的压载水,因物料的数量较小而可以忽略)和最小许可装载量是该舱长度中点处吃水的函数。由于纵向强度分为港区水域限值和开敞水域限值,所以各舱最大许可装载量和最小许可装载量也分为港区水域限值和开敞水域限值。

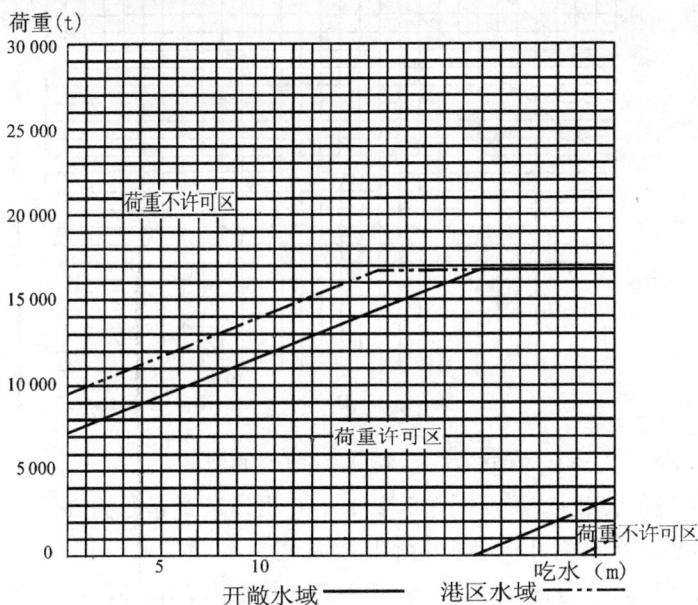

图 6.7.1.1　No1 底舱的荷重限制

图 6.7.1.1 是 YN 船 No1 舱在港区水域和开敞水域相对于舱长中点处吃水的最大许可荷重和最小许可荷重。注意,这里的许可荷重包括该舱下部压载水的重量。

给定装载量,可从图 6.7.1.1 中查出该装载量是否在许可范围中。在港区水域中,该舱长度中点处的吃水为 0 时,许可荷重最大值为 9 347 t,当该舱长度中点处的吃水增为 8.46 m 时,许可荷重最大值达到 16 800 t;该舱长度中点处的吃水为 13.68 m 时,许可荷重最小值为 0 t,当该舱长度中点处的吃水增为 14.00 m 时,许可荷重最小值为 286 t。在开敞水域中,该舱长度中点处的吃水为 0 时,许可荷重最大值为 7 224 t,当该舱长度中点处的吃水增为 10.86 m时,许可荷重最大值达到 16 800 t;该舱长度中点处的吃水为 10.82 m 时,许可荷重最小值为 0 t,当该舱长度中点处的吃水增为 14.00 m 时,许可荷重最小值为 2 806 t。

6.7.2　相邻舱的许可荷重

在某一货舱装载货物后,相邻货舱中的装载量也对船舶纵向强度和局部强度有影响。从这个意义上考虑,可确定相邻舱的最大许可装载量(主要为货物和该舱下的压载水,因物料的数量较小而可以忽略)和最小许可装载量与该舱长度中点处吃水的函数。

一般,对全船各舱的相邻舱,可统一用一个图表表明最大许可装载量和最小许可装载量与该舱长度中点处吃水的函数关系。

图 6.7.2.1 是 YN 船各相邻舱在港区水域和开敞水域中相对于舱长中点处吃水的最大许可荷重和最小许可荷重。注意,这里的许可荷重也包括该舱下部压载水的重量。

荷重(t)

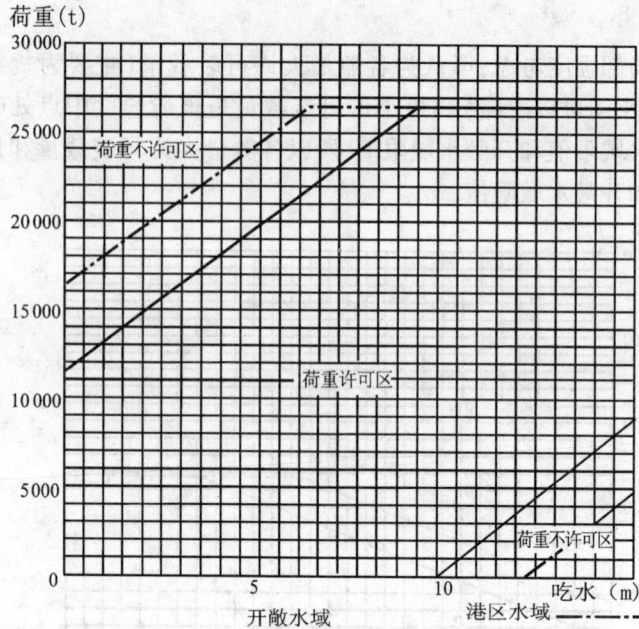

图 6.7.2.1 相邻舱室的荷重限制

给定各舱相邻舱的装载量,可从图 6.7.2.1 中查出该装载量是否在许可范围中。在港区水域中,舱长中点处的吃水为 0 时,许可荷重最大值为 15 572 t,当舱长中点处的吃水增为 6.20 m 时,许可荷重最大值达到 26 503 t;舱长中点处的吃水为 11.72 m 时,许可荷重最小值为 0 t,当舱长中点处的吃水增为 14.00 m 时,许可荷重最小值为 4 020 t。在开敞水域中,舱长中点处的吃水为 0 时,许可荷重最大值为 11 596 t,当舱长中点处的吃水增为 8.46 m 时,许可荷重最大值达到 26 503 t;舱长中点处的吃水为 9.47 m 时,许可荷重最小值为 0 t,当舱长中点处的吃水增为 14.00 m 时,许可荷重最小值为 7 995 t。

6.7.3 各舱最佳荷重的计算

6.7.3.1 数学模型建立的原则

从航海角度考虑,对于一定货载和航线,装载后船舶吃水不得超过航线上的限制吃水;各舱装载量不超过该舱的包装或散装舱容;船舶吃水差应为根据航速、排水量及其他因素确定的最佳纵倾;船舶稳性应为某一选定值,且不小于国际海事组织《完整稳性规则》确定的临界稳性或我国《船舶与海上设施法定检验规则》确定的临界稳性;船舶各舱内的载荷应不超过相应甲板的许用负荷;船舶纵向切力和弯矩均不超过各剖面的规定值,且处于较优状态。

基于以上考虑,可以建立求取各舱最佳荷重的数学模型。一般来说,这一模型较为复杂,涉及变分学及数学规划方面的深入理论。这里介绍这一数学模型的简式结构及相关计算方法[1],供有关人员在生产应用中参考。

6.7.3.2 目标函数及其约束条件

设 $P_1, \cdots, P_m$ 是各舱室及上甲板上应配货物重量(t),其意义参见图 6.7.3.1;将船长分成

---

[1] 王建平. 杂货船和干散货船各舱最优重量的分配方法. 大连海运学院学报(m). Vol.18.4. pp352－359。

20 个站段,站点为 $0,\cdots,20$;设 $CG_1,\cdots,CG_{20}$ 是各舱室及上甲板上应配货物重量 $P_1,\cdots,P_m$ 在 i 站上即 $i-1$ 和 i 站间的重量(t),则

$$CG_i = \sum_{j=1}^{m} K_{ij}P_j \qquad (6.7.3.1)$$

式中,K_{ij} 是一与 i 站上的 j 舱的舱长和形状有关的系数,其具体数值可按船舶资料各舱所跨站段求取。各站段上的重量之和则为该船所载货物总重量 CG,即 $CG = \sum_{i=1}^{20} CG_i$。

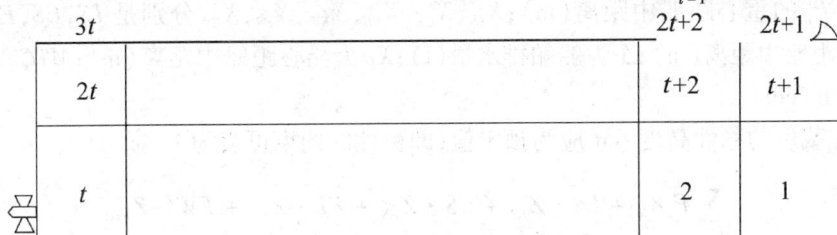

3t			2t+2	2t+1
2t			t+2	t+1
t			2	1

图 6.7.3.1　舱室的编号

设 LS,CS,FL,FW,FS,BW 为该船空船、船员及备品、燃油、滑油及柴油、淡水、常数及污油水、压载水的重量(t),$LS_i,CS_i,FL_i,FW_i,FS_i,BW_i$ 为上前述各项在 i 站段上的重量(t),$BC_1,\cdots,BC_{20}$ 为浮力在站上的分量(t),则 i 站段上的载荷 q_i 可表示为

$$q_i = LS_i + CS_i + FL_i + FW_i + FS_i + BW \qquad (6.7.3.2)$$

载荷沿船长的积分为切力,切力沿船长的积分为弯矩。因此,舯剖面上的变矩可写成

$$M_f = \delta l \sum_{i=10}^{20} \frac{2i-20}{2} q_i \qquad (6.7.3.3)$$

$$M_a = \delta l \sum_{i=0}^{10} \frac{20-2i}{2} q_i \qquad (6.7.3.4)$$

式中,δl 为站段的长度(m);M_f 和 M_a 分别为船中前和船中后载荷在半船长上的积分所得之船中横剖面上的弯矩(t-m)。一船,M_f 和 M_a 并不相等,这是由于各误差所致。船中横剖面上的弯矩 M 可取为

$$M = \frac{1}{2}(M_f + M_a) \qquad (6.7.3.5)$$

对于一般船舶,当船中横剖面上的弯矩取最小值时即可认为船舶纵向强度处于最优状态。亦即,当 $(M_f^2 + M_a^2)$ 取得最小值时,可认为 M 的绝对值取得了最小值,即船中横剖面上的弯矩达到了最小。考虑到式(6.7.3.1)~式(6.7.3.5),得目标函数

$\min f(P_1,\cdots,P_2)$

$$= (\delta l)^2 \Big[\sum_{i=0}^{10} \frac{20-2i}{2} \big(\sum_{j=1}^{m} K_{ij}P_j + LS_i + CS_i + FL_i + FW_i + FS_i + FS_i + BW_i - BC_i \big) \Big]^2$$

$$+ (\delta l)^2 \Big[\sum_{i=10}^{20} \frac{2i-2}{2} \big(\sum_{j=1}^{m} K_{ij}P_j + LS_i + CS_i + FL_i + FW_i + FS_i + FS_i + BW_i - BC_i \big) \Big]^2$$

$$(6.7.3.6)$$

对于给定的货物,油水装载方案和压载方案确定后,式中 $BC_1,\cdots,BC_{20}$ 为仅和首吃水 T_f 与尾吃水 T_a 有关,其具体数值可利用邦戎曲线求得;$P_1,\cdots,P_m$ 是拟求定的各舱室及上甲板应配重量(t)。

　　这一函数受限于一系列条件。

　　配载后,船舶首尾吃水应尽可能与预先确定的首尾吃水相接近,即各货舱及上甲板上应配的货物重量应满足下述条件:

$$\sum_{j=1}^{m} P_j X_{pj} + LS \cdot X_{LS} + CS \cdot X_{CS} + FL \cdot X_{FL} + FW \cdot X_{FW}$$

$$+ FS \cdot X_{FS} + BW \cdot X_{BW} - \Delta \cdot X_b - 100MTC(T_f - T_a) = 0 \qquad (6.7.3.7)$$

式中,X_{pj} 为 P_j 的重心距船中距离(m);$X_{LS}, X_{CS}, X_{FL}, X_{FW}, X_{FS}, X_{BW}$ 分别是 LS, CS, FL, FW, FS, BW 的重心距船中距离(m);Δ 为船舶排水量(t);X_b 为浮心距船中距离(m);MTC 为每厘米纵倾力矩(t-m/cm)。

　　船舶配载后的稳性高度 GM 应为预定值,即稳性的约束可表为

$$\sum_{j=1}^{m} P_j Z_{pj} + LS \cdot Z_{LS} + CS \cdot Z_{CS} + FL \cdot Z_{FL} + FW \cdot Z_{FW}$$

$$+ FS \cdot Z_{FS} + BW \cdot Z_{BW} - \Delta \cdot (KM - GM) = 0 \qquad (6.7.3.8)$$

式中,Z_{pj} 为 P_j 的重心距基线高度(m);$Z_{LS}, Z_{CS}, Z_{FL}, Z_{FW}, Z_{FS}, Z_{BW}$ 分别是 LS, CS, FL, FW, FS, BW 的重心距基线高度(m);KM 为初横稳心距基线高度(m),以 Δ 为引数在静水力曲线图上查取。

　　各货舱中,垂向上各层舱应配货物重量之比应尽可能接近相应的舱容比。对于甲板亦应做类似处理,从而

$$\frac{P_1}{P_{t+1}} - \frac{C_1}{C_{t+1}} = 0$$

$$\frac{P_2}{P_{t+2}} - \frac{C_2}{C_{t+2}} = 0$$

$$\vdots$$

$$\frac{P_t}{P_{2t}} - \frac{C_t}{C_{2t}} = 0$$

$$\frac{P_{2t+1}}{P_{t+1}} - \frac{C_{2t+1}}{C_{t+1}} = 0 \qquad (6.7.3.9)$$

$$\frac{P_{2t+2}}{P_{t+2}} - \frac{C_{2t+2}}{C_{t+2}} = 0$$

$$\vdots$$

$$\frac{P_m}{P_{2t}} - \frac{C_m}{C_{2t}} = 0$$

式中 t 是纵向上的货舱数;$C_1, \cdots, C_m$ 是货舱容积(m^3)或甲板可堆装货物的空间(m^3)。无甲板货物时,$P_{2t+1} \cdots, P_m$ 为 0,并 $C_{2t+1}, \cdots, C_m$ 无意义,即上式中后 t 个方程无意义。对于具有多层甲板的船舶,可类似建立起相应的约束方程。

　　各舱室及上层甲板上所配货物重量总应与货载重量相应,即

$$\sum_{j=1}^{m} P_j - CG = 0 \qquad (6.7.3.10)$$

　　各舱室中的甲板及上层甲板局部强度的限制可近似了解为对相应配装重量的限制,具体

数值可利用一些经验公式确定;并且各货舱及甲板上所能装载货物的重量还受到该舱舱容和积载因数的限制,从而

$$\sum_{j=1}^{m} P_j - CG = 0 \quad (j = 1, \cdots, m) \tag{6.7.3.11}$$

各货舱及甲板上所能装载货物的重量不能小于 0,即

$$-P_j \geqslant 0 \quad (j = 1, \cdots, m) \tag{6.7.3.12}$$

由目标函数及式(6.7.3.14) ~ 式(6.7.3.17)所作成的数学模型是一典型非线性规划模型。

6.7.3.3　目标函数的求解

求解上述非线性规划问题有多种方法,这里以罚函数法介绍其求解过程。

构造函数

$$P(P_1, \cdots, P_2, \mu_1^{(0)}, \cdots, \mu_6^{(0)})$$

$$= \mu_1^{(0)} \Big[\sum_{j=1}^{m} P_j X_{pj} + LS \cdot X_{LS} + CS \cdot X_{CS} + FL \cdot X_{FL} +$$

$$FW \cdot X_{FW} + FS \cdot X_{FS}$$

$$+ BW \cdot X_{BW} - \Delta \cdot X_b - 100MTC(T_f - T_a) \Big]^2 + \mu_2^{(0)} \Big[\sum_{j=1}^{m} P_j Z_{pj} + LS \cdot Z_{LS}$$

$$+ CS \cdot Z_{CS} + FL \cdot Z_{FL} + FW \cdot Z_{FW} + FS \cdot Z_{FS} + BW \cdot Z_{LS}$$

$$- \Delta (KM - GM)^2 \Big] + \mu_3^{(0)} \Big[\sum_{k=1}^{t} \Big(\frac{P_k}{P_{t+k}} - \frac{C_k}{C_{t+k}} \Big)^2 + \sum_{k=1}^{t} \Big(\frac{P_{2t+k}}{P_{t+k}} - \frac{C_{2t+k}}{C_{t+k}} \Big)^2 \Big]$$

$$+ \mu_4^{(0)} \Big[\sum_{j=1}^{m} P_j - CG \Big]^2 + \mu_5^{(0)} \Big[\max\{0, P_j - Q_j\} \Big]^2 + \mu_6^{(0)} \Big[\max\{0, -P\} \Big]^2 \tag{6.7.3.13}$$

构造罚函数

$$F(P_1, \cdots, P_2, \mu_1^{(0)}, \cdots, \mu_6^{(0)}) = f(P_1, \cdots, P_2) + P(P_1, \cdots, P_2, \mu_1^{(0)}, \cdots, \mu_6^{(0)}) \tag{6.7.3.14}$$

这里,$\mu_1^{(0)}, \cdots, \mu_6^{(0)}$ 是惩罚因子的系数,其值大于 0。惩罚因子的选取即要考虑到约束条件的精度要求,又要考虑到惩罚项与目标函数间数量级的关系。

取 $\varepsilon > 0$ 为计算精度;取 $\rho > 0$ 为惩罚因子;取按舱容比分配货物所得之货物重量分配方案为初始点,即

$$P_j^{(0)} = CG \cdot \frac{C_j}{\sum\limits_{j=1}^{m} C_j} \tag{6.7.3.15}$$

以 $P_1^{(l-1)}, \cdots, P_m^{(l-1)}$ 为计算点,求 $\min F(P_1^{(l-1)}, \cdots, p_m^{(l-1)}, \mu_1^{(l-1)}, \cdots, \mu_6^{(l-1)})$ 的最优解,记为 $P_1^{(l)}, \cdots, P_m^{(l)}$,若

$$P(P_1^{(l-1)}, \cdots, P_m^{(l-1)}, \mu_1^{(l-1)}, \cdots, \mu_6^{(l-1)}) < \varepsilon \tag{6.7.3.16}$$

则停止,并取 $P_1^* = P_1^{(l)}, \cdots, P_m^* = P_m^{(l)}$ 为最优解,否则,取

$$\mu_1^{(l)} = \rho \mu_1^{(l-1)}, \cdots, \mu_6^{(l)} = \rho \mu_6^{(l-1)} \tag{6.7.3.17}$$

以 $P_1^{(l)}, \cdots, P_m^{(l)}$ 为计算点继续计算。

6.7.3.4　最佳荷重的计算过程

某船共 5 个货舱,货载 $CG = 11\,860$ t,$SF = 1.58$ m^3/t,要求配载后 $GM = 1.00$ m,首吃水 T_f $= 9.08$ m,尾吃水 $T_a = 9.72$ m,利用有关船舶资料计算各船应配货物重量。

表 6.7.3.1 是经整理后的舱容资料。这里,舱容系各舱的包装容积;考虑到实际配载中各票货物的实际积载因数相差很大,舱容对应配重量的限值取按平均积载因数(这里为 1.58 m^3/t)计算出的重量 1.25 倍;局部强度对各舱应配重量的限值按经验公式计算;将该值的小者作舱容或局部强度的限重;各舱配入货物后的重心距基线高度取为所配重量的线性函数;各舱配货后的重心距船中距离取为舱容中心距船中距离。

表 6.7.3.1　舱容资料

舱名	No1 Hd	No2 Hd	No3 Hd	No4 Hd	No5 Hd	No1 td	No2 td	No3 td	No4 td	No5 td
应配重量(t)	1 179	3 019	3 791	3 294	879	1 764	1 349	1 680	1 850	1 059
限重(t)	933	2 389	2 999	2 606	695	1 395	1 067	1 328	1 462	839
重心高度(m)	4.88 + 0.00386P_1	1.44 + 0.00270P_2	1.53 + 0.00172P_3	1.48 + 0.00217P_4	4.26 + 0.00556P_5	9.55 + 0.00201P_6	9.49 + 0.00219P_7	9.48 + 0.00181P_8	9.51 + 0.00188P_9	9.70 + 0.00344P_{10}
重心距舯(m)	−54.40	−13.65	7.82	31.47	52.36	−56.67	−13.65	7.95	32.29	52.64

表 6.7.3.2 是该船空船、船员及备品、燃油、滑油及柴油、淡水、常数及污油水、压载水的重量(t)距基线高度(m)和距舯距离(m);最小许可装载量与该舱长度中点处吃水的函数。

表 6.7.3.2　载荷及重心位置

项目	LS	CS	FL	FW	FS	BW
重量(t)	5 900	74	1 515	323	8	0
重心高度(m)	9.09	14.00	2.57	4.45	10.80	−
重心距舯(m)	−8.65	−15.00	−18.79	−44.44	−34.00	−

经整理,得目标函数和约束条件为

$\min f = [-14\,868 + 7.533\,33P_1 + 1.853\,85P_2 + 0.085\,416P_3 + 7.889\,35P_6 + 1.853\,85P_7 + 0.085\,416P_8]^2 + [-23\,026 + 1.147\,92P_3 + 4.329\,96P_4 + 7.346\,56P_5 + 1.147\,92P_8 + 4.329\,96P_9 + 7.346\,56P_{10}]^2$

S. T. :

$(4.88 + 0.003\,86P_1)P_1 + (1.44 + 0.002\,70P_2)P_2 + (1.53 + 0.001\,72P_3)P_3 + (1.48 + 0.002\,17P_4)P_4 + (4.26 + 0.005\,46P_5)P_5 + (9.55 + 0.002\,01P_6)P_6 + (9.49 + 0.002\,19P_8)P_8 + (9.51 + 0.001\,88P_9)P_9 + (9.70 + 0.003\,44P_{10})P_{10} - 97\,158 = 0$

$-54.4P_1 - 13.65P_2 + 7.82P_3 + 31.47P_4 + 52.36P_5 - 56.67P_6 - 13.65P_7 + 7.95P_8 + 32.29P_9 + 52.64P_{10} - 54\,418 = 0$

$$\sum_{j=0}^{10} P_j - 11\,860 = 0$$

$$\frac{P_1}{P_2} - 0.668\,37 = 0$$

$$\frac{P_2}{P_7} - 2.239\,75 = 0$$

$$\frac{P_3}{P_8} - 2.256\,55 = 0$$

$$\frac{P_4}{P_9} - 1.780\,54 = 0$$

$$\frac{P_5}{P_{10}} - 0.830\,08 = 0$$

$$P_1 - 933 \leqslant 0$$

$$P_2 - 2\,388 \leqslant 0$$

$$P_3 - 2\,999 \leqslant 0$$

$$P_4 - 2\,606 \leqslant 0$$

$$P_5 - 695 \leqslant 0$$

$$P_6 - 1\,396 \leqslant 0$$

$$P_7 - 1\,067 \leqslant 0$$

$$P_8 - 1\,329 \leqslant 0$$

$$P_9 - 1\,464 \leqslant 0$$

$$P_{10} - 838 \leqslant 0$$

$$-P_1 \leqslant 0$$

$$\vdots$$

$$-P_{10} \leqslant 0$$

表 6.7.3.3　载荷在各站号上的分布

站号	LS_i	CS_i	FL_i	FW_i	FS_i	BW_i	BC_i
1	351	18					160
2	86						316
3	183			80			699
4	249		148	150			935
5	538	17	320	19	2		1 128
6	937	15	97	1	3		1 272
7	531		84	70	3		1 361
8	267		180	3			1 413
9	201		173				1 442
10	326		108				1 449
11	207		160				1 442
12	200		160				1 435
13	376		85				1 398
14	229						1 309
15	202						1 191
16	222						1 013
17	225						776
18	161						539
19	174	5					282
20	235	4					120
Σ	5 900	74	1 515	323	8		19 680

表 6.7.3.4　货物重量的分配系数

i	1	2	3	4	5	6	7	8	9	10
1	0.340 5					0.176 4				
2	0.352 4					0.286 8				
3	0.307 1					0.286 8				
4						0.250 0				
5										
6										
7		0.071 8					0.071 8			
8		0.379 5					0.379 5			
9		0.379 5					0.379 5			
10		0.169 2	0.170 8				0.169 2	0.170 8		
11			0.308 3					0.308 3		
12			0.308 3					0.308 3		
13			0.212 6	0.093 1				0.212 6	0.093 1	
14				0.299 6					0.299 6	
15				0.299 6					0.299 6	
16				0.299 6					0.299 6	
17				0.008 1	0.380 9				0.008 1	0.380 9
18					0.391 6					0.391 6
19					0.227 5					0.227 5
20										
Σ	1.000	1.000	1.000	1.000	1.000	1.000	1.000	1.000	1.000	1.000

解得,

舯横剖面弯矩 $M = 7\ 022.35\ t - m$

首吃水 $T_f = 9.08\ m$ 与尾吃水 $T_a = 9.72\ m$；

$GM = 1.01\ m$

$P_1 = 466\ t, P_2 = 1\ 807\ t, P_3 = 2\ 316\ t, P_4 = 1\ 859\ t, P_5 = 273\ t$

$P_6 = 898\ t, P_7 = 1\ 067\ t, P_8 = 1\ 329\ t, P_9 = 1\ 400\ t, P_{10} = 445\ t,$

　　适当选取目标函数和约束条件,例如以船中横剖面上的弯矩最小为目标,以其他剖面上的弯矩许用值为约束条件,可以将此方法推广到所有船型。增加站点数量和调整各函数的构造,可提高计算结果的精度。

　　生产当中,利用此方法得到的结果仍须进行验算。由于各参数选取的误差、计算过程所产生的误差、货物在舱内实际配载重量与计算出的数值不完全一致、货物在舱内的不均匀堆装等,都会使稳性、吃水差和强度有较大的误差,因而必须进行再验算。

习题六

1. 解释下列术语：

重力曲线	静水切力许用值
浮力曲线	静水弯矩许用值
载荷曲线	波浪切力许用值
弯矩曲线	波浪弯矩许用值
切力曲线	舱容比

集中载荷　　　　　　　　　纵向强度

均布载荷　　　　　　　　　纵刚度

集中载荷许用值　　　　　　船体挠度

均布载荷许用值　　　　　　荷重许可区

局部强度

2. 简要回答或说明下述问题：

1）船舶强度包括哪些方面？

2）切力与弯矩是怎样产生的？

3）为什么切力的最大值发生在距首尾 1/4 船长附近？

4）为什么弯矩的最大值发生在船中附近？

5）说明主机位置与纵向强度的关系。

6）为什么要按舱容比分配货物重量？

7）按舱容比分配货物重量应注意哪些事项？

8）说明保证船舶纵向强度应注意的事项。

9）说明局部强度的校核步骤。

10）说明纵向强度的校核步骤。

11）说明百分制校核法的步骤。

12）说明单点弯矩估算法的步骤。

13）说明船中弯矩估算法的步骤。

14）说明力图校核法的步骤。

15）说明舱壁站面强度的校核步骤。

16）说明纵向和横向强度的校核步骤。

17）说明甲板载荷许用值的给出方法。

18）说明甲板载荷许用值的估算方法。

19）说明甲板集中载荷估算的方法。

20）说明甲板均布载荷估算的方法。

21）说明货堆下压力的估算方法。

22）说明局部强度的校核计算步骤。

23）如何保证船舶局部强度？

24）如何求取舱的最佳荷重？

3. 计算下列试题：

1）LG 船在科隆（Cristobal）装货后按百分制校核强度。船舶的重量项目如下表所示，其中①栏为重量项目；②栏为各重量项目，即空船、油水、常数与货物的重量（t）除以 100 所得之值；③栏为各项重量项目的分数系数。试计算百分值。

①项目	②重量(t/100)	③系数	④计算值(+)	⑤计算值(−)
空船	38.45		101.60	
备品	1.07		1.10	
常数	2.00		3.05	
首尖舱	2.33	+1.322		

续表

No1 压载舱(左右)	2.52	+0.822	
No2 压载舱(左中右)	3.45	+0.564	
No3 压载舱(左右)	2.15	+0.297	
No4 压载舱(左右)	2.18	+0.030	
No3 燃油舱(中)	2.45	+0.306	
No4 燃油舱(中)	2.19	+0.036	
溢油舱(左)	1.05	−0.722	
污油舱(中)	0.98	−0.782	
锅炉水舱	0.88	−0.698	
日用水舱(左右)	0.78	−1.013	
蒸馏水舱	0.69	−0.576	
淡水舱	3.45	−0.837	
No1 货舱	15.78	+0.985	
No2 货舱	16.12	+0.419	
No3 货舱	17.68	−0.121	
No4 货舱	16.87	−0.657	
重量总计(t)		百分值	

2) GL 船在新加坡港装货后,所装集装箱的重量及相对尾柱的力矩计算过程如下表所示。取No151 号肋骨所在处为计算点。在尾柱与计算点间,该船前港所载集装箱的重量为 17 694 t,相对尾柱的纵向力矩为 2 732 713 t−m;空船、备品与常数的重量为 10 974 t,相对于尾柱的纵向力矩为 1 750 353 t−m;油水的重量为 5 413 t,相对于尾柱的纵向力矩为 817 076 t−m。已知该船在计算状态下的排水量为 653 950 t;在计算点处力矩换算系数 $\omega = 80.41$;该处的许用弯矩为 241 000 × 9.81 kN−m;浮力矩相当力矩图如图 6.2.2.1 所示。试校核计算点处所受弯矩是否许可。

排	重量(t)	重心距尾柱距离(m)	纵向力矩(t−m)
01		225.82	
02	13	222.75	
03	11	219.32	
05	40	211.02	
06	23	207.95	
07		204.52	
09	162	196.44	
10	86	193.37	
11	196	189.94	
13	103	180.98	
14		177.91	
15	345	174.48	
17	367	164.64	
18		161.57	
19	422	158.14	
21		149.18	
22	343	146.11	

续表

23	322	142.68	
25		132.60	
26	234	131.53	
27		128.10	
29	359	119.14	
30		116.07	
31	440	112.64	
33	778	102.67	
34	342	99.61	
35	1126	96.18	
37	18	60.77	
38	56	57.73	
39	74	54.35	
41	67	46.08	
42	48	43.00	
Fr. 151 合计			
43		39.58	
45	263	30.58	
46	294	27.50	
47	231	24.06	
49	23	14.33	
50	43	11.26	
51	453	7.84	

3) TJ 船的舱室和重量项目如下表①栏所示;在香港(Hong Kong)港,各项重量如②栏所示;③栏为各项重量的距中距离(m)。有关参数为:

该船为尾机型,L_{bp} 为 140 m,船体重量 W_h 估计为 4 634.5 t;

机舱设备重量 W_m,估计为 736.5 t,重心距中距离的绝对值估计为 46.83 m;

将计算状态作为满载状态,相应的方形系数 C_b 为 0.756;

船中弯矩许用值为 379 312 kN-m。

试校核船在该港的船中弯矩是否合适。

①项目	②重量 (t)	③重心距中 (m)	④中前力矩 (gkN-m)	⑤中后力矩 (gkN-m)
No1 货舱	2 123	50.37		
No2 货舱	2 721	31.19		
No3 货舱	2 767	12.15		
No4 货舱	3 863	−10.67		
No5 货舱	2 452	−33.35		
No1 燃油舱	203	31.30		
No2 燃油舱	216	12.10		
No3 燃油舱	197	−10.70		
No4 燃油舱	116	−33.48		
燃油沉淀柜	21	−44.25		

续表

燃油日用柜	21	−44.25		
№1 重柴油舱	326	50.60		
重柴油沉淀柜	13	−45.89		
重柴油日用柜	14	−47.29		
油渣舱	6	−54.19		
轻柴油日用柜	5	−42.40		
轻柴油舱	26	−50.77		
气缸油储存柜	12	−48.02		
滑油储存柜	15	−60.44		
滑油澄清柜	11	−53.61		
滑油循环柜	19	−51.50		
滑油净油柜	15	−60.43		
饮水舱	104	−66.40		
尾尖舱	158	−66.69		
淡水舱	48	−52.31		
蒸馏水柜	25	−45.12		
缸套水泄水柜	7	−47.28		
粮食	18	−57.10		
船员和行李	8	−48.70		
备品	25	−12.87		
常数	172	0		
总计				

4）DZ 船 №2 舱二层舱高为 3.65 m，底舱高 7.32 m，现拟在二层舱装钢板（$SF = 0.4 \text{ m}^3/\text{t}$），货堆高为 2.2 m，底舱下部装一层钢管（$SF = 0.9 \text{ m}^3/\text{t}$），货堆高为 4.0 m，上面再装一层水泥（$SF = 0.9 \text{ m}^3/\text{t}$），货堆高为 2.30 m。试用经验公式校核二层甲板和舱底板的局部强度是否符合要求？（答案：$P_{du} = 25.769 \text{ kPa} < P'_{du} = 53.955 \text{ kPa}$，局部强度不合适；$P_{dl} = 51.679 \text{ kPa} < P'_{dl} = 68.67 \text{ kPa}$，局部强度不合适）。

5）FT 船上甲板拟装锅炉一只 60 t，锅炉上原有木墩 3 只，每只为 $3.6 \times 1.0 \text{ m}^2$，重 2.0 t，已知甲板许用负荷 $P_d = 9.81 \times 2.34 \text{ kPa}$，问装后局部强度如何？若不满足，应再加几只与原尺寸相同的支墩？（答案：$P_d' = 6.11 \times 9.81 \text{ kPa} > P_d = 2.34 \times 9.81 \text{ kPa}$，局部强度不合适，需加支墩 7 只）。

6）JG 船 №2 二层舱舱高 3.50 m，舱容 1 500 m^3，所装货物如图所示，装货后货物表面呈水平状。试校核二层甲板的局部强度；若不满足局部强度的要求，应怎样调整？调整后的局部强度如何？（答案：按经验公式计算许用压力 $P_d = 24.71 \text{ kPa}$，调整前 $P'_{d钢} = 52.58 \text{ kPa}$，$P'_{d木} = 13.16 \text{ kPa}$，钢板处局部强度不合适；调整为上木下钢平铺，$P'_d = 23.3 \text{ kPa} < P_d$，局部强度不受损）。

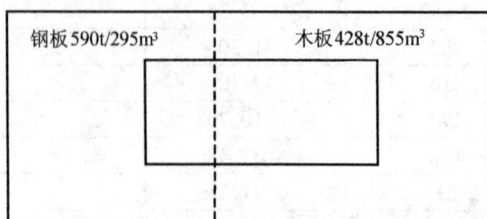

钢板 590t/295m³　　　木板 428t/855m³

7）TD 船拟将一重量为 50 t 的重件装于上甲板，该甲板允许负荷为 2.5 t/m²。货件上原有底面积为 2.5 m² 的支墩 4 只，问货件下的最小衬垫面积应多少？（答案：$S_{min} = 10$ m²）。

8）XG 船拟在二层舱装 1.5 m 高的钢板（$SF = 0.46$ m³/t），舱高 3 m。试校核该层舱的甲板是否满足强度要求？（答案：$P_d = 21.18$ kPa，$P_d' = 31.99$ kPa，强度不合适）。

9）SX 船共 5 个货舱，№1 ～ №5 的舱容分别为 1 938 m³，5 144 m³，5 471 m³，4 368 m³ 和 2 943 m³，某航次货运量为 11 315 t，为保证船舶纵向强度不受损伤，各舱应配装货物多少吨？（答案：№1 ～ №5 分别为 1 104 t，2 929 t，3 117 t，2 488 t 和 1 677 t）。

第 7 章　货件绑扎与系固

本章介绍重大件的基本概念,论述普通重大件、标准重大件、特殊重大件在普通货船、集装箱船、滚装船和重大件专用船上装载时的受力计算、货物系固方案的设计、计算和校核等内容。

§7.1　重大件货物及其系固索具

7.1.1　重大件货物及其类别

在海上运输中,重大件货物并没有明确的定义。人们在确定一件货物是否为重大件货时至少应考虑下述因素:

- 货物方面,货物的尺度、体积、形状、重量、积载和系固的难易程度等;
- 船舶方面,船舶的排水量、吨位、舱室的布置、装卸设备的配备等;
- 航线方面,风浪流、航经的海区和季节、可能遇到的天气现象等;
- 装卸设备方面,装卸设备的类别、安全负荷、技术状态等;
- 作业人员方面,船员的技术水平、装卸工人的技术水平、方案设计人员的技术水平、管理人员的技术水平等。

综合考虑这些因素,重大件货物可分为下述三类。

7.1.1.1　普通重大件

普通重大件货物(general cargo unit)系指利用普通货船装运的重大件,这种货件的尺度较小,重量常在 100 t 以内。这类重大件的积载和系固方案的设计和校核必须符合 CSS 规则[①]的规定。这类货物包括:

- 积载在非集装箱船甲板上的集装箱;
- 移动式罐柜;
- 移动式容器;
- 滚装货物;
- 体积或重量较大的货件;
- 卷钢;
- 金属重件;
- 锚链;
- 散装废金属;
- 挠性中型散装容器;
- 积载在舱内的原木;
- 成组货物。

---

① IMO,Code of Safe Practice for Cargo Stowage and Securing. London. 2008.

　　普通重大件货物主要是一些半标准货物(semi-standardized cargo),即针对其特殊形状,船舶所配备的经认可系固索具只能满足其中部分货件系固要求的货物;非标准货物(non-standardized cargo),即指需对其专门设计积载和系固方案、进行专门计算和校核、并使用船舶配备的系固索具进行系固的货物。

7.1.1.2　标准重大件

　　标准重大件(standardized cargo unit)系指针对其特殊形状船舶已配备经认可系固索具的货物。

　　标准重大件货物包括:
- 在专用集装箱船上装载的各种集装箱;
- 在载驳船上装载的船载驳船;
- 其他在专用船上装载的重大件货物。

7.1.1.3　特殊重大件

　　特殊重大件(special cargo unit)系指体积或重量很大的货件,不能在普通货船和集装箱内装载,而需用专门的重大件运输船进行装载的大件货物。这类货件一般形状特殊,体积不规则,质量可达千余吨。这类货件的运输中,货物的积载和系固应由专业人员进行,在积载和系固中所用计算方法、校核方法、海天况有关参数的选择,一般应根据所载货件、船舶和航线来确定。

　　特殊重大件货物包括:
- 中大型车辆;
- 集装箱桥吊;
- 石油钻井设备;
- 化学工程用的超大型容器;
- 核反应堆用的超大型容器;
- 中小型舰船;
- 大型军用设备;
- 航空设备。

7.1.2　装运重大件的船舶

　　在海上运输中,重大件船舶也没有明确的定义。重大件常用下述几种类别船舶装运:
- 普通货船,这是指普通杂货船、固体散货船及其他干货船。这类船舶装载重大件时,一般应严格按 CSS 规则的规定进行。
- 集装箱船,这指专门用于装载集装箱的货船,其上集装箱装载在固定位置上,配备完备的集装箱积载和系固专用索具。一般来说,一些多用途船和半集装箱船,若无专门用于集装箱积载和系固设施,则不能列为此列,而需按普通货船对待。
- 滚装船,这指专门用于装载各类滚装货物的船舶,包括汽车运输船和滚装客船(passenger Ro/Ro carrier、passenger Ro/Ro ferry)。这类船装载普通重大件时可按普通货船对待。但是,这类船装载各种车辆时,需进行专门系固、绑扎及操作方面的设计和校核,这主要因为车辆上装有弹性减震器从而使得有关计算不能按一般的重件货物对待。
- 重大件专用船,这是指设计上专门用于装载重大件的船舶,其上货件积载与系固必须按特别的方法进行设计和校核计算。

· 驳船,这是指自身没有动力,而需要由拖轮拖带航行的船舶。在这类船上装载普通重大件时,可按普通货船对待。但是,在其上装载特殊重大件时,应按国际主要船级社的有关规定进行积载和系固方案的设计、计算和校核。

· 半潜船,这是指通过打入和排放压载水,利用浮上/浮下(float on/float off)方式进行装卸的重件运输船。这种船的装载和卸载方案需经专门设计,由专家专门指导进行操作。这一专门技术在我国还处于研究阶段。

7.1.3 货物系固索具

7.1.3.1 系固索具的类别

货物系固索具(cargo securing devices)系指用于货物单元系固和支撑的固定或非固定设备。固定式系固装置(fixed securing devices)系指用焊接等方式固定在船体构件上的系固用构件;可移动式系固索具(portable securing devices)系指用于绑扎、系固或支撑货件的非固定索具。

7.1.3.2 系固索具的强度

系固索具的强度有多种表述。能使系固索具发生断裂或折断的强度称为破断强度(breaking load,BL)。系固索具可承受的最大负荷称为最大安全负荷(maximum securing load,MSL)。在系固作业中,若索具的安全工作负荷(safe working load,SWL)不小于最大安全负荷,则可用安全工作负荷代替最大安全负荷。

若无特别规定,则货物系固设备和索具可承受的最大安全负荷与破断负荷间的关系按表7.1.3.1查取。

表7.1.3.1 **索具或设备的最大安全负荷**

索具或设备	可承受的最大安全负荷(MSL)
卸扣、眼板、扭锁、拉杆、D-铃、堆垫板、连接桥、软钢质的花兰螺杆	断裂强度的50%
纤维绳	断裂强度的33%
钢丝绳(一次性的)	断裂强度的80%
钢丝绳(可反复使用的)	断裂强度的30%
钢带(一次性的)	断裂强度的70%
铁链	断裂强度的50%
系固板	断裂强度的50%

某些特殊系固索具,如带有紧固器的纤维系带、集装箱的特别系固装置等,可能标有许用负荷,此值可作为其可承受的最大安全负荷。

若几种系固索具连接使用,则总的可承受最大安全负荷应取为各系索可承受最大安全负荷的最小值。

7.1.3.3 安全系数

在生产中,由于系固计算中存在很多不确定因素,会产生各种各样误差,所以,若系索上实际受到的应力达到其可承受的最大安全负荷,则认为不够安全。在校核索具受到的应力时,通常引入一个安全系数,计算系索的计算强度(calculated strength,CS)。系索的计算强度为系索可承受最大安全负荷 MSL 除以安全系数 K,即

$$CS = \frac{MSL}{K} \tag{7.1.3.1}$$

式中,K 为安全系数,常取为 1.5,在安全要求较低时可取为 1.35。

在进行系索强度校核时,应控制系索上的受力不得超过其计算强度。实际上,安全系数是从系索强度方面考虑留出的安全余量。在大多数情况下虽然货物系索的负荷达到或超过了计算强度,系索并不会立即断裂。

7.1.4　系固索具强度的估算

生产中的货物系固索具多为使用了一段时间的索具,所以其强度会有所减小,而且,有的船上货物系固索具的资料不全,船员无法查得货物系固索具的确切安全负荷。这种情况下,可使用下述公式对货物系固索具的强度进行估算。

7.1.4.1　眼板

船上系固用眼板的结构一般如图 7.1.4.1 所示。

若眼板的最大安全负荷未知,则可用式(7.1.4.1)估算其系固负荷 $MSL(\mathrm{kN})$:

$$MSL = 0.12ht \tag{7.1.4.1}$$

式中,h 为眼板最小边宽(cm),t 为眼板的板厚(cm)。

若该眼板只用做系固,而且为边缘平整、无裂缝、无破损的新构件,则可用式(7.1.4.2)估算其系固负荷 $MSL(\mathrm{kN})$

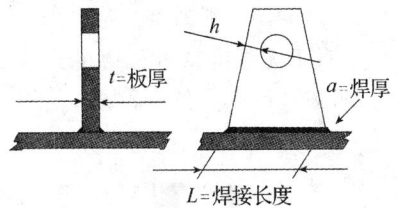

图 7.1.4.1　眼板的结构

$$MSL = 0.18ht \tag{7.1.4.2}$$

式(7.1.4.1)和式(7.1.4.2)成立的条件为:系固构件材料的屈服强度 $\sigma_y \geqslant 235 \ \mathrm{N/mm^2}$,且其下部的支撑件(如甲板、舱底板、肋骨等)具有足够的强度。若系固构件的材料属高强度钢,则式(7.1.4.1)和式(7.1.4.2)的右端可乘以一个系数 f:

$$f = \left(\frac{\sigma_y}{235}\right)^{0.75} \tag{7.1.4.3}$$

式中,σ_y 是高强度钢的屈服强度。

焊厚 $a(\mathrm{mm})$ 可用式(7.1.4.4)估算:

$$a = \frac{MSL}{0.12(L + t)} \tag{7.1.4.4}$$

式(7.1.4.4)中变量的意义见图 7.2.1.1,MSL 为最大安全负荷(kN),L 为焊接长度(cm)。任何情况下焊厚不得小于 3.5 mm。

为了保证船体构件得到足够的支撑,在设置系固板时应遵循下述原则:

· 系固点不得落在无加强的板区,如图 7.1.4.2(a)所示;

· 系固板装设方向最好与受力板材或舱壁板平行,有时有撑材支持亦可,如图 7.1.4.2(b)和(c)所示。

· 系固板装设的方向不应与受力方向形成夹角,如图 7.1.4.2(d)所示;而应与受力方向一致,如图 7.1.4.2(e)所示。

· 系固板一般不得焊接在复板上。若必须将系固板焊接在复板上,应保证复板有足够的厚度,以免复板发生变形。

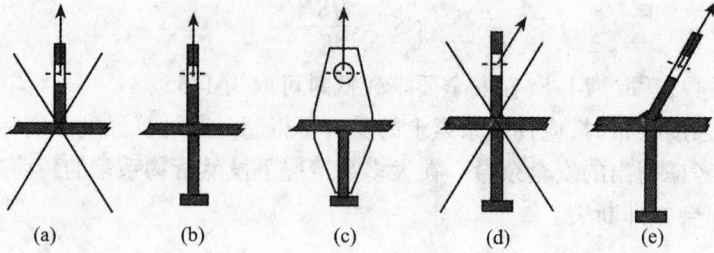

图 7.1.4.2　系固板的设置与应用

· 系固板一般不得直接焊接在舷侧护板的纵向强力构件或船中强力甲板的纵向构件上。若必须将系固板直接焊接在这些纵向构件上,则在这些纵向构件之间应加焊厚度不小于纵向构件的加强板,如图 7.1.4.3 所示。

7.1.4.2　眼环

对于无强度认可证书的现有眼环,其最大安全负荷(kN)可用式(7.1.4.5)估算:

$$MSL = 0.020D^2 \qquad (7.1.4.5)$$

式中,D 为眼环的最小值(mm)。

7.1.4.3　D - 铃

对于无强度认可证书的现有 D - 铃,其最大安全负荷(kN)可用式(7.1.4.6)估算:

$$MSL = 0.094D^2 \qquad (7.1.4.6)$$

式中,D 为 D - 铃直径的最小值(mm)。

对于无强度认可证书的新 D - 铃,若其上无裂纹、无凹陷或其他损伤,则其最大安全负荷(kN)可用式(7.1.4.7)估算:

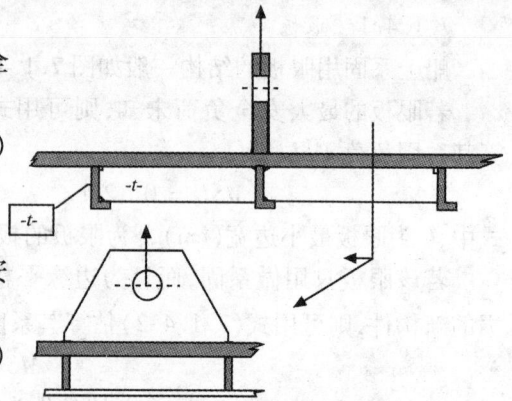

图 7.1.4.3　系固板的设置与应用

$$MSL = 0.141D^2 \qquad (7.1.4.7)$$

这里,假定 D - 铃所用材料的屈服强度 $\sigma_y \geq 235 \text{ N/mm}^2$,支撑结构(甲板、舱底板、肋骨等)具有足够的强度,而且焊缝和鞍板与 D - 铃具有相同的横剖面,且未受到腐蚀等损伤。

若系固构件的材料属高强度钢,则式(7.1.4.6)和式(7.1.4.7)的右端可乘以按式(7.1.4.3)计算得到的系数 f。

焊厚 a(mm)的最小值可用式(7.1.4.8)估算:

$$a = \frac{MSL}{0.12L} \qquad (7.1.4.8)$$

式中,变量的意义如前,MSL 为最大安全负荷(kN),L 为眼板长度(cm)。任何情况下焊厚最小值不得小于 3.5 mm。

D - 铃的设置应尽可能遵循系固板的设置规则。

7.1.4.4　拉杆

对于无强度认可证书的现有拉杆,其最大安全负荷 MSL(kN)可用式(7.1.4.9)估算:

$$MSL = 0.084D^2 \qquad (7.1.4.9)$$

式中,D 为拉杆的直径(mm)。

对于无强度认可证书的新拉杆,若其上无裂纹、无凹陷或其他损伤,则其最大安全负荷

(kN)可用式(7.1.4.10)估算：

$$MSL = 0.126D^2 \tag{7.1.4.10}$$

这里,假定拉杆所用材料的屈服强度$\sigma_y \geq 235 \text{ N/mm}^2$。若系固构件的材料属高强度钢,则式(7.1.4.10)的右端可乘以按式(7.1.4.3)计算得到的系数f。

7.1.4.5　花兰螺栓和松紧螺扣

花兰螺栓(bottle-screw)和松紧螺扣(turnbuckle)是常用的可移动系固索具。在这类索具的应用中应注意：

· 只能在系索作用力的力线上应用；

· 不得将两个成一定角度的力作用在一个花兰螺栓上,无论这两个力多么小；

· 保证货物系固完成时,花兰螺栓的螺丝应有相当的余量,以供航行中对货物进行紧固时使用；

· 对于舱内的货件,若系固力较大,则应对花兰螺栓的眼环和螺杆体进行适当绑缠,以防航行中螺杆松动,因为在航行中无法对舱内货件进行检查和重新紧固。

表7.1.4.1可用于估算花兰螺栓和松紧螺扣的许用强度。应注意,特种花兰螺栓和松紧螺扣可能装设特种构件,因而其强度也会与表7.1.4.1所列数值有较大差别。若有可能,在进行强度估算时最好参考生产厂家的说明书。

表7.1.4.1　花兰螺栓和松紧螺扣的最大安全负荷

花兰螺栓		松紧螺扣		
螺栓直径(mm)	MSL(kN)	眼环直径(mm)	环扣直径(mm)	MSL(kN)
16	7.5	16	16	147
19	11.3	19	18	186
22	16.3	22	25	275
25	21.2			
29	27.5			
32	37.5			
38	51.1			

7.1.4.6　系固链

表7.1.4.2是甲板货物常用系固链(lashing chain)强度的估算值。

表7.1.4.2　常用系固链的最大安全负荷

直径(mm)	连接形式	MSL(kN)
9	长型	29
11	长型	49
13	长型	69
10	短型	42
13	短型	69
16	短型	105

应注意,系固链的强度与所用材料、结构等多种因素有关,应用上表时可适当留有余量,并在可能时参考生产厂家的说明书加以确认。

对于无强度认可证书的系固链,其最大安全负荷(kN)可用式(7.1.4.11)估算：

$$MSL = 0.275D^2 \tag{7.1.4.11}$$

式中,D为链环的直径(mm)。

7.1.4.7 系索

系固中所用钢丝绳和纤维绳的强度可用表7.1.4.3估算：

表7.1.4.3 钢丝绳和纤维绳的最大安全负荷

材料/构件		破断强度(kN)	备注
钢丝绳	钢丝绳 6×9 + 1 个纤维芯 钢丝绳 6×19 + 1 个纤维芯 钢丝绳 6×37 + 1 个纤维芯	$50 \times d^2$	d 为绳索的直径(cm)。采用花篮螺丝和绳夹制作常规钢绳系绑件技术上要求很高并且会产生一些潜在的问题。
	钢丝绳 6×9 + 7 个纤维芯 钢丝绳 6×12 + 7 个纤维芯 钢丝绳 6×15 + 7 个纤维芯	$25 \times d^2$	
纤维绳	天然纤维绳(马尼拉绳、剑麻绳、大麻绳)	$6 \times d^2$	d 为绳索的直径(cm)。
	聚丙烯绳	$12 \times d^2$	
	聚酯绳	$15 \times d^2$	
	聚酰胺绳	$20 \times d^2$	
	大力士绳(剑麻绳)	$6 \times d^2$	
	大力士绳(聚丙烯绳)	$12 \times d^2$	

利用传统索具即系索(lashing wire)系固货物时,应遵行下述原则:

· 索卡(wire clip)应与钢索的直径相适应;

· 钢索的端部必须用胶带系缚;

· 每支索环至少应用4支索卡将钢索固定牢固;

· 索卡的凸边施于受力索一侧,索卡闩杆施于不受力索(dead end)一侧;

· 索卡的间隔一般不应超过钢索直径的6倍;

· 索卡的闩杆应加润滑脂,螺帽应拧紧,直到钢索略见凹陷;

· 一般情况下双索复在一起,最大安全负荷并不会加倍,因为端部的弯环会使强度减小;但是,如果弯环的直径不小于钢索直径的3倍,则双索复在一起时 *MSL* 会加倍;

· 直径不超过12 mm的系固索的索头应加捆扎,以防止松动;初次系紧之后,索卡应重新紧固;

· 应防止系固索与船舶和货物的利角和利边接触,以免受损。

7.1.4.8 系固带

系固带(web lashings)在船舶货件系固中具有广泛的应用。钢质系固带和聚酯纤维(polester)系固带的强度可按表7.1.4.4估算:

表7.1.4.4 钢丝绳和纤维绳的最大安全负荷

材料/构件	破断强度(kN)	备注
未经特别处理的钢带	$70 \times w \times t$	w 为钢带的宽度(cm)
经淬火的钢带	$85 \times w \times t$	t 为钢带的厚度(cm)
重型卡车用纤维系固带	约200	
中型卡车用纤维系固带	约100 ~ 120	车用纤维系固带的长度均为3 m。
小型卡车用纤维系固带	约50	
轿车用纤维系固带	约15 ~ 20	

聚酯纤维系固带在系固中的伸缩性远大于钢质索链和钢质系固带。由于货件在船舶航行

中会有些微运动,所以钢链和钢带会发生松动;松动后的钢链和钢带可能受到货件跳动所致突变力的作用而损坏。聚酯纤维系固带则可在很大程度上避免这类事故的产生。现在生产的系固带,其耐磨性和抗撕裂性远大于前些年的产品。

使用系固带时应特别注意,若系固带的纤维受损,则最大安全负荷会大为减小。

7.1.4.9　衬垫材料

用于支撑的软木多为花旗松或米松(oregon pine)及冷杉木(deal),其破断强度如表7.1.4.5所示。

表7.1.4.5　木材的最大安全负荷

材料/构件	许用强度 MSL(kN/cm^2)	备注
用做支撑材的软木	0.3	当压力垂直于其纹理时
	1	当压力平行于其纹理时

Dockwise 所作的实验[①]证实了这一统计值的正确性,如图7.1.4.4所示。在横纹软木上施加的压力大于0.3 kN/cm^{2}时,变形量将会迅速增大,以至于发生损坏。

一般,用做垫料时软木的变形量应控制在2%以内,以防发生损坏。

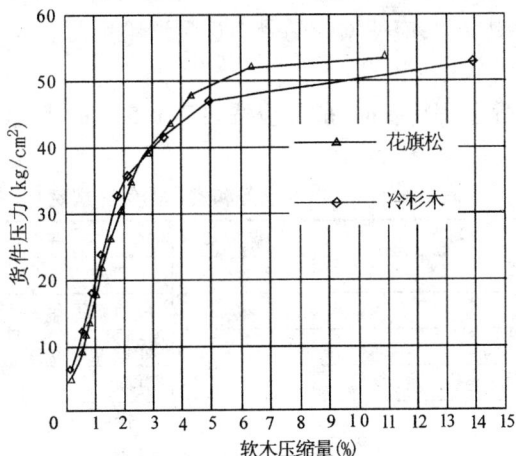

图7.1.4.4　木材的最大安全负荷

7.1.4.10　受剪力作用的焊缝

在剪切力的作用下,焊缝的破断强度可按表7.1.4.6查取:

表7.1.4.6　焊缝的最大安全负荷

材料/构件	最大许用负荷 MSL(kN/cm)	备注
(受到剪力载荷作用的)焊缝	4	单层焊接,4 mm 厚
	10	三层焊接,10 mm 厚

7.1.5　系固设备的检修与保养

7.1.5.1　日常检修与保养

船长应负责对系固设备和索具进行日常检修和保养,至少应作到:

---

① Engineering Guidelines and Criteria. 2009. Dockwise. Lage Mosten 21,4822 NJ BREDA,P. O. Box 3208,4800 DE BRE-DA,The Netherlands

- 系固设备和索具使用前,应予以目视检查,确保无缺欠;对于活动部件,应保证润滑充分,活动自如。
- 系固设备和索具使用后,应予以目视检查;受到损伤而需修理的索具不得入库存放;受损设备和索具应进行及时修理。
- 系固设备和索具上的受损部件,应利用同型号并经认可的部件更换。
- 可移动索具应用润滑油润滑活动部件,加润滑油的间隔不得超过 3 个月。
- 可移动索具应利用专用索具筐存放。

7.1.5.2　定期检修与保养

船长还应负责对系固设备和索具进行定期检修和保养,至少应做到:

- 对固定式系固设备与船体间的焊接部位应进行定期检查,对裂口和裂缝应及时补焊,而且焊接人员应具有相应的资质,按焊接规则进行操作;
- 若甲板、舱底板、舱盖板、横舱壁或舱壁板发生变形,以至于会使货物的积载不稳定,则应及时进行修理;系固点附近的变形,应及时向海事局做出报告。
- 多次使用的系固设备和索具,应进行定期测试;测试时,应按随机方式抽选测试的索具,如每 50 个选测一个;测试中,应使索具的受力达到试验负荷。

7.1.5.3　检修与保养程序

订购索具、修理和保养系固设备时,船员应按表 7.1.5.1 的规定决定接收、保养、修理或拒收系固设备和索具:

表 7.1.5.1　系固设备和索具的保养规定

设备或索具	检视	保养	应采取的措施
象脚	变形		修理或更换
	腐蚀		若顶板厚度不足原厚度的 75% 则更换
花兰螺杆	弯曲	*见下注	矫直
	锁销受损或丢失		更换
	钩头受损		更换
	扭曲		报废
胀紧式系链	环扣变形		若有环扣变形则应更换
绑扎带	永久性折痕 受到拉长 受腐蚀 内芯干出 内芯伸出		若左列的任意情况出现,则更换
卸扣	锁销受损或丢失	*见下注	更换
	弯曲		报废
	磨损		报废
扭锁	手柄受损或丢失	*见下注	矫直/更换
	弹簧/球头/锁销和锁扣受损		更换
	出现大量裂缝		报废
桥接件	锁扣受损或丢失	*见下注	更换
	变曲		矫直
	扭曲		报废

*注:花兰螺杆、扭锁和桥接件的挡杆应定期润滑,间隔不得超过 3 个月。

7.1.5.4　航次中进行的检修与保养

对货件的配装应进行仔细设计,作出计划。系索的布置和系固方案应按本节规定进行严格校核。

航次中,应对货物的系固状态进行定期检查。

必要时应对系固索具进行紧固,紧固作业包括拉紧系索和重新布置系索。若需要,还应增加系索,风浪天气中尤其应作好此项工作。特别注意,风浪过后亦应检查系固状况,对可能出现的松动应进行紧固。

航行中,应注意货物变形所致的系索松动,特别是在寒冷地区装货后驶往高温地区时,货物的系索很可能松动。

若在恶劣天气中需对货物系索进行紧固,则应特别注意采取保证船员安全的措施,应特别注意应用良好船艺。

卸下部分货物时,很可能使货堆产生立面,对这种立面在装货时应加以系固,以防卸货时对工人造成危险。

船舶应配备足够的备用系固设备和索具,以应万一。

对于货物系固设备和索具的检查和保养,均应记录在《货物系固手册》的"货物系固设备保养记录簿"中。

7.1.5.5　压载水的打入与排放对货物系固的影响

打入或排出压载水常会引起船舶稳性的变化。向底舱打入压载水或将上层压载舱的压载水排除,会增加船舶的稳性;向上层舱打入压载水或将底部压载舱的压载水排除,会减小船舶的稳性。

稳性减小时,船舶的摇摆会缓解。稳性增加时,船舶的摇摆会加剧,这时应对货物的系固布置进行检查,必要时应增加系索。

船内存在自由液面时,稳性会减小;消除船内的自由液面时稳性会增加,这时也应对货物的系固布置进行检查。

§7.2　普通重件货物的系固和校核

7.2.1　货件积载与系固中的注意事项

7.2.1.1　准备工作

在装载普通重大货件之前,应进行下述准备工作:

- 对船舶和所载货物进行适当评估,确保船舶与所载货物相互适应。
- 所装货物的货舱及甲板应清洁、干燥、无油迹。
- 对系固作业的布置、实施和监督作出计划,确保在船舶离港前完成系固作业。
- 系固作业人员应具有相应的资质和经验,充分了解货物的基本性质,熟悉系固作业中的有关原则。
- 船长应按照系固计划的制订及系固作业的监督工作。

7.2.1.2　货物在装载器具中的积载

- 集装箱、公路车辆、船载驳船、铁路车辆和其他货物载运器具中的货物应进行妥善装载;若可能,应要求货方提供货件的装载与系固声明,说明其货件在集装箱和车辆中的包装、堆装、绑扎和系固方法均符合国际海事组织和国际劳工组织《集装箱和车辆中货物装载指南》(Guidelines for Packing Cargo in Freight Containers or Vehicles)中的规定。

· 同一装运器具中的货物应具有相容性,否则应作出相应隔离。

· 若当值驾驶员认为货物在装运器具中系固与绑扎不当,则应采取措施防止货物在其内移动;若无法采取必要措施,则该装运器具不得装载上船。

· 若有必有,应请专家对装运器具中的货物装载方法进行评估和检查,对货件系固方案进行核算和校核。

7.2.1.3 积载原则

货物积载中,应考虑到运输过程中产生的惯性力及航程中可能出现的最恶劣天气的影响、船舶结构与强度的限制等。

· 货物装载中,应留有通往系固布置、安全设备及控制设备的通道。车辆甲板之下的梯道和逃生通道应保持清洁。航行中,应对货区进行定期检查。

· 货物的积载,不得影响尾门、居住处所门及消防门的开关。

· 应注意使货件上所受应力尽可能分布均匀。

· 应注意,货件受到的横向力随 GM 的增加而增大;货件积载在船舶最前端、最后端和船侧的最高处时受到的惯性最大。

· 内装悬挂物的货件(如冷藏肉类货物、漂浮状态下的玻璃器皿)和超高货件,重心较高,所以应特别注意防止倾覆。若可能,这类货件应装载在船中的中线附近并置于靠近水线的甲板上。

7.2.1.4 系固原则

许多不确定因数会影响货件的实际重量和重心位置,所以系索的受力会与计算值有相当差异。一般不可能准确估算出货件系索在最恶劣条件下所受到的最大拉力,所以应多布置具有足够数量并具有足够强度的系索,以应不测。

· 布置系索时应考虑到货件可能受到风力和波溅力影响。

· 系固索具上的活动部件应调节到与所系固件相适应的位置。

· 系索应尽可能短。

· 应注意,当系索与甲板成30°~60°角时所产生的横向和纵向拉力最大;若系索不能布置成这样的角度,则应多加系索;横向系索与甲板间的夹角超过60°时,所产生的横向拉力较小,但对防止货件倾覆具有显著作用。

· 系固布置应保证货件不发生危及船舶安全的移动;应采取措施避免因货件变形和收缩致使系索松动;摩擦系数较小的货件,应在横向上紧密积载以防止其在航行中滑动,必要时可用软质木板或类似垫料加以衬垫,以增加摩擦力。

· 一般,系索的受力主要由纵向、横向和垂向3个分力构成,但前2个分力对货件系固影响最大,因为系索的主要作用就是防止货件在纵向和横向上移动或倾覆。

· 系索应系固在货件的刚性部位或非弹性部位;必须在货件的非刚性部位或弹性部位上系固时,则应多加系索。

· 系固布置中应充分注意到系固校核计算中存在很大误差。若有疑问,应对货物系固布置进行核对计算。

7.2.1.5　一般注意事项

· 在船舶操纵中适当控制船舶,使船舶运动不对所载货物的系固索具产生过大应力。

· 必要时,可以采取延迟起航、改向和减速等措施,以减小货件系索上的受力。

· 估算系索的受力时,不得计及船舶减摇装置的作用。

· 未经船长许可,船舶靠妥泊位之前不得松动货物系固索具。

7.2.2　校核计算的原理

7.2.2.1　货件上受到的力

货件上受到的力主要为惯性力、波溅力和风力,可表为

$$F_x = K_a m a_x + F_{sx} + F_{wx} \tag{7.2.2.1}$$

$$F_y = K_a K_t m a_y + F_{sy} + F_{wy} \tag{7.2.2.2}$$

$$F_z = K_a m a_z \tag{7.2.2.3}$$

式中,F_x,F_y 和 F_z 分别为货件受到的纵向、横向和垂向外力;m 为货件的质量;a_x,a_y 和 a_z 分别为货件在船舶航行中所产生的纵向、横向和垂向加速度(m/s^2),F_{wx} 和 F_{wy} 分别为货件在纵向和横向上受到的风力(kN);F_{sx} 和 F_{sy} 分别为货件在纵向和横向上受到的波溅力(kN);K_a 为加速度修正系数;K_t 为稳性修正系数。

装载在船上的货件所受加速度 a_x,a_y 和 a_z 可从图 7.2.2.1 中查取。

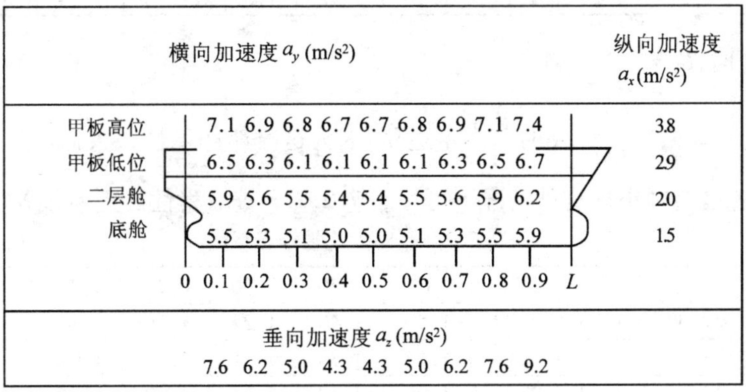

横向加速度 a_y (m/s²)										纵向加速度 a_x(m/s²)
甲板高位	7.1	6.9 6.8 6.7 6.7 6.8 6.9 7.1							7.4	3.8
甲板低位	6.5	6.3 6.1 6.1 6.1 6.1 6.3 6.5							6.7	2.9
二层舱	5.9	5.6 5.5 5.4 5.4 5.5 5.6 5.9							6.2	2.0
底舱	5.5	5.3 5.1 5.0 5.0 5.1 5.3 5.5							5.9	1.5
	0	0.1 0.2 0.3 0.4 0.5 0.6 0.7 0.8 0.9							L	

垂向加速度 a_z (m/s²)

7.6　6.2　5.0　4.3　4.3　5.0　6.2　7.6　9.2

图 7.2.2.1　加速度在船上的分布

注意,该图所给出的横向加速度计及了重力、纵摇和垂荡的作用,所给出的垂向加速度没有包括静态重力的影响,而且,该表的数值仅在下述条件下有效:

· 船舶航行于无限航区;

· 全年航行;

· 航次长度为 25 天;

· $\dfrac{B}{GM} \geqslant 13$($B$ 为船宽)。

若船舶航行于遮蔽水域中,则应根据季节和航行时间适当降低所列加速度值。

加速度修正系数 K_a 与航速 v 及 L_{bp} 有关,

$$K_a = 0.345 \frac{v}{\sqrt{L_{bp}}} + \frac{58.62 L_{bp} - 1\,034.5}{L_{bp}^2} \tag{7.2.2.4}$$

粗略计算时,K_a 值可在表 7.2.2.1 中查取。

表 7.2.2.1　加速度修正系数

船长(m) 航速(kn)	30	40	50	60	70	80	90	100	120	140	160	180	200	250	300
9	1.37	1.31	1.20	1.09	1.00	0.92	0.85	0.79	0.70	0.63	0.57	0.53	0.49	0.41	0.36
12	1.56	1.47	1.34	1.22	1.12	1.03	0.96	0.90	0.79	0.72	0.65	0.60	0.56	0.48	0.42
15	1.75	1.64	1.49	1.36	1.24	1.15	1.07	1.00	0.89	0.80	0.73	0.68	0.63	0.55	0.48
18	1.94	1.80	1.64	1.49	1.37	1.27	1.18	1.10	0.98	0.89	0.82	0.76	0.71	0.61	0.54
21	2.13	1.96	1.78	1.62	1.49	1.38	1.29	1.21	1.08	0.98	0.90	0.83	0.78	0.68	0.60
24	2.32	2.13	1.93	1.76	1.62	1.50	1.40	1.31	1.17	1.07	0.98	0.91	0.85	0.74	0.66

一般,两柱间长 L_{bp} 小于 30 m 或大于 300 m 时加速度修正系数 K_a 应另作计算。

稳性修正系数 K_t 与货件在船上积载位置的高度与 $\dfrac{B}{GM}$ 有关,可按表 7.2.2.2 查取。

表 7.2.2.2　稳性修正系数

B/GM	4	5	6	7	8	9	10	11	12	13→
甲板高位	2.30	1.96	1.72	1.56	1.40	1.27	1.19	1.11	1.05	1.00
甲板中位	1.92	1.70	1.53	1.42	1.30	1.21	1.14	1.09	1.04	1.00
二层舱	1.54	1.42	1.33	1.26	1.19	1.14	1.09	1.06	1.03	1.00
底舱	1.31	1.24	1.19	1.15	1.12	1.09	1.06	1.04	1.02	1.00

当 $\dfrac{B}{GM} \geqslant 13$ 时,$K_t = 1$。

应注意,这一表格在 $\dfrac{B}{GM} < 4$ 时基本不适用,因为这时船舶稳性很大而不易发生摇荡,因而船上各点的加速度会减小。这种情况下可按表 7.2.2.3 查取稳性修正系数 K_i。

表 7.2.2.3　附加稳性修正系数

B/GM	4	3	2	1	0.70	0.50	0.33	0.23	0.15	0.10→
甲板高位	2.30	1.96	1.72	1.56	1.40	1.27	1.19	1.11	1.05	1.00
甲板中位	1.92	1.70	1.53	1.42	1.30	1.21	1.14	1.09	1.04	1.00
二层舱	1.54	1.42	1.33	1.26	1.19	1.14	1.09	1.06	1.03	1.00
底舱	1.31	1.24	1.19	1.15	1.12	1.09	1.06	1.04	1.02	1.00

装载于露天甲板上的货件在纵向上所受风力和在横向上所受风力按货件在横向和纵向上的投影面积计算,风力强度取为 1 kN/m²。

装载于露天甲板上的货件在纵向上所受波溅力 F_{sx} 和在横向上所受波溅力 F_{sy} 也按货件在横向和纵向上的投影面积计算,波浪强度也取为 1 kN/m²。计算波溅力时货件的受力面积可只计及露天甲板之上 2 m 以下的高度(货件装载在舱盖板上时也从露天甲板起算)。在遮蔽水域中航行时可不计波溅力的作用。

注意:

· 当船舶横向谐摇,其横倾角超过 30° 时,横向加速度可能超过表列值,应该采取措施避免这种情况出现;

· 当船舶高速顶浪航行产生强烈冲击力时,其纵向和垂向加速度值可能超过表列值,应该考虑减速航行;

· 当船舶顺浪或偏顺浪航行而稳性不足时,大摆幅横摇可能使横向加速度超过表列值,这种情况下应改变航向。

7.2.2.2　货件衬垫材料的摩擦系数

摩擦力有利于防止货件的移动。货件或其底部的衬垫材料与木质甲板或钢质甲板之间的摩擦系数可按表7.2.2.4查取:

表7.2.2.4　货件衬垫材料的摩擦系数

接触材料	摩擦系数(μ)
木材之间(干或湿的)	0.4
木材与钢材之间/橡胶与钢材之间	0.3
钢材之间(干的)	0.1
钢材之间(湿的)	0.0

设有系索系于货件上,与甲板面成 α 角,与横剖面成 β 角,如图 7.2.2.2 所示。这种情况下,系索对货件产生的纵向约束力 F'_x 和横向约束力 F'_y 可表为:

$$F'_x = f_x CS \qquad (7.2.2.5)$$

$$F'_y = f_y CS \qquad (7.2.2.6)$$

式中,$f_x = \mu\sin\alpha + \cos\alpha\sin\beta$;$f_y = \mu\sin\alpha + \cos\alpha\cos\beta$;$CS$ 为根据安全系数和系索的许用最大安全负荷 MSL 求得的系索计算强度。

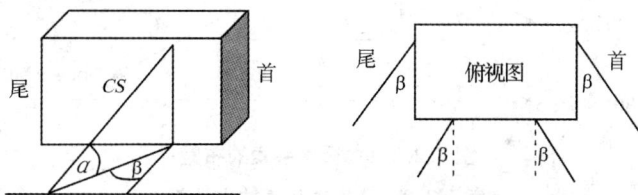

图7.2.2.2　货件的垂向和横向系固角

7.2.2.4　校核

考虑到摩擦力有利于防止货件的移动,货件系固校核方程可表为:

横向滑动:$F_y \leqslant \mu mg + f_{y1}CS_1 + f_{y2}CS_2 + \cdots + f_{yn}CS_n$　　　　(7.2.2.7)

纵向滑动:$F_x \leqslant \mu(mg - F_z) + f_{x1}CS_1 + f_{x2}CS_2 + \cdots + f_{xn}CS_n$　　(7.2.2.8)

横向倾覆:$F_y a \leqslant bmg + 0.9(CS_1 c_1 + CS_2 c_2 + \cdots + CS_n c_n)$　　　(7.2.2.9)

式中,a 为倾覆力臂(m);b 为稳定力臂(m);$c_i(i = 1, 2, \cdots, n)$ 为系固力的作用力臂(m),见图7.2.2.3。

注意,系索的垂向系固角小于45°并且水平系固角大于45°时,在计算货件的横向倾覆时不应计及。

7.2.3　普通重件货物系固校核算例

一货件重为 68 t,积载于二层舱 $0.7L_{bp}$ 处,以木板衬垫($\mu = 0.3$)。$L_{bp} = 160$ m,$B = 24$ m,$V = 18$ kn,$GM = 1.5$ m。货件高度为 2.4 m,宽度为 1.8 m。所受外力 $x = 112$ kN,$y = 312$ kN,$F_z = 346$ kN。

该货件共系8道系索,如图7.2.3.1所示。

系索拉力计算如表7.2.3.1所示。

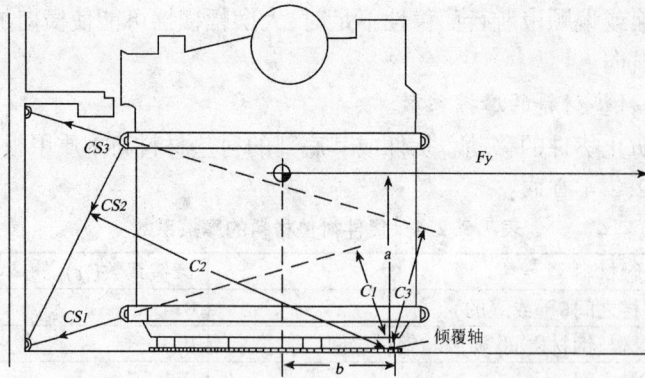

图 7.2.2.3　货件所受的横向力矩

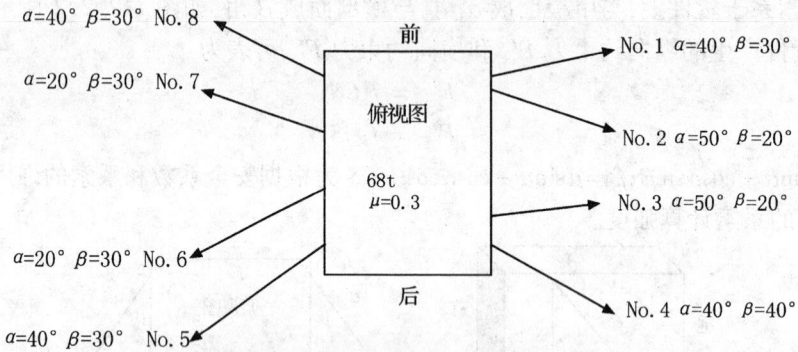

图 7.2.3.1　重件系索的布置

表 7.2.3.1　货件系索拉力计算

编号	MSL(kN)	CS(kN)	α	β	f_y	$CS \times f_y$	f_x	$CS \times f_x$
1	108	80	40° stbd	30° fwd	0.86	68.8 stbd	0.58	46.4 fwd
2	90	67	50° stbd	20° aft	0.83	55.6 stbd	0.45	30.2 aft
3	90	67	50° stbd	20° fwd	0.83	55.6 stbd	0.45	30.2 fwd
4	108	80	40° stbd	40° aft	0.78	62.4 stbd	0.69	55.2 aft
5	108	80	40° port	30° aft	0.86	68.8 port	0.58	46.4 aft
6	90	67	20° port	30° aft	0.92	61.6 port	0.57	38.2 aft
7	90	67	20° port	10° fwd	1.03	69.0 port	0.27	18.1 fwd
8	108	80	40° port	30° fwd	0.86	68.8 port	0.58	46.4 fwd

右侧系索所受横向力(Nos. 1,2,3 和 4):

$$F_y \leqslant \mu mg + f_{y1}CS_1 + f_{y2}CS_2 + f_{y3}CS_3 + f_{y4}CS_4$$

$$312 < 0.3 \times 68 \times 9.81 + 68.8 + 55.6 + 55.6 + 62.4$$

$$312 < 443 \qquad 此项合格!$$

左侧系索所受横向力(Nos. 5,6,7 和 8):

$$F_y \leqslant \mu mg + f_{y5}CS_5 + f_{y6}CS_6 + f_{y7}CS_7 + f_{y8}CS_8$$

$$312 < 0.3 \times 68 \times 9.81 + 68.8 + 61.6 + 69.0 + 68.8$$

$$312 < 468 \qquad 此项合格!$$

首系索的受力(Nos. 1,3,7,8):

$$F_x \leqslant \mu(mg - F_z) + f_{x1}CS_1 + f_{x3}CS_3 + f_{x7}CS_7 + f_{x8}CS_8$$

$$112 < 0.3(68 \times 9.81 - 346) + 46.4 + 30.2 + 18.1 + 46.4$$

$$112 < 237 \qquad 此项合格！$$

尾系索的受力(Nos. 2,4,5,6)：

$$F_x \leqslant \mu(mg - F_z) + f_{x2}CS_2 + f_{x4}CS_4 + f_{x5}CS_5 + f_{x6}CS_6$$

$$112 < 0.3(68 \times 9.81 - 346) + 30.2 + 55.2 + 46.4 + 38.2$$

$$112 < 266 \qquad 此项合格！$$

无特别说明时,货件的垂向重心可取在高度的一半处,横向重心取在宽度的一半处。另外,从图 7.2.3.2 中可以看出,从安全的角度考虑可将倾覆轴到受力系索间的距离 c 取为货件的宽度。

$$F_y \leqslant bmg + 0.9(CS_2c_2 + CS_4c_4 + CS_5c_5 + CS_6c_6)$$

$$227 \times 2.4/2 < 34 \times 9.81 \times 1.8/2 + 0.9 \times 1.8(80 + 67 + 67 + 80)$$

$$272 < 776 \qquad 此项合格！$$

7.2.4　普通重件货物的积载与系固

国际海事组织《货物系固规则》(CSS Code)中规定了 12 种货物的系固方案。在装载这些货物时,应按该规则的规定进行积载和系固。

7.2.4.1　集装箱在非集装箱船甲板上的积载

集装箱(container)在非集装箱船甲板上积载时,一般应注意下述各项要点：

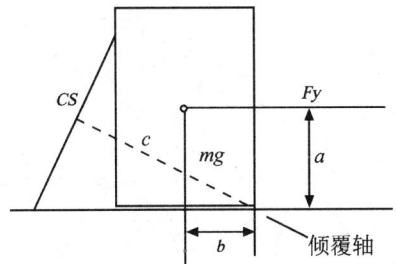

图 7.2.3.2　倾覆轴与倾覆力矩

·　尽可能在便于接近的处所积载；

·　在甲板或舱口盖上,最好首尾向积载,并且必须进行充分系固；

·　集装箱不应超出船舷；当集装箱伸出舱口盖或甲板结构物以外时,应装设适当支架；

·　箱底可用木板衬垫；

·　在舱内积载时,底层箱应与舱底板用锁销固定,箱间应用紧固件连接,箱垛整体应按通常方法与船体固定构件系固牢固；

·　若货方未提供集装箱的重量,则 20 ft 和 40 ft 集装箱的重量应分别假定为 20 t 和 40 t,并且重心位于各自的几何中心处。

集装箱可使用链条系固,如图 7.2.4.1 所示；可使用撑木固定,如图 7.2.4.2 所示,撑木的长度不应超过 2 m；还可使用钢丝绳系固,如图 7.2.4.3 所示；所用钢丝夹(wire clip)应加适量油脂,并拉紧到钢丝绳的自由终端(dead end)受挤压力的作用而呈现出凹痕,且应保证使系索受力均匀,如图 7.2.4.4 所示。

7.2.4.2　移动式罐柜的积载

一般移动式罐柜(portable tank)的容积在 450 L 以上,装载气体的移动式罐柜的容积应在 1 000 L 以上。装载非危险性货物的移动式罐柜应符合《1972 年国际集装箱安全公约》的有关规定,装载危险品还应达到《国际海运危险货物规则》的要求,并应经主管机关或其授权的机关核准。

未装满的移动式罐柜,其内液体的晃动可能造成罐体受损,一般不得提交船舶运输。

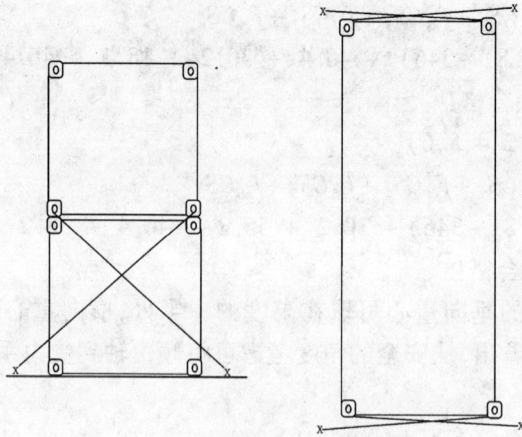

图 7.2.4.1　用系索系固的集装箱

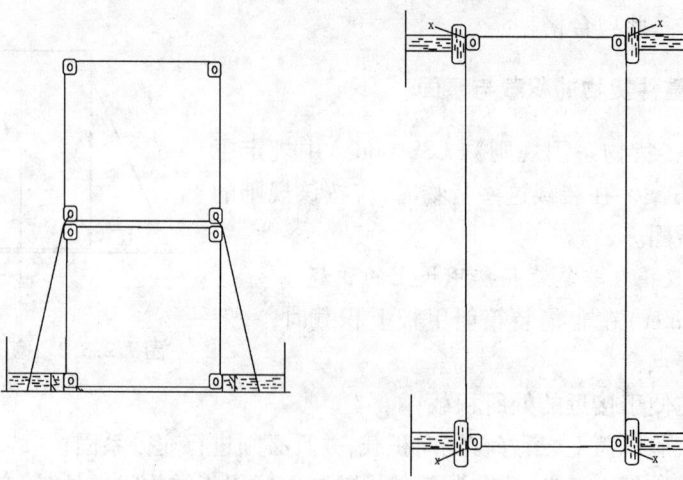

图 7.2.4.2　用系撑木固定的集装箱

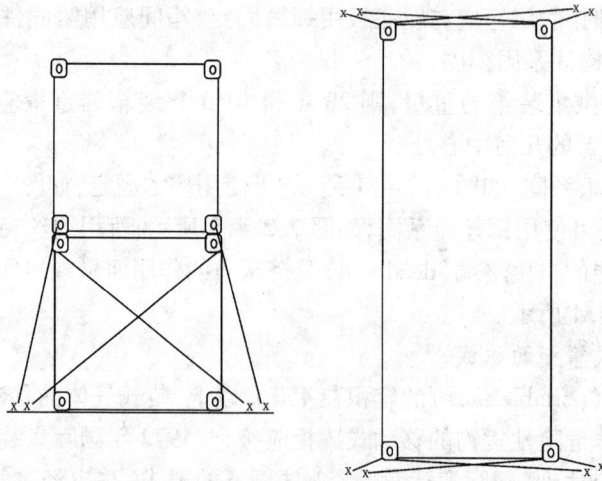

图 7.2.4.3　用系撑木固定的集装箱

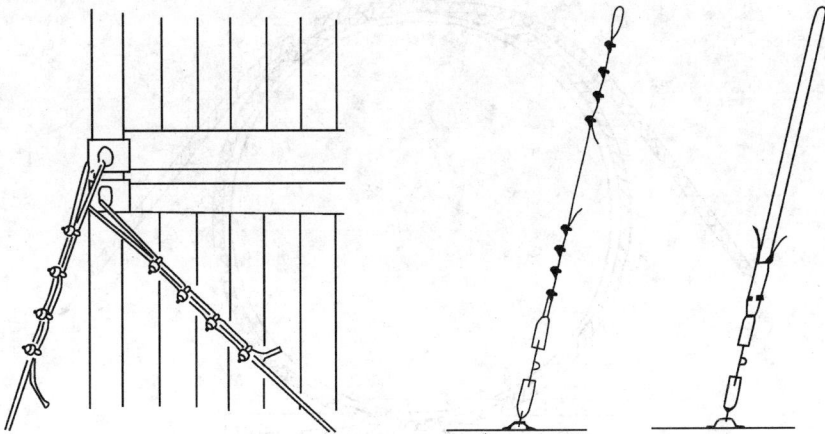

(a)钢丝绳的自由终端受挤压力作用出现的凹痕　　　(b)钢丝绳的不同构造

图7.2.4.4　钢丝绳的自由终端明显受挤压力的作用而呈现出凹痕

移动式罐柜一般均可在多用途船上装运,但必须进行正确积载和充分系固。积载和系固中应注意下述事项:

　·　必须充分了解货件的重量、尺寸、系固点布置等资料;

　·　尽可能积载在船舶加速度较小、便于接近的处所,沿首尾方向积载;

　·　罐柜不应超出船舷;

　·　确保积载处所的甲板或舱盖所受压力不超过许用负荷;

　·　舱盖应固定在船体上,以防止整个连同罐柜一同翻倒;

　·　防滑动系索的角度不应大于 25°,防翻倒系索的角度不得低于 45°~60°,见图 7.2.4.5;

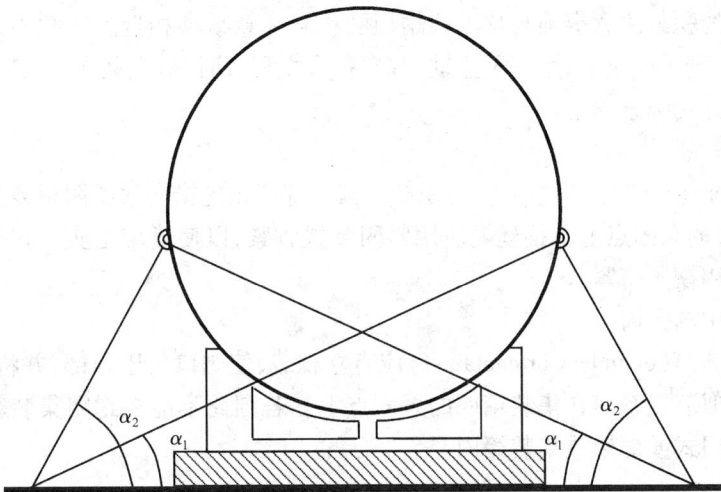

图7.2.4.5　有系固点移动式罐柜的系固

　·　缚在无系固点的罐柜上的系索应绕罐一周,同一系索的两端应系在罐柜的同一边,见图 7.2.4.6;

　·　在甲板表面和罐柜底座间应使用木板衬垫,以增加摩擦力;

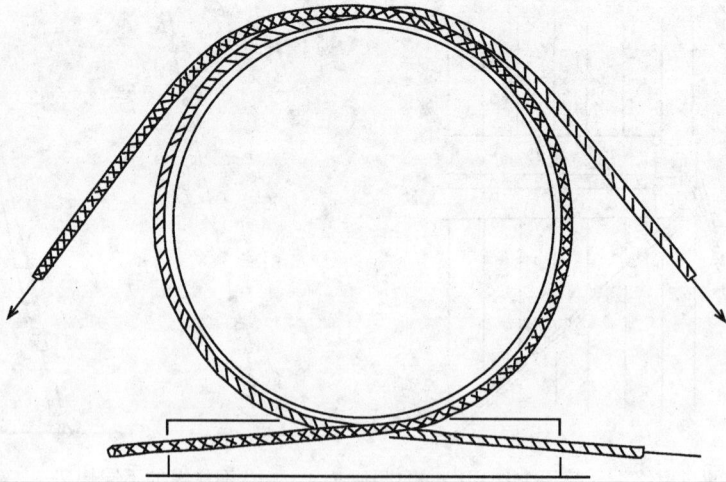

图 7.2.4.6 无系固点移动式罐柜的系固

· 在甲板下积载时,应积载在基座上;

· 系索的布置,应充分考虑安全系数的设定、船体上系固点的强度及罐柜上系固点的强度;

· 将罐柜装载在甲板上或舱口盖上时,其系索的布置应该考虑到甲板或舱口构件的结构强度。

7.2.4.3 移动式容器的积载

移动式容器(portable receptacle)的容积一般在 1 000 L 以下,长、宽、高和形状各不相同,主要用于装载气体和液体。一般可以分成:没有系固点、容积不超过 150 L 的圆筒;容积在 100 ~ 1 000 L 间的容器;由框架固定的圆筒组架。

移动式容器的积载注意事项与移动式罐柜的积载注意事项相近。积载中,容器下应作衬垫,避免直接与钢质甲板接触;用楔子止动;容器在直立积载时,应装载在一起,用合适、坚固木材制作木架围住并用绑索固定。

· 圆筒

圆筒(cylinder)应在横向垫木上纵向积载。其下部应预先横向放置两根或更多钢丝绳,绕经筒堆,系在对边的系固点上。钢丝绳应用紧固装置收紧,以使货堆密实。在装货期间,为防止圆筒滚动可使用楔子挤紧。

· 集装箱中的圆筒

集装箱中的圆筒(cylinders in container)应直立积载,使阀口位于顶部,并将护盖盖紧。圆筒应用钢带或类似装置系缚在集装箱底的系固点上。若圆筒不能在封闭集装箱中直立装载,则应装载在顶开门式或框架式集装箱内。

· 容器

装在甲板上或甲板下的容器(receptacle)应按图 7.2.4.5 和图 7.2.4.6 布置系索。可利用容器上的提升装置进行绑扎。航行中,系索应定期检查和定期重新收紧。

7.2.4.4 滚装货物的积载和系固

滚装货物(wheel-based cargo,rolling cargo)的积载和系固应注意下述各项要点:

· 应积载于干燥、清洁且无油脂的处所;

- 应用垫木或其他增加摩擦力的材料作垫板；
- 刹车或止动装置应锁紧；
- 应用系索系固,系索的强度和拉伸特性应相当于钢链或钢丝绳；
- 不能满舱装载时,应紧靠船舷积载,或积载在有足够系固点处,或在货物处所中集中积载；
- 为防止横向移动,应靠船舷紧凑积载,或由所其他集装箱阻挡；
- 应沿船长方向积载；若必须横向积载,则应加缚绑索；
- 轮子应用楔子塞牢止动。

7.2.4.5　重件货的积载

重件货物(heavy cargo item)系指火车头、变压器、重型设备等货物,其积载应注意下述事项：

- 掌握货件重量、尺寸；对照图纸,核对货件重心位置、基座面积、提升点、吊货位置、系固点及其强度等。
- 最好沿纵向积载。在确定重件货物积载位置时,应注意船上加速度的分布。在船中段和露天甲板以下产生的加速度较小,在船首尾部和露天甲板以上产生的加速度较大。当重件货物在甲板上积载时,如可能应考虑到具体航次"上风舷"的不利影响。
- 积载中应防止对船舶结构产生过大的应力。在甲板或舱盖上装载重件时,应用足够强度的木材或钢梁衬垫。
- 货件底部应垫木材以增加摩擦力。
- 防滑动的最佳系固角度为 $25°(\alpha_1)$,而防翻倒的最佳系固角度一般应在 $45° \sim 60°$ (α_2) 之间,见图 7.2.4.7。

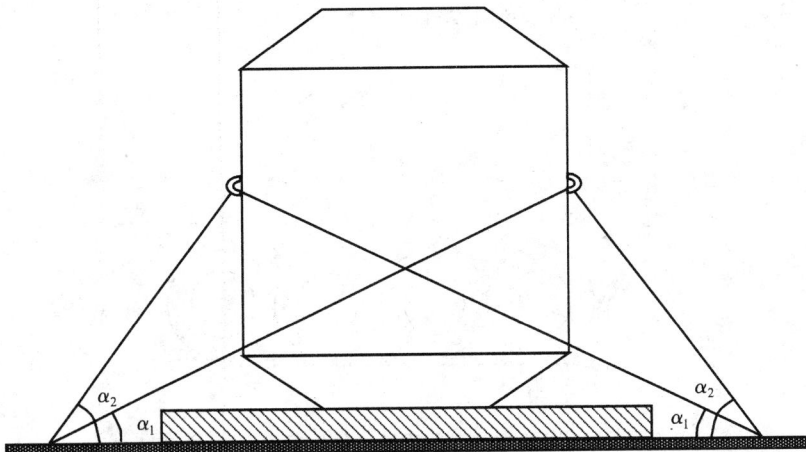

图 7.2.4.7　重件货物的系固

- 若利用加了润滑油的滑板或以其他降低摩擦力的方法将重件拖到积载位置上,则系索数量应相应增加。
- 若无法用系索进行充分系固,则必须用木柱、焊接件或其他适当方法防止滑动。
- 对于装载在甲板上的货件,系索的布置应考虑到货件可能受到海浪的冲击。对伸出舷外的重件货应在纵向和垂向上增加系索。

· 对于无系固点的货物,系索应围绕货物或其刚性部分一周,系索两端应系缚在货件的同一边,见图7.2.4.6。

· 同一系固装置上的部件应具有相等的强度。

· 不同强度和拉伸特性的装置不得混合使用。

7.2.4.6 卷钢的积载与系固

卷钢(coiled sheet steel,steel coil)每卷毛重常在10 t以上。卷钢只有在卧式积载时才需严格系固,立式装载不存在系固问题。

卷钢应在舱底积载,卷轴与首尾线一致,紧靠堆置;底部横置垫木,并用木楔止移,见图7.2.4.8。每排应至少设置一个"锁卷"(key-roll),以固定该排的其他卷钢。第二层卷钢与第一层卷钢应压缝装载,且最高一层卷钢间的空当应塞紧,见图7.2.4.9。

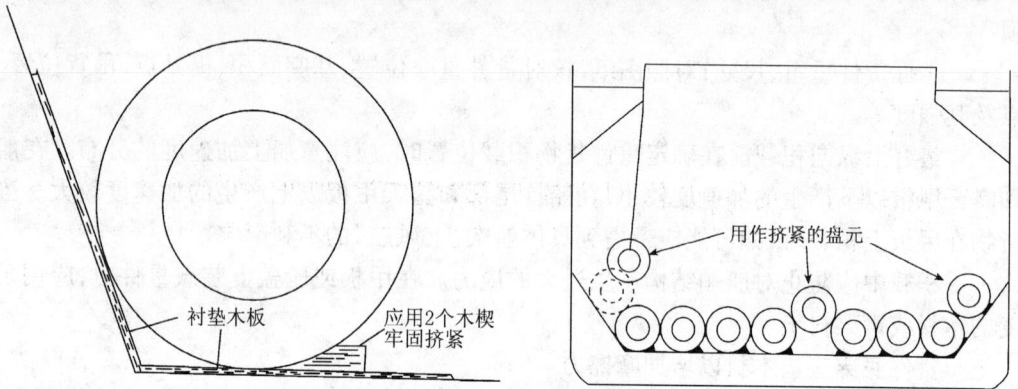

图7.2.4.8 钢卷的固定

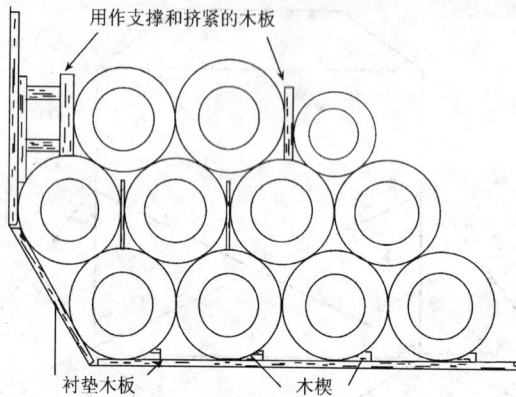

图7.2.4.9 重件货物的系固

对钢卷货堆应进行充分绑扎,使之形成一个不可移动的卷钢垛组。最高一层末端三排卷钢即货堆的开边应加以系固,见图7.2.4.10。在无外包装卷钢的顶层,不得使用成组系固方式来防止纵向移动。顶层最末一排应用垫木和钢丝绳系固,从一舷到另一舷用钢丝绳拉紧,再使用辅助钢丝绳拉到横舱壁。若卷钢装满整个舱底并进行了充分衬垫,则不必再用系索绑扎。锁卷一般必须绑扎。

对货面进行整体系固时,可使用奥林匹克系固法(olympic lashing),见图7.2.4.11,也可使用连环法(group lashing),见图7.2.4.12,二者效果相差不多。

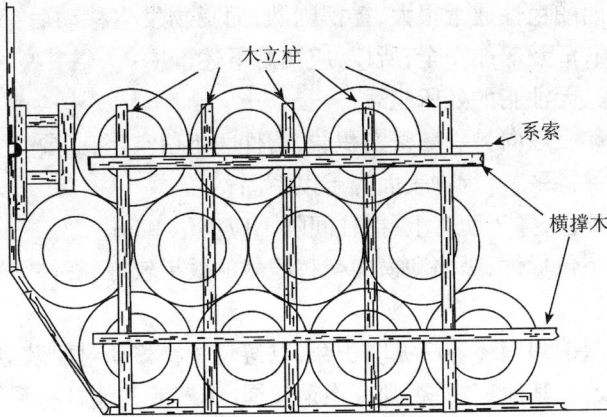

图 7.2.4.10　开边的系固

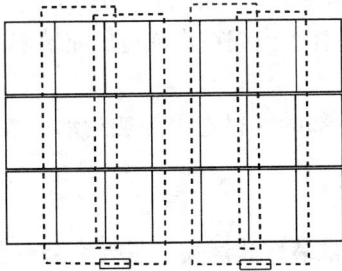

图 7.2.4.11　奥林匹克绑扎法

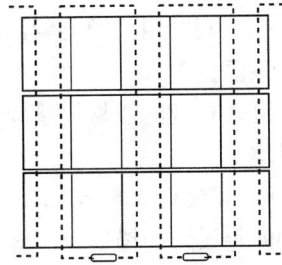

图 7.2.4.12　连环绑扎法

系索可采用常规钢丝绳或其他等效设施构成。第一层应用楔子塞紧。在航行中应能重新收紧系索,见图 7.2.4.13。钢丝系索应有防止利刃损坏的保护。如只有少量卷钢,或仅有一个卷钢,则应在船上进行妥当系固,可置于木架内、用楔子塞牢或利用撑木和系索系固,以防横向和纵向移动。

集装箱中装载的卷钢应装载在木架内或特别制作的底座上,并进行妥当系固以防止移动。

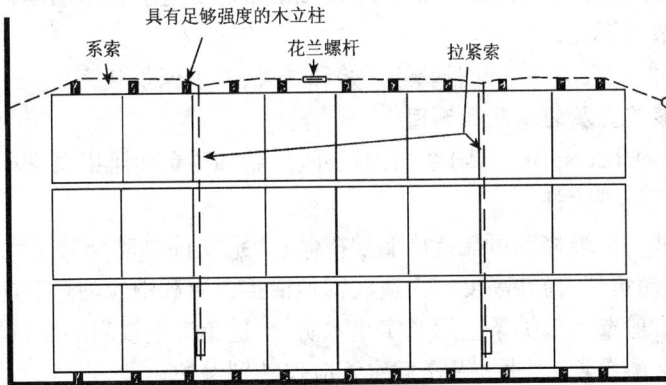

图 7.2.4.13　可在航行中进行收紧的系索布置

7.2.4.7　金属重件的积载与系固

金属重件(heavy metal products)系指金属制成的重货件,如棒材、管材、盘条、板材和线材卷等。装载这种货时船舶稳性通常很大,摇摆剧烈;而货物发生移动后,又会在很大程度上影响船舶稳性,发生横倾,危及船舶安全,所以,应注意下述事项:

- 在干净、干燥、无油脂的处所积载;
- 货件应从船舶一舷向另一舷密实积载,货件间不留空当,必要时货物间用木块塞紧;
- 货件表面应保持平整,货物表面应予以系固;
- 应以木材作撑柱,撑于肋骨上;撑柱间隔不应小于 1 m;
- 对于薄板和小包货件,纵向和横向交替积载的效果较好,货件间以垫木衬垫以增加摩擦力;
- 管材、铁轨、型钢和钢坯等应纵向积载,以避免货物移动对船舷造成损伤;
- 货件上部可装载其他货物,否则应用钢丝绳、木楔或其他材料系固;
- 货物表面的系固中,每根系索应相互独立地对货物表面施加垂向压力,不得留有未受力的货件;
- 线材卷应平放积载(卷轴与甲板垂直),卷间不留空当;上层线材卷应压缝叠装在下层卷上;应密实积载,用系固装置系固;在线材卷间必须留有空当或在货堆边侧或端部有空当,货堆应充分系固;
- 对卧式积载的线材垛系固时,应注意防止货堆中部的线材卷因船舶运动而被下边的货件挤出货堆。

7.2.4.8 锚链的积载和系固

船舶和海上设施的锚链(anchor chain)通常以捆装或散装形式运输。只要在装载前、装载中和装载后采取一定安全措施,锚链可以成捆地直接装载在积载处所,或沿着船舶整舱长度、或沿着部分舱长纵向积载,而不需作进一步处理。一般应注意下述事项:

- 在底层舱和甲板间舱的装载量应保证船舶具有合适的稳性;
- 在清洁和无油脂处所积载;
- 在覆有木质铺板的甲板上积载,或用垫板作衬垫,不得直接在金属甲板面上积载;
- 成捆锚链可直接吊装到积载处,吊索应留在锚链上,另用钢丝绳绕在锚链捆上绑妥;
- 不必用垫木等对锚链层进行隔离;锚链捆的最高一层应用系索缚在船舶两舷舱壁上,可独立绑扎,也可成组绑扎;
- 每层锚链的积载应在接近船舷处开始和结束,并确保积载密实。

7.2.4.9 散装废金属的积载和系固

散装废金属(metal scrap in bulk)系指因尺寸、形状和质量而难以紧密积载的金属废料,但金属钻屑、刨屑和切屑等除外。

运输此种货物时,货堆移动可能造成船舶横倾;个别重件移动会戳穿水线下船侧外板;舱底板或二层舱甲板超负荷;稳性高度过大造成剧烈横摇。装载中应注意下述事项:

- 装货前,货舱壁下部护条应用厚实垫木防护,避免沉重锐利的废料与船侧板接触;
- 对空气管、测深管、污水井及压载水管应作特别保护;
- 装货时,应注意第一批装入货物的落放高度不至于造成舱底板受损;
- 如轻的和重的废金属在同一舱内装载,则应先装重废金属;
- 不得在金属屑或类似废料上部积载;
- 应密实、均匀积载,不留空当,不留悬空面;

· 货面上部可用压载或用系索固定,一般用撑木效果不佳。

7.2.4.10　挠性中型散装容器的积载和系固

挠性中型散装容器(flexible intermediate bulk container,FIBC)系指容积不超过 3 m³、用以装载固体货物的挠性载货器具。这种货物的积载中应注意:

· 货物资料

必须了解挠性中型散装容器的总数量、尺寸、容器总重量、所载货物;是否一次性使用、使用单钩吊具还是多钩吊具。

· 积载

最好用大舱口船装运;选择无障碍物、干净、干燥、无油迹、无钉子的方正处所积载;选择加速度较小的处所积载;若在横向有空当,空当应留在舱口中央;装妥第一层后,以后各层应以相同方法积载,使其完全覆盖住下边的容器;在深货舱翼部积载时应留有可供叉车进入和活动的足够空间。

· 系固

当该种容器仅在舱口积载时货堆的翼侧和前后端部应装有其他货物或加设撑木;容器间应互相靠紧,空当均应塞牢;若后层有空当,也应留在舱口中央,并予以塞牢;在舱口间积载时,若舱口围板不能作为围壁,则应采取措施防止因航行中货件下沉而使容器滑移;若舱口围板能作为围壁,则容器应自舱口围板的一侧装载至另一侧,空挡留在中央部位并予以塞牢;容器均应塞牢,以防止向两侧滑动;在甲板间或底舱仅装载部分容器时,应用格板或胶合板撑住容器,并用钢丝绳从一侧到另一侧系缚容器货垛,见图7.2.4.14。

· 航行中的管理

航行中,应定期并在恶劣气候前后对系固用的钢丝绳和胶合板进行检查,必要时应重新收紧。

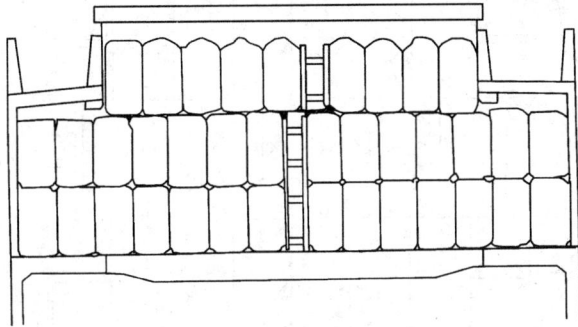

图 7.2.4.14　挠性中型散装容器

7.2.4.11　舱内原木装载指南

舱内积载原木(log)时,一般不用系固,但应注意下列事项:

· 准备工作

确定货舱的长、宽、深;包装舱容;确定原木的长度、体积、装载索具及负荷等;制订积载计划;检查有关设备、污水井滤网及污水排放系统;对舷侧护板、管道防护罩等设施作出充分防护。

· 积载

起吊时应尽可能靠近船舶,以减小摆动;吊货中,可轻触舱口围板内侧,或落在其上之后下放,以减小摇摆;应纵向密实积载;重木应先入舱;粗端应首尾交替放置;避免堆成尖塔形;在堆高达到 2 m 左右时,应注意将原木滑向货舱左右舷侧;用活动滑车把重原木移到舱口范围外甲板下区域;当原木垛高度达到前或后横向舱口围板下约 1 m 处时,应减小每吊原木的尺寸,以便于在所余区域中积载;充分利用舱口围区域的舱容。

· 装货后的工作

装货后应对船舶进行彻底检查,以确定其安全情况。应对污水进行测深,以核实船舶的水密完整性。

· 在航行中的管理

定期测定横倾角和摇摆周期;楔子、纱头、锤子和移动泵等应存放在易取之处;进入围蔽处所前,应进行彻底通风,测定其内是否缺氧、是否存在有毒气体,必要时应带上自给式呼吸器。

7.2.4.12 成组货物的积载和系固

成组货件(unit load)系指将一些货物包件堆装在托盘等货板上,用扎带、收紧包装或其他适当方式加以固定,放置在货箱之类保护性外包装里或永久地系固在一起。积载中应注意:

· 准备工作

充分了解总件数、待装货物、包装类型、尺码及毛重等在干净、干燥、无油脂的水平方形处所积载,首部货舱或甲板间舱中不规则形状的货物处所应使用木料在横向和纵向上均改成矩形,见图7.2.4.15。货物表面应进行充分系固;在货物与船舷之间不得留空当;应尽可能集中装载。

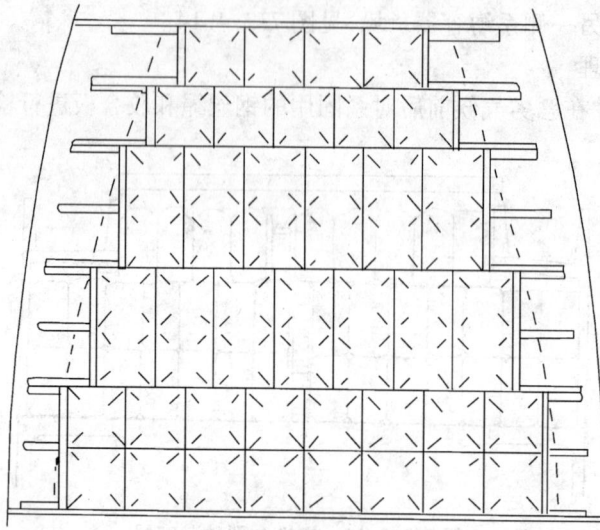

图 7.2.4.15 积载处所的改装

· 横向积载的系固

横向积载时,应紧靠成组货物货堆垂直安置格板或胶合板;应用钢丝系索从一舷拉到另一舷,以固定格板或胶合板,使之能紧贴货堆;钢丝系索可以不同间隔从横舱壁绕过货堆系缚到横向布置的钢丝系索上。

· 两边不靠的积载

在货物处所的前部或后部积载时,货件有可能向两个方向上移动;应在货堆无系固的侧面上垂直安置格板或胶合板;将钢丝绳从一侧绕过货堆至另一侧固定在舱壁上;在钢丝绳可能损坏成组货物处,应安置格子和胶合板使角隅处不受损坏。

· 三边不靠的积载

当成组货物沿船舷积载而可能在三面移动时,应在成组货物竖向堆装面上垂直安置格板和胶合板;应特别注意货堆的角隅,防止钢丝系索损坏成组货物;应该在不同高度上使用钢丝系索,收紧边上装有格子或胶合板的货堆,见图7.2.4.16。

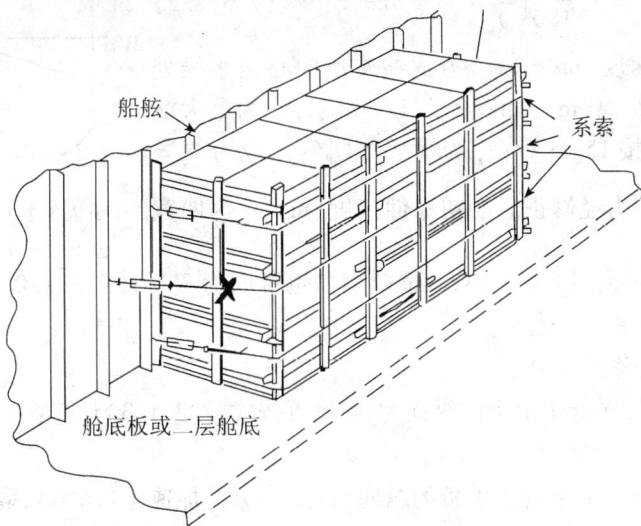

图 7.2.4.16　三边不靠的积载

· 注意事项

可使用铝质撑柱或具有足够强度的板条代替格板或胶合板;在航行中,应定期检查钢丝系索,松动的系索应重新收紧;在恶劣天气之后,应检查钢丝系索的状况,必要时应进行重新收紧。

§7.3　无动力船上货件的系固

在无动力的被拖带船上或驳船上装载重大件时,应按中国船级社的规定[①]计算货件上所受到的力,并设计相应的绑扎与系固方案。

7.3.1　被拖船内所载货物的受力计算

7.3.1.1　横向作用力

在被拖船上,作用在货物上且平行于甲板的横向力(kN)可按式(7.3.1.1)计算,如图7.3.1.2所示:

$$F_y = Ma_y + F_{wy} + F_{sy} \qquad (7.3.1.1)$$

式中,F_y 为作用在货物平行于甲板的横向力;M 为货物质量(t);a_y 为横向加速度(m/s²);F_{wy} 为风在横向上的作用力(kN),根据货物在纵向侧投影面积计算:无限航区和近海航区取 1 kN/m²,沿海航区取 0.85 kN/m²,遮蔽航区取 0.70 kN/m²;F_{sy} 为横向波溅力(kN),按距离干

---

① 中国船级社,《海上拖航指南》,人民交通出版社,1997.

舷甲板 2.0 m 高度以下部分的货物侧投影面积计算:无限航
区和近海航区取 1 kN/m²,沿海航区取 0.70 kN/m²,遮蔽航区
取 0.50 kN/m²。

横向加速度 a_y 按式(7.3.1.2)计算,

$$a_y = r_\theta \frac{\theta_0 \pi}{180} \left(\frac{2\pi}{T_r}\right)^2 + g\sin\theta_0 \qquad (7.3.1.2)$$

式中,a_y 为横向加速度(m/s²);r_θ 为货物质量中心至水线处
假定的旋转中心的距离(m),如图 7.3.1.2 所示;θ_0 为最大横
摇角(°),浮体通常按 15°计算;T_r 为横摇周期(s),取为 $T_r =$
$1.1 \frac{B}{\sqrt{GM}}$,这里 GM 为经修正后的初稳性高度(m),B 为船宽

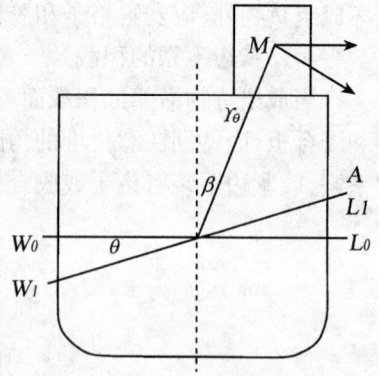

图 7.3.1.1 船内散货的移动

(m)。如无被拖船的确切 GM 资料,其横摇周期也可取为 $T_r = 1.7\sqrt{B + 20}$,但不大于 10s;g 为
重力加速度,取为 9.81 m/s²。

7.3.1.2 纵向作用力

作用在货物上且平行于甲板的纵向力(kN)可按式(7.3.1.3)计算:

$$F_x = Ma_x + F_{wx} + F_{sx} \qquad (7.3.1.3)$$

式中,F_x 为作用在货物上平行于甲板的纵向力;a_x 为纵向加速度(m/s²),取为:

$$a_x = r_\varphi \frac{\varphi_0 \pi}{180} \left(\frac{2\pi}{T_p}\right)^2 + g\sin\varphi_0 \qquad (7.3.1.4)$$

式中,r_φ 为纵摇转动半径(m),如图 7.3.1.2 所示;φ_0 为最大纵摇角(°),浮体通常按 5°计算;
为纵摇周期(s),如无确切资料,可取为 10s;g、M 同前;F_{wx} 为风在纵向上的作用力;F_{sx} 为纵向
波溅力,但根据货物在船中横剖面上的投影面积计算。

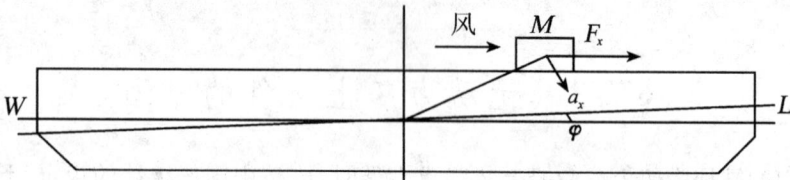

图 7.3.1.2 作用在货物上的纵向力

7.3.1.3 垂向作用力

作用在货物上或甲板支承构件上垂直于甲板的垂向力(kN)可按式(7.3.1.5)计算:

$$F_z = M(g \pm a_z) \qquad (7.3.1.5)$$

式中,F_z 为作用在货物甲板支承构件上垂直于甲板的垂向力;g、M 同前;a_z 为垂向加
速度(m/s²),可取为

$$a_z = 3.75e^{-0.0033L} \qquad (7.3.1.6)$$

这里,L 为船舶总长(m)。a_z 的数值不必大于 3 m/s²。

计算甲板支承构件受力时,取 $F_z(+) = M(g + a_z)$;计算绑扎构件受力时,取 $F_z(-) = M(g - a_z)$。

7.3.2 力和力矩的平衡

平衡计算应分别校核横向滑动、横向翻转和纵向滑动。

7.3.2.1 横向滑动

横向滑动应满足下式：

$$F_y \leq \mu[F_z(-) + \sum CS_i(\mu\sin\alpha + \cos\alpha\sin\beta)] \qquad (7.3.2.1)$$

式中，F_y 为作用在货物平行于甲板的横向力(kN)；F_z 取法同前(kN)；μ 为摩擦系数，取法同前；CS_i 为第 i 个系固设备的安全工作负荷(kN)，根据设备的破断负荷或材料的屈服应力，按表 7.3.2.1 的安全系数计算；α 为第 i 个系固设备与水平面的夹角(°)；β 为第 i 个系固设备与船纵剖面的夹角(°)；

表 7.3.2.1　各种系固设备材料的安全系数

极限负荷	系固设备材料	K
破断负荷	卸扣、环、甲板孔、低碳钢花兰螺丝	3
	纤维绳	4.5
	钢丝绳、钢带(一次使用)	2
	钢丝绳、钢带(重复使用)	5
	钢链条	3
屈服应力	焊结钢结构(弯曲)	1.5
	焊结钢结构(剪切)	2.6

7.3.2.2 横向翻转

横向翻转平衡应满足下式：

$$F_y a \leq bF_z(-) + \sum CS_i d_i \qquad (7.3.2.2)$$

式中，F_y，$F_z(-)$，CS_i 意义同前；a，b，d_i 分别第 i 个系固设备的安全工作负荷 CS_i 绕转动中心翻转的力臂(m)。

7.3.2.3 纵向滑动

纵向滑动平衡应满足下式：

$$F_x \leq \mu F_z(-) + \sum CS_i(\mu\sin\alpha + \cos\alpha\cos\beta) \qquad (7.3.2.3)$$

式中，F_z 为纵向作用力(kN)，其他符号意义同前。

7.3.3 无动力船上货件系固的算例

设无动力船的技术参数如下：

船名(Name of Ship)	ZR706
国籍(Nationality)	中国(PR China)
船籍港(Port of registry)	烟台(YAN TAI)
总吨(Gross Tonnage)	3 140 GT
船舶经营人(Owner)	烟台打捞局
船舶种类(Type Of Ship)	甲板货驳(Deck Cargo Barge)
总长(LOA)	91.5 m
型宽(M, breadth moulded)	24.4 m

型深(Depth moulded)   5.50 m

型深(Depth moulded)	5.50 m
垂线间长(LBP)	86.0 m
夏季吃水(Summer Draught)	6.30 m
载货面积(Deck Space)	64.05×24.4 m²
甲板载荷(Deck Load)	1 200 磅/ft²
GM 值范围	8.192 ~ 57.353 m

货件及系固材料如下:

- 货件重量取为 200 t,尺度长 30 m、宽 10 m、高 90 m,重心取在货高的 1/3 处;
- 取货件积载于距船首 70 m,右舷距总纵剖面 6 m 处;
- 船舶横倾假定旋转中心取在总纵剖面甲板下 2 m 处;纵倾假定旋转中心取在船中剖面甲板下 2 m 处;
- 货物侧投影面积为 450 m²,距离干舷甲板 2.0 m 高度以下部分的货物侧投影面积为 20 m²;货物在船中横剖面上的投影面积为 130 m²,距离干舷甲板 2.0 m 高度以下部分在船中横剖面上的货物在船中横剖面上的投影面积为 13 m²;
- 经自由修正的 *GM* 为 56 m;船舶航行于无限航区;
- 所受横向力作用于货物中心;
- 所采用焊接钢结构为标准钢结构,其屈服强度为 235 N/mm²。

解: 货件受力计算步骤如下

船舶横向加速度为

$$a_y = r_\theta \frac{\theta_0 \pi}{180} \left(\frac{2\pi}{T_p} \right)^2 + g\sin\theta_0$$

$$= \sqrt{6^2 + (30+2)^2} \times \frac{15 \times 3.141\,59}{180} \left(\frac{2 \times 3.141\,59}{1.1 \times \frac{24.4}{\sqrt{56}}} \right)^2 + 9.81 \times \sin15°$$

$$= 28.69 \text{ m/s}^2$$

作用在货物上且平行于甲板的横向力为

$$F_y = Ma_y + F_{wy} + F_{sy}$$

$$= 200 \times 28.69 + 450 \times 1 + 20 \times 1$$

$$= 6\,208 \text{ kN}$$

船舶纵向加速度为

$$a_x = r_\varphi \frac{\varphi_0 \pi}{180} \left(\frac{2\pi}{T_p} \right)^2 + g\sin\varphi_0$$

$$= \frac{5 \times 3.141\,59}{180} \left(\frac{2 \times 3.141\,59}{10} \right)^2 \sqrt{\left(\frac{91.5}{2} - 91.5 + 70 \right)^2 + \left(90 \times \frac{1}{3} + 2 \right)^2} + 9.81 \times \sin5°$$

$$= 2.24 \text{ m/s}^2$$

作用在货物上且平行于甲板的纵向力为

$$F_x = Ma_x + F_{wx} + F_{sx}$$

$$= 200 \times 2.24 + 130 \times 1 + 13 \times 1$$

$$= 591 \text{ kN}$$

船舶垂向加速度为

$$a_z = 3.75 \mathrm{e}^{-0.003\,3L}$$
$$= 3.75 \times \mathrm{e}^{-0.003\,3 \times 91.5}$$
$$= 2.77 \text{ m/s}$$

作用在货物上或甲板支承构件上垂直于甲板的垂向力为

$$F_z(+) = M(g + a_z)$$
$$= 200 \times (9.91 + 2.77)$$
$$= 2\,516 \text{ kN}$$
$$F_z(-) = M(g - a_z)$$
$$= 200 \times (9.91 - 2.77)$$
$$= 1\,408 \text{ kN}$$

由于本航次货件受力较大,故采用焊接钢结构进行系固。焊接钢结构的屈服强度为 235 N/mm², 每个焊接钢结构的焊接面积均为 15 000 mm²。

焊接钢结构在承受剪切应力时的安全工作负荷为

$$CS_s = \sigma_y S_w / 2.6$$
$$= 235 \times 15\,000 / 2.6$$
$$= 1\,356 \text{ kN}$$

焊接钢结构承受弯曲应力时的安全工作负荷为

$$CS_b = \sigma_y S_w / 1.5$$
$$= 235 \times 15\,000 / 1.5$$
$$= 2\,350 \text{ kN}$$

表 7.3.3.1 为焊接钢结构的参数及布置。

表 7.3.3.1　焊接钢结构的负荷

系固索具的结构	系固构件长	剪切安全工作负荷	弯曲安全工作负荷	α	β	与横倾覆轴间的距离
结构 1 ~ 6	8 m	1 356 kN	2 350 kN	60°	75°	4 m
结构 7 ~ 12						10 m

焊接钢结构的布置俯视图如图 7.3.3.1(a)所示,焊接结构与倾覆轴的间距示意图如图 7.3.3.1(b)所示。

$$\mu F_z(-) + \sum CS_i(\mu \sin\alpha + \cos\alpha \sin\beta)$$
$$= 0.1 \times 1\,408 + \sum_{1}^{12} 1356 \times (0.1\sin 60° + \cos 60° \times \sin 75°)$$
$$= 9\,409.8 \text{ kN}$$

所以,$F_y \leqslant \mu F_z(-) + \sum CS_i(\mu \sin\alpha + \cos\alpha \sin\beta)$,因此不会发生横向滑动。

$$bF_z(-) + \sum CS_i d_i$$
$$= 5 \times 1\,408 + \sum_{1}^{6} 2\,350 \times 10 + \sum_{7}^{12} 2\,350 \times 4 = 204\,440 \text{ } kN \cdot m$$

而 $F_y a = 6\,208 \times 30 = 186\,240 \text{ kN} \cdot \text{m}$,,所以,$F_y a \leqslant bF_z(-) + \sum CS_i d_i$ 故不会发生横向倾覆。

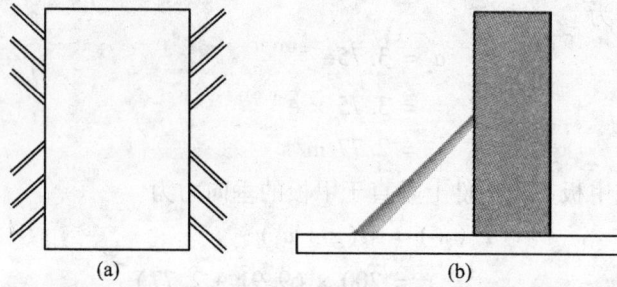

图 7.3.3.1　焊接钢结构的布置方案

$$\mu F_z(-) + \sum CS_i(\mu\sin\alpha + \cos\alpha\cos\beta)$$

$$= 0.1 \times 1\,408 + \sum_1^{12} 1\,356 \times (0.1 \times \sin60° + \cos60°\cos75°)$$

$$= 3\,655.8 \text{ kN}$$

所以，$F_x \leqslant \mu F_z(-) + \sum CS_i(\mu\sin\alpha + \cos\alpha\cos\beta)$，货件不会发生纵向滑动。

7.3.4　货件系固算例二

HJ14(总长 54.66 m,型宽 11.60 m,型深 5.70 m,拖力 20 t,功率 1980 kW)拖驳船重任 502 号(总长 76.2 m,型宽 23.16 m,型深 5.08 m,满载吃水 3.84 m,总载重量 5 000 t),载操控台架(AX1382):重 600 t,尺度 20.80L×18.40B×16.20H;侧向波溅面积(货件距甲板 2 m 以下高度到甲板表面的侧向面积)41.60 m²,正向波溅面积(货件距甲板 2 m 以下高度到甲板表面的正向面积)36.80 m²;侧向受风面积 336.96 m²,正向受风面积 298.08 m²。

经自由液面修正后的初稳性高度为 27.82 m。

货件用管材焊接在甲板和系固点处。首尾向管材(support_1)共 4 件,MSL 取为 1 660 kN,水平系固角 α 取为 45°,垂向系固角 β 取为 90°。左右向管材(support_2)共 14 件,MSL 取为 870 kN,水平系固角 α 取为 45°,垂向系固角 β 取为 0°。倾覆力臂 a 取为 9.07 m,稳定力臂 b 取为 2.85 m。安全系数取为 1.5。

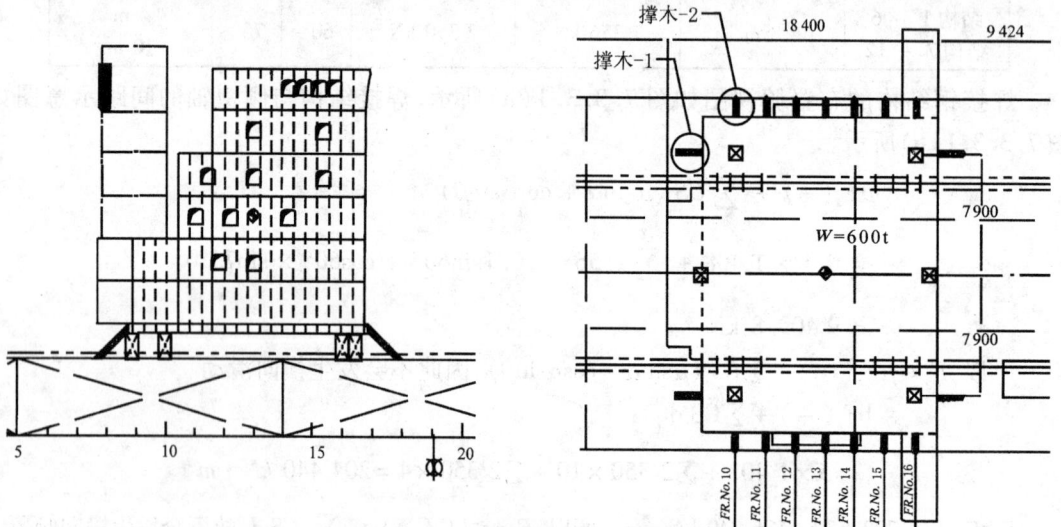

图 7.3.4.1　焊接钢结构的布置方案

解：

1. 货件上的侧向受力

项目	操控台座（AX1382）
r_θ 为货物质量中心至水线处假定的旋转中心的距离(m)，按货件尺度确定	10.86
θ_0 为最大横摇角(°)，浮体通常按15°计算	15.00
T_r 为横摇周期(s)，取为 $T_r = 1.1 \dfrac{B}{\sqrt{GM}}$	4.83
g 为重力加速度，取为 9.81 m/s²	9.81
$A_y = r_\theta \dfrac{\theta_0 \pi}{180}\left(\dfrac{2\pi}{T_\theta}\right)^2 + g\sin\theta_0$	7.35
F_{wy} 为风作用力(kN)，按货物侧投影面积及无限航区计算，取 1 kN/m²。	336.96
F_{sy} 为波溅力(kN)，按距离干舷甲板2.0 m高度以下部分的货物侧投影面积计算，取 1 kN/m²	41.60
F_y	4 789.86

2. 货件上的正向受力

项目	操控台座（AX1382）
r_φ 为纵摇转动半径(m)，按货件尺度确定	16.43
φ_0 为最大纵摇角(°)，浮体通常按5°计算，这里取为6°	6.00
T_p 为纵摇周期(s)，这里取为 10 s	10.00
g 为重力加速度，取为 9.81 m/s²	9.81
$a_x = r_\varphi \dfrac{\varphi_0 \pi}{180}\left(\dfrac{2\pi}{T_p}\right)^2 + g\sin\varphi_0$	1.70
F_{wx} 为风作用力(kN)，按货物正投影面积及无限航区计算，取 1 kN/m²。	298.08
F_{sx} 为波溅力(kN)，按距离干舷甲板2.0 m高度以下部分的货物正投影面积计算，取 1 kN/m²	36.80
F_x	1 356.85

3. 货件上的垂向受力

项目	操控台座（AX1382）
L 为船舶总长(m)	76.20
$a_z = 3.75e^{-0.0033L}$	2.92
$F_z(+) = M(g + a_z)$	7 635.75
$F_z(-) = M(g - a_z)$	4 136.25

4. 水平支撑力校核

横向支撑

项目	横向支撑（共14件）				取 $SWL = 870.0$
	1	2	3 …	14	

$CS_i(\text{kN}) = SWL/1.5$	580.0	580.0	580.0	580.0	
α	45	45	45	45	
β	90.0	90.0	90.0	90.0	Σ
$d_i(\text{m})$,取为左右向支柱间距离	15.0	15.0	15.0	15.0	
$CS_i(\mu\sin\alpha + \cos\alpha\sin\beta)$	410.0	410.0	410.0	410.0	5 740.0
$CS_i(\mu\sin\alpha + \cos\alpha\sin\beta)$	0	0	0	0	0
$CS_i d_i$	6 150	6 150	6 150	6 150	86 100.0

纵向支撑

项目	纵向支撑(共4件)				取 $SWL = 1\,558.5$
	1	2	3	…	14	
$CS_i(\text{kN}) = SWL/1.5$	1 039	1 039	1 039	1 039	
α	45	45	45	45	
β	0.0	0.0	0.0	0.0	Σ
$d_i(\text{m})$,取为左右向支柱间的距离	15.0	15.0	15.0	15.0	
$CS_i(\mu\sin\alpha + \cos\alpha\sin\beta)$	0	0	0	0	
$CS_i(\mu\sin\alpha + \cos\alpha\sin\beta)$	735.0	735.0	735.0	735.0	2 940.0
$CS_i d_i$	11 025	11 025	11 025	11 025	44 100.0

校核：

横向滑动力为 4 789.86 kN,小于横向系固力 5 740.0 kN,所以不会发生横向滑动;

纵向滑动力为 1 356.85 kN,小于纵向系固力 2 940.0 kN,所以不会发生纵向滑动;

横向倾覆力矩为 4 789.86 × 9.07 = 43 444 kN－m,小于横向系固力矩 4 136.25 × 2.85 + 86 100.0 = 97 888 kN－m,所以不会发生横向倾覆。

§7.4　集装箱在专用船上的系固

集装箱在专用集装箱船上装载时,其系固应用专门方法进行校核。目前尚无国际通行的校核方法,世界各主要船级社均制定了各自的校核方法。这里主要介绍美国船级社(ABS)专用集装箱船上集装箱积载与系固校核方法[①]。

7.4.1　专用集装箱船的运动要素

7.4.1.1　摇摆周期与最大横摇角

在对专用集装箱船上集装箱积载与系固强度进行校核时,若船舶质量左右分布不对称,则摇摆周期 $T_r(\text{s})$ 应另作专门研究。一般情况下,可按式(3.8.1.2)和(3.8.1.3)计算该横摇周期。专用集装箱船的最大横摇角 $\theta_r(°)$ 可按式(3.8.1.6)计算。

7.4.1.2　集装箱受到的风力

在专用集装箱船上,集装箱受到的风力 $F_w(t)$ 按式(7.4.1.1)计算,

① ABS, Guide for Certification of Container Securing System, 1988. Notice No. 1 – 1 March 2001. Notice No. 2 – 1 February 2003 (Rev. On 24 March 2004). Notice No. 3 – May 2008. Notice No. 4 – October 2008. Corrigenda/Editorials – 9 February 2009.

$$F_w = 0.063\,3A_w \tag{7.4.1.1}$$

式中，A_w 为集装箱的受风面积（m^2）。对于 20 尺箱，F_w 取 1 t；对于 40 尺箱，F_w 取 2 t；对于其他尺度集装箱，可按实际受风面积计算。

7.4.1.3　最大纵倾角和纵摇周期

专用集装箱船的最大纵倾角 φ_p（°）按式（4.4.4.1）估算，即当 $L_{bp} \leqslant 120$ m 时取 $\varphi_p = 6°$；当 $120\,m < L_{bp} < 275$ m 时取 $\varphi_p = 7°$；当 $L_{bp} \geqslant 275$ m 时取 $\varphi_p = 8°$。

专用集装箱船的纵摇周期 T_p（s）按式（4.4.4.1）和式（4.4.4.2）估算。

7.4.1.4　垂荡周期

专用集装箱船的垂荡周期 T_h（s）应按式（7.4.1.2）计算，

$$T_h = 0.5\sqrt{L_{bp}} \tag{7.4.1.2}$$

7.4.1.5　运动中心

专用集装箱船的横摇中心（roll center）取在垂向重心处。若无法计算垂向重心，则横摇中心（Y_0，Z_0）取为

$$Y_0 = 0,\quad Z_0 = 0.5\left(\frac{D}{2} + d\right) \tag{7.4.1.3}$$

式中，D 为船舶型深（m），d 为船舶当时的吃水（m）。

专用集装箱船的纵摇中心（pitch center）取在漂心处。若无法计算漂心，则纵摇中心（X_0，Y_0）取为

$$X_0 = -0.05L_{bp},\quad Y_0 = 0 \tag{7.4.1.4}$$

7.4.1.6　横摇与垂荡状态下的重力与惯性力

当专用集装箱船处于横摇与垂荡状态时，每只集装箱的重力只会在横向和垂向上产生分量而不会在纵向上产生分量；每只集装箱受到的惯性力也只会在横向和垂向上产生分量而不会在纵向上产生分量。这种情况下，某一集装箱的重力和惯性力在横向产生的分量（t）和在垂向上产生的分量（t）可表为

$$WA_t = W\left[\sin\theta_r + 0.002\,26\,\frac{\pi^3\theta_r}{T_r^2}z + 0.005\,1\,\frac{\pi^2 L_{bp}}{T_h^2}\sin\theta_r\right] \tag{7.4.1.5}$$

$$WA_v = W\left[\cos\theta_r \pm 0.002\,26\,\frac{\pi^3\theta_r}{T_r^2}y + 0.005\,1\,\frac{\pi^2 L_{bp}}{T_h^2}\cos\theta_r\right] \tag{7.4.1.6}$$

式中，W 为这一集装箱的质量（t），A_v 为该集装箱的重力和惯性力在垂向上的分力系数（无量纲）；A_t 为该集装箱的重力和惯性力在横向上的分力系数（无量纲）；y 和 z 分别为该集装箱的重心到船舶重心的横向距离（m）和垂向距离（m）；正负惯性力应分别校核。

7.4.1.7　纵摇与垂荡状态下的重力与惯性力

当专用集装箱船处于纵摇与垂荡状态时，每只集装箱的重力只会在纵向和垂向上产生分量而不会在横向上产生分量；每只集装箱受到的惯性力也只会在纵向和垂向上产生分量而不会在横向上产生分量。这种情况下，某一集装箱的重力和惯性力在纵向产生的分量（t）和及在垂向上产生的分量（t）可表为

$$WA_l = W\left[\sin\varphi_p + 0.002\,26\,\frac{\pi^3\varphi_p}{T_p^2}z + 0.005\,1\,\frac{\pi^2 I_{bp}}{T_h^2}\sin\varphi_p\right] \tag{7.4.1.7}$$

$$WA_v = W\left[\cos\theta_p \pm 0.002\,26\,\frac{\pi^3\varphi_p}{T_p^2}x + 0.005\,1\,\frac{\pi^2 L_{bp}}{T_h^2}\cos\varphi_p\right] \qquad (7.4.1.8)$$

式中，A_l 为该集装箱的重力和惯性力在纵向上的分力系数（无量纲）；x 和 z 分别为该集装箱的重心到船舶重心的纵向距离（m）和垂向距离（m）；正负惯性力应分别校核。

集装箱的重心取在箱高的中心即箱高的一半处和长度的一半处。

7.4.2　集装箱箱体受力计算

在集装箱箱体上，研究角件受到的横向、纵向和垂向拉力和压力、4 只立柱受到的压力、端面和侧面受到的扭变力具有重要意义。

7.4.2.1　立柱上受到的压力

每只集装箱上有 4 只立柱，每只立柱上受到的压力 $P_c(t)$ 为

$$P_c = \frac{1}{4}(n-1)WA_v \qquad (7.4.2.1)$$

式中，n 为集装箱上堆装的箱数。

这一压力作用在立柱的轴线上，与箱底板垂直，并且已修正了倾角等参数的影响。

7.4.2.2　角件上的受力

· 角件上受到的压力

集装箱的底座、扭锁等角件会受到压力。集装箱 4 个底角件上均受到重力和垂向惯性力的作用，其中重力垂直向下，但惯性可向上也可向下。从安全角度考虑，任一角件受到的压力 $P_v(t)$ 可按式（7.4.2.2）计算：

$$P_v = \frac{1}{4}nWA_v \qquad (7.4.2.2)$$

式中，n 为集装箱上堆装的箱数。

式（7.4.2.2）给出的是作用在底角件上的垂向最大计算力。这个力与箱底面垂直，已修正了倾角等参数的影响。计算时，假定集装箱的重心在其几何中心处。

· 角件上受到的横向力

集装箱角件上受到的横向力，主要传递给扭锁、底锥、横撑、格栅、桥接件上等构件。角件上受到的横向力，主要由重力和惯性力的横向分量产生。对于装载在甲板上的集装箱上，还应增加风力的作用。任一角件受到的横向力 $P_t(t)$ 按式（7.4.2.3）计算，

$$P_t = \frac{1}{4}WA_t \qquad (7.4.2.3)$$

这里的横向力与集装箱的侧壁垂直，已修正了倾角等参数的影响；计算时，假定集装箱的重心在其几何中心处。

设第 i 层上堆装了 m 只集装箱，每只集装箱受到的横向力为 WA_t，其一端受到的横向力 $F_i = \frac{1}{2}mWA_t$，如图 7.4.2.1 所示，则在该端设置的横向撑件、格栅等应承受的负荷 P_i 应按式（7.4.2.4）计算，

$$P_i = \frac{1}{2}F_i + \frac{1}{2}F_{i-1} \qquad (7.4.2.4)$$

集装箱角件上受到的横向力有时较复杂。在图 7.4.2.2 中，箱高均为 H（m），第 1~6 层

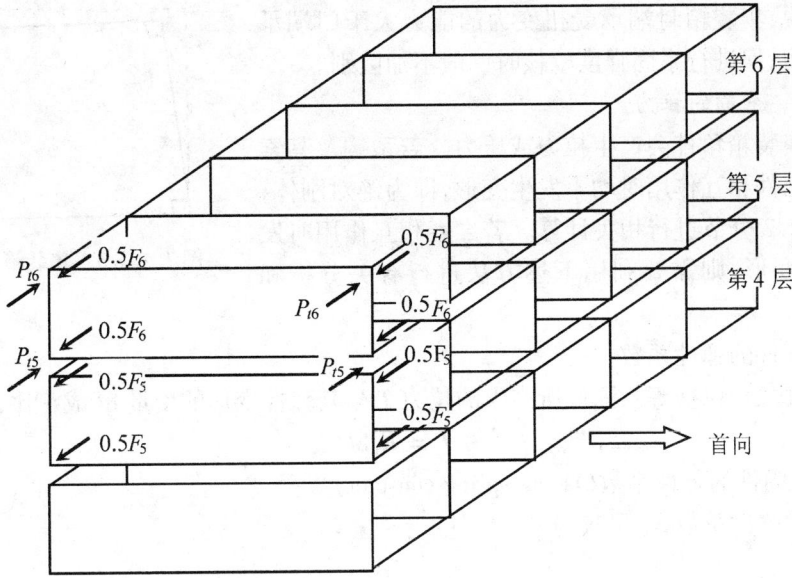

图 7.4.2.1　集装箱角件上的受力

箱受到的重力与惯性力的横向分量分别为 $F_1 \sim F_6$，则底层二只角件(一侧)受到的横向力总和 P_{t0} 为

$$P_{t0} = F_1 \frac{2.5H}{3H} + F_2 \frac{1.5H}{3H} + F_3 \frac{0.5H}{3H}$$

第 3,4 层间的二只角件(一侧)受到的横向力 P_{t3} 为

$$P_{t3} = F_1 \frac{0.5H}{3H} + F_2 \frac{1.5H}{3H} + F_3 \frac{2.5H}{3H} + F_4 \frac{1.5H}{2H} + F_5 \frac{0.5H}{2H}$$

第 5,6 层间的二只角件(一侧)受到的横向力 P_{t5} 为

$$P_{t5} = F_4 \frac{0.5H}{2H} + F_5 \frac{1.5H}{2H} + F_6 \frac{0.5H}{H}$$

第 6 层顶部的二只角件(一侧)受到的横向力 P_{t6} 为

$$P_{t6} = F_6 \frac{0.5H}{H}$$

· 角件上受到的纵向力

与角件上受到的横向力类似,任一端角件受到的纵向力 $P_l(t)$ 按式(7.4.2.5)计算:

$$P_l = \frac{1}{4} W A_l \tag{7.4.2.5}$$

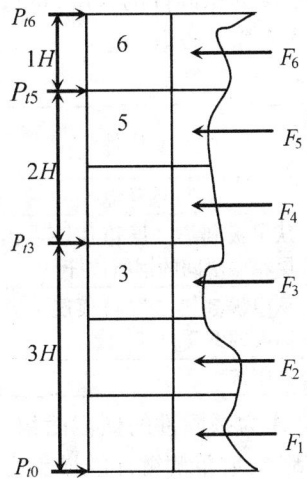

图 7.4.2.2　集装箱角件上
受力的叠加

7.4.2.3　扭变力

扭变力,系指致集装箱箱体某一个平面发生扭变(racking)的力,如图 7.4.2.3 所示。

实际上,作用在集装箱某一个平面(顶面或底面、侧面、端面)上的力矩才会使其发生扭变变形。集装箱的高度、宽度和长度基本上为固定值,所以只要计算出这个力矩在某一个边上的当量力,就可以确定这个力矩对集装箱产生的扭变作用。

作用在集装箱某一侧边上的力,可为系固件产生的拉力或压力;可为系钩的拉力;也可为重力和惯性力分量或称为自扭变力(self-racking force)。

一般来说,集装箱封端承受扭变力的能力大于门端承受扭变的能力,但进行系固强度校核时一般不加区别。

7.4.2.4 系钩的拉力

系钩对集装箱角件会产生拉力或压力。若系钩及其索链或拉杆和角件相互作用时均不发生变形,即为绝对刚体,则可按7.4.2.2分节进行相关计算。若二者相互作用时发生一定弹性变形,则需要利用下述方法进行有关分析和计算。

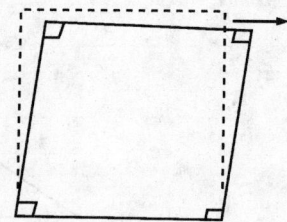

图7.4.2.3 集装箱的扭变力

· 系固件的弹性系数

系索、系固链、拉杆等系固件所产生的拉力 T 与其弹性变形的增量 δl 成正比,即

$$T = K_L \delta l \qquad (7.4.2.6)$$

式中,K_L 为系固件的弹性系数(lasing spring constant)。

系固件的弹性系数 K_L 可表为

$$K_L = \frac{A E_L}{l} \qquad (7.4.2.7)$$

式中,l 为系固件的长度(m);E_L 为系固件的弹性模量(effective elastic moduli,kg/mm^2),可由表7.4.2.1查取。

表7.4.2.1 集装箱系固设备的弹性模量

系固件	弹性模量 E_L(kg/mm^2)	备注
钢丝绳	9 900	
从甲板到第一层箱顶层或第二层箱底层间的钢质拉杆	9 000	第一层箱系指甲板上的最底层箱;量取拉杆长度时,由甲板量至系固点,坚固装置不扣除。
从甲板到第二层箱顶层或其上高度的钢质拉杆	18 000	
系固链	10 000	

A 为系固件的横截面积,对于钢丝绳,取其标称面积;对于拉杆,取其实际横截面积;对于系固链,取单侧链环的横截面积。

· 角件的弹性系数

集装箱的角件、桥锁、撑件等所产生的拉力 T 与其弹性变形的增量 δs 成正比,即

$$T = K_S \delta s \qquad (7.4.2.8)$$

式中,K_S 为角件弹性系数(shoring spring constant)。

· 集装箱的弹性系数

集装箱的扭变弹性系数(racking spring constant)K_C 系指端壁或侧壁发生单位长度扭变所需要的作用力(t/mm),其值一般应由集装箱生产厂家进行实测取得。

集装箱的扭变力 Q 与其扭变变形的增量 δs 成正比,即

$$Q = K_C \delta s \qquad (7.4.2.9)$$

若集装箱生产厂家未提供扭变弹性系数,则可按表7.4.2.2查取。应注意,该表仅适用于8.0和8.5 ft普通集装箱。

表 7.4.2.2　集装箱端壁和侧壁的扭变弹性系数

端壁与侧壁	扭变弹性系数 KC(t/mm)	备注
门端	0.38	适于 8.0 和 8.5 ft 集装箱。
封端	1.60	
侧壁	0.59	

7.4.3　集装箱上的受力及限值

装载在船上的集装箱所受到的力可分为下述各种:

· 重力和惯性力,这是指在船舶运动状态下集装箱自身的重力和惯性力总和,其中包括 WA_v,WA_t 及 WA_v,WA_l 等分量。应当指出,在横摇、纵摇和垂荡同时存在时,各项分量会略大于简化状态下的数值。

· 风力,在实际计算中假定该力恒作用在船上,并且其大小与船舶横摇、纵摇、垂荡及航行速度无关。

· 系固力,该力系各系固件(扭索、堆锥、拉杆、桥接件、横撑等)对箱体产生的约束力。在实际计算中,若认为集装箱角件和系固件均为刚性件,则系固力与箱体角件受到的作用力大小相等,方向相反。但实际上,集装箱角件在受到系固件作用力时会发生一定的弹性变形,这过程中系固件也会发生一定的弹性变形,在计算系固力时应考虑这些影响。

在进行系固强度校核时,摩擦力一般忽略不计;波浪对货件产生的波溅力一般也不予以考虑。因此,在进行强度校核时,主要校核力项为扭变力、压力和拉力。

国际上对集装箱角件受力限值并没有统一规定。在实际系固索具强度计算中可利用表 7.4.3.1 规定值进行校核。

表 7.4.3.1　美国船级社规定的集装箱受力限值

力项	20'箱(W=24.00 t)	40'箱(W=30.48 t)
角柱压力(t)	86.4	86.4
底角件压力(t)	97.2	97.2
横向系固件使顶角所受拉力(t)	25.4	25.4
横向系固件使顶角所受压力(t)	25.4	25.4
横向系固件使底角所受拉力(t)	35.6	35.6
横向系固件使底角所受压力(t)	35.6	35.6
纵向系固件使顶角所受拉力(t)	10.2	10.2
纵向系固件使顶角所受压力(t)	5.1	5.1
纵向系固件使底角所受拉力(t)	20.3	30.5
纵向系固件使底角所受压力(t)	20.3	30.5
系钩使角件所受垂向压力(t)	30.5	30.5
系钩使角件所受横向拉力(t)	15.2	15.2
系钩对顶角件的提拉力(t)	20.3	20.3
系钩对底角件的提拉力(t)	25.4	25.4
端壁扭变力(t)	15.2	15.2
侧壁扭变力(t)	12.7	12.7

表 7.4.3.1 各力项的意义见图 7.4.3.1 和图 7.4.3.2,其值已根据材料强度、各部位的重要性、腐蚀、制造中的缺欠、风浪要素等留出了安全余量。

· 角柱压力与底角件压力

25.4t → ☐ ☐ ← 25.4t   25.4t → ☐ ☐ ← 25.4t

35.6t → ☐ ☐ ← 35.6t   35.6t ← ☐ ☐ → 35.6t

5.1t → ☐   ☐ ← 5.1t

20.3t → ☐   ☐ ← 20.3t

10.2t ← ☐   ☐ → 10.2t

20.3t ← ☐   ☐ → 20.3t

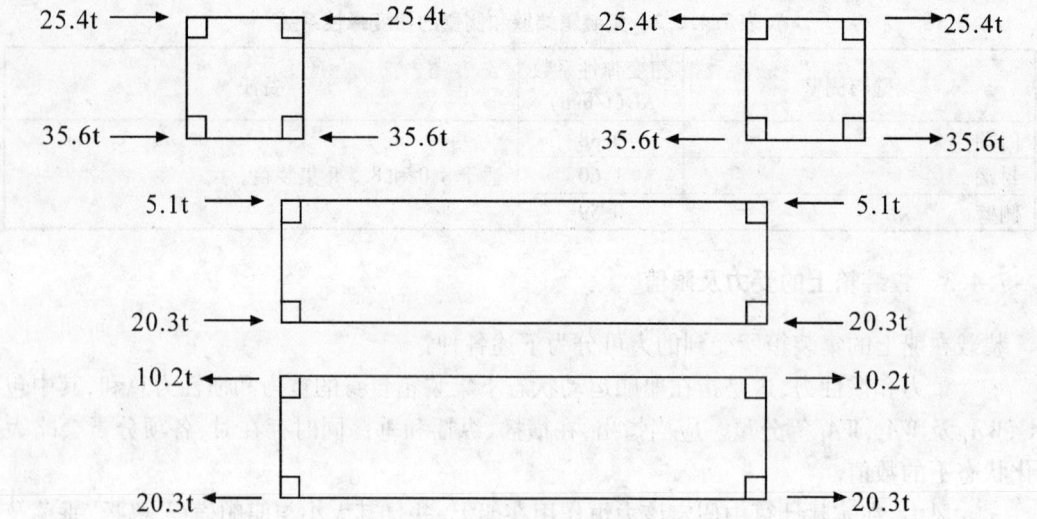

图 7.4.3.1 20′箱角件上的系固力

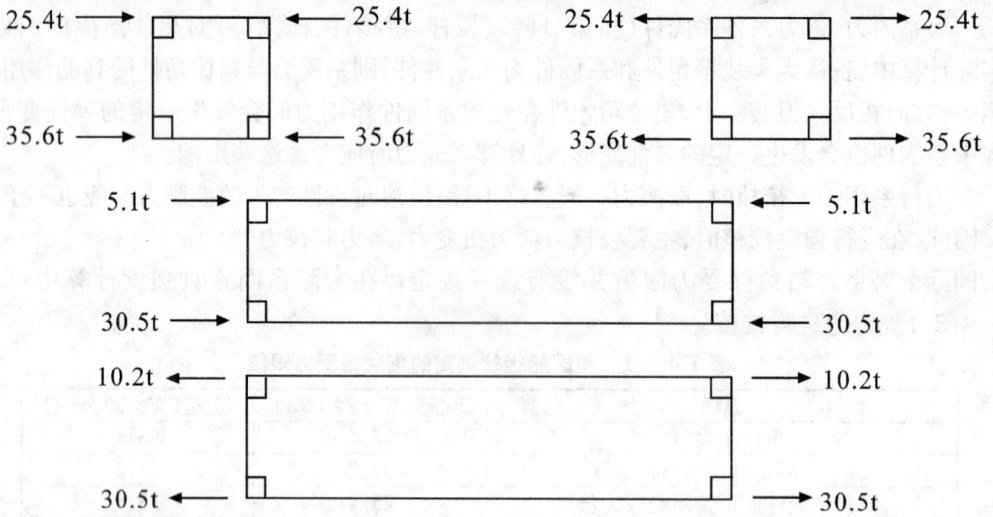

25.4t → ☐ ☐ ← 25.4t   25.4t ← ☐ ☐ → 25.4t

35.6t → ☐ ☐ ← 35.6t   35.6t ← ☐ ☐ → 35.6t

5.1t → ☐   ☐ ← 5.1t

30.5t → ☐   ☐ ← 30.5t

10.2t ← ☐   ☐ → 10.2t

30.5t ← ☐   ☐ → 30.5t

图 7.4.3.2 40′箱角件上的系固力

所有集装箱的角柱均会受到压力,这一压力经各角柱传递到底角上。

构成这一压力的分力包括:上部箱体重力与惯性力的垂向分量,由 4 只角柱均匀分担;上部箱体重力与惯性力的横向分量及风力在垂向上的分力,其值可为正值也可为负值;系钩拉力在垂向上的分力。

集装箱的立柱及扭索、堆锥等系固件在垂向强度上均应达到这一压力要求。

· 横向系固件及其作用力

横向系固件系指扭索、堆锥、桥接件、横撑等对角件的作用力。这种系固件与角件的接触面积和体积均较大,对角件的作用力分为拉力和压力,其中拉力对角件的作用相当于对角件的剪切作用,故又称剪切力。

集装箱的角件和横向系固件的横向强度均应达到这一规定值。

· 纵向系固件及其作用力

纵向系固件系指扭索、堆锥、桥接件、纵撑等对角件的作用力。这种系固件与角件的接触面积和体积也较大,对角件的作用力也分为拉力和压力,其中拉力对角件的作用相当于对角件的剪切作用,故又称剪切力。

集装箱的角件和纵向系固件的纵向强度均应达到这一规定值。这一规定值一般小于横向强度的相应值。

- 　系钩及其对角件的作用力

系钩系指拉杆、花兰螺丝、系链的象脚钩(elephant feet)对角件的作用力。这种系固件与角件的接触面积和体积较小,对角件的作用力一般与立柱成一个角度,因此会在横向和垂向上分别产生分力。

集装箱的角件、系钩及其系固件的强度均应达到这一规定值。

- 　端壁与侧壁扭变力

端壁与侧壁上的扭变力由重力和惯性力的相应分力、风力、系索拉力的相应分力等构成。端壁扭变力的许可值一般大于侧壁扭变力许用值。

- 　角件承受的提拉力

用吊具起吊集装箱时,所用象脚钩对角件的提拉力不得超过角件的许可提拉力。

一般来说,角件承受垂向拉力的能力大于承受横向拉力的能力,其间的关系如图7.4.3.3所示。角件可承受的提拉力一般在许用垂向拉力和许用横向拉力之间。

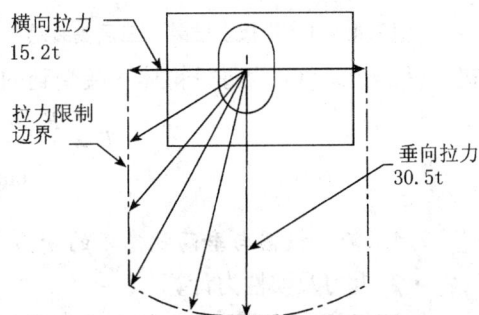

图7.4.3.3　角件上的系固力间间的关系

7.4.4　集装箱系固校核

集装箱系固的校核计算比较复杂,这里以在甲板上堆装的三层集装箱箱堆为例,说明其计算过程。

7.4.4.1　集装箱与积载基本数据

三只集装箱均为20 ft箱,高8.5 ft,重20 t,叠装在甲板上,如图7.4.4.1所示。

系固件的参数为

- 　拉杆,$\Phi = 25(\mathrm{mm})$,$SWL = 18(\mathrm{t})$;
- 　底座,压力 $SWL = 85(\mathrm{t})$,拉力 $SWL = 20(\mathrm{t})$;
- 　底座,压力 $SWL = 20(\mathrm{t})$,拉力 $SWL = 15(\mathrm{t})$。

7.4.4.2　系固拉杆的受力分析

系索和角件的相互作用如图7.4.4.2所示。箱角件的系固点在受力后发生一个弹性变形,由 O 点移动到 O' 点,变形量为 δs;同样,系索也略有增长,增量为 δl。

在 O 点,拉杆的拉力 $T = K_L \delta l$,角件上受到的的拉力 $Q = K_C \delta s$,并且 $\beta \approx \alpha$,不难得到,

$$Q = \frac{T}{\cos} \frac{K_C}{K_L} = \frac{T}{\cos\alpha} \frac{K_C}{K_L} \qquad (7.4.4.1)$$

另一方面,O 点受到的横向力 Q 还可表为

$$Q = F_3 + F_2 + 0.5F_1 + 2.5F_w - T\cos\alpha \qquad (7.4.4.2)$$

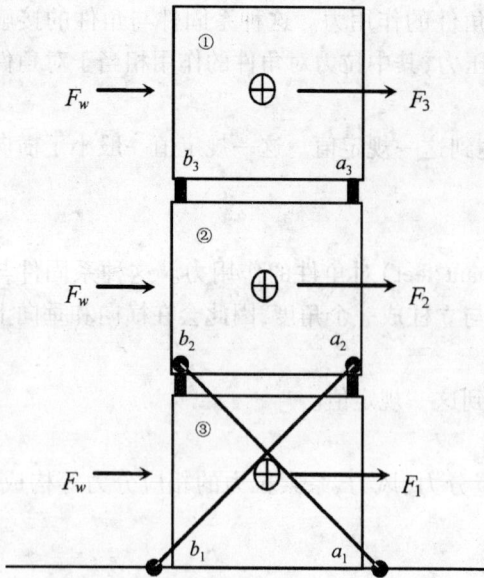

图 7.4.4.1　甲板上堆装的三层集装箱

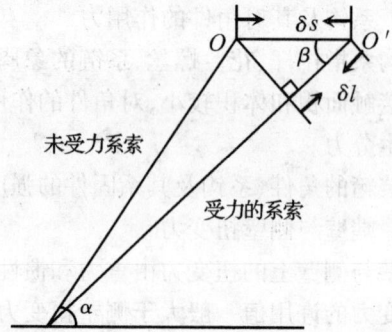

图 7.4.4.2　系索和系固点的变形

式中,$F_w = 0.5(\text{t})$ 为每只箱体一端受到的风力。

$$T = \frac{F_3 + F_2 + 0.5F_1 + 2.5F_w}{\cos\alpha\left(1 + \dfrac{1}{\cos^2\alpha}\dfrac{K_C}{K_L}\right)} \qquad (7.4.4.3)$$

7.4.4.3　横摇与垂荡状态下的受力分析与校核

· 重力及惯性力计算

按该船尺度及集装箱在船上的积载位置,算得横摇状态下第 1~3 层的重力及惯性力垂向分量 A_{v1},A_{v2},A_{v3} 均为 1.05;横向分量 A_{t1},A_{t2},A_{t3} 分别为 0.63,0.64,0.65。

· 拉杆受力校核

查表 7.4.2.2 得 $K_C = 0.38(\text{t/mm})$,$E_L = 9\,900(\text{kg/mm}^2)$。

在计算拉杆长度时,取箱高为 2 591(mm),箱宽为 2 438(mm)、角件高度为 30(mm),从而

$$l = \sqrt{2\,438^2 + (2\,591 + 30 + 30)^2} = 3\,602 \ (\text{mm})$$

相应系固角 α 为

$$\cos\alpha = \frac{2\,438}{3\,602} = 0.677$$

拉杆的弹性系数 K_L 为

$$K_L = \frac{AE_L}{l} = \frac{3.44 \times 12.5^2 \times 9\,900}{3\,602} = 1\,349(\text{kg/mm})$$

即 $K_L = 1.349(\text{kg/mm})$。

从而,拉杆上的拉力 T 为

$$T = \frac{6.5 + 6.4 + 0.5 \times 6.3 + 2.5 \times 0.5}{0.677\left(1 + \dfrac{1}{0.677^2}\dfrac{0.38}{1.349}\right)} = 15.83(\text{t})$$

该值小于拉杆的安全工作负荷 18(t),所以拉杆的强度合格。

· 顶层箱的受力校核

对于顶层箱,只校核端部扭变力和箱底角件受到的拉力,因为顶层箱受力较小,一般不会影响其结构与强度。

顶层箱端部受到 F_3 与 F_w 之和作用。该力与端面平行,作用在该箱高度的一半处,所以,端边受到的扭变力 Q 为 F_3 与 F_w 之和的一半,即

$$Q = 0.5(6.5 + 0.5) = 3.5(\text{t})$$

该值小于 20 ft 箱端壁扭变力许用值 15.2(t),所以合格。

每只箱底角件受到的拉力为 F_3 与 F_w 之和的一半,即 3.5(t),小于 20 ft 箱角件横向拉力许用值 15.2(t),所以合格。

· 中层箱的受力校核

对于中层箱,需要校核端部扭变力、拉杆的拉力对箱底角件的作用力和箱底角件受到的拉力。

中层箱端部受力由二部分组成:F_3 与 F_w 之和作用在上端部;F_2 与 F_w 之和作用在该箱高度的一半处,所以,端边受到的扭变力 Q 为 F_3 与 F_w 之和加上 F_2 与 F_w 之和的一半,即

$$Q = (6.5 + 0.5) + 0.5(6.4 + 0.5) = 10.5(\text{t})$$

该值小于 20 ft 箱端壁扭变力许用值 15.2(t),所以合格。

系固拉杆系在该箱底角上。拉杆的拉力为 15.83(t)。该力沿箱体端面对角线指向下方,从而会在横向上产生对角件的拉力,在垂向上产生对角件的压力。拉杆对角件的横向拉力为

$$15.83 \times \frac{2\,438}{3\,602} = 10.71(\text{t})$$

拉杆对角件的垂向压力为

$$15.83 \times \frac{2\,591 + 30 + 30}{3\,602} = 11.65(\text{t})$$

前者小于系钩对角件的横向拉力 15.2(t),后者小于系钩对角件的垂向压力 30.5(t),所以此项合格。

每只箱底角件受到的拉力为其上各箱的 F_3 与 F_w,F_2 与 F_w 之和,减去拉杆的横向拉力,再除以 2,即

$$\frac{1}{2} \times [(6.5 + 0.5) + (6.4 + 0.5) - 10.71] = 3.19(\text{t})$$

该值小于 20 ft 箱角件横向拉力许用值 15.2(t),所以合格。

· 底层箱的受力校核

对于底层箱,应进行全面校核,因为底层箱受力较大,可能会影响其结构与强度。

底层箱端部受力由四部分组成:F_3 与 F_w 之和作用在上端部;F_2 与 F_w 之和作用在上端部;F_1 与 F_w 之和作用在该箱高度的一半处;拉杆的横向拉力,反向作用在上端部或下端部。所以,端边受到的扭变力 Q 为 F_3 与 F_w,F_2 与 F_w 及 F_1 与 F_w 之和的一半的和,再减去拉杆的横向拉力,即

$$Q = (6.5 + 0.5) + (6.4 + 0.5) + 0.5(6.3 + 0.5) - 10.71 = 6.59(\text{t})$$

该值小于 20 ft 箱端壁扭变力许用值 15.2(t),所以合格。

该箱底角 b_1 处所受压力需校核。该处所受压力由六部分构成:该角件所分担的其上三只

集装箱所受重力与惯性力的垂向分量;第1,2,3层箱所受重力与惯性力的横向分量在该角件上产生的压力;拉杆的反向拉力在该角件上产生的压力;拉杆的正向拉力在该角件上产生的压力。该处压力的计算值为

$$\frac{1.05 \times 3 \times 20}{4}$$

$$+ \frac{7(2.5 \times 2.591 + 0.09) + 6.9(1.5 \times 2.591 + 0.06) + 6.8(0.5 \times 2.591 + 0.03)}{2.259}$$

$$- \frac{10.71(2.591 + 0.06)}{2.259} + 11.65 = 15.75 + 23.83 + 11.65 = 51.23(t)$$

该值小于箱底角件的许用压力 97.2(t),所以该项合格。

该箱底角 a_1 处所受压力也需校核。考虑到 a_1 与 b_1 处不可能同时受力,所以该处所受压力由五部分构成:该角件所分担的其上三只集装箱所受重力与惯性力的垂向分量;第1,2,3层箱所受重力与惯性力的横向分量在该角件上产生的拉力;拉杆的反向拉力在该角件上产生的拉力。该处压力的计算值为

$$\frac{1.05 \times 3 \times 20}{4}$$

$$- \frac{7(2.5 \times 2.591 + 0.09) + 6.9(1.5 \times 2.591 + 0.06) + 6.8(0.5 \times 2.591 + 0.03)}{2.259}$$

$$+ \frac{10.71(2.591 + 0.06)}{2.259} = -8.08(t)$$

该值为负值,说明该处所受的力为拉力,其绝对值小于箱底角件的许用拉力 20.3(t),所以该项合格。

每只箱底角件受到的拉力为其上各箱的 F_3 与 F_w,F_2 与 F_w,F_1 与 F_w 之和,减去拉杆的横向拉力,再除以2,即

$$\frac{1}{2} \times \left[(6.5 + 0.5) + (6.4 + 0.5) + (6.3 + 0.5) - 10.71 \right] = 5.00(t)$$

该值小于 20 ft 箱角件横向拉力许用值 15.2(t),所以合格。

· 角柱的受力校核

底层箱角柱受力最大,这里校核 $b_2 \sim b_1$ 间角柱的受力。

$b_2 \sim b_1$ 间角柱所受压力由五部分构成:该角柱所分担的其上三只集装箱所受重力与惯性力的垂向分量;第1,2,3层箱所受重力与惯性力的横向分量在该角件上产生的压力;拉杆的反向拉力在该角件上产生的压力;拉杆的正向拉力在该角件上产生的压力。该处压力的计算值为

$$\frac{1.05 \times 3 \times 20}{4} + \frac{7(2 \times 2.591 + 0.06) + 6.9(2.591 + 0.03) + 0.5 \times 6.8(0.5 \times 2.591)}{2.259}$$

$$- \frac{10.71(0.5 \times 2.591 + 0.03)}{2.259} + 11.65 = 42.06(t)$$

该值小于角柱许用压力 86.4(t),所以该项合格。

7.4.4.4 纵摇与垂荡状态下的受力分析与校核

纵摇与垂荡状态下集装箱受力一般远小于横摇与垂荡状态下的受力,所以只校核底层箱的受力情况。

按该船尺度及集装箱在船上的积载位置,算得纵摇状态下第 1~3 层的重力及惯性力垂向分量 A_{v1}, A_{v2}, A_{v3} 均为 1.75;横向分量 A_{l1}, A_{l2}, A_{l3} 分别为 0.17,0.16,0.15。

在本例集装箱纵向受力校核时,风力不计。经计算,F'_3, F'_2 及 F'_1

$$F'_3 = 0.5 \times 20 \times 0.17 = 1.7(t)$$
$$F'_2 = 0.5 \times 20 \times 0.16 = 1.6(t)$$
$$F'_1 = 0.5 \times 20 \times 0.15 = 1.5(t)$$

底层箱侧部受力由三部分组成:F'_3 和 F'_2 作用在上端部;F'_1 作用在该箱高度的一半处。所以,侧边受到的扭变力 Q' 为

$$Q = 1.7 + 1.6 + 0.5 \times 1.5 = 4.05(t)$$

该值小于 20 英尺箱侧壁扭变力许用值 10.2(t),所以合格。

该箱底角 b_1 处所受压力需校核。该处所受压力由六部分构成:该角件所分担的其上三只集装箱所受重力与惯性力的垂向分量;第 1,2,3 层箱所受重力与惯性力的横向分量在该角件上产生的压力;拉杆的反向拉力在该角件上产生的压力;拉杆的正向拉力在该角件上产生的压力。该处压力的计算值为

$$\frac{1.05 \times 3 \times 20}{4} +$$
$$\frac{7(2.5 \times 2.591 + 0.09) + 6.9(1.5 \times 2.591 + 0.06) + 6.8(0.5 \times 2.591 + 0.03)}{2.259}$$
$$- \frac{10.71(2.591 + 0.06)}{2.259} + 11.65 = 15.75 + 23.83 + 11.65 = 51.23(t)$$

该值小于箱底角件的许用压力 97.2(t),所以该项合格。

其他力项可作类似校核,一般对集装箱的结构与强度不会有威胁。

7.4.5 集装箱内货的受力计算

国际上目前没有集装箱内货积载的统一标准。但是,集装箱内货物的积载应能抵御一般海天况下的摇摆与颠振,也就是说,在 7.4.5.1 节确定的摇摆状态下不应发生移动。

7.4.5.1 集装箱船的摇摆状态

这里,我们利用实船技术参数说明集装箱船摇摆状态的估算方法。

· 船舶技术参数

某集装箱船,技术参数如下:

$L_{bp} = 141$ m $B = 23.25$ m

$D = 11.50$ m $GM = 1.50$ m

船舶重心为(7.05 m,0,6.50 m)

船上第 X 号集装箱中心位于(-12.50 m,7.50 m,4.50 m)处,内装马口铁(electrolytic tinplate)托盘 12 只。每只托盘尺寸为 300 mm×862 mm×803 mm,重量为 1 739 kg,在箱内单层双排积载,底部加木条衬垫。

· 摇摆周期

按质量左右分布对称计,其横摇周期 $T_r(s)$ 为

$$T_r = \frac{0.8B}{\sqrt{GM}} = \frac{0.8 \times 23.25}{\sqrt{1.50}} = 15.2 \text{ s}$$

· 最大横摇角

该船无舭龙骨,且摇摆周期小于 20 s,故最大横摇角 θ_r 为

$$\theta_r = \frac{3\ 150C}{B + 75} = \frac{3\ 150 \times 1}{23.25 + 75} = 32°$$

· 最大纵倾角

该船二柱间长满足

$$120\ \text{m} < L_{bp} < 275\ \text{m}$$

从而,取最大纵倾角 $\varphi_p = 7°$。

· 纵摇周期

该船二柱间长满足

$$60\ \text{m} \leqslant L_{bp} \leqslant 183\ \text{m}$$

从而,最大纵摇周期 T_p 为

$$T_p = 7 - 0.123(183 - L_{bp}) = 7 - 0.123(183 - 141) = 2\ \text{s}$$

· 垂荡周期

该船垂荡周期 T_h 为

$$T_h = 0.5\sqrt{L_{bp}} = 0.5\sqrt{141} = 6\ \text{s}$$

· 运动中心

该船横摇中心(roll center)取在垂向重心处,即

$$X_0 = -7.05\ \text{m}, Y_0 = 0$$

纵摇中心(pitch center)取为

$$Y_0 = 0, Z_0 = 0.5\left(\frac{D}{2} + d\right) = 6.525\ \text{m}$$

7.4.5.2 货件在箱内受到的重力与惯性力

箱体中,货件在横摇与垂荡状态下受到重力与惯性力与箱底板平行的横向分量按下式计算,这里取托盘中心距船舶中心的垂向距离 z 为 4 m,则

$$WA_t = W\left[\sin\theta_r + 0.002\ 26\ \frac{\pi^2\theta_r}{T_r^2}z + 0.005\ 1\ \frac{\pi^2 L_{bp}}{T_h^2}\sin\theta_r\right]$$

$$= 1.739\left[\sin 32 + 0.002\ 26\ \frac{32\pi^2}{15^2} \times 4 + 0.005\ 1\ \frac{\pi^2 141}{2^2}\sin 32\right]$$

$$= 1.739(0.530 + 0.010 + 0.939) = 2.572\ (\text{t})$$

即这一托盘在横摇与垂荡状态下受到的重力与惯性力与箱底板平行的横向分量为 2.572 t。这一分量使托盘具有沿箱底板横向运动的趋势,如图 7.4.5.1 中的 **GA** 向量所示。

货件在横摇与垂荡状态下受到重力与惯性力与箱底板垂直的垂向分量按下式计算,这里取货件中心距船舶重心的横向距离 y 为 7.5 m,则

$$WA_v = W\left[\cos\theta_r \pm 0.002\ 26\ \frac{\pi^2\theta_r}{T_r^2}y + 0.005\ 1\ \frac{\pi^2 L_{bp}}{T_h^2}\cos\theta_r\right]$$

$$= 1.739\left[\cos 32 \pm 0.002\ 26\ \frac{32\pi^2}{15^2} \times 7.5 + 0.005\ 1\ \frac{3.14^2 141}{2^2}\cos 32\right]$$

$$= 1.739(0.848 \pm 0.010 + 1.503) = 4.106/4.071(\text{t})$$

即这一托盘在横摇与垂荡状态下受到的重力与惯性力与箱底板垂直的垂向分量为 4.106 t 至 4.071 t 之间。这一分量使托盘对箱底板产生垂直压力,如图 7.4.5.1 中的 **GB** 向量所示。

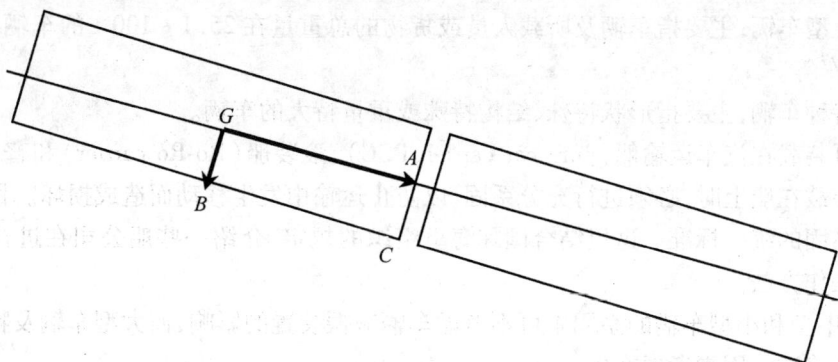

图 7.4.5.1　托盘的翻滚

7.4.5.3　货件在箱内左右箱壁间横向移动的校核

箱内货件底部与箱底板间的摩擦力、系索的拉力、撑木的支撑力均会约束货件在底板平面上的移动。本例中,货件下部沿纵向加垫的木条与箱底板间的摩擦系数取为 0.4,见表 7.2.2.4。

这样,货件所受摩擦力为 (4.106 ~ 4.071) × 0.4 = (1.642 ~ 1.628) t。

显然,这一约束力不足以抵抗货件所受到重力和惯性力在横向上的分力 3.420 t。因此,货件必然发生横向移动。

7.4.5.4　货件在箱内左右箱壁间横向翻滚

船舶横倾时,当货件在横摇与垂荡状态下受到的重力与惯性力的横向分量对 C 点所产生的力矩大于横摇与垂荡状态下受到的重力与惯性力的垂向分量对 C 点产生的力矩时,货件便会发生翻滚,见图 7.4.5.1。

本船箱内货件高为 0.3 m,宽为 0.803 m,经计算,

$$\frac{0.3}{2} \times 2.572 < \frac{0.803}{2}(4.106 ~ 4.071)$$

因此,货件受到的重力与惯性力不足以使托盘发生直接翻滚。

但是,货件在发生横向移动的过程中必会发生损坏,从而形成在宽度方面减小、在高度方面增加的"货堆"。就本例,当"货堆"高度与宽度之比达到 2.791/2.572 = 1.1 左右时,"货堆"便会在箱内发生滚动。

7.4.5.5　货件在箱内的绑扎与系固

货件在箱内的积载,必须进行充分衬垫、绑扎和系固。其设计方案,应保证货件在箱底平面上不会发生横向和纵向移动;不会发生横向和纵向倾翻。

§7.5　车辆的系固及校核

车辆在船上的装载作业一般比较复杂。这里将车辆分为:

· 　小型车辆,主要指车辆及所载人员或货物的总重量在 5.0 t 以下的车辆,如轿车、小型

客车、小型货车等。

　　·　中型车辆,主要指车辆及所载人员或货物的总重量在 5.1 ~ 25.0 t 的车辆,如中型客车、中型货车等。

　　·　大型车辆,主要指车辆及所载人员或货物的总重量在 25.1 ~ 100 t 的车辆,如大型客车、大型货车等。

　　·　特种车辆,主要指形状特殊、结构特殊或重量特大的车辆。

　　车辆可装载在汽车运输船(pure car carrier, PCC)、滚装船(Ro-Ro carrier)和普通货船上。各种车辆装载在船上时,必须进行充分系固,以防止运输中发生移动而造成损坏。目前国际上没有车辆系固的统一标准。这里结合国际海事组织的规定,介绍一些船公司在进行车辆运输时的实际操作方法。

　　一般,中型和小型车辆的系固中可不考虑车辆减振装置的影响,而大型车辆及特种积载和系固中必须将这一因素考虑在内。

7.5.1　小型车辆的受力计算及系固校核

　　小型车辆用索链或尼龙带等轻型系固设备进行系固就可防止车辆移动和倾翻。小型车辆装载在船上,所受到的力主要为:

　　·　小型车辆自身的重力;

　　·　由横摇、纵摇和垂荡引起的惯性力;

　　·　小型车辆自身与甲板间摩擦力;

　　·　系索及系固设备产生的约束力。

　　这里,重力及惯性力常使小型车辆具有移动的趋向,而摩擦力和系索等的约束力则对小型车辆的运动具有约束作用。

7.5.1.1　小型车辆在船上受到的重力及惯性力

　　小型车辆尺度相对于船舶尺度小很多,在分析小型车辆在船上的受力时,可以将小型车辆作为质点对待,即认为小型车辆上各点所受惯性力相同;而且,一般专门用于装载小型车辆的滚装船具有多层甲板(10 层以上),也就是说,小型车辆装载位置常与船舶摇摆中心较远,因而可不区别横摇和纵摇中心,而将二者均取在船舶重心处。

　　设小型车辆的重量为 $W(t)$,重心位于 G',距船舶重心 G 的横向距离为 $b(m)$,纵向距离为 $l(m)$,垂向距离为 $h(m)$,如图 7.5.1.1 所示。船舶横摇 $\theta°$、纵摇 $\varphi°$ 时,所受到的横向惯性力 $F_t(t)$、垂向惯性力 $F_v(t)$ 和纵向惯性力 $F_l(t)$ 可表示为:

$$F_t = W\left[0.07\, \frac{\theta}{T_r^2} h + \left(1 + \frac{g'}{g} \right) \sin\theta \right] \tag{7.5.1.1}$$

$$F_v = W\left[0.07\, \frac{\theta}{T_r^2} b + \left(1 + \frac{g'}{g} \right) \cos\theta \right] \tag{7.5.1.2}$$

$$F_l = W\left(\sin\varphi + 0.07\, \frac{\varphi}{T_p^2} h + 0.1 \right) \tag{7.5.1.3}$$

式中,g 为重力加速度(9.81 m/s²);g' 为横摇引起的垂向加速度及纵摇引起的垂向加速度之和(m/s²),并且,

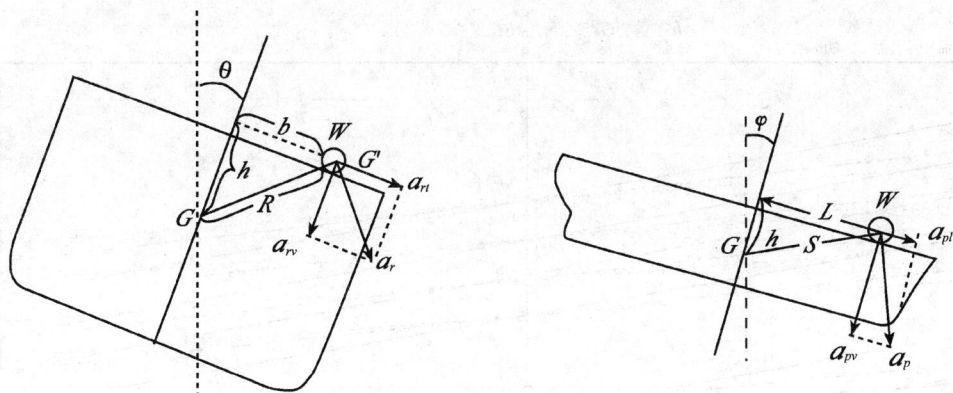

图 7.5.1.1 小型车辆在船上的受力

$$\frac{g'}{g} = \pm 0.07 \frac{\varphi}{T_p^2} l \pm 2.01 \frac{H_w}{T_h^2} \tag{7.5.1.4}$$

当 $\frac{g'}{g} > 0$ 表示向下摇摆,当 $\frac{g'}{g} < 0$ 表示向上摇摆;T_r,T_p 和 T_h 分别为横摇、纵摇和垂荡周期(s),其值可以实测也可根据有关公式估算;H_w 为波浪高度(m),即波峰到波谷间的距离,其值可以实测也可根据有关公式估算。

式(7.5.1.1)~式(7.5.1.3)的计算过程比较复杂,在生产中一般针对具体船型及航线,将该三式按最恶劣装载与航行条件绘成以为 b,l,h,T_r 等参数为引数的曲线。在这种种情况下,最大横摇角常取为 30°,最大纵摇角可取为 $\varphi = 12 \times e^{-0.003\,3L_{bp}}(°)$。

式(7.5.1.1)可改变成

$$F_t = W A_t \tag{7.5.1.5}$$

式中,$A_t = 0.07 \frac{\theta}{T_r^2} h + \left(1 + \frac{g'}{g}\right) \sin\theta$,可在图 7.5.1.2 中查取。

式(7.5.1.2)可改变成

$$F_v = W A_v \tag{7.5.1.6}$$

式中,$A_v = 0.07 \frac{\theta}{T_r^2} b + \left(1 + \frac{g'}{g}\right) \cos\theta$,可在图 7.5.1.3 中查取。

式(7.5.1.3)可改变成

$$F_l = W A_l \tag{7.5.1.7}$$

式中,$A_l = \sin\varphi + 0.07 \frac{\varphi}{T_p^2} h + 0.1$,可在图 7.5.1.4 中查取,

图 7.5.1.2~7.5.1.4 是按最恶劣航行条件和最不利装载位置绘制的:

$\theta = 30°$ $h = -15 \sim 15$ m

$l = 0 \sim 90$ m $H_w = 8$ m

$T_r = 11,14,17$ s $\varphi = 6°$

$b = -15 \sim 15$ m

$T_p = T_h = 7$ s

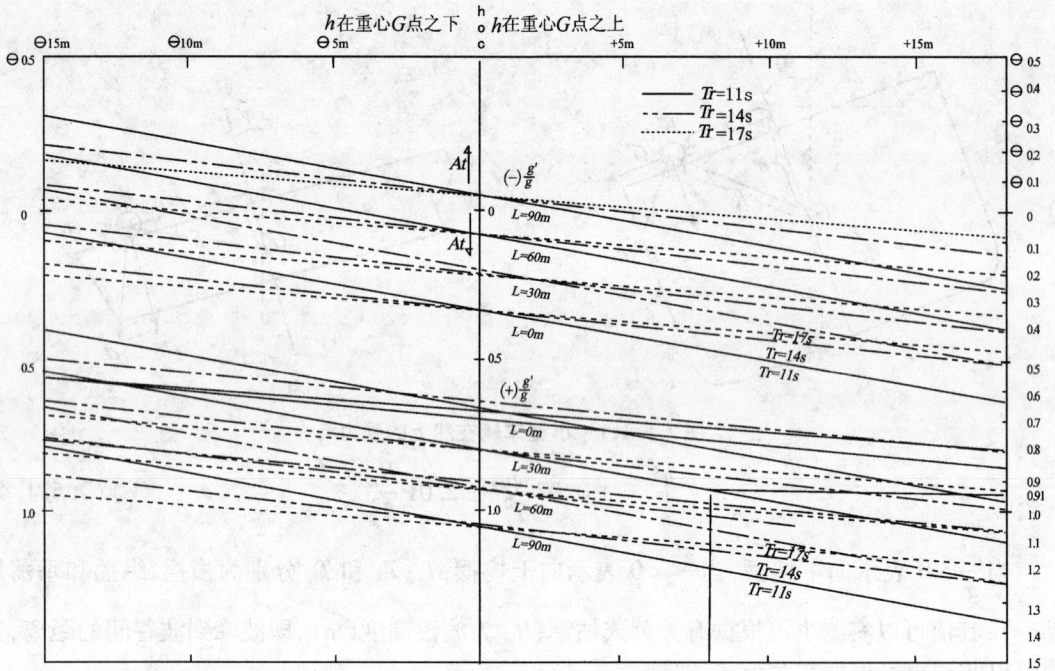

图 7.5.1.2　小型车辆上的横向惯性力

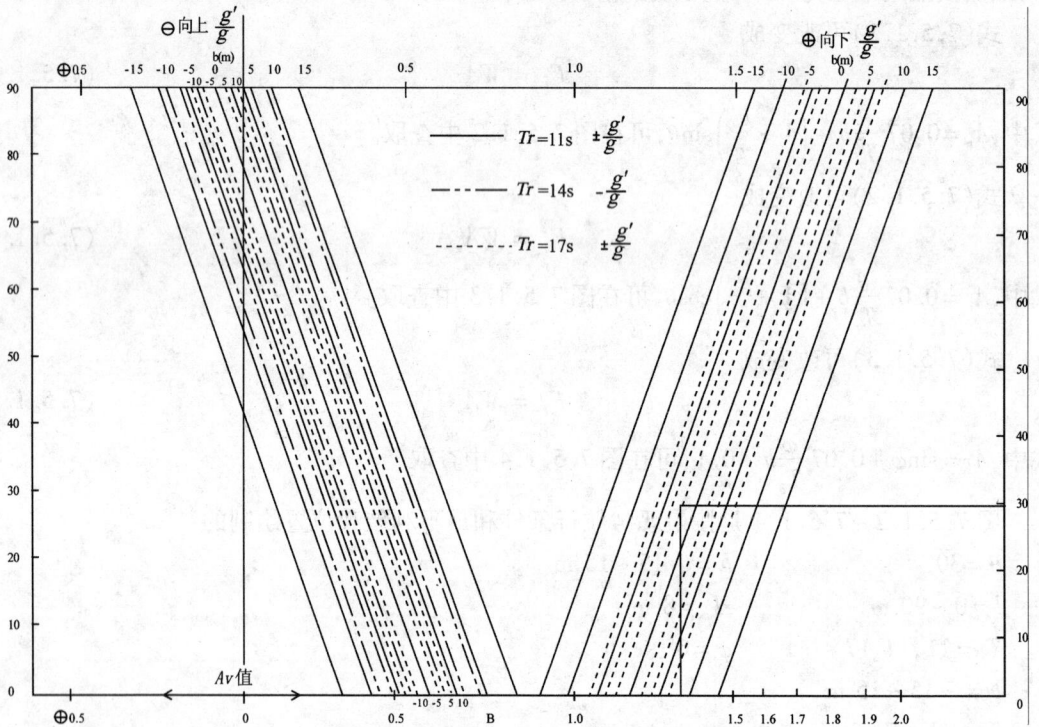

图 7.5.1.3　小型车辆上的垂横向惯性力

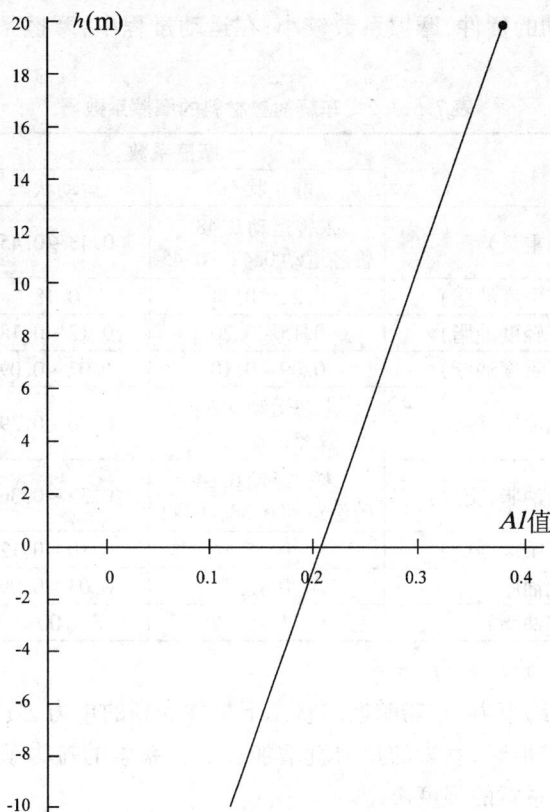

图 7.5.1.4　小型车辆上的纵向惯性力

7.5.1.2　小型车辆在船上受到的摩擦力

当船舶处于静止状态时,小型车辆受到的摩擦力可表为

$$R = \mu W \cos\theta \qquad\qquad (7.5.1.8)$$

当船舶处于运动状态时,小型车辆受到的摩擦力可表为

$$R = \mu F_v \qquad\qquad (7.5.1.9)$$

式中,μ 为摩擦系数。

由于小型车辆甲板常有一定油渍、水渍或泥渍,小型车辆与甲板的摩擦系数或小型车辆衬垫材料与甲板的摩擦系数与货件或其衬垫材料与甲板间的摩擦系数不同。

一般情况下,小型车辆的摩擦系数可按表 7.5.1.1 查取。

表 7.5.1.1　轿车的摩擦系数

接触材料	首尾向		左右向	
	干燥	潮湿	干燥	潮湿
轮胎与木质甲板	0.32	0.34	0.75	0.81
轮胎与涂有普通油漆的钢质甲板	0.30	0.29	0.62	0.55
轮胎与涂有防滑油漆的钢质甲板	0.32	0.32	0.75	0.78

该表系对小型车辆在船上的摩擦系数进行测量得到结果,测量条件为:小型车辆长 4.37 m、宽 1.63 m、高 1.42 m、重 990 kg;轮胎中度磨损,正常胎压;手刹车拉紧,变速器置低挡;甲板面由喷水致湿。

更为细致地考虑小型车辆甲板上的摩擦系数时可以发现,未曾发生过运动的货件,摩擦系数较大;曾经发生过运动的货件,摩擦系数较小;在运动过程中,摩擦系数较小,如表7.5.1.2所示。

表 7.5.1.2　车辆衬垫材料的摩擦系数

接触材料	摩擦系数		备注
	静止状态	运动状态	
木材与钢板(具有相当重量)	未曾运动 0.48 曾经运动 0.42～0.45	0.43～0.45	美国松与钢板
木材与钢板(界面间有中度油脂)	0.21～0.24	0.18	美国松与钢板
木材与槽钢(界面间有轻度油脂)	0.15～0.20	0.12～0.18	美国松与槽钢
木材与槽钢(界面间有重度油脂)	0.09～0.10	0.07～0.09	美国松与槽钢
木材与木材(界面间无油脂,顺纹)	未曾运动 0.63 曾经运动 0.48	0.36～0.39	美国松,纹理平行
木材与木材(界面间无油脂,交纹)	未曾运动 0.64 曾经运动 0.38～0.42	0.33～0.36	美国松,纹理相交
木材与木材(界面间有重度油脂)	0.15	0.10～0.12	美国松
钢板与钢板(界面间无油脂)	0.15	0.03～0.09	取自参考材料
钢板与钢板(界面间有油脂)	0.11～0.12	0.009	取自参考材料

7.5.1.3　系索产生的约束力

系索对货件产生的约束力,与船舶运动状态下货件受到的重力、惯性力和摩擦力有关。当重力、惯性力和摩擦力增加时,系索的拉力就增加;反之,系索的拉力就减小。但是,系索对货件产生的最大拉力却由系索的强度决定。

设有系索系于小型车辆上,与甲板面成 α 角,与横剖面成 β 角,如图7.5.1.5所示。这种情况下,系索对货件产生的最大纵向约束力 F'_x、最大横向约束力 F'_y 和最大垂向约束力 F'_z 可表示为:

$$F'_x = CS\cos\alpha\sin\beta \tag{7.5.1.10}$$

$$F'_y = CS\cos\alpha\sin\beta \tag{7.5.1.11}$$

$$F'_z = CS\sin\alpha \tag{7.5.1.12}$$

式中, CS 为根据安全系数和系索的许用最大安全负荷 MSL 求得的系索计算强度。

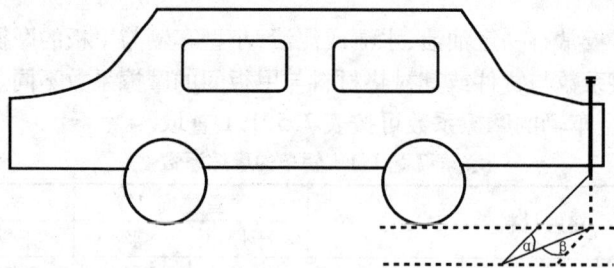

图 7.5.1.5　小型车辆上的系索的约束力

7.5.1.4　充分系固的条件

充分系固的条件为:货件不发生纵向、横向和垂向移动;货件不发生倾覆。

·　货件不发生移动的条件

由于船舶运动的不规则性,重力及惯性力与甲板表面垂直的分量可为正值也可为负值。当这一分量为负值时,货件便与甲板没有摩擦力,所以在分析货件移动条件时,不能计及重力

及惯性力的这一分量,也就是说,不能计及货件的摩擦力作用。因此,不难得到货件不发生移动的条件:

$$F'_x > | F_l | \tag{7.5.1.13}$$

$$F'_y > | F_t | \tag{7.5.1.14}$$

$$F'_z > | F_v | \tag{7.5.1.15}$$

·　货件不发生倾覆的条件

货件的倾覆系指其横向倾覆和纵向倾覆。设系索产生的最大纵向、最大横向约束力矩分别为 M'_x 和 M'_y,货件的纵向倾覆力矩和横向倾覆力矩分别为 M_l 和 M_t,则货件不发生倾覆的条件为

$$M'_x > | M_l | \tag{7.5.1.16}$$

$$M'_y > | M_t | \tag{7.5.1.17}$$

7.5.1.5　小型车辆系固校核实例

某汽车专用船总长 190 m、型宽 32.2 m,共 13 层车辆甲板。A_t, A_v, A_l 曲线如图 7.5.1.2 ~ 图 7.5.1.4 所示。与此计算有关的基本参数如表 7.5.1.3 所示。

表 7.5.1.3　小型车辆的参数

项目	满载出港	压载到港
重心高度 KG	13.04 m	10.86 m
初稳性高度 G_0M	2.41 m	5.11 m
横摇周期 T_r	17 s	11 s
最大横摇角 θ	30°	
纵摇周期 T_p 和垂荡周期 T_h	7 s	
最大纵摇角 φ	6°	
最大浪高 H_w	8 m	
装载位置	$l = 90$ m, $b = -15$ m, $h = 18$ m	
车辆重量及装载方向	1.4 t,首尾向和横向	
摩擦系数 μ	首尾向 0.3,横向 0.6	

经计算,得表 7.5.1.4。

表 7.5.1.4　小型车辆的受力计算表

计算项目	计算值			
	$+\dfrac{g'}{g}$		$-\dfrac{g'}{g}$	
	11 s	17 s	11 s	17 s
作用的车辆上的横向力 F_t	1.36 t	1.18 t	0.26 t	0.08 t
作用的车辆上的垂向力 F_v	1.56 t	1.71 t	-0.34 t	-0.19 t
作用的车辆上的纵向力 F_l	0.36 t	0.36 t	0.36 t	0.36 t
使纵向积载车辆横向移动的力	0.594 t	0.216 t	0.360 t	0.110 t
使横向积载车辆横向移动的力	1.249 t	0.934 t	0.360 t	0.110 t
使纵向积载车辆纵向移动的力	-0.151 t	-0.214 t	0.500 t	0.500 t
使横向积载车辆纵向移动的力	-0.806 t	-0.932 t	0.500 t	0.500 t

从计算结果可以看出,小型车辆在首尾方向上的移动力最大为 0.5 t。

图 7.5.1.6 是小型车辆在船上装载的示意图。车辆重心高度为 0.56 m,轮距 1.4 m,作用

在车辆上使之发生横倾的力矩 M_t 在 $-\dfrac{g'}{g}$ 并且 $T_r = 11$ s 时最大,

$$M_t = 0.36 \times 0.56 - (-0.48 \times 0.7) = 0.537\,6\ t - m$$

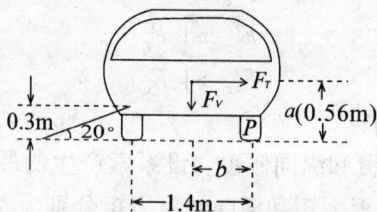

图 7.5.1.6　小型车辆的装载与系索布置

轿车一般用系固带系固。每只系带与甲板的角度为 20°,与首尾线的角度为 45°~80°,如图 7.5.1.7 所示。系带的破断负荷为 1.6 t,安全负荷为 0.4 t。因此,每只系带在横向和纵向上可承受的力为

$$\cos 20° \times \sin[0.5 \times (45° + 80°)] \times 0.4 = 0.33\ t$$

在垂向上可承受的力为

$$\sin 20° \times 0.4 = 0.137\ t$$

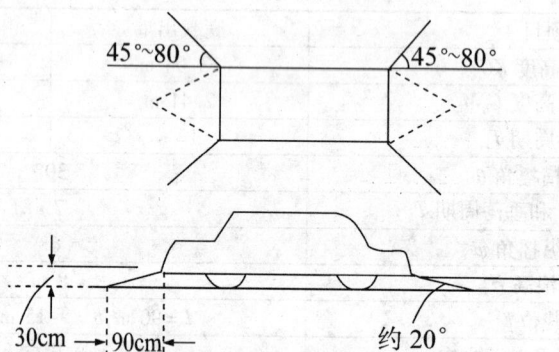

图 7.5.1.7　小型车辆系索布置的角度

按计算,横向积载车辆横向移动力最大值为 1.249 t,纵向移动力最大值为 0.500 t;纵向积载车辆横向移动力最大值为 0.594 t,纵向移动力最大值为 0.500 t。

对于横向积载车辆,需要用 4 只首尾向系带、2 只横向系带进行系固;对于纵向积载车辆,需要用 2 只首尾向系带、2 只横向系带进行系固。

计算表明,车辆在船上装载时纵向积载比横向积载有利。

7.5.2　中型车辆的受力计算及系固校核

中型车辆与船舶本身相比,质量仍然很小,可作为质点对待,因而可按 7.2.2 分节所述方法进行校核。这里以某客滚船为例说明这类车辆的系固校核方法。

某客滚船技术参数为:$L_{bp} = 126$ m,$B = 20.0$ m,$v = 14$ kn,$G_0 M = 1.738$ km。

车辆重 20 t,装于第二层车辆甲板 $0.9L_{bp}$ 处(由尾柱起算),系索的布置如图 7.5.2.1 所示,系索布置角度如图 7.5.2.2 所示。

经计算,

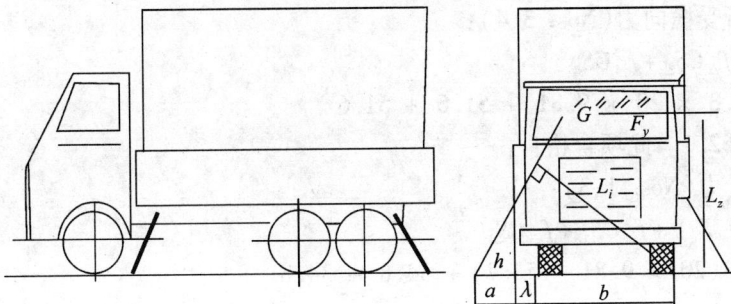

图 7.5.2.1　中型车辆的装载与系索布置

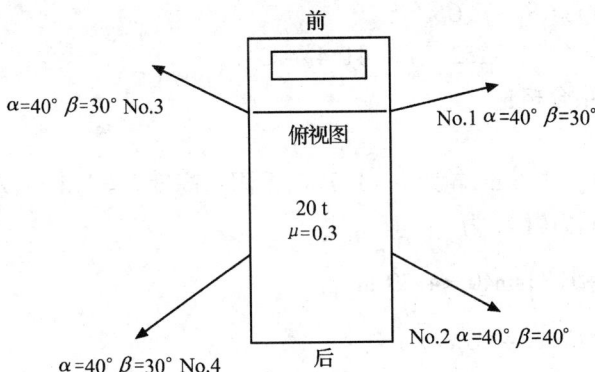

图 7.5.2.2　中型车辆系索布置的角度

$$K_a = 0.345 \frac{14}{\sqrt{126}} + \frac{58.62 \times 126 - 1\,034.5}{126^2} = 0.830$$

由于 $\dfrac{B}{GM} = \dfrac{20.0}{1.738} = 11.5 < 13$，查表 7.2.2.2 得 $K_t = 1.045$；

查图 7.2.2.1 得 $a_x = 2.0 \text{ m/s}^2$，$a_y = 5.9 \text{ m/s}^2$，$a_z = 9.2 \text{ m/s}^2$；

波溅力和风力均取为 0，从而车辆上受到的力为：

$$F_x = 0.830 \times 20 \times 2.0 = 33.2 \text{ kN}$$

$$F_y = 1.045 \times 0.830 \times 5.9 \times 20 = 102.3 \text{ kN}$$

$$F_z = 0.830 \times 9.2 \times 20 = 152.7 \text{ kN}$$

车辆系索拉力计算如表 7.5.2.1 所示。

表 7.5.2.1　车辆系索拉力计算

编号	MSL(kN)	CS (kN)	α	β	f_y	CS × f_y	f_x	CS × f_x
1	90	60	40° stbd	30° fwd	0.86	51.6 stbd	0.58	34.8 fwd
2	90	60	40° stbd	40° aft	0.78	46.8 stbd	0.69	41.4 aft
3	90	60	40° port	30° fwd	0.86	51.6 port	0.58	34.8 fwd
4	90	60	40° port	30° aft	0.86	51.6 port	0.58	34.8 aft

右侧系索所受横向力（Nos. 1,2）

$$F_y \leqslant \mu mg + f_{y1} CS_1 + f_{y2} CS_2$$

$$102.3 < 0.3 \times 20 \times 9.81 + 51.6 + 46.8$$

$$102.3 < 157.3 \quad 此项合格！$$

左侧系索所受横向力(Nos. 3,4)：

$$F_y \leqslant \mu mg + f_{y3}CS_3 + f_{y4}CS_4$$

102.3 < 0.3 × 20 × 9.81 + 51.6 + 51.6

102.3 < 162.1　此项合格！

首系索的受力(Nos. 1,3)：

$$F_x \leqslant \mu(mg - F_z) + f_{x1}CS_1 + f_{x3}CS_3$$

33.2 < 0.3(20 × 9.81 − 152.7) + 34.8 + 34.8

33.2 < 82.6　此项合格！

尾系索的受力(Nos. 2,6)：

$$F_x \leqslant \mu(mg - F_z) + f_{x2}CS_2 + f_{x6}CS_6$$

33.2 < 0.3(20 × 9.81 − 152.7) + 41.4 + 34.8

33.2 < 89.2　此项合格！

右向倾覆力矩

取车辆重心高度 $L_z = 1.6$ m，轮距 $b = 1.7$ m，系固点高度 $h = 1.1$ m，左侧二只系索的平均系固角取为 40°，则系固力臂 L_i 为

$$L_i = \left(\frac{1.1}{\tan 40} + 0.2 + 1.7\right)\sin 40 = 4.39 \text{ m}$$

$$F_y L_z \leqslant L_i mg + 0.9(CS_1 c_1 + CS_2 c_2)$$

102.3 × 1.6 < 20 × 9.81 × 0.5 × 1.7 + 0.9 × 2 × 60 × 4.39

163.7 < 640.9　此项合格！

左向倾覆力矩也可类似校核，不难证明此项亦合格。

7.5.3　大型车辆及特殊车辆的受力计算及系固校核

7.5.3.1　大型车辆受力分析

大型车辆的代表车型为拖头(tractor)及所拖带拖车(trailer)。这里以不带拖头的拖车为例说明大型车辆在船舶装运中受力分析的原理。

由于车辆发生横向移动的危险较大，这里仅考虑船舶发生横摇时车辆发生横向移动的危险性。

图7.5.3.1为不带拖头的拖车以纵向方式装载在船上，左右两侧各对称设置4只系索，各系索与甲板呈一定角，并均匀布置于与车体纵轴垂直的横剖面内。车体在纵向上呈刚性，但在左右方向上可发生扭曲。

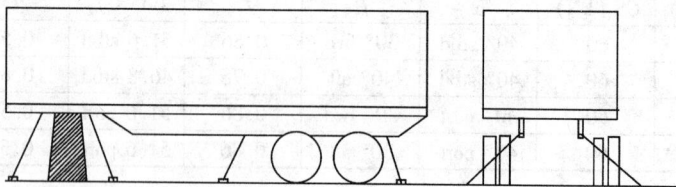

图7.5.3.1　不带拖头的拖车

将拖车的质量分成6个部分($m_1 \sim m_6$)，$m_1 \sim m_4$ 位于系索处，m_5 位于支架处，m_6 位于轮轴的板簧处，如图7.5.3.2所示。

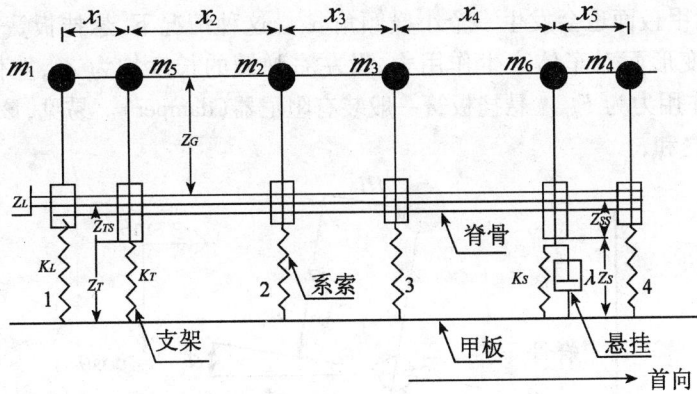

图 7.5.3.2　拖车上的系索与弹簧

车辆上的支架(trestle),可简化为长度为 B_T 的横杆,下接二只弹簧,上与脊骨相接,间隔为 Z_{TS},如图 7.5.3.3 所示。

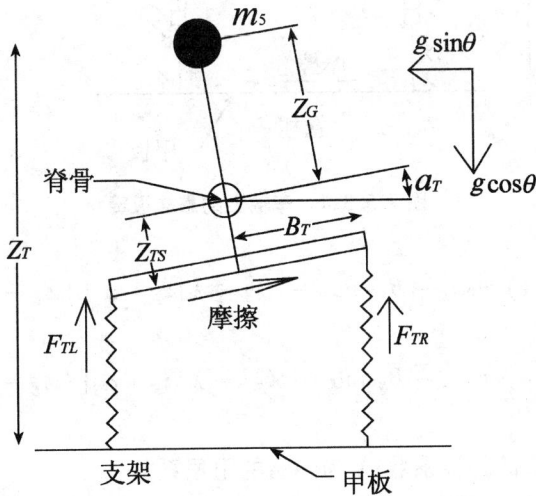

图 7.5.3.3　车辆支架的弹簧

位于支架处的质量 m_5 中心距甲板面的高度 z_T 是与车辆尺度及其积载位置有关的变量,其到脊骨间的距离为 Z_G;当船舶发生横摇时,由于车辆支架具有一定的弹性,所以该部分车体对甲板面也会发生一个小横倾角 α_T。这种情况下,支架即两只相当弹簧就会发生一定的变形而对车体产生作用力,设左右弹簧的长度均为 Z_T,左侧弹簧的作用力为 F_{TL},右侧弹簧的作用力为 F_{TR}。易见,该二力大小均与相当弹簧的变形成正比,

$$F_{TL} = K_T[z_T - (Z_G - Z_{TS})\cos\alpha_T - B_T\sin\alpha_T - Z_T] \tag{7.5.3.1}$$

$$F_{TR} = K_T[z_T - (Z_G - Z_{TS})\cos\alpha_T + B_T\sin\alpha_T - Z_T] \tag{7.5.3.2}$$

式中,K_T 为支架相当弹簧的弹性系数。

支架对车辆的作用力 F_T 即为此二力之和,

$$F_T = F_{TL} + F_{TR} \tag{7.5.3.3}$$

车辆上的悬挂板簧可简化为长度为 B_S 的横杆,下接二只弹簧,上与脊骨相接,间隔为 Z_{SS},如图 7.5.3.4 所示。位于悬挂板簧处的质量 m_6 中心距甲板面的高度 Z_S 是与车辆尺度及其积载位置有关的变量,其到脊骨间的距离为 Z_G;当船舶发生横摇时,由于车辆板簧具有一定的弹

性,所以该车体对甲板面也会发生一个小横倾角 α_S。这种情况下,悬挂板簧的两只相当弹簧就会发生一定的变形而对车体产生作用力,设左右弹簧的长度均为 Z_S,左侧弹簧的作用为 F_{SL},右侧弹簧的作用力为 F_{SR}。悬挂板簧一般装有阻尼器(damper)。易见,该二力大小分别为弹簧力与阻尼力之和,

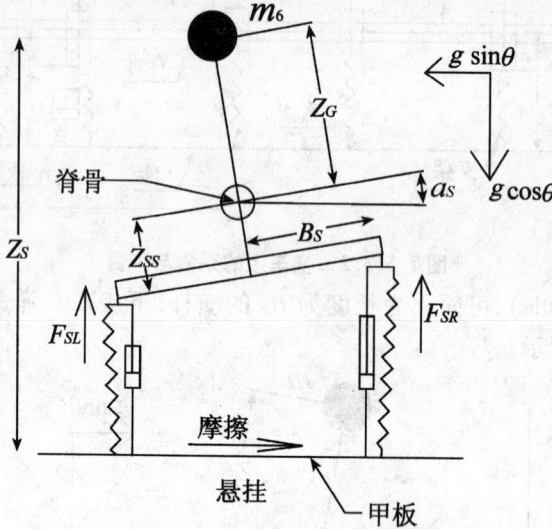

图7.5.3.4 车辆上的悬挂板簧

$$F_{SL} = K_S[z_S - (Z_G - Z_{SS})\cos\alpha_S - B_S\sin\alpha_S - Z_S] + \lambda\{\dot{z}_S - \dot{\alpha}_S[(Z_G - Z_{SS})\sin\alpha_S - B_S\cos\alpha_S]\}$$
$$(7.5.3.5)$$

$$F_{SR} = K_S[z_S - (Z_G - Z_{SS})\cos\alpha_S - B_S\sin\alpha_S - Z_S] + \lambda\{\dot{z}_S + \dot{\alpha}_S[(Z_G - Z_{SS})\sin\alpha_S - B_S\cos\alpha_S]\}$$
$$(7.5.3.6)$$

式中,K_S 为支架相当弹簧的弹性系数;λ 为弹簧的阻尼系数。

支架对车辆的作用力 F_S 即为此二力之和,

$$F_S = F_{SL} + F_{SR} \qquad (7.5.3.7)$$

车辆上的系索可简化为系于长度为 B_R 的横杆两端,下接二只弹簧,上与脊骨相接,间隔为 Z_R,如图7.5.3.5所示。位于第 i 只($i = 1, \cdots, 4$)系索处的质量 m_i 中心距甲板面的高度 z_i 是与车辆尺度及其积载位置有关的变量,距中纵剖面的距离 y_i 也是与车辆尺度及其积载位置有关的变量,其到脊骨间的距离为 Z_G;当船舶发生横摇时,由于车辆板具有一定的弹性,所以该部分车体对甲板面也会发生一个小横倾角 α_i。这种情况下,系索的两只相当弹簧就会发生一定的变形而对车体产生作用力,设左侧弹簧的长度为 L_{Li},则

$$L_{Li} = \sqrt{S_{Li}^2 + T_{Li}^2} \qquad (7.5.3.8)$$

式中,S_{Li} 和 T_{Li} 分别为左侧弹簧在横杆上的系点到甲板上的系点间与甲板面平行的距离和与甲板面垂直的距离,并可表示为

$$S_{Li} = A_{Li} + Z_{Li}\sin\alpha_i - B_{Li}\cos\alpha_i \qquad (7.5.3.9)$$

$$T_{Li} = z_i - Z_G\cos\alpha_i - Z_{Li}\cos\alpha_i - B_{Li}\sin\alpha_i \qquad (7.5.3.10)$$

从而,作用在第 i 只($i = 1, \cdots, 4$)系索上力 F_{Li} 可表示为

$$F_{Li} = (L_{Li} - L_{0i})K_{Li} \tag{7.5.3.11}$$

F_{Li} 的垂向分量和横向分量分别为

$$F_{LZi} = \frac{T_{Li}}{L_{Li}}F_{Li} \tag{7.5.3.12}$$

$$F_{LYi} = \frac{S_{Li}}{L_{Li}}F_{Li} \tag{7.5.3.13}$$

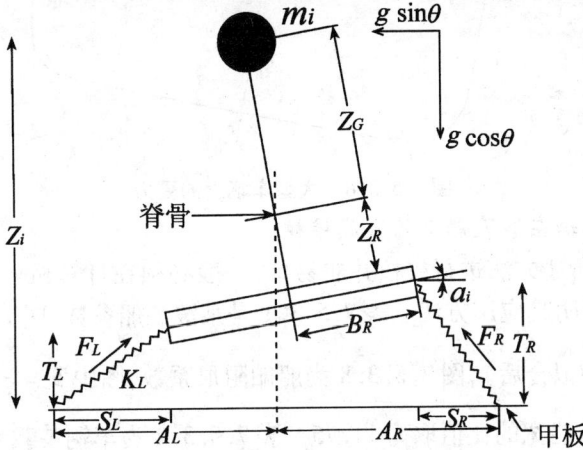

图 7.5.3.5　车辆上的系索

根据傅汝德 - 克利洛夫(Froude-Krylov)假定,船舶在波浪作用下的横摇可表示为

$$(I + \delta I)\ddot{\theta} + B(\dot{\theta}) + R(\theta) = F_W(t) \tag{7.5.3.14}$$

式中,I 及 δI 为船舶的横摇转动惯量及横摇中的附加转动惯量;$B(\dot{\theta})$ 为阻尼力矩,可表为相当阻尼系数 B_e 与横摇角加速度的积,

$$B(\dot{\theta}) = B_e\dot{\theta} \tag{7.5.3.15}$$

$R(\theta)$ 为正浮力矩,即排水量与正浮力臂之积,

$$R(\theta) = \Delta GZ(\theta) \tag{7.5.3.16}$$

$F_W(t)$ 为波浪力矩。

在进行横摇角速度和角加速度计算时会用到船舶固有摇摆周期 ω_0,其为

$$\omega_0 = \sqrt{\frac{\Delta GM}{I + \delta I}} \tag{7.5.3.17}$$

为了分析车辆在船舶横摇过程中受到的与甲板面平行的横向力 R_Y 及与甲板面垂直的垂向力 R_Z 的大小,假定车辆质心与船舶横摇中心的距离为 r,如图 7.5.3.6 所示。

作用在车辆上的力主要为重力、惯性力和离心力。重力与甲板面平行的横向分量可为 $-mg\sin\theta$,与甲板面垂直的垂向分量可表为 $mg\cos\theta$;惯性力与甲板面平行的横向分量可为 $mr\sin\beta\ddot{\theta}$,与甲板面垂直的垂向分量可表为 $mr\cos\beta\ddot{\theta}$;离心力与甲板面平行的横向分量可为 $mr\cos\beta\dot{\theta}^2$,与甲板面垂直的垂向分量可表为 $mr\sin\beta\dot{\theta}^2$。从而,$R_Y$ 和 R_Z 可表为

$$R_Y = -mg\sin\theta - mr\sin\beta\ddot{\theta} - mr\cos\beta\dot{\theta}^2 \tag{7.5.3.18}$$

$$R_Z = mg\cos\theta + mr\cos\beta\ddot{\theta} - mr\sin\beta\dot{\theta}^2 \tag{7.5.3.19}$$

求解上述各方程,便可求得系索的受力。

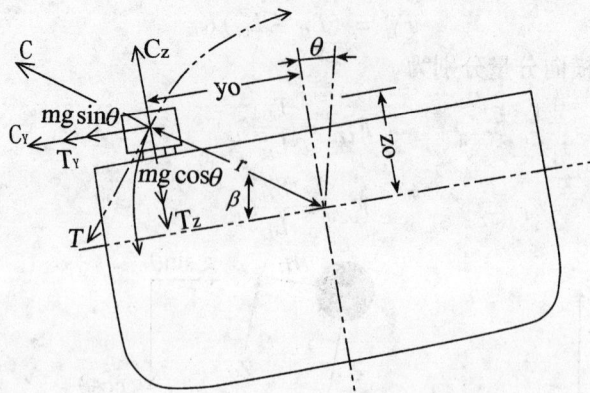

图 7.5.3.6 大型车辆上的受力

7.5.3.2 大型车辆在滚装船上的装载校核

按 7.5.3.1 分节所述方法进行校核并非易事,一般必须在计算机上进行。这里给出一个基于实船的算例,以说明其应用方法。表 7.5.3.1 是某滚装船参数,图 7.5.3.7 为该船的静稳性力臂曲线(拟合前和拟合后),图 7.5.3.8 为船舶阻尼系数,图中 $b_e = \dfrac{B_e}{I + \delta I}$,波浪取波高与波长比值为 0.05,波长与船宽的比值取为 11.75。表 7.5.3.2 为车辆装载参数。

表 7.5.3.1 某滚装船参数

$L(\mathrm{m})$	142	$\omega_0(\mathrm{rad/s})$	0.479
$B(\mathrm{m})$	22.8	$\theta_v(\mathrm{rad/s})$	1.064
$T(\mathrm{m})$	6.4	甲板 A(m)	6.4
$\Delta(\mathrm{t})$	11 354	甲板 B(m)	11.8
$GM(\mathrm{m})$	1.879	甲板 C(m)	17.2
C_b	0.548		

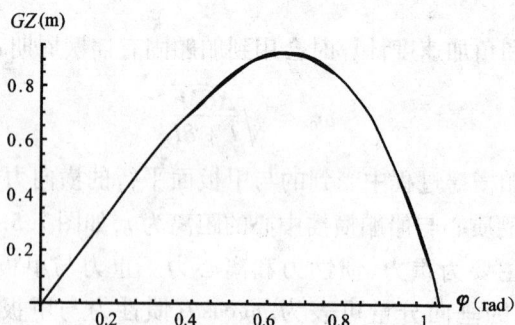

图 7.5.3.7 某滚装船的静稳性力臂曲线

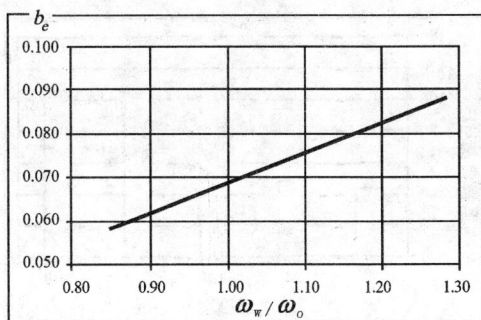

图 7.5.3.8　某滚装船的阻尼系数

表 7.5.3.2　某滚装船所载的车辆装载参数

$A_L, A_R(\text{m})$	1.5	$\lambda(\text{kN} - \text{s}/\text{m})$	15
$B_S, B_T(\text{m})$	0.9	$X_S(\text{m})$	10.5
B_L, B_R	0.9	$X_{Li}(\text{m})$	1, 2, 4.5, 2, 1
$m_5, m_6(\text{t})$	10	$Z_G(\text{m})$	0.85
$m_i(\text{t}), i = 1, \cdots, 4$	2.5	$Z_S(\text{m})$	0.85
$I_5, I_6(\text{t} - \text{m}^2)$	5	$Z_T(\text{m})$	1
$I_i(\text{t} - \text{m}^2), i = 1, \cdots, 4$	1.25	$Z_{SS}(\text{m})$	0.15
$K_T(\text{MN} - \text{m})$	40	$Z_{TS}(\text{m})$	0
$K_S(\text{MN} - \text{m})$	1	$Z_{Li}, Z_{Ri}(\text{m})$	0.15
$K_{Li}(\text{MN}/\text{m}/\text{m})$	8	μ_T	0.3
$S_K(\text{MN} - \text{m}/\text{rad})$	1.5	μ_S	0.3

经计算,各系索所受拉力如图 7.5.3.9 所示,其中第 2 系索上的拉力最大。

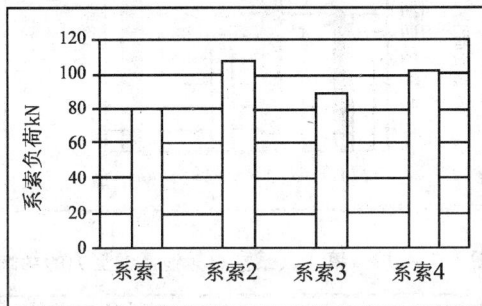

图 7.5.3.9　某滚装船车辆系索的拉力

对于各系索,若改变其硬度,则各系索受力会发生变化。图 7.5.3.10 为第 2 只系索的受力与其硬度变化间的关系。

车辆装载位置对各系索的受力有重要影响。图 7.5.3.11 为将车辆装载在 A,B,C 各层甲板的中部、四分之一船宽处和二分之一船宽处第 2 只系索的受力变化。

各系索间的受力会相互影响。图 7.5.3.12 为左侧第 3 只系索正常系固及不受力时其他各系索的受力情况。

波浪参数对各系索的受力也有重要影响。波浪陡度即波高与波长之比越大,系索上的受力越大,但其关系基本上呈线性关系。图 7.5.3.13 为第 2 只系索上的受力与波浪陡度的关系。

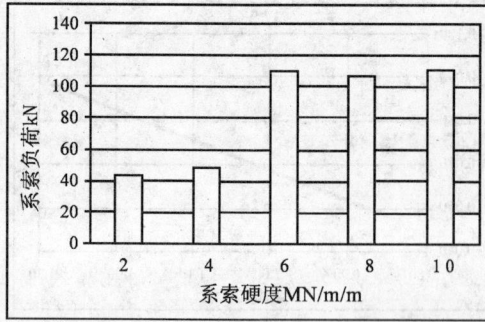

图 7.5.3.10　某滚装船车辆系索的受力与其硬度的变化关系

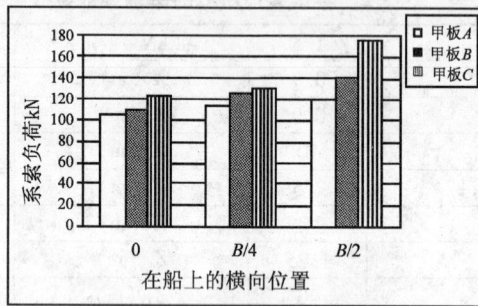

图 7.5.3.11　第 2 只系索上的受力变化

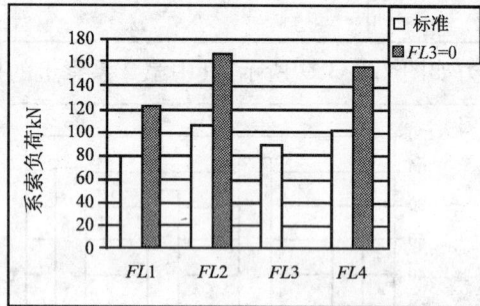

图 7.5.3.12　第 3 只系索对其他系索受力的影响

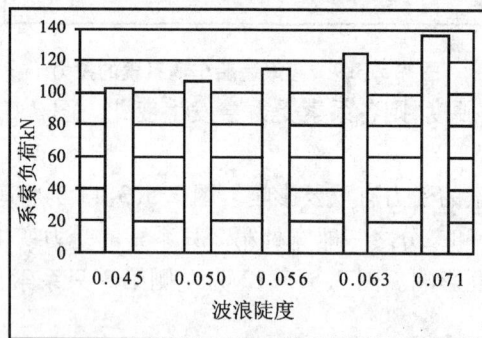

图 7.5.3.13　第 2 只系索上的受力与波浪陡度的关系

波浪周期越大各系索的受力越大,或者,波浪周期越与船舶固有横摇周期的比值($\frac{\omega_w}{\omega_0}$)越大各系索的受力越大。图 7.5.3.14 为第 2 只系索上的受力与波浪周期和船舶固有横摇周期比值的关系。

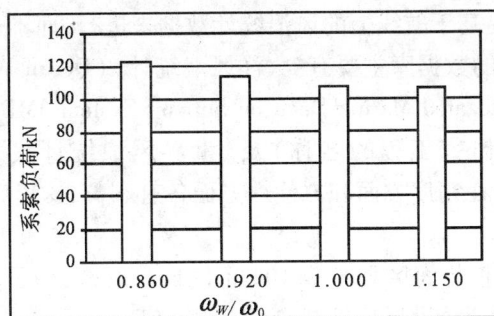

图 7.5.3.14　第 2 只系索上的受力与波浪周期与船舶固有横摇周期比值的关系

7.5.3.3　大型车辆装载的注意事项

· 与中、小型车辆系固校核方法完全不同

该方法所用分析原理与中、小型车辆系固校核方法中所用原理不同。这里考虑到了支架、悬挂装置和系索弹性变形以及车辆脊骨的扭转变形,所以计算结果更为精确。

· 影响系索拉力的因素

增加系索的弹性系数会增加系索的拉力;车辆的装载位置对其受力具有重要影响,重型车辆应装载在底舱、纵向中心附近及船中附近;船员在布设系索时必须特别细心,因为一只系索的松动会使其他系索的受力增加,从而危及整个车辆的安全;系索的角度对系索拉力影响很大,船员在检查系索时,必须注意正确调整其受力角度;海浪对横摇具有重要影响,从而对系索的受力也有重要影响,因而在特别恶劣天气下不得开航。

· 大型车辆系固计算应请专业人员进行指导

大型车辆系固计算理论性很强,船员在生产中难以完成。在必要情况下,应请这方面的专家协助校核或进行装载指导。

§7.6　桥吊的系固及校核

集装箱桥吊(container cranes)及其他类似特殊重大件的高度可达 200 m,质量可达千余吨,且分布不均。这类货件,因其高度和受风面积很大而在航行中会受到很大风力作用,因船舶摇摆与颠波会受到很大惯性力作用。为了降低其运输风险,必须进行充分绑扎与系固。绑扎与系固方案的设计、校核与施工通常较复杂。

荷兰 Dockwise 公司从 1984 年起开始运输集装箱桥吊整车[1],我国上海振华港机股份有限公司(ZPMC)于 1995 年起用自有船运输集装箱桥吊整车[2]。其后,这一技术在海上运输中有了长足进展,为集装箱桥吊业和集装箱运输业的发展做出了重要贡献。

---

[1]　F. van Hoorn. Container Crane Transport Options. Argonautics of Marine Engineering(m). 2005.9.
[2]　Martin C. Pilsch,West Coast Container Gantry Cranes. Pasific Matime(m),July 2004.

7.6.1　风力统计数据

7.6.1.1　风速的预报

进行集装箱桥吊等特别重大件运输之前,必须对航线上的风浪作出预报。这种预报与一般的风浪预报不同,它主要基于航线上的风浪统计数据来进行,而不是具体分析影响航线的天气系统。此项预报中常用的数据库主要有《大洋风浪统计》(Ocean Wave Statistics,OWS)、《组合海事决策支持系统》(Integated Marine Decision Support System,IMDSS)、《大洋卫星气象数据系统》(ClioSat,法国一项研究工程的名称)及《世界风浪统计表》(Global Wave Statistics,GWS)[①]。这些数据库系统在精度方面和方便性方面各有利弊,这里我们主要介绍利用后者预报航线上风浪数据的方法。

《世界风浪统计表》将世界海区划分成 104 个区域。后来,为了覆盖尽可能多的海区,又将其扩增至 114 个海区,称为《世界风浪扩展统计表》(Enhanced Global Wave Statistics)[②],如图 7.6.1.1 所示。根据航线,可以利用该图区划查得航线上所经区域上预报的距海面 15.3 m 处的风速。

利用该图查得的风速是月平均风速 v_{mw}(monthly average speed)及均方差 E_{st}(standard deviation),而船舶运输中还要用到瞬时风速即每分钟平均风速 v_{ew}。瞬时风速与平均风速和均方差的关系如下,

$$v_{ew} = 1.21(v_{mw} + uE_{sd}) \tag{7.6.1.1}$$

式中,u 为一百分数,对未采用气象导航的船取为 5%;对采用气象导航的船取为 10%。

在计算货件所受风力时,将该速度作为绝对风速,船速、漂航、航向与风向的关系等概不计及。

7.6.1.1　货件与船舶受到的风力

货件所受风力 $F_{cw}(t)$ 按式(7.6.1.2)计算:

$$F_{cw} = 0.0623v_w^2 A_c C_s / C_h / 1\,000(t) \tag{7.6.1.2}$$

式中,v_w 为预报的平均风速或瞬时风速(m/s);A_c 为货件在风速方向上的投影面积(m²);C_h 为货件距水面高度的修正系数,按表 7.6.1.1 查取;C_s 为货件的形状修正系数,按表 7.6.1.2 查取。

在实船计算中,一般可将货件的受风面积分为若干相对独立的部分。在图 7.6.1.2 中,货件的受风面积分成 4 部分。F_1 在最上部分,不受船体结构或货件的其他部分遮挡;F_2 受到船上前方驾驶台遮挡,但二者间距离较大;F_3 在前方受到驾驶台的遮挡,在后方受到船体结构的遮挡;F_4 在舱内,受到风力作用较小。各部分的修正系数分别求取。

应注意,货件在纵向上和横向上的受风面积不等,修正系数也不同。

① Global Wave Statistics,British Maritime Technology Limited,UK,1986.
② Engineering Guidelines and Criteria. 2009. Dockwise. Lage Mosten 21,4822 NJ BREDA, P. O. Box 3208,4800 DE BREDA,The Netherlands.

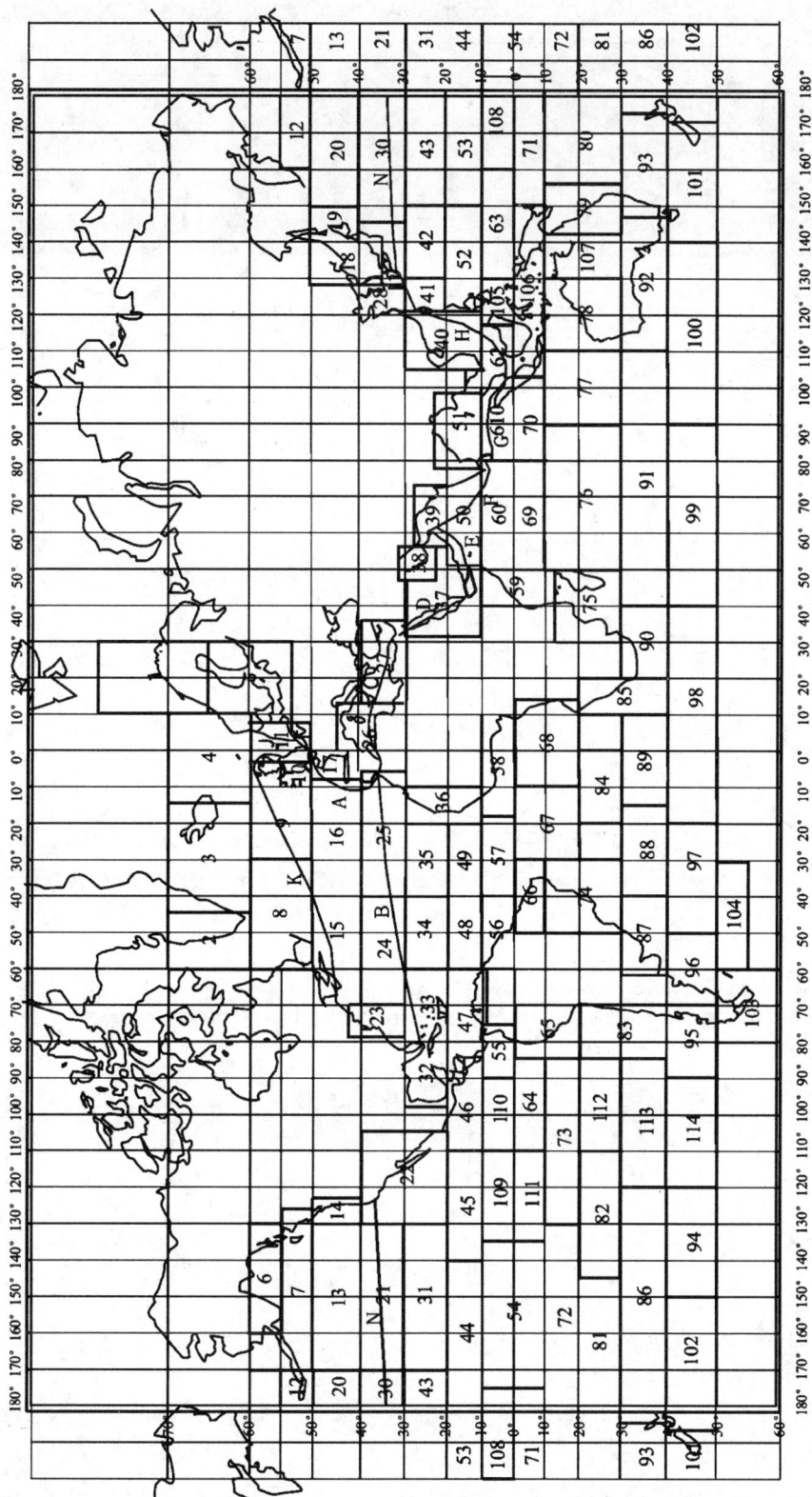

图 7.6.1.1　世界风浪扩展统计中的海区划分

7.6.2 货件的受力

7.6.2.1 惯性力

积载在船上的货件,在船舶运动中会受到惯性力的作用。货件受到的横向惯性力 F_y、纵向惯性力 F_x 和垂向惯性力 F_z 可分别按式(7.2.2.1) ~ 式(7.2.2.3)计算,但其中风力另计,波溅力不计,从而得下述各式

$$F_y = K_a K_t m a_y \tag{7.6.2.1}$$

$$F_x = K_a m a_x \tag{7.6.2.2}$$

$$F_z = K_a m a_z \tag{7.6.2.3}$$

式中,a_y, a_x, a_z, K_a, K_t 分别按 7.2.2.1 分节所述方法求取。这里,$\dfrac{B}{GM}$ 常小于 4,因而常应在附加稳性修正系表即表7.2.2.3 中查取。

7.6.2.2 风力

平均最大风速对货件的作用力 F_{mw} 及瞬时最大风速对货件的作用力 F_{ew},按式(7.6.1.2)计算,即

$$F_{mw} = 0.062\ 3 v_{mw}^2 A_c C_s C_h / 1\ 000 \ (\text{t}) \tag{7.6.2.4}$$

$$F_{ew} = 0.062\ 3 v_{ew}^2 A_c C_s C_h / 1\ 000 \ (\text{t}) \tag{7.6.2.5}$$

7.6.2.3 摇摆状态下重力对货件的作用力

摇摆状态下重力对货件的作用力,系指平均最大风力所致横摇状态下货件受到的重力分力 F_{ml} 及瞬时最大风力所致横摇状态下货件受到的重力分力 F_{el}。

这里,F_{ml} 和 F_{el} 的大小主要与船舶横摇中的倾角有关。横摇角可用公式估算,也可按 F_{mw},F_{ew},船舶所受风力及旋转中心计算倾侧力矩,在静稳性力臂(力矩)曲线上量取横倾角作为横摇角,从而

$$F_{ml} = mg\sin\theta_{ml} \tag{7.6.2.6}$$

$$F_{el} = mg\sin\theta_{el} \tag{7.6.2.7}$$

式中,mg 为货件的重量(t),θ_{ml} 和 θ_{el} 分别为平均最大风力和瞬时最大风力产生的静横倾角(°),可按式(3.8.1.4)或式(3.8.1.6)计算。这里,静横倾角大于动横倾角,所以估算值更有利于安全。

应当指出,用简式估算法得到的横摇角一般大于在静稳性曲线上量得的横摇角。

7.6.2.4 其他力

由于支腿在波溅方向上的面积较小,所以波溅力的作用可以忽略。

对于小型桥吊,可在下部用木材衬垫,这时应考虑摩擦力的影响。根据有关试验[①],集装箱桥吊下木材与钢材在干燥状态下的静摩擦系数为 0.46 ~ 0.58,在潮湿状态下的静摩擦系数为 0.57 ~ 0.68;在干燥状态下的动摩擦系数为 0.37 ~ 0.42。在实际运输中,木材与钢材间的摩擦系数可按表 7.6.2.1 查取。

---

① Engineering Guidelines and Criteria. 2009. Dockwise. Lage Mosten 21, 4822 NJ BREDA, P. O. Box 3208, 4800 DE BREDA, the Netherlands.

表 7.6.2.1　木材与钢材间的动摩擦系数

摩擦系数	静摩擦	动摩擦	
	有水	干燥	有水
木材 – 钢材	0.65	0.50	0.22

有些情况下,集装箱桥吊的受风面积、所遇风浪、船舶干舷、货物重量、船速等参数存在很大误差,为了安全,可将木材与钢材间的摩擦系数取为 0.2,而且不区别干燥与潮湿,也不区别静摩擦与动摩擦。

若货件下所用衬垫木材的宽度与其厚度相比较小,则应适当减小摩擦力的作用。例如,衬垫木材宽度为 30 cm,厚度为 60 ~ 90 cm,则摩擦力按计算值的一半计;若这一垫板的厚度在 90 cm 以上,则不应计及摩擦力的作用。

对于大型桥吊,只能用钢轨和管材系固。焊接中,货件与甲板间的摩擦系钢板间的摩擦,因而摩擦系数取为 0。

7.6.2.5　货件受力总和

货件在横向上受到的风力、重力及惯性力时有相互重叠和抵消,其总和 F_{wt} 并不是简单的代数和,而是以式(7.6.2.8)计算:

$$F_{wt} = F_{mw} + F_{ml} + \sqrt{(F_y)^2 + (F_{ew} - F_{mw} + F_{el} - F_{ml})^2} \qquad (7.6.2.8)$$

货件在纵向上受到的风力及惯性力总和 F_{wl} 可表为:

$$F_{wl} = F_{mw} + \sqrt{(F_x)^2 + (F_{ew} - F_{mw})^2} \qquad (7.6.2.9)$$

注意,有的货件在纵向上的受风面积和横向上的受风面积不相等,这时纵向所受风力和横向所受风力应分别计算;如果在计算 F_y 时已计及了重力分量,则不能用式(7.6.2.8)再行叠加;一般来说,风力在式(7.6.2.8)和式(7.6.2.9)所占成分很小,有时可以忽略。

7.6.3　系固件焊口尺寸和焊厚的计算

系固件焊口的焊厚由系固件上受力大小及其到焊口间的距离、焊口的长度、钢材的许用应力等要素确定。焊口的长度可用插板加以扩大。

7.6.3.1　焊口尺寸的应力校核标准

桥吊等超高重件的系固,一般用钢管、钢轨将其焊接在甲板或甲板上的轨道上。焊接时,焊口应达到下述各项标准。

·　焊口受到的拉应力最大限制值

焊口受到的拉应力最大限制值取为软钢屈服应力的 80%,即

$$\sigma_{\max} = 0.80\sigma_y \qquad (7.6.3.1)$$

式中,$\sigma_{\max}$ 和 σ_y 分别为拉应力最大限制值和软钢屈服应力。

·　焊口受到的切应力最大限制值

焊口受到的切应力最大限制值取为软钢屈服应力的 60%,即

$$\tau_{\max} = 0.60\sigma_y \qquad (7.6.3.2)$$

式中,$\tau_{\max}$ 为切应力最大限制值。

·　焊口受到的综合应力最大限制值

焊口受到的综合应力最大限制值取为软钢屈服应力的 95%,即

7.6.4.5 货件纵向倾翻力矩校核

货件纵向倾翻力矩系指重力、惯性力、风力、波溅力等的纵向分量对甲板面产生的纵向力矩,其值在首尾任一侧支腿上产生的拉应力不得大于系索和撑件所产生的垂向约束力。

7.6.4.6 摩擦力大于惯性力和风力时系固设备应承担负荷的校核

在桥吊等超高重件的绑扎与系固设计中,若货件的摩擦力大于惯性力和风力,则绑扎与系固设备可以弱一些。但是,这种情况下设计的绑扎与系固设备强度应能在横向上承担10%的货件重力,在纵向上承担2.5%的货件重力。

7.6.4.7 甲板局部受力计算及校核

货件在各支腿下的压力不得大于甲板的许用压力。这里,应根据货件的衬垫情况确定使用甲板的集中载荷许用压力还是均布载荷许用压力。

7.6.5 实船装载与系固方案设计

这里以一艘2万吨级专用重型桥吊运输船为例,说明这类船舶货载绑扎与系固方案的设计与计算方法。

7.6.5.1 船舶主要技术数据及系固用设备

船舶种类(Type of Ship)	甲板货船	设计排水量(Δ)	20 513.4 t
总长(L_{oa})	137.8 m	空船重量(Δ_0)	6 001.6 t
两柱间长(L_{bp})	130.4 m	航速(speed)	11 kn
型宽(B)	34.0 m	装载时的排水量	18 013 t
最大型宽(B_{max})	40.0 m	初稳性高度(G_0M)	20.00 m
型深(D)	8.5 m	装载时的吃水	4.2 m
设计吃水(d)	5.1 m	进水角	39°

该船用于装载集装箱桥吊及超大型重件。集装箱桥吊装载在导轨上,宽度为1.9 m,距中11.6 m。该船甲板设计载荷为176.4 kPa,可同时装载多部集装箱桥吊。该船配备的主要系固设备包括:

· 撑管(shoring pipes)

撑管由软钢制成,直径为820 mm,管厚10 mm,支撑力250 t。

· 钢轨(steel rails)

装载集装箱桥吊所用钢轨尺寸不一。钢轨的铺设有横向和纵向,轨距与门腿横跨度一致,误差应保持在10 mm内。轨道下面铺垫强力钢板,钢板直接焊接在甲板上;轨道再焊接在强力钢板上;焊接要牢固,轨道之间用连接板连接定位。轨面不平时,用垫板垫平。

· 垫木(dunnage wood)

垫木应用300 mm×300 mm或400 mm×400 mm的软木方。

7.6.5.2 货件及其主要技术参数

本船12月份由上海装载集装箱桥吊,货件主要技术参数如图7.6.5.1所示。本航次计划装载3台桥吊运往高雄,如图7.6.5.2和图7.6.5.3所示。

装船后,打入一定量压载水,以使船舶出港吃水为4.2 m,排水量为18 013 t。

该船在该装载状态下的静水力曲线图如图7.6.5.4所示。

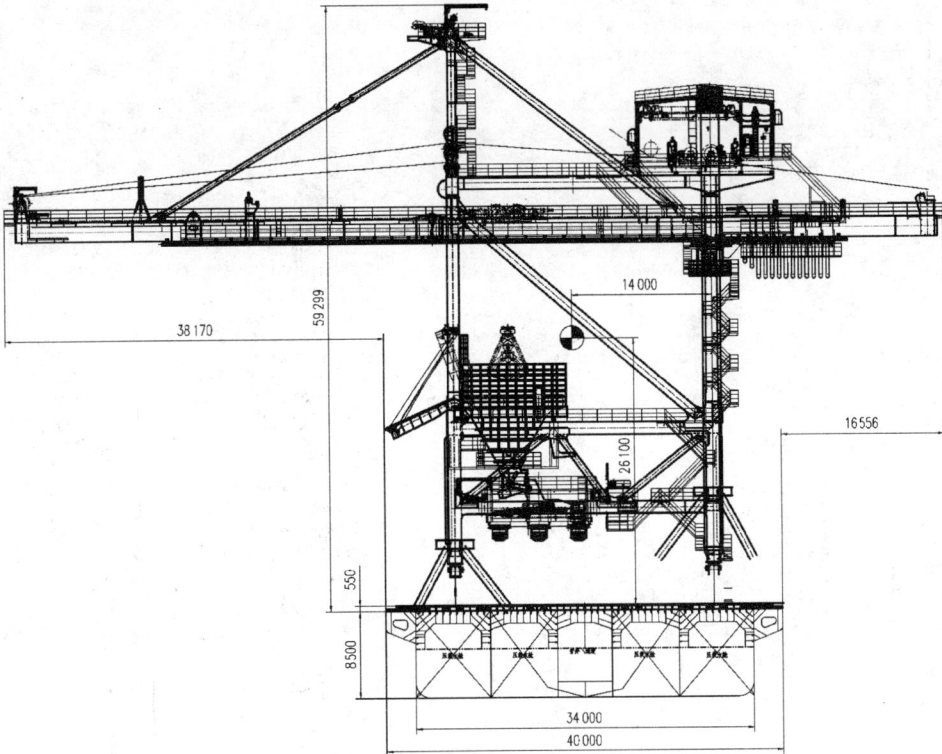

图 7.6.5.1　桥吊的主要尺度

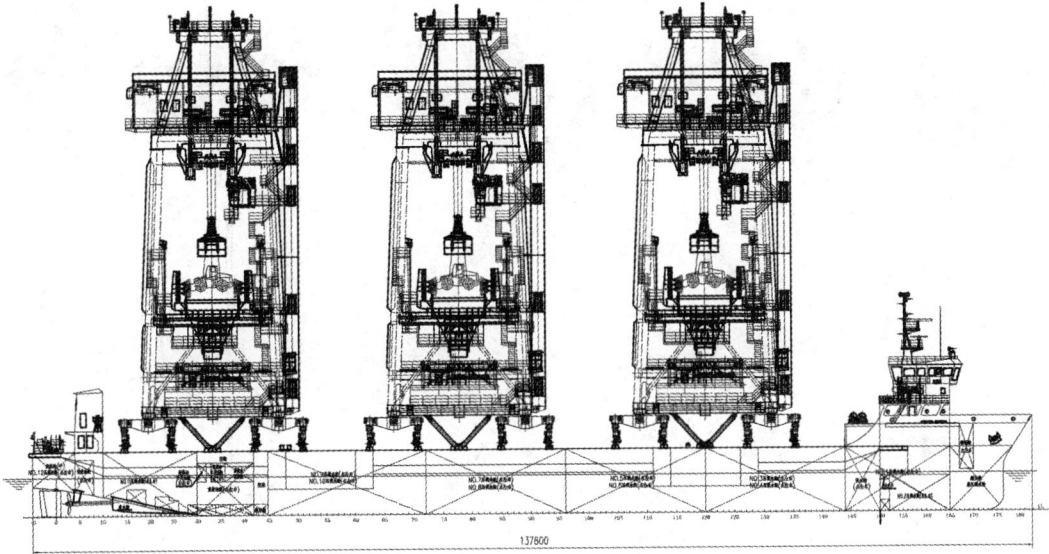

图 7.6.5.2　桥吊的侧视装载图

修正系数(C_h)为1.10;按表7.6.1.2,依桁架结构计,取形状修正系数(C_s)为1.30。每台桥吊在Y方向所受平均最大风力F_{ewy}和瞬时最大风力F_{mwx}为

$$F_{mwy} = 0.062\ 3 \times 21^2 \times 576 \times 1.10 \times 1.30/1\ 000 = 22.6\ t$$

$$F_{ewy} = 0.062\ 3 \times 26^2 \times 576 \times 1.10 \times 1.30/1\ 000 = 34.7\ t$$

7.6.5.4 船体受力的计算

· 横摇周期估算

该船初稳性高度G_0M为20.00 m,船宽B为34.00 m,按式(3.8.1.3)估算横摇周期$T_r(s)$为:

$$T_r = \frac{0.8 \times 34}{\sqrt{20}} = 6.1\ s$$

· 横摇角估算

该船横摇周期远小于20 s,从较安全角度考虑取$C=1$,按式(3.8.1.6)估算横摇角θ_r为:

$$\theta_r = \frac{3\ 150 \times 1}{34 + 75} = 28.5°$$

· 船体所受横向风力计算

船体的横向受风面积约为两柱间长与型宽的乘积;按表7.6.1.1,取高度修正系数(C_h)为1.00;按表7.6.1.2,依平板表面计计,取形状修正系数(C_s)为1.00;取风力为瞬时最大风力,则船体所受横向风力为:

$$0.062\ 3 \times 26^2 \times 130.5 \times (8.5 - 4.2) \times 1 \times 1/1\ 000 = 23.6\ t$$

· 船体所受横向波溅力计算

船体横向受波溅力的面积与横向受风面积相等;取波溅力为1 t/m²,则船体所受横向波溅力为

$$130.5 \times (8.5 - 4.2) \times 1 = 561.1\ t$$

7.6.5.5 转船力矩校核

该船共装载三台桥吊,每台受到的最大横向风力为34.7 t,参图7.6.5.1,受力中心到吃水一半处距离为$26.1 + 0.5 + (8.5 - 2.1) = 33.0$ m;船体所受最大横向风力为23.6 t,受力中心到吃水一半处距离为$(8.5 - 4.2) \div 2 + 4.2 \div 2 = 4.25$ m;船体所受最大横向波溅力为561.1 t,受力中心到吃水一半处距离也为4.25 m。从而,船舶受到的横向倾侧力矩为

$$34.7 \times 3 \times 33 + (23.6 + 561.1) \times 4.25 = 5\ 920.3\ t - m$$

装载后船舶的排水量为18 013 t,这一力矩的相当力臂为$59\ 203 \div 18\ 013 = 0.33$ m,见图7.6.5.4。

按图7.6.5.4,这一相当力臂、横摇角(28.5°)及GZ线围成的面积$a = 1.740\ 5$ m-rad;这一相当力臂、进水角(39°)及GZ线围成的面积$b = 2.147\ 3$ m-rad。$a < b$,所以因风力和波溅作用不会使船舶发生横向倾覆,此项合格。

7.6.5.6 门腿上的受力计算

从三台桥吊在船上的装载位置看,装载在中部的桥吊受各种外力影响较小,而装载在首尾处的桥吊受各种外力的影响较大。为了简化计算,这里只计算首向桥吊的受力。

首向桥吊由4只门腿支承,如图7.6.5.5所示。

在图7.6.5.5中,1,2号门腿为海侧门腿,3,4号门腿为岸侧门腿。由于查取X方向上和

Y 方向上的加速度时,重力作用已包括在内,所以计算得到的桥吊受力总和是纵摇和横摇下桥吊在纵向上和横向上受到的最大力,而不必用式(7.6.2.8)和式(7.6.2.9)进行计算。桥吊在 X 方向上和 Y 方向上的受力可认为均匀分摊到 4 只门腿上。

在查取 Z 方向上的加速度时,重力没有包括在内。船舶纵摇到首倾时,垂向力主要由首向的 2 只门腿承担;船舶纵摇到尾倾时,垂向力主要由尾向的 2 只门腿承担。这里的垂向力是重力与惯性力之和,二者方向可能相同也可能相反。

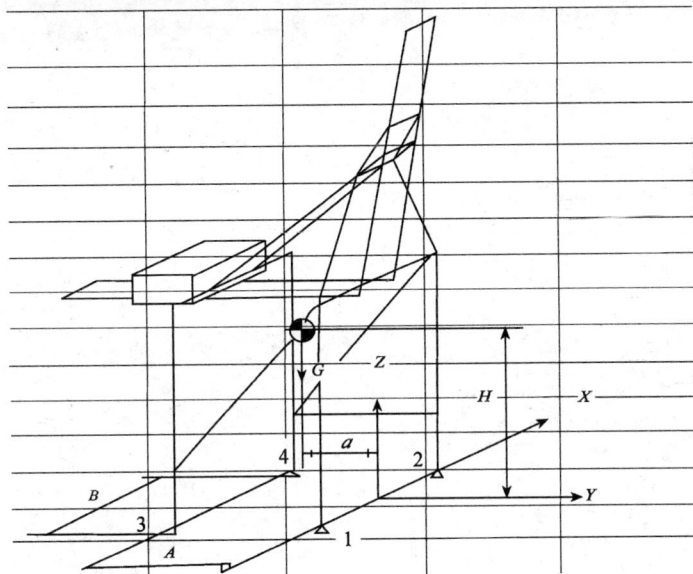

图 7.6.5.5　桥吊的受力图

经计算,在横浪、迎浪下首向桥吊各门腿的最大受力如表 7.6.5.3 所示。

表 7.6.5.3　横浪、迎浪下各门腿的受力

浪向	惯性力(t)	门腿受力(t)			
		门腿 1	门腿 2	门腿 3	门腿 4
横浪	最大横向惯性力 $F_y=868$	$868/4=217$	$868/4=217$	$868/4=217$	$868/4=217$
	最大纵向惯性力 $F_x=278$	$278/4=70$	$278/4=70$	$278/4=70$	$278/4=70$
	最大垂向惯性力 $F_z=556$	$\dfrac{1\,305\pm556}{2}=\dfrac{931}{375}$	$\dfrac{1\,305\pm556}{2}=\dfrac{931}{375}$	$\dfrac{1\,305\pm556}{2}=\dfrac{931}{375}$	$\dfrac{1\,305\pm556}{2}=\dfrac{931}{375}$
迎浪	最大横向惯性力 $F_y=588$	$588/4=147$	$588/4=147$	$588/4=147$	$588/4=147$
	最大纵向惯性力 $F_x=189$	$189/4=47$	$189/4=47$	$189/4=47$	$189/4=47$
	最大垂向惯性力 $F_z=378$	$\dfrac{1\,305\pm378}{2}=\dfrac{842}{463}$	$\dfrac{1\,305\pm378}{2}=\dfrac{842}{463}$	$\dfrac{1\,305\pm378}{2}=\dfrac{842}{463}$	$\dfrac{1\,305\pm378}{2}=\dfrac{842}{463}$

表 7.6.5.3 中的计算值是首向桥吊各门腿可能受到的最大力,其他二台桥吊相应门腿上的受力略小于此表计算值。

7.6.5.7　门腿的撑管布置及焊厚要求

本航次装载中,每台桥吊的每只门腿用二只撑管支撑,分别支撑其在 6 m 见方的衬垫钢板上,中部再用 2 只撑管辅撑,如图 7.6.5.6 所示。系固中所用撑管尺度及有关参数如

取普通钢的屈服应力 σ_y 为 235 MPa,相当于 0.023 955 t/mm²;撑管直径为 820 mm,厚度为 10 mm,用插焊方法以扩大焊厚;每只撑管的负荷为 250 t;对于每只门腿,双侧加座插焊,估计焊口长度为 20 000 mm,受力点距焊口距离约 261 000 mm。按式(7.6.3.12)计算焊口厚度为

$$a \geqslant \frac{2.233eF}{L^2\sigma_y} = \frac{4.466 \times 261\ 000 \times 250}{20\ 000^2 \times 0.023\ 955} = 30.4 \text{ mm}$$

施工中,加座并非圆形,内加撑焊,所以实际焊口长度会大于估计值。

7.6.5.8　移动与倾翻校核

从表 7.6.5.3 中可看出,各门腿在水平方向上受力最大为 217 t 所示,以与甲板面成 60° 或 45° 夹角布置撑管,足以承担这一负荷。在预计的风浪情况下每台桥吊不会发生横向和纵向移动。

横向倾翻可按式(7.2.2.9)进行。取 $a = 26$ m,惯性力和风力总和取为 900 t,则 $F_y a = 900 \times 26 = 23\ 400$ t−m;取 $b = 15$ m,2 只撑管的拉力各取 250 t,撑管距倾翻点的距离取为 30 m,则 $bmg + 0.9(CS_1c_1 + CS_2c_2 \cdots CS_nc_n) = 15 \times 1\ 305 + 30 \times 250 \times 2 = 34\ 575$ t − m。从而式(7.2.2.9)成立,即所装载的 3 台桥吊对甲板面的横倾力矩总和不会使其发生横向倾翻。

7.6.5.9　甲板局部受力计算及校核

每台桥吊的每只门腿用 2 只撑管支撑,分别支撑其在 6 m 见方的衬垫钢板上。货件产生的最大垂向压力为

$$\frac{931 \times 9.81}{2 \times 6^2} = 126.8 \text{ kPa}$$

计算值小于甲板许用负荷 176.4 kPa,所以合格。

这类货件系固设计和计算均很复杂,校核工作极其细致,校核项目远不止本节所列内容。即使经极其细致的设计和校核,国内外运输中均发生过多起事故,所以,实际施工中应请专家指导,以策安全。

习题七

1. 解释下列术语:

普通重大件	风对货件的作用力
标准重大件	稳性修正系数
特殊重大件	加速度修正系数
固定式和可移动式系固索具	摩擦系数
最大安全负荷	月平均风速
计算强度	瞬时风速
安全系数	形状修正系数
惯性力	高度修正系数
波溅力	集装箱的扭变力

2. 简要回答或说明下述问题:

1) 装运重大件的船舶有哪些?

2）如何正确使用索卡？

3）如何对系固索具进行保养？

4）如何划分车辆的种类？

5）普通重件货物分成哪几类？

6）如何进行无动船货件的系固校核？

7）如何进行集装箱内货的受力计算？

8）如何进行集装箱的系固校核？

9）如何进行小型车辆的系固校核？

10）如何进行中型车辆的系固校核？

11）如何进行大型车辆的系固校核？

12）如何划分货件的受风面积？

13）如何确定焊口的厚度？

14）如何进行桥吊的系固校核？

主要技术规则

IBC 规则	Code for the Construction and Equipment of Ships Carrying Dangerous Chemicals in Bulk
BCH 规则	Code for the Construction and Equipment of Ships Carrying Dangerous Chemicals in Bulk
CSC 公约	International Convention for Safe Containers
BLU 规则	International Code of Practice for the Safe Loading and Unloading of Bulk Carriers（Code）
OSV 规则	Code of Safe Practice for the Carriage of Cargoes and Persons by Offshore Supply Vessels
MARPOL 公约	International Convention for the Prevention of Pollution from Ships,1973, as modified by the Protocol of 1978 relating thereto
IBC 规则	International Code for the Construction and Equipment of Ships Carrying Dangerous Chemicals in Bulk Code
IGC 规则	International Code for the Construction and Equipment of Ships Carrying Liquefied Gases in Bulk
Tonnage 规则	International Conference on Tonnage Measurement of Ships,1969
SOLAS 公约	International Convention for the Safety of Life at Sea,1974
STCW 公约	International Convention on Standards of Training, Certification and Watchkeeping,1978
ISM 规则	International Safety Management Code
IMDG 规则	International Maritime Dangerous Goods Code
IS 规则	Code on Intact Stability for all Types of Ships Covered by IMO 2002
Timber 规则	Code of Safe Practice for Ships Carrying Timber Deck Cargoes,1991
BC 规则	Code of Safe Practice for Solid Bulk Cargoes
CSS 规则	Code of Safe Practice for Cargo Stowage and Securing
Grain 规则	International Code for the Safe Carriage of Grain in Bulk
LL 规则	International Convention on Load Lines,1966 and its Protocol,1988
INF 规则	International Code for the Safe Carriage of Packaged Irradiated Nuclear Fuel,Plutonium and High-Level Radioactive Wastes on Board Ships

ISM 规则	International Safety Management
CTU 规则	Safe Packing of Cargo Transport Units
OILPOL 公约	International Convention for the Prevention of Pollution of the Sea by Oil
OPRC 公约	International Convention on Oil Pollution Preparedness and Response
OSV 规则	Code of Safe Practice for the Carriage of Cargoes and Persons by Offshore Supply Vessels
LHNS 指南	Guidelines for the Transport and Handling of Limited Amounts of Hazardous and Noxious Liquid Substances in Bulk on Offshore Support Vessels
入级规范	中国船级社《钢质海船入级规范》
法定检验规则	中华人民共和国海事局《船舶与海上设施法定检验规则》

主要符号索引

ρ, 标准海水密度, 取为 1.025

μ, 舱容系数; 渗透率

φ, 船舶纵倾角

λ, 谷物倾侧力臂

τ, 货物下沉量; 切应力

σ, 拉应力

∇, 排水体积, 型排水体积

ϕ, 散货表面倾角

ε, 船壳钢板的平均厚度

κ, 每天油水消耗量

γ, 吸水率

σ_e, 焊口受到的综合应力

σ_y, 软钢屈服应力

$\delta\Delta$, 船舶排水量的误差

δ_d, 吃水改变量

δd_a, 尾吃水改变量

δd_f, 首吃水改变量

δGM, 稳性高度改变量

δKG, 重心高度改变量

δt, 吃水差改变量

Δ, 排水量

Δ_0, 空船重量, 空船排水量

Δ_d, 经水密度修正后的排水量

Δ_k, 经船壳系数修正后的排水量

Δ_m, 平均吃水对应的排水量

$\Delta_{\min}$, 空载到港的排水量

Δ_t, 经海水温度修正后的排水量

θ, 船舶的横倾角, 横摇角

θ_d, 自摇角, 动倾角

θ_e, 甲板边缘入水角; 最终横倾平衡角

θ_{el}, 瞬时最大风力使船产生的静横倾角

θ_f, 进水角

θ_h, 谷物倾侧力矩使船舶产生的横倾角

θ_i, 横摇角

θ_m, 最大静稳性力臂角, 右边界角

θ_{ml}, 平均最大风力使船产生的静横倾角

θ_r, 某一确定的横倾角或横摇角; 静稳性力臂拐点角

θ_{ri}, 静稳性力臂曲线 GZ 与谷物倾侧力臂线 λ 最大差值对应角

θ_s, 自摇平衡角

θ_v, 稳性消失角

a, 剩余稳距; 焊厚

a_c, 横摇加速度因数

a_x, 纵向加速度

a_y, 横向加速度

a_z, 垂向加速度

A, 剩余静稳性面积

A_c, 桥吊在风速方向上的投影面积

A_k, 龙骨的总面积或方龙骨的侧投影面积或这些面积之和

A_l, 集装箱的重力和惯性力在纵向上的分力系数

A_r, 剩余稳性面积

A_t, 集装箱的重力和惯性力在横向上的分力系数

A_v, 集装箱的重力和惯性力在垂向上的分力系数

A_w, 水线面面积; 集装箱的受风面积

B, 船宽, 型宽

BM, 浮心与稳心间距离, 稳心半径

$B_{\max}$, 最大船宽

C, 船舶常数, 船舶浮力相当力臂系数; 形状因数

C_a, 尾吃水修正量

C_b, 方形系数

C_f, 首吃水修正量

C_h, 桥吊所受风力的高度修正系数

K_{zz},船舶转心的垂向坐标

L,船长

L_a,尾水尺与首垂线间的距离;尾向盲区

L_{bp},垂线间长

L_d,动稳性力臂

L_{des},设计水线长,夏季载重水线长

L_f,首水尺与首垂线间的距离;首向盲区

L_i,横倾力矩的相当力臂

L_m,中水尺与首垂线间的距离

L_{oa},船舶总长

L_q,最小倾覆力臂

L_{reg},登记长度

L_s,船舶分舱长度

L_w,侧面受风面积中心距基线高度;风力动横倾力臂

L_{wl},设计水线长度

m,包括舾装在内的船体重量的相当力臂

M_f,风力动横倾力矩

M_i,横倾力矩

M_L,纵稳心

M_q,最小倾覆力矩

M_r,稳性力矩

MS,剩余稳性力臂

MSL,最大安全负荷

$M_u{}'$,谷物倾侧力矩

NDW,净载重量

P,重物的重量;浸水概率

P_c,集装箱立柱受到的压力

P_v,集装箱角件受到的压力

Q,集装箱的扭变力

r,稳心半径

R,纵稳性半径;水阻力;海水温度修正系数;分舱指数;车辆受到的摩擦力

R_Y,车辆在船舶横摇过程中受到的与甲板面平行的横向力

R_Z,车辆在船舶横摇过程中受到的与甲板面垂直的垂向力

S,船舶浸水后的生存概率

SF,积载因数

S_w,侧面受风面积

t,吃水差

T,固件所产生的拉力

T_h,垂荡周期

T_p,纵摇周期

TPC,每厘米吃水吨数

TPI,每英寸吃水吨数

T_r,自摇周期;横摇周期

V,货舱总容积

V_c,封闭货物处所容积

v_w,预报的风速

v_{mw},月平均最大风速

v_{ew},每分钟平均最大风速,瞬时最大风速

W,稳性力矩作的功

W_h,包括舾装在内的船体重量

W_{ij},第 i 舱中第 j 舱室应配入的货物重量

W_m,包括各种管系、轴系和螺旋桨在内的机舱设备重量

X_b,浮心距中距离

X_f,漂心距中距离

X_g,船舶重心距中距离

Z_b,浮心距基线高度

Z_m,稳心距基线高度

主要技术术语

QF 型液化天然气船(Q-flex LNG tanker)

QM 型液化天然气船(Q-max LNG tanker)

阿芙拉型油船(aframax crude oil tanker)

安全工作负荷(safe working load,SWL)

奥林匹克系固法(olympic lashing)

巴拿马型散货船(panamax bulk carrier)

巴拿马型油船(panamax crude oil carrier)

巴拿马型集装箱船(panamax container carrier)

巴拿马运河吨位丈量规则(Panama Canal Universal Measurement System, PC/UMS)

白云石运输船(bulk dolomite carrier)

板材(planks,boards)

半标准货物(smi-standardized cargo)

半潜式重件运输船(semi-submersible heavy-lift ship)

邦戎曲线(Bojean's Curves)

包装舱容(bale capacity)

保加利亚船级社(Bulgarian Register of Shipping)

北大西洋冬季干舷(winter North Atlantic free board)

北大西洋冬季区域(North Atlantic winter area)

北大西洋冬季载重线(winter North Atlantic loadline)

标准重大件(standardized cargo unit)

波兰船级社(Polski Rejestr Statkow)

波罗的巴拿马型船舶运价指数(BCI,Baltic Exchange Panamax Index)

波罗的大灵便型船舶运价指数(BCI,Baltic Exchange Handymax Index)

波罗的好望角型船舶运价指数(BCI,Baltic Exchange Capesize Index)

驳船(barge)

不适航(unseaworthiness)

部分载重线(partial load line)

菜子油运输船(vegetable oil carrier)

舱内进水(bilging,flooding)

舱容系数(coefficient of load)

侧面受风面积(side windage area)

测深孔(sounding pipe)

超巴拿型船(post-panamax, ultra-panamax,over-panamax)

超大型气体运输船(very large gas carrier,VLGC)

超大型油船(ULCC,ultra large crude oil carrier)

混合运输船(combination carrier)

撑管(shoring pipes)

成品油船(products tanker)

成组货件(unit load)

承租人(charterer)

吃水(draft)

吃水差(trim)

初稳性(initial stability)

除冰机(wooden clubs)

储备浮力(reserve buoyancy)

船舶(vessel,ship,carrier)

船舶常数(constant)

船舶尺度(dimensions)

船舶横稳心(metacenter)

船舶经营人(owner)

船舶净载重量(deadweight tonnage of cargo,net deadweight)

船舶所有人(shipowner)

船舶种类(type of ship)

船舶综述（general description of the ship）

船舶总载重量（deadweight capacity）

船长（length）

船舶规范（ship pauticulars）

船底损坏（bottom damage）

船东（owner）

船级（ship's class）

船级社（classification society, shipping bureau, register）

船籍港（port of registry）

船宽（breadth）

船名（name of ship）

船旗国（nationalaity, flag）

船体挠度（deflection）

船形驳（rake barge）

垂线间长（length between perpendiculars）

垂向棱形系数（vertical prismatic coefficient）

达到的分舱指数（attained subdivision index）

大二型油船（long range two oil tanker, LRII）

大副物料间（Chief Officer's room）

大件（heavy unit, awkward unit）

大灵便型散货船（handymax bulk carrier）

大倾角稳性（large angle stability）

大一型油船（long range one oil tanker, LRI）

大型液体散货船（very large crude oil, liquid chemical or liquid gas tanker, VCLL tanker）

单点弯矩估算法（calculation of single point bending moment）

弹性系数（lasing spring constant）

淡水宽限量（freshwater allowance）

淡水区域（fresh water area），如夏季淡水区域（summer fresh water area）

淡水热带载重线（tropical freshwater loadline）

淡水夏季干舷（freshwater free board）

淡水夏季载重线（freshwater loadline）

德国船级社（Germanischer Lloid）

登记长度（registered length）

登记吃水（registered draft）

地效船（GEV, ground effect vehicle; WIG, Wing-In-Ground Craft）

电缆轴（cable reel）

垫木（dunnage wood）

吊杆（boom）

冬季干舷（winter free board）

冬季区域（winter area）

冬季载重线（winter loadline）

动倾角（dynamical heeling angle）

动稳性（dynamic stability）

动稳性力臂（dynamical stability lever）

动物装载舱（animal's hold）

冻雾（frost smoke）

冻雨（freezing drizzle, freezing rain）

渡船（ferry）

吨位（tonnage）

多用途船（multi-purpose carrier）

俄罗斯船级社（Russia Register of Shipping）

法国船级社（Bureau Veritas）

反倾液舱（anti-heeling tank）

方便旗（flags of convenience, FOC）

方驳（pontoon）

方形系数（block coefficient）

非标准货物（non-standardized cargo）

费尔索夫图谱（Г. А. Фирсов Curves）

分舱长度（subdivision length of the ship）

分舱因数（factor of subdivision）

分舱载重线（subdivision loadline）

封闭内容积（enclosed space）

浮动产品存储器与卸载装置（FPSO, floating production storage and offloading unit）

浮力力矩（buoyancy moment, BM）

浮力曲线(buoyancy curve)

浮上/浮下方式(float on/float off)

浮上浮下船(flo-on/flo-off carrier)

浮式生产和储油装置(FPSU,floating production and storage unit)

浮心(center of buoyancy)

符拉索夫图谱(Vlasov Curves)

傅汝德－克利洛夫(Froude-Krylov)

干舷(free board)

干舷甲板(free board deck)

刚体(rigid body)

钢材运输船(steel products carrier)

钢轨(steel rails)

钢索(wire)

高速船(high-speed craft)

各种水上浮动建筑物(floating construction)

工程船(engineering vessel)

公务船(public service ship)

固定式系固装置(fixed securing devices)

固定物料(provosions)

固体散货船(solid bulk carrier,bulker)

惯性矩(inertia moment of water plan)

规定的分舱指数(required subdivision index)

贵品舱(strong room)

滚吊式集装箱船(ro-ro/lo-lo carrier)

滚装船(ro/ro vessel)

滚装货物(wheel-based cargo,rolling cargo)

国际安全管理(International Safety Management,ISM)

国际船级社协会(International Association of Classification Sosieties Ltd,IACS)

国际海事组织(International Maritime Organization,IMO)

国际海事组织编号(IMO number)

国际运输工人联合会(International Transport Workers' Federation,ITF)

海侧支腿(seaside leg)

海上移动电台识别号(maritime mobile service identity,MMSI)

海上钻井平台(off-shore drilling platform)

韩国船级社(Korean Register)

焊厚(throat thickness)

航次储备量(reserved bunkers and provosions)

航速(speed)

好望角型散货船(capesize bulk carrier)

桁架结构(truss structure)

横贯注水装置(cross flooding fitting)

横梁(shoulder beams)

横倾角(athwartship inclining angle)

横倾力矩(dynamical heeling moment)

横稳性(transverse stability)

横向强度(athwartship strength)

横摇加速度衡准数(rolling acceleration criterion)

横摇加速度因数(rolling acceleration facter)

横摇角(rolling angle)

横摇中心(roll center)

花兰螺栓(bottle-screw)

花饰(festoon)

化学品船(chemical tanker,CT;chemical carrier,CC)

缓慢结冰(slow accumulations of ice)

活动物运输船(live stock carrier)

火药库(ammunition room)

货物单元(cargo unit)

货物系固索具(cargo securing devices)

机械室(machinery house)

积载区块(block)

基线(base line,keel line)

集中载荷(concentrated load)

集装化货物运输船(unitized cargo carrier)

集装箱(container)

集装箱滚装船（conro carrier）

集装箱/矿石运输船（container/ore vessel）

集装箱/托盘运输船（container/pallet ship）

集装箱船（container vessel,container liner,container carrier）

集装箱客船（container passenger vessel）

集装箱桥吊（container cranes）

集装箱中的圆筒（cylinders in container）

季节冬季区域（seasonal winter area）

季节热带区域（seasonal tropical area）

甲板货驳（deck cargo barge）

甲板面积（deck area）

甲板上浪（sea spray）

甲板舷弧（round gunwale）

甲板线（deck line）

甲板载荷（deck load）

减摇液舱（anti-rolling tank）

建议性规则（recommended requirements）

建造日期（build date）

交付日期（date of delivery）

角件弹性系数（shoring spring constant）

教学及科学研究船（research ship,training ship,investigation ship）

结构吃水（scantling draft）

捷克船级社（Czech Shipping and Industry Register）

近海供应船（offshore supply vessel）

进水角（flooding angle）

进坞（dry docking）

经营人（operator）

净吨位（net tonnage,NT）

净载重量宣载书（Declaration of Deadweight Tonnage of Cargo）

静端（dead end）

静倾角（statical heeling angle）

静水力参数表（hydrostatic data）

静水力曲线图（hydrostatic curves）

酒类运输船（wine tanker）

救助船（salvage ship）

局部强度（local strength）

卷钢（coiled sheet steel,steel coil）

军用船（military ship,war ship）

均布载荷（even-distributed load）

均方差（standard deviation）

抗沉性（insubmersibility）

可浸长度（floodable length）

可视区（clear sector）

可选用规则（optional requirements）

可移动式系固索具（portable securing devices）

克罗地亚船级社（Croatian Register of Shipping）

客船（passenger ship,passenger carrier）

客船载重线标志（passenger loadline mark,passenger load-line disk,passenger plimsoll mark）

客货滚装船（passenger Ro/Ro carrier、passenger Ro/Ro ferry）

客货船（passenger-cargo carrier）

空船重量（light ship displacement）

快速结冰（rapid accumulations of ice）

矿石/石油运输船（ore/oil carrier）

矿石运输船（ore carrier）

劳埃德船舶杂志社（Lloyd's Register Fairplay）

劳埃德船级社（Lloyd's Register of Shipping）

劳埃德规则（Lloyd's Rule）

肋骨（frame）

棱形系数（prismatic coefficient）

冷藏舱（reefer chamber）

冷藏货物运输船（refrigerated cargo carrier）

冷藏集装箱船（reefer container vessel）

冷藏托盘运输船（refrigerated pallet vessel）

冷藏拖车运输船(refrigerated trailer vessel)

沥青运输船(asphalt tanker,bitumen tanker)

连环法(group lashing)

料材(timber,lumber,woods)

磷酸盐运输船(phosphate carrier)

灵便型油船(handy tanker)

硫磺运输船(sulfur carrier)

硫酸运输船(sulfuric acid tanker)

龙骨(keel)

旅客(passenger)

铝矾土运输船(bauxite carrier)

氯气运输船(chlorine tanker)

罗马尼亚船级社(Registru Naval Roman)

马六甲型集装箱船(malaccamax container ship)

盲区(blind sector)

锚链(anchor chain)

每厘米吃水吨数(tons per centimeter immersion)

每厘米纵倾力矩(moment to change trim one centimeter)

每英寸吃水吨数(tons per inch immersion)

每英寸纵倾力矩(moment to change trim per inch)

美国船级社(American Bureau of Shipping)

门槛(sill beams)

面积惯矩(longitudinal inertia moment of water plan)

免除处所(excluded space)

莫尔斯姆法(Moorsom system)

木材(lumber,timber,log)

木材北大西洋冬季干舷(lumber winter North Atlantic free board)

木材北大西洋冬季载重线(lumber winter North Atlantic loadline)

木材淡水热带干舷(lumber tropical freshwater free board)

木材淡水热带载重线(lumber tropical freshwater loadline)

木材淡水夏季干舷(lumber freshwater free board)

木材淡水夏季载重线(lumber freshwater loadline)

木材冬季干舷(lumber winter free board)

木材冬季载重线(lumber winter loadline)

木材热带干舷(lumber tropical free board)

木材热带载重线(lumber tropical loadline)

木材夏季干舷(lumber summer free board)

木材夏季载重线(lumber summer loadline)

木材运输船(timber carrier)

木材载重线标志(lumber loadline mark, lumber loadline disk, lumber plimsoll mark)

木浆运输船(wood pulp carrier)

木片运输船(wood chip carrier)

挠性中型散装容器(flexible intermediate bulk container,FIBC)

年度检验(annual survey)

镍矿运输船(nickel carrier)

扭变(racking)

扭变弹性系数(racking spring constant)

扭转强度(torsion strength

挪威船级社(Det Norske Veritas)

排水量(displacement)

排水量系数(displacement coefficient)

排水体积(volume of displacement)

漂心(center of floatation)

平板表面(plate surface)

平板驳(flat barge)

破损稳性(damaged stability)

葡萄牙船级社(Rinave Portuguesa)

普通重大件货物（general cargo unit）

气垫船（hover craft）

汽车运输船（pure car carrier，PCC）

强制性规则（manditroy requirements）

切力曲线（shear curve）

球形（globe）

燃料油运输船（bunkering tanker）

热带淡水干舷（tropical freshwater free-board）

热带淡水区域（tropical fresh water area）

热带干舷（tropical free board）

热带海水干舷（tropical seawater free-board）

热带区域（tropical area）

热带载重线（tropical loadline）

人字架（A-frame）

日本船级社（Nippon Kaiji Kyokai）

容器（receptacle）

溶剂运输船（solvents tanker）

散货/集装箱船（open bulk container carrier，ore bulk container carrier）

散煤运输船（bulk coal carrier）

散糖运输船（sugar carrier）

散盐运输船（bulk salt carrier）

散装舱容（grain capacity，bulk capacity）

散装废金属（metal scrap in bulk）

散装谷物运输船（grain carrier）

散装化学品船（chemical tanker，CT；chemical carrier，CC）

上层建筑（super structure）

设计吃水（designed draft）

设计干舷（designed freeboard）

设计航速（design speed）

设计水线长（length of designed waterplane）

设计水线面（designed waterplane）

深舱（deep tank）

渗透率（permeability）

剩余稳距（residual stability range）

剩余稳性面积（residual stability area）

剩余稳性最大值（residual maximum stability lever）

石膏运输船（gypsum carrier）

石灰石运输船（limestone carrier）

石油/散货/矿石运输船（oil/bulk/ore carrier，OBO carrier）

实际吃水（draft）

试航航速（trial speed）

首吃水（draft forward）

首垂线（forward perpendicular）

首向盲区（forward blind sector）

水泥运输船（cement carrier）

水上飞机（water plane）

水上高度（air draft）

水线面（final water-plan）

水线面系数（waterplane coefficient）

水翼船（hydrofoil craft）

松紧螺扣（turnbuckle）

苏伊士型油船（suezmax crude oil tanker）

酸类运输船（acid tanker）

索卡（wire clip）

锁卷（key-roll）

糖蜜运输船（molasses tanker）

特别检验（special survey）

特大型散货船（very large bulk carrier，VLBC；very large ore carrier，VLOC ultra-large ore carrier，ULOC）

特大型油船（VLCC，very large crude oil carrier）

特快速结冰（very fast accumulations of ice）

特殊重大件（special cargo unit）

特种货驳（special barge）

特种货物运输船（neubulk carrier）

体育及文化娱乐船（entertainment ship）

替代性规则（optional stability requirements）

通信地址（add）

土耳其船级社(Turkish Lloyd)

托盘运输船(pallet vessel,pallet carrier)

拖车(trailer)

拖船(tug)

拖头(tractor)

挖泥船(dredger)

弯矩曲线(bending moment curve)

完成日期(date of completion)

完整稳性(intact stability)

尾吃水(draft afterward)

尾垂线(afterward perpendicular)

尾向盲区(aftward blind sector)

稳定平衡(stable equilibrium)

稳距(range of stability)

稳索(stays)

稳心(metacenter)

稳心距基线高度(height of metacenter above base line)

稳性报告书(Loading report,Stability information,Loading information)

稳性衡准数(stability criterion)

稳性力臂(righting lever)

稳性消失角(angle of vanishing stability)

污油水(grey water)

污油运输船(slurry carrier)

无舱盖集装箱船(hatchless container ship)

无毒液体物质运输船(liquid substances tanker,LS tanker)

坞墩(block)

坞内检验(docking survey)

希腊船级社(Hellenic Register)

系固带(web lashings)

系固链(lashing chain)

系梁(tie beams)

系索(lashing wire)

下水日期(date of launch)

夏季吃水(summer draught)

夏季干舷(summer free board)

夏季区域(summer area)

夏季载重线(summer loadline)

舷侧损坏(side damage)

箱式货驳(box barge)

消防船(fire-fight boat)

小灵便型散货船(handysize bulk carrier)

小倾角稳性(initial angle stability)

小型油船(small tanker)

斜梁(diagonals)

谐摇(resonant roll)

新巴拿型集装箱船(new-panamax container carrier)

新闻纸运输船(news print carrier)

型材(cants)

型吃水(molded draft)

型宽(molded breadth)

型排水体积(molded volume of displacement)

型深(molded depth)

许可舱长(permissible length)

循环检验(circle survey)

压载水(ballast water)

亚磷酸运输船(phosphorous tanker)

沿海油船(coastal tanker)

液化天然气船(liquefied natural gas carrier,LNG carrier)

液货驳(liquid barge)

液货石油气船(liquefied petroleum gas carrier,LPG carrier)

液体货舱容积(liquid cargo capacity)

移动车(trolley)

移动式罐柜(portable tank)

移动式容器(portable receptacle)

乙烯运输船(ethylene tanker)

意大利船级社(Registro Italiano Navale)

印度船级社(Indian Register of Shipping)

印度尼西亚船级社(Biro Klasifikasi Indonesia)

营运航速(service speed)

有毒液体物质运输船（noxious liquid sub-
stances tanker，NLS tanker）

鱼粉运输船（fish meal carrier）

渔船（fishing ship）

原木（log）

原油船（crude oil tanker）

圆筒（cylinder）

圆柱形（sylinder shape）

月平均风速（monthly average speed）

运砂船（sand carrier）

杂货船（general cargo vessel，general cargo
ship，break-bulk carrier）

载驳船（barge carrier）

载荷曲线（load curve）

载货面积（deck space）

载重标尺（deadweight scales）

载重线标志（loadline mark，loadline disk，
plimsoll mark）

载重线圈（Plimsoll Line）

曾用名（ex name）

支线集装箱船（feeder ship）

指定人员（designated person，DP）

中吃水（draft midships）

中垂（sagging）

中拱（hogging）

中国船级社（China Classification Society，
CCS）

中横剖面系数（midship section coeffi-
cient）

中华人民共和国海事局（Maritime Safety
Administration of PR China）

中间检验（intermediate survey）

中型油船（medium tanker，MR）

重大件运输船（heavylift carrier）

重吊船（float lift）

重件驳（heavy-lift barge）

重件货物（heavy cargo item）

重力曲线（weight curve）

重心高度（vertical distance of mass center
from keel）

重心距海侧门腿距离（Distance of seaside
leg）

重心距支承点距离（Height of supporting
point）

主尺度（principle dimensions）

注册号码（registered number，official
number）

柱材（poles）

转船中心（gyration）

转心半径（radius of gyration）

装载手册（loading manual）

姿态仪（ship attitude reference system）

自扭变力（self-racking force）

自摇（natural rolling）

自摇角（natural rolling angle）

自摇平衡角（natural equilibrium rolling
angle）

自摇周期（natural rolling period）

自由液面（free surface）

自重（weight）

总布置图（general arrangement plans）

总长（Length of over all，LOA）

总吨（Gross Tonnage）

总吨位（gross tonnage，GT）

总载重量宣载书（Declaration of Dead-
weight Capacity）

总重量（gross weight）

纵刚度（longitudinal rigidity）

纵梁（girder）

纵倾（trim）

纵倾角（longitudinal inclining angle）

纵稳心（longitudinal metacenter）

纵稳性（longitudinal stability）

纵稳性半径（longitudinal metacentric
radius）

纵稳性力臂（longitudinal stability lever）

纵向棱形系数（longitudinal prismatic
coefficient）

纵向强度(longitudinal strength)

纵摇中心(pitch center)

最大安全负荷(maximum securing load, MSL)

最大船宽(max breadth)

最佳纵倾(optimum trim)

最深分舱载重线(deepest subdivision load line)

最小干舷(minimum free board)

最小倾覆力臂(minimum heeling lever)

最小倾覆力矩(minimum capsizing moment)

最终进水量(final flooding)